U0630454

2016年教育部人文社会科学研究一般项目（16YJC760078）

中国出版集团学术著作出版资助项目

美术学博士论丛

晚明以来文人情结与书画商业文化博弈研究

◎郑付忠／著

荣寶齋出版社 北京

图书在版编目（CIP）数据

晚明以来文人情结与书画商业文化博弈研究/郑付忠著. -北京：荣宝斋出版社，2019.9
ISBN 978-7-5003-2215-3

Ⅰ.①晚… Ⅱ.①郑… Ⅲ.①文化史－研究－中国－明清时代 Ⅳ.①K248.03

中国版本图书馆CIP数据核字(2019)第195618号

丛书策划：张建平　崔　伟　徐沛君
责任编辑：席　乐
装帧设计：安鸿艳
校　　对：王桂荷
责任印制：孙　行　毕景滨　王丽清

WANMING YILAI WENREN QINGJIE YU SHUHUA SHANGYE WENHUA BOYI YANJIU
晚明以来文人情结与书画商业文化博弈研究　郑付忠/著

出版发行：荣寶齋出版社
地　　址：北京市西城区琉璃厂西街19号
邮政编码：100052
制　　版：北京兴裕时尚印刷有限公司
印　　刷：廊坊市佳艺印务有限公司
开　　本：889mm×1260mm　1/32
印　　张：12.25
版　　次：2019年9月第1版
印　　次：2019年9月第1次印刷
印　　数：0001—2000

ISBN 978-7-5003-2215-3　定价：48.00元

明 杜堇《玩古图》 台北“故宫博物院”藏

雪庵潤格

雪庵畫山水似宋刻絲及大滌子畫品高故知者難早得年來外人索求者無由入余憐其一幅苦心何不供諸天下終定潤格求者自得門徑昔拙公和尚未以板橋道人為多事也

條幅山水

四尺十二元 五尺十六元 六尺二十元

條幅花卉

四尺六元 五尺八元 六尺十元

條幅人物

四尺八元 五尺十元 六尺十二元

整張加倍

扇面

山水四元 花卉二元 人物三元 圓扇冊頁同

如荷雅意潤金先惠每元加外費一角

題另議

丙寅中秋前十日 借山老人齊璜書

齐白石《雪庵润格》 荣宝斋藏

吴昌硕《致沈石友书札》之一　荣宝斋藏

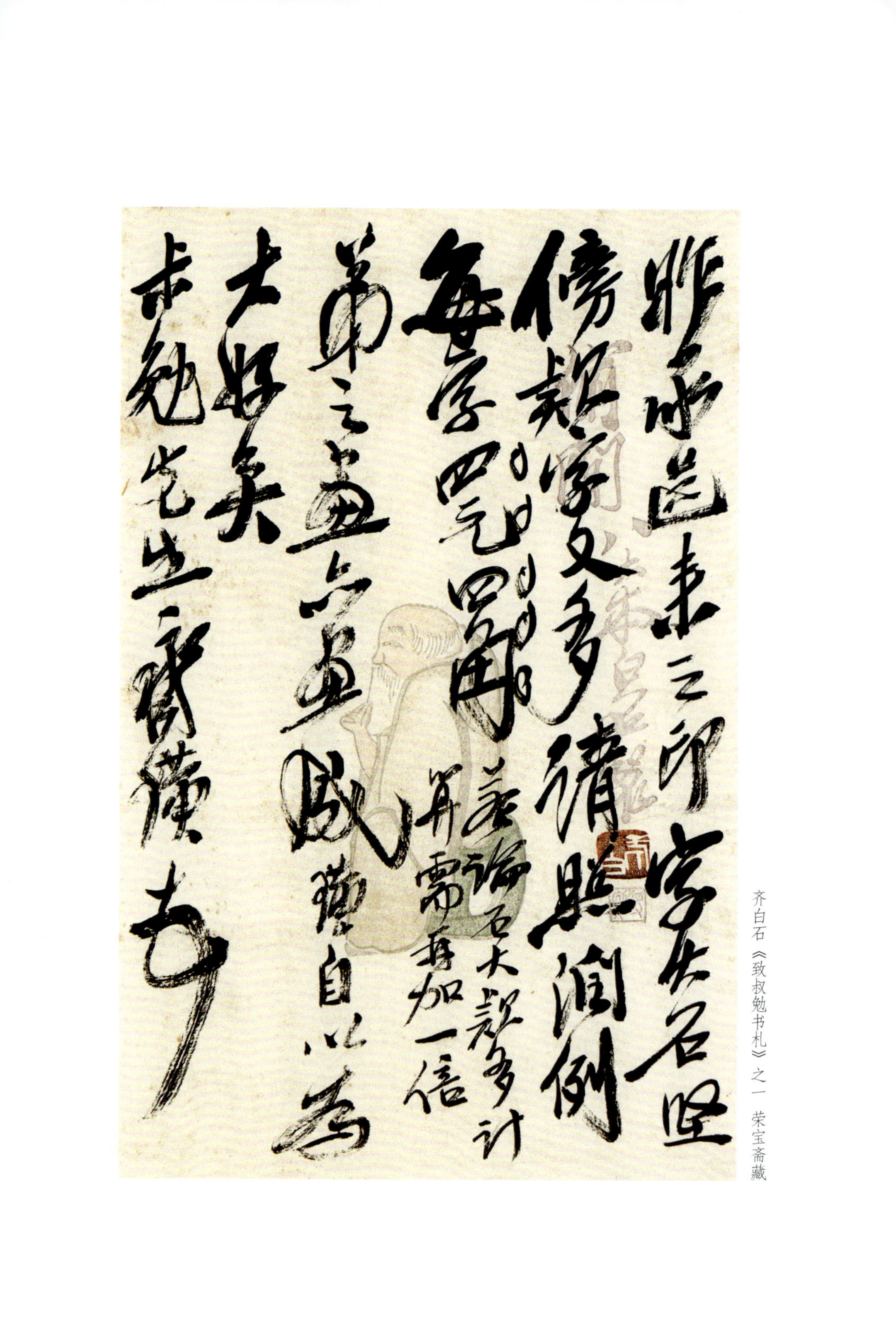

齐白石《致叔勉书札》之一　荣宝斋藏

刻名润金收上甚歉惟
蒲萄画幅尚未收回伊
辈归送来七幅之润金
即是先生明日星期伊辈间
暇候自当往取上复
勉之先生 齐璜揖 廿日

齐白石《致叔勉书札》之四 荣宝斋藏

明 谢环《杏园雅集图卷》（局部） 美国克利夫兰美术馆藏

子衡仁兄惠覽許久未見想
安善猶昔為頌茲啓者日前所寫
四尺中堂山水潤資原來依例以後也
多年交情未敢計較尚有墨竹四張
係風晴雨露四景應作四屏計算四
屏前例加半今例加倍貴號所屬
在前應加半計希屬原經手人補
匯寄弟處（畫時亦必照今加題）凡同時求寫四幅者均以屏
例計也以後並希注意再冊葉書
字往往不適一寸（太大不雅觀）依例亦須加倍
換件時亦望注意及之來此即頌
秋佳弟余越園奉啓十月廿日

余绍宋《与子衡札》 荣宝斋藏

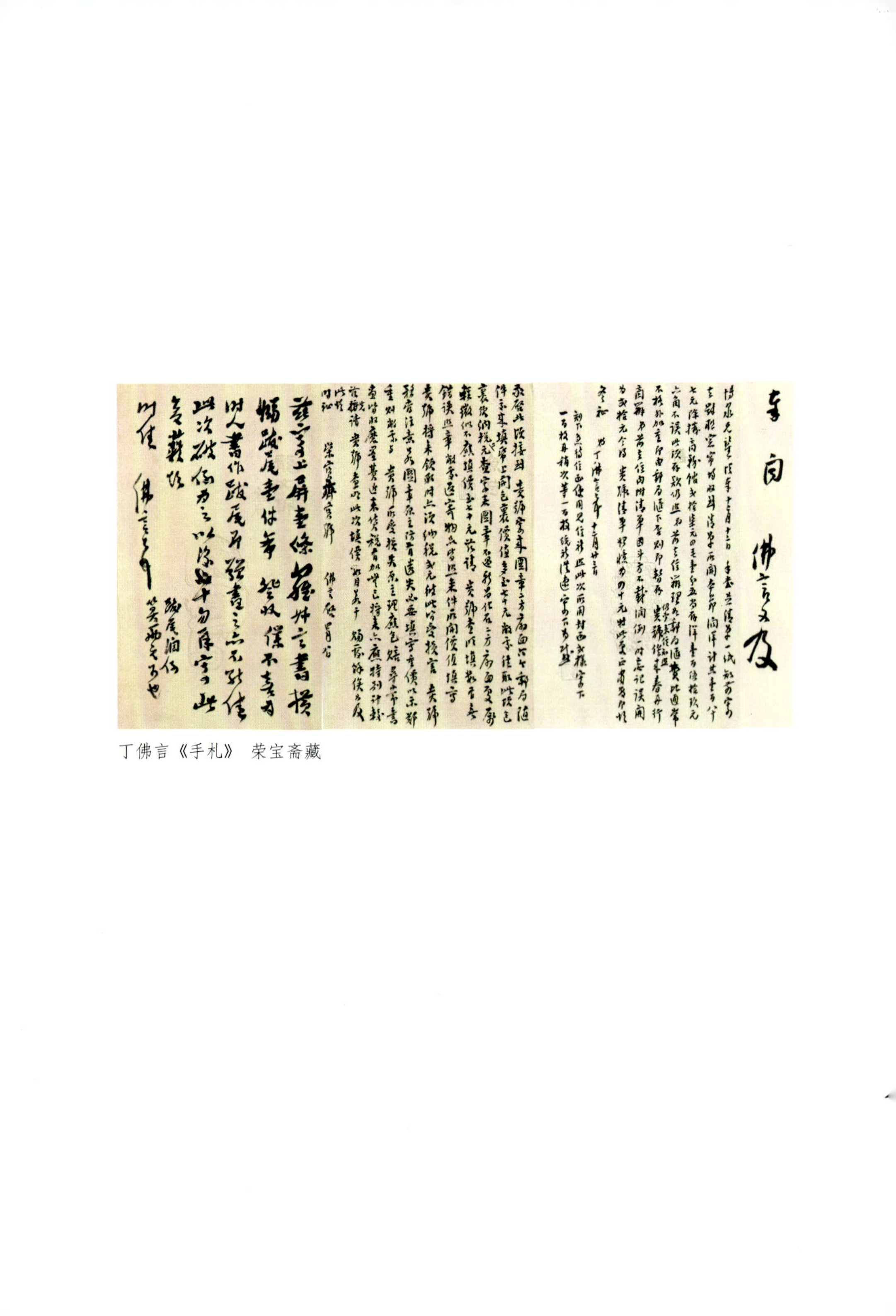

丁佛言《手札》 荣宝斋藏

总　序

20世纪90年代初，中国的高等美术教育和美术研究机构中原有的“美术史及美术理论”专业被陆续改称美术学，90年代中期国家有关部门又将美术学定为艺术学（一级学科）下属的与音乐学、戏剧学等并列的一个二级学科。从那时起，美术学正式作为一个二级学科在中国诞生，并得到迅速的发展。美术学作为艺术学科的一个分支，涵盖了视觉造型创作与美术史论研究的广泛领域，是艺术学的支柱学科之一，在我国文化事业的建设和发展中起着重要的作用。遗憾的是，这个重要作用尚未引起普遍的认识，与发达国家比，美术学的社会地位和普及程度相差甚远。

美术学是人文科学的组成部分，是一门研究美术现象及其规律的科学，美术历史的演变过程、美术理论及美术批评均是它的主要内容。美术学要研究美术家、美术创作、美术鉴赏、美术活动等美术现象，同时也要研究美术思潮、造型美学、美术史学等。此外，美术学还要研究本身的历史（即美术学史，就像哲学要研究哲学史一样）。美术学既可以运用自己特有的方法进行研究，也可以借鉴哲学、美学、心理学、社会学、文艺学的方法进行研究，因此对美术学的研究还可以同其他学科的研究结合起来，形成美术学研究的边缘地带或者形成新的交叉学科，例如美术社会学、美术心理学、美术市场学、美术信息学、美术管理学，等等。这里，“美术”二字的含义有时会扩大到书法及摄影等造型艺术领域。通过这一界定，美术学的基本研究对象包括美术史、美术批评与美术理论，构成了对“美术”这一现象的研究，这在我国已经形成美术学的基本框架。

然而遍览欧美各地大学的学科设置，却并不存在一个所谓的“美术学”的概念。欧美的美术史研究，且以德国为例分析，强调美术史本身的社会文化意义的派别影响最大。特别是潘诺夫斯基图像学的研究方法成为美术史研究的主流，美术史巨子贡布里希更将图像学的观点进一步推演到人文学科的其他领域，等等。在此意义上，美术史实际上是借美术的外壳，承载社会文化的历史内容与含义。设在综合性大学里面的美术史学科，大都拥有独立的系别，如美国哈佛大学、哥伦比亚大学，英国的剑桥大学、牛津大学这些知名大学均有美术史研究的专业。另外也有将考古与美术史并置的，如伦敦大学亚非学院就有名为“考古与中国艺术史”的专业。美术理论、美术批评学科，常设在综合性大学的哲学系美学专业。当然，也有一批艺术院校有美术理论专业。

总之，国外还没有一个能够包含史、论、评含义的美术学概念，同时也似乎不存在一个学科管理意义上的美术学。在中国古代美术文献中，常常把画评、画史、画论结合在一起进行探讨，例如南齐谢赫的著名批评著作《古画品录》便是这种体例。谢赫在这部著作开头，就对画品即绘画评论作出概括：“夫画品者，盖众画之优劣也。”接着对绘画的功能和作用发表见解：“图绘者，莫不明劝戒，著升沉，千载寂寥，披图可鉴。”这段话便是他的美术观念和绘画理论的表述。谢赫提出的绘画六法，即品评绘画的六条标准：气韵生动，骨法用笔，应物象形，随类赋彩，经营位置，传移模写。这六条标准成为此后绘画批评中的根本原则，也成为我国古代美学理论的重要内容。由此可以看出批评理论与创作同时又可以是史的范畴，中国古代画论也常将史和批评融会其中。

美术批评与美术史、美术理论是三个既有联系又有区别的学科，它们却构成美术学的基本内容。美术批评学可以作为美术学的一个重要的分支加以研究，当然在批评学领域，美术批评学也可以作为批评学的一个分支，与文学批评学、音乐批评学等并列。美术批评运用一定的批评方法与原则，对美术作品的形式、语言、题材、内容、思想和风格进行品析、评判，揭示其价值，分析其优劣，或者对美术现象、美术思潮、美术流派、美术活动进行分析评价，揭示其内在规律和发展趋势，这种活动就是美术批评或者叫美术评论。美术评论和当前的创作实践活动联系比较紧密，批评家要参与美术活动，及时了解创作动向，推动创作活动的发展，美术批评家有时还可参与策划美术展览、组织创作研讨等活动，因此美术批评也是一项操作性、现实性比较强的活动，而美术批评学则是从理论上总结批评规律，提出批评观念、批评标准和方法，或者总结历史上的批评成果，建立起理论形态的批评学科。

美术史是由美术史家和历史学家或考古学家对历史发展过程中的美术作品、美术文献、美术遗迹进行发掘、研究、探讨，客观地揭示美术发展的历史过程和基本规律的科学。中国第一部比较系统的美术史著作是唐代美术史家张彦远的《历代名画记》，它开创了撰述中国美术史的先河。西方美术史学科的建立可以追溯到16世纪意大利画家瓦萨里写作的《大艺术家传》。这部书记录意大利文艺复兴时期的杰出画家和雕塑家的生平、活动和创作，为后人研究文艺复兴时期美术家提供了丰富的资料，该书首次出版于1550年。西方艺术史学科的真正建立应以18世纪德国艺术史家温克尔曼出版的《古代艺术史》作为标志。这样，中国的《历代名画记》早于瓦萨里约700年，早于温克尔曼约900年。所以，中国美术史的学科建立实际上始于盛唐。

美术理论是对美术问题的理论探讨，通过对绘画、雕塑、建筑、工艺美术及设计艺术作品，也可以包括书法及摄影的功能与作用、基本特征、形式、结构、语言、风格及其中的审美规律和思想活动的研究，揭示美术的普遍特点与规律。美术理论在狭义上主要是指美术基本原理，在广义上则可以包括美术美学、美术哲学、美术心理学、美术社会学等内容，从某种意义上讲美术批评理论也是美术理论的组成部分，但鉴于美术批评理论和美术评论活动相对的独立性，因此美术批评和美术理论常常分成两个相对独立的学科进行探讨。

在对美术史的研究中，最重要的当然是客观地揭示作品的创作年代、材料、作品的题材内容等。当美术史家对其内容和形式进行探索时，也必然要用一定的批评方法和艺术观念及价值标准对作品作出评判，而在这一过程中，批评或明或暗地在起作用，因此美术史不可能完全离开美术批评。美术批评还是联系美学、美术理论与美术史、美术作品的桥梁。由此看来，美术批评与美术史、美术理论是紧密联系、相互促进的，三者成为美术学的基本内容。

在经过以上的论述后，我们便可以知道《美术学博士论丛》这套书选题的意义。这套书实际上是在检阅着我国美术学研究的新水平，虽是博士生的成果，而博士生的背后是导师，所以这套书汇集的成果将包含着改革开放二十多年来的学术智慧。与美术学研究的以往成果比，这批论文在学科研究的广度和深度上均有新的发展，相信对我国的美术学建设乃至整个美术事业的发展均有重要意义。

美术不仅仅是赏心悦目的生活课题，还是博大精深的学术课题，它反映着民族的历史积淀，也预示着民族文化的发展，它是一个民族文化状况的标志，也是一个民族精神状况的标志。荣宝斋出版社正是站在这个高度上去对待这一选题，希图让更多的读者通过这一套书不仅了解美术（包括东方和西方、古典和现代），也由此了解到中国文化的精神和人类的生存价值。

程大利

2004年立冬时节于师心居

目录

序

传统一直认为，在中国古代，“文人情结”与商业文化是一对矛盾的两方面。前者无疑是“学成文武艺，货与帝王家”的表现，科举功名、读书做官是古代文人既定的生活道路，做不了官则隐居乡里务农，甘贫乐道；后者则被认为与仕途分道扬镳，不事耕读，不顾信义，以盘剥赚钱为人生最高目标。作为人生道路，两者价值观几乎完全对立，孟子所谓“君子喻于义，小人喻于利”，经商逐利为士人所不齿，或者只有在求仕失败后为生存不得已而为之，但相当痛苦。然而世上万物往往不是绝对的，在“文人情结”与商业文化之间并非没有相通的东西，这就是书画。书画为艺术家所出，但欣赏把玩者众，人数远超这一阶层。书画精品往往供小于求，商人于其中看到了商机，于是书画市场得以形成。这一点甚至得到了文人某种程度上的认可乃至配合。《后汉书》记载尚书令刘梁“少孤贫，卖书于市以自资”，经济窘困拉近了这位士人与书画市场的关系，使得他免于饥寒。像他这种情况应该不止一个。发展到唐代，情况更为不同。张彦远《历代名画记》卷二《论名价品第》中，不但将书法与绘画的贵贱做了比较，还对汉魏、晋宋、齐梁以来的画家“分为三古，以定贵贱”。所谓“三古”，即以汉魏三国为上古，晋宋为中古，齐梁、北齐、后魏、陈、后周为下古，越古越贵。在此基础上，张彦远还详细记载了具体画家作品的定价：“董伯仁、展子虔、郑法士、扬子华、孙尚之、阎立本、吴道子，屏风一片，值金二万，次者售一万五千。”“扬契丹、田僧亮、郑法轮、已僧、阎立德，一扇值金一万。”由此可知，唐代书画市场已经成熟，买卖形成体系，有行、有市、有价格。北宋时更出现了相对固定的图书市场的记载，据孟元老《东京梦华录》记载，在汴梁（今河南开封）相国寺殿后的资圣门前，就专门辟有买卖“书籍玩好图画”的店铺，此后更是遍及全国各大城市。明代中后期，北京、苏州、扬州、杭州等地，也都设有专门经营书画古董的场所。如北京的“城隍庙”，就设有买卖古今图籍、鼎彝、秦汉铜镜和唐宋书画等古董的“市”。清代书画交易的市场化程度也最高，受传统制约，后来又受近代思潮影响的艺术品市场机制趋于完善，明码标价和书画作伪已很盛行。“四僧”“六家”都不以鬻画谋生为嫌。“扬州八怪”“海上画派”都乐于视自己的创作为商品生产，并积极投身于当时的书画市场运作。最有意义的是郑板桥的字画润格，简直就是一件艺术家自撰的艺术商品价格明示典范：“大幅六两，中幅四两，小幅二两，条幅、对联一两，扇子、斗方五钱”“画竹多于买竹钱，纸高六尺价三千”，而且买卖就是买卖，不论交情：“任渠话旧论交接，只当秋风过耳边。”（李斗《扬州画舫录》）这一曾被刻石立于扬州西口庵的润格，阶次分明，市场观念强烈，颇具代表性。

正因为文人和书画市场之间存在着千丝万缕的联系，所以书画商业文化和书画市场的话题，才成为目前学术界的热门，由此产生了丰富的研究成果。然而应当看到，迄今大部分的相关研究集中于对书画家如何适应商业文化和市场规则的探讨，而对于文人在书画市场化过程中的种种逆反心态，缺乏深入的关照。特别是对近代书画商业文化的研究，过度进行了商业维度的阐释，有意无意地忽视了文人在书画经济生活中，与商业文化之间的博弈，这是目前相关研究中最欠缺的地方。自古文人以“修齐治平”

自勉，视书画为小道，这在晚明以来的书画商业文化中有明确体现。晚明资本主义萌芽带动了整个社会风气的转变，市民阶层壮大，屠沽细民极大推动了书画商业化，士商间的交流十分活跃，书画商业文化由此进入了一个新时期，这对传统消费观念乃至于道德规范构成了极大冲击。郑付忠君的这本专著，借助了文学界关于家国情结、诗酒情结、孝悌情结、疗贫情结、自娱情结等文人情结的相关研究成果，把这些情结延伸到对书画商业文化的探讨中，并重点讨论了文人“不齿言利”“不为人（物）役”“借书画自娱”等现象，选题具有明显的新意。作者详细阐释了晚明以来文人或以清贫自居，或以诗酒自娱，或以守志固贫等方式展开与商业文化的博弈历史进程，指出书画作为文人遣兴排志之雅好的情结，并没有随着商业文化的浸染而消失。自古以来，文人以政治理想为上，商业文化与文人情结的博弈，在很大程度上是政治情怀与现实遭遇的碰撞。文人情结与书画商业文化的博弈，本质上是儒家出仕思想与商业文化的斗争。这些论述，大多做到发前人之所未发，因而具有一定的理论意义和学术价值。

当然，书中也有一些不尽人意之处。由于研究范围从晚明到民国，长达四百余载，涉及到晚明、清初、清中期、晚清、民初和民国晚期六个重要时间节点，中间牵涉到不同时期的社会背景、政治形势、文艺风气、士商观念等一系列问题，头绪纷繁且问题复杂。很难在短时间内用一本书的篇幅做深刻全面的阐述，特别是从清初到清中期过渡的相关内容明显粗疏。以点带线的思路虽然从写作的角度有较强的技巧性，但从研究的角度看却不够严谨。另外，文章涉及的时间跨度过大，如果能够把研究点集中到晚清民初或者明末清初，结合当时的社会背景和世风变化，就会比较完善和深入。然而，不管怎样，这些缺点或不足是任何学术创新所难以避免的，从某种意义上说，它们也昭示着这方面研究存在着巨大的空间。

郑付忠是我的在读博士生，为人比较踏实，学习也比较认真，这是他面世的第一部学术专著，作为导师，我感到很欣慰，希望他继续努力，做出更大的成绩。

徐子方　东南大学艺术学院教授，博士生导师

绪 论

关于如何审视历史的问题，陈旭麓先生曾说："不为历史现象所迷惑，不为议论家捉弄，要有一双治史的眼睛。"[①]围绕这个问题，史料派和史学派学者争论了整整一个世纪，直至"文革"时期翦伯赞提出史料、史观相统一的主张，这种论战才逐渐趋于缓和。然而在当前的书画研究领域，"乾嘉范式"的史料派仍然颇为强势。"用材料说话"几乎成了学术研究中的口头禅，以至于我们的研究时常偏离历史真实的维度。比如近代书画史中有关书画润格的材料，在以往研究中被过度进行了商业向度的阐释。忽略了文人在适应书画商业文化的同时，还本能地表现出与之较量、博弈的情结，而这正是本文研究晚明以来书画商业文化的一个重要切入点。

有关书画谋生的问题，早在汉魏时期就有相关记载。书法方面，《后汉书·班超传》和《魏书·刘芳传》分别有班超、刘芳因家贫以"佣书"自谋的说法，[②]另《后汉书》也记载有个叫刘梁的人，"少

① 陈旭麓《浮想录》，上海：复旦大学出版社，2008年版，151页。

② 相关记载见于《后汉书》和《魏书》。据《后汉书》载，班超年少家贫，"常为官佣书以供养。"见范晔《后汉书·班超传》，杭州：浙江古籍出版社，2000年版，441页。另据《魏书》载，"芳虽处穷窘之中，而业尚贞固，聪敏过人，笃志坟典。昼则佣书，以自资给，夜则读诵，终夕不寝，至有易衣并日之敝。而澹然自守，不汲汲于荣利，不戚戚于贱贫，乃著《穷通论》以自慰焉。"见《二十四史（附清史稿）》第四卷《魏书》，郑州：中州古籍出版社，1998年版，225页。尽管这里所谓的"佣书"在形式上有别于近代以来明码标价的书画市场行为，但本质上皆属金钱交易或"以物易物"的行为，因此应当纳入讨论范畴。本文在具体阐述时也把"以物易物"的交易行为涵盖了进来。

孤贫，卖书于市以自资”；[①]绘画方面，大家津津乐道的有东晋大画家顾恺之通过画龙点睛的高超技巧，为瓦罐寺“捐钱十万”的故事。应该说在晚明以前类似的记载并不少见，然而由于受到“重农轻商”及文人“不齿言利”的传统思维的影响，我国书画艺术的发展长时间处于文人“自娱”或“成教化、助人伦”的层面，而迟迟未能进入到商业意义上的市场交易阶段。最主要的是，文人士大夫并未站到市场的前端，直至晚明才逐渐融入到鬻艺市场中来，同时与商业文化的正面交锋也真正开始。

具体到明代，书画商业文化与文人情结的博弈到底起于何时？由于这关系到晚明文艺思潮和社会风尚的变迁，因此很难具体到某年某月。为了更为深入地阐发这个问题，本文对商业文化的探讨，把最初的“十七世纪”（即万历年间）的起点延伸至晚明嘉靖年间。[②]其实“晚明”也只是个大致的说法，不尽准确。考虑到文人情结与商业文化的碰撞自古有之，具体到晚明来说，它的变化也并非一蹴而就，有社会世风和士商观念转变的影响，也有政治、经济层面的原因，若简单按照时间概念来划分并不十分准确。所以在具体探讨时，又不可避免地涉及到对明初及明代以前相关问题的论述。

明中期以来，随着社会经济的发展和士商观念的转变，官方宣扬道统、鉴戒臣民的思想钳制逐渐被商业文化、市民文化冲垮。政治上，神宗朱翊钧迷恋仙道、沉醉声色、荒于理朝，封建王朝对文人的思想钳制有所放松；经济上，随着资本主义萌芽的诞生和市民阶层的壮大，书画消费的社会基础和经济能力得以扩充夯实；文艺风气上，政治经济层面的变革引

① 范晔《后汉书·刘梁传》，杭州：浙江古籍出版社，2000年版，755页。

② 关于“晚明”时间的上限，学界主要有三种说法：一、明成洪以后说，如万明的《晚明社会变迁问题与研究》；二、嘉靖以后说，如张显清的《明代后期社会转型研究》；三、万历以后说，如樊树志的《晚明史》。本文根据研究需要，采用第二种说法。

起了晚明社会思想的活跃，出现了李贽的“童心说”[①]，汤显祖的“唯情说”[②]和公安三袁的“性灵说”[③]等“异”声。他们向传统的程朱理学发起了挑战，促进了明末的思想解放和士商观念转变，由此也导致了人们处世哲学、审美趣味的变化，使得晚明社会生活中充满了娱世、恋世、乐世的风气，即袁宏道所谓“目极世间之色，耳极世间之声，身极世间之鲜，口极世间之谭”[④]的娱乐和消费性的快活生活。另，万历年间意大利人利玛窦、罗明坚、龙华民等传教士来到中国，发起了一场文化艺术领域的中西碰撞与交流运动，也给了我国知识分子以重大思想冲击，这些都极大地促成了晚明书画商业文化的成长和文人思想的解放，不少仕途上失意的文人，如徐渭、陈洪绶等，皆与书画商业文化产生了碰撞。需要特别指出的是，晚明时期文人情结面临着重大挑战，是产生重大转变的时间节点，也是商业文化与文人情结博弈的特殊时段。晚明资本主义萌芽的发展带动了整个社会风气的转变，市民阶层的壮大、屠沽细民消费水平的提高都极大推动了书画商业化，士商间的交流十分活跃，书画商业文化由此进入了一个新时期，对传统消费观念乃至道德规范构成了极大冲击。

本课题与其他相关研究的不同在于，以往不少学者在讨论商业文化时，一味强调书画商业文化的顺势发展及书画家在这个过程中是如何逐渐适应商业文化的，忽视了对于文人书画家对抗商业文化的心态研究，也没有把“文人情结”与商业文化的博弈当作一个专题深入挖掘。因此本课题借助文学界相关研究成果，把归隐情结、诗酒情结、家国情

① 李贽曰：“夫童心者，绝假纯真，最初一念之本心也。”见李贽《焚书》卷三《童心说》，北京：中华书局，2009年版，98页。

② 汤显祖《玉茗堂文之四·耳伯麻姑游诗序》。

③ 袁宏道《袁中郎全集》卷三《叙小修诗》。

④ 钱伯城《袁宏道集笺校》卷五《龚惟长先生》，上海：上海古籍出版社，1981年版，205—206页。

结、乡土情结和悲秋情结等，借鉴到对书画商业文化的研究中来。本文认为，文人情结在书画商业文化中常常表现为“不齿言利”“不为人（物）役”“借书画自娱”等，或以清贫自居，或以孝悌相标，或以诗酒、家国情结等形式出现。且书画作为文人谴兴排志之雅好的情结并没有随着商业文化的浸染而消失，而是逐渐渗透到文人思想中，成为他们的一种行事方式和人生品格，影响至今。

本书对书画商业文化与文人情结关系的探讨，从晚明嘉靖年间开始，把文人情结与书画商业文化博弈的历程大致分为五个阶段，即晚明以前、晚明清初、清初到清中期、晚清民初、民国晚期以来。限于篇幅，文章把晚明以前的部分穿插在文中作为背景介绍，不展开阐述；民国晚期以来的部分也不深入展开，而将主要精力放在中间三个时间范畴内，结合重点书画流派、地区和人物，以点带面研究文人在面对商业文化时的心态转变。

一、晚明以前：文人以书画“自娱”，强调“慎勿以书自命”

儒家强调经世致用，所谓“志于道，据于德，依于仁，游于艺”，这种信条被传统文人奉为圭臬。书画本文人自娱之事，参与商业性的书画买卖被视为是夺志辱身之举。古代虽然存在零散的书画交易，但并未形成浓厚的书画商业文化，自古以来文人多把政治理想作为终极追求，排斥从艺、鬻艺。如颜之推再三训诫子弟“慎勿以书自命”①，阎立本也告诫子孙“勿习此末伎”②，等等，类似的记载举不胜举。文人更乐于把书画作为雅玩，而避免在商业文化中沦为市井。此外，唐宋以前重农抑商的政策广为流行，极大地固化了人们的思维，很大程度上影响了晚明

① 颜之推《颜氏家训·杂艺第十九》，上海：上海古籍出版社，1992年版，41页。
② 引自卞孝萱编《郑板桥全集》上，南京：江苏美术出版社，1990年版，15页。

以来的书画商业进程。宋元间虽然市井文化兴盛，带动了市肆的书画交易，然而文人阶层并未广泛参与进来，文人与市民阶层的关系还处于若即若离的状态。

二、晚明清初：书画商业文化活跃背景下的“夺志辱身”与底限坚守

晚明资本主义萌芽的发展带动了整个社会风气的转变，市民阶层壮大，屠沽细民极大推动了书画商业化，士商间的交流十分活跃，对传统消费观念乃至道德规范构成了极大冲击。以傅山为例，由于他既不愿做“贰臣”，又惮于鬻书为人所役，故时常陷入自我矛盾。有时迫于生计不得已鬻艺，但又强调不卖给人品不入流者，且不以此为业自富。这种情结在稍早的“吴门书画家”那里也有体现。如文徵明以鬻画卖字为生却不放弃原则，唐王曾以重金求画，他拒辞不纳；唐寅更言“闲来写幅青山卖，不使人间造孽钱。”①沈周求索者不断，他却说“写画题诗不换钱”“笔砚只宜收拾起，休言。”②“吴门”书画家多淡泊功名，以丹青以自适，即便靠书画自谋者，也十分看重文人的底限，求索者往往需要再三托请方得应承，此乃文人禀性使然。明末清初学者，如张履祥、吕留良、陈确、魏禧、王夫之、屈大均、傅山等，当他们因生计而卖艺时，同样面临着传统观念的挑战和底限考量。耻于言利是儒家文化打在文人脑海里根深蒂固的烙印，也是悬在他们头上的一柄利剑，由此导致的文人与商业文化的碰撞至今不绝。

① 张鸣珂著，丁羲元校点《寒松阁谈艺琐录》，上海：上海人民美术出版社，1988年版，130页。

② 沈周《沈周集》，上海：上海古籍出版社，2013年版，444页。

三、清初至中期：从隐逸自谋到“贾近士风”

清代是中国封建社会土崩瓦解的时期，同时商业文化的漫延也在不断冲击着传统思维，读书人吟诗作画不再局限于对政治理想的追求，而逐渐与市场和个人生存产生密切的联系。从清初到中期，文人的观念被一再刷新。清初文人在面对家国之痛时，更加纠结于对个人命运和国家存亡之间关系的思考。王朝的颠覆给读书人尤其是晚明遗民造成了巨大的精神打击和心灵创伤。

入清文人有些慑于高压政策投降自保，有些则傲骨不改，遁迹山林。所以大批文人缙绅失去了经济来源，面临衣食之忧。关于他们的谋生方式，钱穆先生曾分为六个类型：僧道型、云游入幕型、处馆讲学型、以农自给型、苦隐型、医商型。[①]笔者以为钱先生漏掉了很重要的一类，即书画自谋型。尤其是在国破家亡的特殊时刻，文人能书善画的技能往往成为遗民生涯的重要收入来源。另需说明的是，明清之交不少文人在生存压力下通常是卖文、鬻艺、行医、占卜、躬耕等多种谋生手段相结合，且一般认为务农要高于经商、行医、卖文等。随着士商观念的转型，到了清中期这种认识有所改变。特别是扬州地区，书画商业化程度较高，富商大贾云集，他们喜欢借书画装点门面，给文人书画谋食提供了大的社会环境。郑板桥是清代商业文化背景下一个绕不开的人物，他辞官流寓扬州，指仗砚田，公开明码标价，且称：“凡送礼物食品，总不如白银为妙。”[②]但他的风雅之举在清中期尚属突兀，公开订润的做法在当时也并不多见，书画家大批制定润例的现象迟至清末民初才流行开来。

① 钱穆《国史大纲》下册，北京：商务印书馆，1994年版，851页。

② 语出《郑板桥笔润榜》，见天台野叟《大清见闻录·艺苑志异》，郑州：中州古籍出版社，2000年版，185页。

四、晚清民初：书画广告风行与鬻艺形式的“包装”

清末民初，封建社会的政治结构土崩瓦解。上海、广州等地相继开埠通商，最先接受外来思想和异域文化的冲击，“海上画派”“岭南画派”“京派”三足鼎立。以清末“海派四杰”和“京派”诸家为代表，鬻艺者纷纷公开发布润例，书画广告充斥市肆。特别是海派书画家，随着清代后期上海商业时代的到来，海派书画商业文化气息尤为浓烈，传统士商观念发生了很大转变，吸引了不少外地谋食者寓沪。各种书画庄、笺扇庄及书画公益组织、展览会等如雨后春笋般出现。书画润例风靡，明码标价逐渐成为一种世风。

然而与此同时也应看到，文人在清末民初明码标价时仍不免遮遮掩掩，注意润例用语和鬻艺方式上的“包装”。如“海派”书画家在鬻艺时往往与“助赈”“助学”等公益活动相结合，或者由第三人代为推荐的形式出现，这也是文人情结呈现的一种方式。民国初期，旧式文人失去了原有的社会地位与晋升途径，没有了经济来源，挂单鬻艺成为维持生计的无奈之举。特别是北京地区，以清廷遗老、翰林、状元等为代表的文人群体无以为谋，鬻艺成为支撑其生活开支的重要经济来源。但鬻艺者同时又设置了种种“不书”“不画”“不刻”等门槛限制，如齐白石有“工细不画”“印语俗不刻”；康有为晚年有“扇不书，寿屏寿文不撰不书”；张大千有“立索不应”；吴昌硕有“劣石不应”，等等，试图通过“不应”条款把书画商业化控制在有限参与和可操控的范围内。这种做法显示了书画市场化被文人性情裹挟的一面，也使得鬻艺活动区别于普通商品的市场化运作。

五、民国晚期以来：鬻艺观念的暧昧期

抗日战争爆发后，国内政治局势一片动荡，经济形势急转直下，通

货膨胀严重，物价飞涨。后来又经历了旷日持久的解放战争，其间国民政府滥发纸币，国内经济状况每况愈下，货币贬值严重，不少书画家在严峻的经济形势下纷纷挂单鬻艺，一时间蔚然成风。面对生活艰难、市场低靡的境况，饥肠辘辘的书画家在价值选择上陷入矛盾，在鬻艺行为上不无暧昧。但并未一味适应商业文化，而是出现了多样化的选择。一方面不少人通过书画展览出售作品，甚至黄宾虹都推出了“黄宾虹八秩诞辰书画展览会”。[①]另一方面，有些鬻艺者采用“另议”“面议”等暧昧的说法应承碑铭、墓表等“奇货”，提高了收入；还有，鬻艺者为了应对通货膨胀，采取了提升润格、“物物交换”或美元交易的方式；也有些鬻艺者一反常态，在抗日战争、解放战争时期表现出某种程度的对抗情绪，如齐白石曾一度挂出“停止售画”“停止见客”的告示。可以说书画商业文化的发展，直至民国晚期甚至于当代都没有完全使得文人情结得以释怀。

文人情结与书画商业文化的博弈，本质上是传统儒家思想与商业文化的斗争。商业伦理的构建始终受制于儒家道德规范的要求。这个逻辑在书画领域体现得尤为突出，很重要的一点就在于自古文人以书画为娱，士人读书的目的在于“修身、齐家、治国、平天下”，以书画为业被视作一种堕落之举。有趣的是，尽管经历了数百年的观念洗礼和世风转变，这个传统偏见至今也没有完全消失。作为一种商业伦理，它的存在看似在某种程度上阻碍了艺术市场的发展。但反过来看也不无其合理性，如果把书画市场与其他市场行为画上等号，或者说当书画作品发展到没有了人文属性，而只剩下经济价值的时候，那么艺术的价值、文化的追寻以及我们的人生追求和精神归宿又会走向何方？

① 参见傅雷《傅雷全集》第20卷，沈阳：辽宁教育出版社，2002年版，337页。

第一章　晚明清初：书画商业文化背景下的“夺志辱身”与“大义”坚守

自古文人以书画为娱，不齿言利，明初士人也大体如此。凡为人作书画者，常羞于取酬。如洪武、永乐年间，未出仕的名士王绂以书画知名，放浪形骸，但“有投金币购片楮者，辄拂袖起，或闭门不纳”。一次他乘兴写《石竹图》送给某商贾，然此人竟“以红氍毹馈，请再写一枝为配”，于是王绂“索前画裂之，还其馈”。[①]王绂认为书画怡情赠友，本风雅之事，收受金钱则为俗格，所以索回所赠并撕毁。无独有偶，与王绂同时的夏昶也善竹石，“画竹一枝，直白金一锭”，然夏氏画作同样绝少出售，时人“多以馈遗得之”。[②]

当然，这并不意味着明前期文人决然不鬻艺，而是说当时还没有形成取润的社会风气，即便鬻字卖文，也往往要看购求者的身份品行，且鬻艺者收取笔润后也会认真对待，较少出现应付了事的情况。如明初书画家姚绶便十分珍视其作品，不会轻易进行书画应酬，“人乞其画珍藏之者，辄喜不自胜；人或以其画售于人，即愠曰：‘绘画为雅人深致，奈何令庸贩者流估价值轻重耶？’”[③]这是文人的操守使然。自古儒者皆

① 张廷玉《明史》卷二百八十六，北京：中华书局，1974年版，7338页。

② 张廷玉《明史》卷二百八十六，北京：中华书局，1974年版，7338页。

③ 卢辅圣主编《中国书画全书》第3册，上海：上海书画出版社，1993年版，92页。

有出于道义或朋友情谊而酬谢诗文、书画、墓铭的风气，如弘治二年程敏政为同乡吴氏所作《处士吴君孺人谢氏合葬墓志铭》时便说："予与君同里闬，且善芳弟昆，义不可辞，爰序而铭之。"[①]这个习俗在清初文人那里也有体现，如王士禛的同僚父亲去世，他前去吊唁，对方"述其行，泣求志隧道之石"，王士禛"哀其志，爰序而铭之"。[②]明季嘉万年间以前，书画商业文化尚不浓厚，文人以书画为业的情况还不普遍，以上有关书画和作文方面的风雅故事的出现，与当时的社会风气是密不可分的。即便到了嘉靖年间，这样的风骨依然存在，如书画家王逢元山水取法赵孟頫，颇受世人欢迎，人争求购之，然而他却"意所不屑，虽重币弗顾也"。[③]随着时代的发展和士商观念的转型，士人对待书画交易的态度也会发生变化，即便是同一个人，由于人生处境不同，也会有前后截然不同的观念转变。永乐年间的张士谦，年轻时志于翰墨，为人作诗写字从不受人钱物，然而后来却发生了变化，他为人作文"若行云流水，终日数篇。凡京师之送行、庆贺，皆其所作，颇获润笔之资。或冗中为求者所逼，辄取旧作易其名以应酬"。[④]张士谦不仅变得收取笔润，而且为人作文的方式也完全商业化了，这是明代商业文化熏染和世风转变的结果。

明末清初，我国封建社会经历了一次重要转型。王朝的颠覆给入清文人造成了巨大精神创伤，满汉文化的冲突、传统观念的挑战在这一阶段显得尤为突出。特别是对于缙绅士夫而言，朝代鼎革还导致了政治命运的乖舛和一家生计的窘迫。不少士人因国变而陷入人生困惑。一方

① 《（嘉靖）徽州府志（弘治）休宁志》，《北京图书馆古籍珍本丛刊史部·地理类》，北京：书目文献出版社，1998年版，651—652页。

② 王士禛《王士禛全集3：诗文集》，济南：齐鲁书社，2007年版，2204页。

③ 《清代宫藏书画集·明代卷》，北京：中国书店，1998年版，17页。

④ 王锜《寓圃杂记》，北京：中华书局，1984年版，33页。

面，“夷夏之辨”的传统观念使他们排斥清廷；另一方面，他们的处世态度又直接关系到一家人的生计，或隐或仕，进退两难。

第一节　晚明士商合流与徽商书画收藏

一、晚明士商观念转变与士商合流

晚明士商观念的转变与当时读书人窘迫的人生遭遇密切相关。随着晚明经济的发展和社会繁荣，人口数量暴增，由十四世纪末的六千五百万涨到一六〇〇年的一亿五千万之多。[①]但科举名额并没有相应追加，所以晚明科举录取比例极低，业儒的风险成本越来越高。有研究者指出，明末地方儒学生员有60万之多，占当时总人数的0.46%，[②]庞大的生员数量已经成为社会的“五蠹”之一。大批儒生自幼埋头读书，严重缺乏对“积著之理”的关照，一旦求取功名失败生存便陷入绝望，残酷的现实使得传统士商观念遭受极大挑战，为了生计大批儒生纷纷“弃举业”而从商，这在当时成为一种特殊的社会现象。[③]

清人沈垚在《落帆楼文集》中有一段话颇为经典，大致论述了明清以来士商观念的转变：

> 古者士之子恒为士，后世商之子方能为士。此宋、元、明以来变迁之大较也。天下之士多出于商，则纤啬之风益甚。然而睦姻

① 参见Ping-ti Ho，Studies on the Poupulation of China，1368—1953（Cambridge，MA：Harvard University Press，1959），p. 264.

② 陈宝良《明代地方儒学生员数蠡测》，《顾诚先生纪念暨明清史研究文集》，郑州：中州古籍出版社，2005年版，109—138页。

③ 参见余英时《士与中国文化》，上海：上海人民出版社，2003年版，528—532页。

任恤之风往往难见于士大夫，而转见于商贾，何也？则以天下之势偏重在商，凡豪杰有智略之人多出焉。其业则商贾也，其人则豪杰也。为豪杰则洞悉天下之物情，故能为人所不为，不忍人所忍。是故为士者转益纤啬，为商者转敦古谊。此又世道风俗之大变也。[①]

沈氏的分析是符合历史实际的，明末清初士商关系的转变是商业文化主导下的必然趋势。特别是江南一带，公开的言利、言色以及对奢靡生活的追求，逐渐改变了传统士商尊卑的观念。同时，由于读书入仕需要巨大的经济支撑，而商人充足的物质条件恰恰是贫士所不具备的，由是导致了明清之际士商阶层的互动与融合。不仅如此，随着商品经济的发展和市民阶层的壮大，士商间的地位对比也发生了戏剧性的转变，商人的社会地位明显得以提高，甚至要跃居士人之上了，由此也带来了士人对商人态度的转变。到了明末，商业文化对士人思想的侵蚀，使得金钱崇拜不再是羞于启齿的事，君子“耻于言利”的传统被逐渐淡化。万历年间，朱载堉在《山坡羊·钱是好汉》中有段话十分形象：

世间人睁眼观见，论英雄钱是好汉。有了他诸般趁意，没了他（它）寸步也难。拐子有钱，走歪步合款。哑巴有钱，打手势好看。如今人敬的是有钱，蒯文通无钱也说不过潼关。实言，人为铜钱，游遍世间。实言，求人一文，跟后擦前。[②]

尽管这段醒世言写得有些夸张，但的确在一定程度上反映了明末清初商业文化的高涨，金钱至上的观念也使得很多社会规则发生了扭曲，

① 引自余英时《士与中国文化》，上海：上海人民出版社，2003年版，451页。
② 白岭，筝鸣选编《精彩醒世歌》，郑州：中州古籍出版社，2002年版，14页。

甚至出现了名士为商贾鸣不平的现象。如李贽便说："且商贾何鄙之有？挟数万之赀，经风涛之险，受辱于关吏，忍诟于市易，辛勤万状，所挟者重，所得者末。然必结交于卿大夫之门，然后可以收其利而远其害，安能傲然而坐于公卿大夫之上哉！"[①]又如晚明官员陆树声，在为弃儒从商的张士毅所作墓志铭中赞曰："舍儒就商，用儒意以通积著之理。不屑纤细，惟择人委任，赀计出入。"[②]士商观念的转型使得弃儒就贾的现象愈发普遍，尤其是经济发达的江南一带，弃儒从商的情况更成风尚，所谓"吴中缙绅大夫多以货殖为急"[③]。流风所及，在当时的文学作品中也处处可见对贾业的描述，如明末凌濛初的小说《二刻拍案惊奇》中便有"徽州风俗以商贾为第一等生业，科第反在次着"的说法。[④]在这样的社会现实下，传统"四民"观发生了巨大逆转，也使得士商碰撞在明末清初书画商业文化中趋于合流。

二、晚明徽商及收藏

晚明以来，随着商品经济的发展，徽州逐渐成为江南经济的重镇。徽州以盐业为支柱，经济的殷实使得当地人好儒且喜欢书画收藏，徽州也由此取代吴门地区，成为晚明书画收藏在江南一带的轴心所在。

徽绅、徽商是徽州书画的主要赞助人和收藏群体，以古董商和徽州氏族为主体的书画收藏者，成为徽州书画市场的精英阶层，吸引了不少以此为业的底层文人来此鬻艺。明清之交正是徽州六邑经济强盛的时期，大批富可敌国的商贾和名门望族附庸风雅，不惜重金购藏书画，一时间蔚然成风。据明代当地古董商吴其贞回忆说："忆昔我徽之盛，莫

① 李贽《焚书》卷二《又与焦弱侯》，北京：中华书局，2009年版，49页。
② 《陆文定公集》卷七，沈起凤《谐铎》，北京：中国戏剧出版社，2000年版，512页。
③ 谢国桢《明代社会经济史料选编》中册，福州：福建人民出版社，1981年版，113 页。
④ 凌濛初《二刻拍案惊奇》卷37，北京：人民文学出版社，1996年版，660页。

若休、歙二县，而雅俗之分在于古玩之有无。故不惜重值争而收入。时四方货玩者闻风奔至，行商于外者搜寻而归。因此所得甚多。”[①]万历以后正是徽州书画市场最活跃的时期，这与徽商好儒的风气是分不开的。另外，作为市场桥梁的书画商也是推动收藏的重要力量。吴其贞便是徽州著名的古董商，他出身商人，因常与书画鉴藏家往来而目力渐长，成为徽州知名的古董商。其《书画记》里详细记录了吴氏在江南一带过目、收藏的历代书画佳作，其中不乏煌煌巨制，如顾恺之《洛神赋图》、吴道子《送子天王图》、黄公望《富春山居图》等。吴氏两个儿子吴振启、吴振明由于长期随父做书画生意，也子承父业入了行。吴其贞在《书画记》中记录了吴振启收购画作的情况：“刘静修《秋江垂钓图》，纸墨尚新，画法高简，有意到笔不到之妙，风韵超出于画家之流，为逸品上画。此图常见在苏城浦二哥处，今为长男振启获归杭州，寻归于姚友眉。”[②]由吴氏父子的职业生涯可以想象徽州当时书画市场的活跃与繁盛，这种繁荣甚至到了清康乾时期还热度不减。据清人黄崇惺载，清代徽州书画收藏之风大胜，当地望族凡书画古董、奇香珍玩无所不藏。据吴其贞《书画记》载：“是时休、歙名族，乃程氏铜鼓斋、鲍氏安素轩、汪氏涵星研斋、程氏寻乐草堂，皆百年巨室，多蓄宋元书籍法帖、名墨佳砚、奇香珍药，与夫尊彝、圭璧、盆盘之属，每出一物，皆历来赏鉴家所津津称道者，而卷册之藏，尤为极盛。”[③]

徽商的贾而好儒习尚，极大带动了江南书画市场的活跃，也使得士商间互动渐趋频繁，传统观念在商业文化的冲击下愈发呈现出尚利、好色的风尚。

① 吴其贞《书画记》卷二，北京：人民美术出版社，2006年版，119页。

② 吴其贞《书画记》卷二，北京：人民美术出版社，2006年版，552页。

③ 黄崇惺《草心楼读画集》，《美术丛书》初集第一辑，南京：江苏古籍出版社，1997年版，32页。

第二节 “夸示文物”“取悦俗目”：晚明书画交易简论

一、晚明书画交易

随着工商业的发展和封建社会内部矛盾的激化，越来越多的读书人绝意于仕途，甚至弃儒从商。特别是到了明代中后期，在经济发达的江南三吴地区，书画商业发达、人文荟萃，出现了大批靠书画为生的文人墨客、书画商、书画店。私家收藏活动十分活跃，书画商和各种市肆店铺成为书画市场的助推者和受益者，明人沈德符在《万历野获编》中论及嘉靖末年各地豪门竞相购藏书画时有“不惜重资收购，名播江南”的记载。明中叶以后，以“明四家”为首的大批职业书画家介入市场，以书画作为谋生手段。如文徵明、沈周等人可谓门庭若市，上门求索书画者络绎不绝，祝枝山更是“海内索书，贽币踵门，辄辞弗见”[①]。由于“明四家”当时在社会上名气很大，不愁销路，所以尽管以书画为生，他们仍旧不失文人的风雅，甚至于靠书画为生的唐寅作《言志》诗曰：“不炼金丹不坐禅，不为商贾不耕田。闲来写幅青山卖，不使人间造孽钱。”[②]但他同时也坦言，自己并不忌讳用书画换钱谋取生计：“书画诗文总不工，偶然生计寓其中。肯闲斗粟囊钱少，也济先生一日穷。”[③]自古文人皆不讳言贫，有的可能是真贫困，食不果腹，也有些并非如此，唐寅即是此例，但自称清贫显然会给其鬻艺生涯带来一些道义上的支持。

① 马宗霍《书林藻鉴 · 书林纪事》卷二，北京：文物出版社，2015年版，316页。

② 张鸣珂著，丁羲元校点《寒松阁谈艺琐录》，上海：上海人民美术出版社，1988年版，130页。

③ 引自徐建融《明代书画鉴定与艺术市场》，上海：上海书店，1997年版，102页。

到了万历年间，由于神宗朱翊钧晚年迷恋仙道、沉醉声色，不理朝政，大明政治上陷入动荡期，由此也导致思想管制上的放松。随着资本主义萌芽的诞生和市民阶层的壮大，晚明社会思想异常活跃，出现了李贽的"童心说"，汤显祖的"唯情说"和公安三袁的"性灵说"等"异"声，晚明的思想解放运动极大推动了文人传统观念的转型，鬻书卖画逐渐成为底层士人的一种生活方式和社会文化的一部分，不少底层文人甚至开始弃举经商。如明末兵乱，周篔弃举子业，"就市廛卖米"①。即便如此，有一定身份和名气的书画家鬻艺时仍然保持底限，所以明清以来关于书画家"多自矜重""不轻与人"的记载随处可见。如明清之交的陈洪绶家贫，屡试不第，"十四岁，悬其画市中"②，鬻画自谋，但他对钱却能够比较豁达，卖画不畏权贵，且能周济贫苦者："凡贫士藉其生，数十百家。若豪贵有势力者索之，虽千金不为搦笔也。"③这还不是个案，晚明"狂士"徐渭老年甚贫，鬻艺自给，但并非有钱就能买到他的作品，而是要视其手头宽裕与否："人操金请诗文书绘者，值其所裕，即百方不得，遇窘时乃肯为之。"④这种狂士精神本质上与经济学意义上的商业文化是矛盾的，这也正是明末清初时期书画商业文化与文人交织在一起，而显现出来的比较典型的特征。

二、晚明书画斗侈

与明晚期书画商业文化相伴而行的是嘉万以来的书画斗侈之风的盛行。

书画收藏和斗侈的参与者主要是那些有财力、有目力的有闲阶级，

① 《浙江通志》第9册，北京：中华书局，2001年版，5067页。

② 天台野叟《大清见闻录·艺苑志异》，郑州：中州古籍出版社，2000年版，69—70页。

③ 陈洪绶著，吴敢点校《陈洪绶集》，杭州：浙江古籍出版社，1994年版，599页。

④ 徐渭《四声猿》，上海：上海古籍出版社，1984年版，188页。

他们通过举办雅集、宴会来展示奇玩，炫耀书画庋藏。如嘉靖年间，首辅严嵩之子严世蕃好收藏，在他得到《清明上河图》后视为至宝，专门举办酒会邀请达官显贵来赏评："严氏既得此卷，珍为异宝，用以为诸画压卷，置酒会诸贵人赏玩之。"[①]严氏为了得到自己心仪的藏品，不惜动用暴力胁迫，有时竟会闹出人命。据王世贞载："分宜当国，而子世蕃挟而行黩，天下之金玉宝货，无所不至，最后始及法书名画，盖以免俗，且斗侈耳。而至其所欲得，往往假总督抚按之势以胁之，至有破家殒命者。"[②]

图1 "冯摹本"《兰亭序》跋尾中项元汴的标价

图2 杨凝式《韭花帖》跋尾中项元汴的标价

达官显贵是书画斗侈活动的重要参与者，除此之外就是那些大的书画收藏、鉴赏家了。如明末著名收藏家张丑购得沈周《春山欲雨图》后，便将该作与其他名画进行了一番争胜比较。张丑在《清河书画舫》中盛赞此作"自当与摩诘《江山雪霁》声价争先，下视正道《清明上河图》，子久《浮峦暖翠》真迹且退避三舍矣。胡能与之角胜负耶？"[③]又如嘉万时期著名收藏家项元汴，博雅好古，绝意仕进，家藏颇丰。其影响之大甚至于神宗朱翊钧皆有所闻，诏其为官不赴。其所藏法书名作、金石鼎彝甲于海内（图1，图2），晚明风雅之士如文彭、文嘉、李日华等多与之有密切交往。特别是李日华，与项元汴同处一郡，李氏不仅与项元汴有交往，更

① 沈德符撰《万历野获编》补遗卷二，北京：中华书局，1959年版，827页。
② 王世贞《觚不觚录》，北京：中华书局，1985年版，16—17页。
③ 卢辅圣主编《中国书画全书》第4册，上海：上海书画出版社，1993年版，127页。

与项氏祖孙有密切往来。《味水轩日记》详细记录了李日华的书画交往生活，其中便有项元汴儿子项穆、项又新书画斗侈的故事：

> 万历四十年……偶出所藏唐陆柬之《兰亭诗五首》真迹观之，……忆余初第归里中，墨林长郎兰台君，方豪侈结客。一日，集余辈数人，……以大白浮客，必令极醉。方樽罍未集，对设长案，出法书名画，恣客批阅。①

墨林长郎兰台君乃项元汴长子项穆，项氏兄弟子承父业，也是明末书画市场的重要参与者。作为一种文艺交流，书画藏家的斗侈不仅愉悦了身心，增长了见识，更重要的是成为有闲阶层彰显身份地位的手段，获得了心理上的极大满足。但在晚明商业文化的侵蚀下，书画收藏却成了有钱人的一种文化装饰，何良俊直言："世人家多资力，加以好事，闻好古之家亦曾蓄画，遂买数十幅于家。客至，悬之中堂，夸以为观美。"②射利斗侈使得书画购藏变得庸俗，有识之士对此嗤之以鼻。明末书画家莫是龙在《笔麈》中说："今富贵之家，亦多好古玩，亦多从众附会，而不知所以好也。且如蓄一古书，便须考校字样伪缪，及耳目所不及，见者真似益一良友；蓄一古画，便须少文澄怀观道，卧以游之，其如商彝周鼎，则知古人制作之精，方为有益，不然与在贾肆何异？"③文人雅士在书画商业大潮中扮演了一个矛盾的角色，他们一方面需要靠书画自给，另一方面又难以从心理上认同有闲者斗侈竞购之风。

文人也是书画斗侈活动的重要参与者。

---

① 李日华《味水轩日记》第四册，北京：文物出版社，1995年版，3—4页。
② 何良俊《四友斋丛说》卷二十八，北京：中华书局，1959年版，257页。
③ 引自邓之诚著，邓珂点校《骨董琐记全编》，北京：北京出版社，1996年版，264页。

图3 文徵明《真赏斋图》 上海博物馆藏

作为书画创作的主体，文人往往会直接或间接参与到有闲阶级的书画雅集活动中去。与达官显贵不同，文人对书画斗侈往往持负面的看法，特别是对那种借风雅之举夸饰炫富的活动嗤之以鼻，与商业文化泛滥的晚明世风形成鲜明对比。如嘉靖三十六年（1557），文徵明曾为收藏家华夏绘《真赏斋图》（图3），文氏在《真赏斋铭》中便发表了对当时夸饰之风的看法："今江南收藏之家，岂无富于君者？然而真赝杂出，精驳间存，不过夸示文物，取悦俗目耳。"[①]文氏"夸示文物""取悦俗目"的评价基本代表了文人对斗侈活动的总体看法，只是有些生活窘困的底层文人沦落以书画为业，因被商业社会裹挟而未能像文徵明这样的名士一样洒脱。无独有偶，明末文人沈春泽在为文震亨《长物志》作序时，也对当时好事者颇多微词，称他们"沾沾以好事自命，每经赏鉴，出口便俗，入手便粗，纵极其摩挲护持之情状，其污辱弥甚，遂使真韵、真才、真情之士，相戒不谈风雅。"[②]商业文化的发展催生了一批"心无真赏，以耳为目"的好事者，他们攀附名流，干谒朱紫，为不懂真赏者装点门面，附庸风雅，致使法书名作陷入俗厄，而名士相戒不谈风雅。对于这种不良风气，文震亨慨叹说"（名作）一入俗子之手，动

① 文徵明《真赏斋铭》，《文徵明集》下，上海：上海古籍出版社，2014年版，1259页。
② 文震亨《长物志·序》，北京：中华书局，1985年版，1页。

见劳辱，卷舒失所，操揉燥裂，真书画之厄也。”[①]

书画斗侈者并非都是不懂书画的射利之徒，也有不少名士之流，著名书画家董其昌就喜欢用书画与人斗侈。据沈德符《万历野获编》载：“近年董太史（其昌）最后起，名亦最重，人以法眼归之。篋笥之藏为时所艳。山阴朱太常（敬循），同时以好古知名，互购相轧，市贾又交构其间，至以考功法中董外迁，而东壁西园，遂成战垒。”[②]董其昌与朱敬循皆好古，常以书画相角，遇到珍品“互购相轧”，古董商趁机渔利，更使得争购斗侈愈演愈烈，这也是明末书画市场繁荣的重要原因。

第三节 明清易祚之际的遗民心态与“治生”之道

一、易祚之际的遗民心态

明清易祚使得不少文士失去了身份特权和恒产，生活捉襟见肘。若文人不能食君之禄，则谋生手段无外乎经商、游幕、行医、业农、处馆、占卜、鬻艺等，当然，与走仕途相比这些都是等而下之的无奈选择。同时，儒者谋生还不得不顾及世俗的看法，如明末诸生方文，入清不仕，常卖卜自给，因而遭受批评。他作诗答曰：“江市聊为贸卜行，敢言踪迹类君平。所求升斗供饘粥，不向侏儒说姓名。”[③]方文为谋生而自比汉代卜筮为业的隐士严君平，我们不难想见清初遗民所处的舆论环境是何等的恶劣。

① 文震亨《长物志》卷五，北京：中华书局，1985年版，29页。
② 沈德符撰《万历野获编》卷二十六，北京：中华书局，1959年版，654页。
③ 方文《嵞山集》，上海：上海古籍出版社，1979年版。

清初，出仕与否在不少文人那里成了大伤脑筋的问题。不出仕便要自谋，出仕又恐见辱于世。在以上所述治生手段中，最受认可的是务农，[①]而争议最大的是经商。大思想家王夫之就是个例子，他在1686年写给儿子的“传家十四戒”中谈及谋生手段时强调说：“勿作屠人厨人及鬻酒食。”但同时又变通说：“吾不敢望复古人之风矩，但得启、祯间稍有耻者足以。”[②]王夫之是一位思想较为保守的儒者，大明灭亡后他曾积极参加反清活动，事败后隐居山中著书立说，尝尽人间疾苦。可能正是这个原因，我们才看到他迫于现实压力而有所妥协的一面。不仅王夫之如此，明亡后很多遗民隐逸不仕，但并不反对自己的子孙效力于清廷，从中我们不难揣测儒者微妙的心态变化。

参加清廷的“恩科”便要背负沉重道德包袱，不参加又无以为生，这是清初士人普遍的心态。李因笃因参加了“博学鸿儒科”而遭到好友顾炎武的批驳：“窃谓足下身蹑青云，当为保全故交之计，而必援之使同乎己，非败其晚节，则必夭其天年矣。”[③]以至于后来李氏还是辞官归里。顾炎武与傅山相似，入清后坚决不仕，他在《与叶讱庵书》中称“正欠一死！若必相逼，则以身殉之矣！”[④]但毕竟生计问题也是无法回避的，所以不少人在仕与隐之间妥协了一步，做了幕僚。游幕介于仕、隐之间，所谓“不显不隐”。即便是这样，仍有不少人无法释怀，如顾炎武、朱彝尊、吕留良、张履祥等皆不认同遗民入幕。但有时迫于无奈也会两害相较取其轻，如陆元辅入清后便有人请他入幕，他妥协了：

① 也有遗民曾对于业农谋生表示反对。如王夫之便认为务农消磨斗志，荒废时日，不足为范。他在《思问录》中反诘道：“鄙者销磨岁月精力于农圃箪豆之中，而荒废其与生俱生之理，何勤之有！”见王夫之《思问录·俟解》，北京：中华书局，1956年版，83页。

② 王夫之《船山全书》第15册，长沙：岳麓书社，1995年版，922—923页。

③ 顾炎武《顾亭林诗文集》，北京：中华书局，1983年版，76页。

④ 顾炎武《顾亭林诗文集》，北京：中华书局，1983年版，53页。

"先生念已于前朝未有禄仕，出亦无害，而以贫故糊口四方，亦非不义之粟。故以礼来聘者，先生不之拒。"[①]朱彝尊虽然也曾游幕，然却认为这有损气节，他在《报周青士书》中说："仆频年以来，驰逐万里，历游贵人之幕，岂非饥渴害之哉？每一念及，志已降矣。"[②]易代之际，儒者对于道德节操与治生手段的权衡十分残酷，对此钱穆先生的观点较为客观，称除非使他们的"经济生活足以维持在某种水平线之上……失却其经济凭借，非躬耕为农，即入市经商。而从此他们亦再不能尽其负荷民族传统文化之职责。"[③]关于文士治生与做学问孰轻孰重的问题，早就有争论，元人许衡说：

> 为学者，治生最为先务，苟生理不足则于为学之道有所妨，彼旁求妄进，及作官嗜利者，殆亦窘于生理之所致也。士君子当以务农为生，商贾虽为逐末，亦有可为者。果处之不失义理，或以姑济一时，亦无不可。若以教学与作官，规图生计，恐非古人之意也。[④]

许衡的观点颇有代表性，他认为解决生存问题是文人读书第一要义，如果"处之不失义理"，即便经商"姑济一时"之需也是可以理解的。相反，如果把"教学与作官"当成谋生之道，则僭越了古制。其实，尽管文人治生的手段多样，但自古以来政治理想皆是首选，其他谋生方式鲜有不招致非议者。以处馆为例，由于它既不像经商那样需要本钱，又无需如躬耕那般需要体力，虽为冷淡清业，却也是圣贤之道，且

① 张云章《陆先生元辅墓志铭》，《碑传集》卷一三〇，台北：文海出版社，1980年版，6194页。
② 吴曾祺编《历代名人书札》，北京：西苑出版社，2003年版，232页。
③ 钱穆《国史大纲》，北京：商务印书馆，1994年版，850页。
④ 许衡《许衡集》，北京：东方出版社，2017年版，303页。

较之经商、鬻艺等“贱业”舆论压力较小，因而成为不少遗民的选择。明朝的覆灭使得不少文士生活捉襟见肘，他们纷纷处馆自活。如晚明名臣高攀龙的侄孙高愈，“晚年穷困，馁粥七日矣，……张清恪公巡抚江苏，延主东林书院讲会”[①]。又据《明遗民录》载，晚明举人李天植在国故后绝意仕进，“隐居山中，训童自给”[②]。

二、晚明文人“治生”

明清之际，儒生卖文、卖艺成为一种风气（图4）。

随着经济的发展和人口的增长，晚明以来读书人科考的压力越来越大，成功者九牛一毛，于是出现大量“弃巾”的现象。明末儒生陈继儒在两试不第后，便向地方官递交了《告衣巾呈》，称“志在山林，欲弃儒服”[③]。从此开始了以文谋生的生涯。随着晚明时期商品经济的发展和市民阶层的壮大，面向普通市民的通俗读物迅速成长起来，名士著书编书颇受市场欢迎，于是陈继儒“延招吴越间穷儒老宿隐约饥寒者，使之寻章摘句，族分部居，刺取其琐言僻事，荟蕞成书”，这类集知识性、趣味性于一体，迎合了屠沽市民尚奇好异的心理诉求，颇受好评，人们“争购为枕中之秘”[④]。陈继儒凭借其才华和名声很快在市

图4 仇英《清明上河图》中的字画店 故宫博物院藏

① 唐鉴《唐鉴集》，长沙：岳麓书社，2010年版，609页。

② 孙静庵著，赵一生标点《明遗民录》，杭州：浙江古籍出版社，1985年版，22页。

③ 王应奎《柳南续笔》卷三《陈眉公告衣巾》，北京：中华书局，1983年版，183页。

④ 钱谦益《列朝诗集小传》丁集下《陈征士继儒》，上海：上海古籍出版社，1959年版，637页。

场上找到了生存之道。据《明史》载，征请诗文、书画者络绎不绝，常常是履满户外，甚至远方的夷酋土司都向他求索文章。陈继儒还在信中提及好士者马仲良使君出手阔绰，“又赠一万酒钱”，使他“可作月余无求老人”之事。[①]

明清之际，像陈继儒这样靠卖文、卖艺为生者不胜枚举，成为一个很值得关注的社会现象。其中大部分卖文、卖艺者属于落魄的底层读书人，也不乏一些名士，如入清后的李渔曾过着“挟策走吴越间，卖赋以糊其口，吮毫挥洒怡如”的生活[②]；方以智在国变后也浪迹岭南，朝廷多次征招不出，靠卖药、卖画、卖卜为生；名士魏禧在清初也曾“频年客外，卖文以为耕耘”[③]；清初文人戴名世也自谓“以卖文为生，非卖文更无生计”[④]。

在卖艺谋生方面，最为典型的当属明末清初的吕留良。

明亡后吕留良拒仕新朝，后削发为僧过上了隐居生活。由于无衣食来源，无奈之下他联合黄宗炎、黄复仲、朱声始、高旦中四友卖艺为生，以“笔耕”自谋，还专门撰写了《卖艺文》，[⑤]与几位遗民老友各显所长，以卖文、卖画、卖字、卖篆刻等为生。《卖艺文》言辞恳切，道出了大批遗民的窘困和生活现状，为他们的鬻艺之举赢得了道义上的支持。然而《卖艺文》发出后引来了不少遗民的附应，这让吕氏后悔自己“立说不善”，不得不又撰写《反卖艺文》加以说明：“艺固不可卖，可卖者非艺，东庄诸人以不卖为卖者也。”[⑥]可见吕留良自己也认为卖艺

① 陈继儒撰《陈眉公尺牍·复马仲良使君》，上海：上海杂志公司，1936年版，39页。

② 徐保卫《李渔传》，天津：百花文艺出版社，2011年版，107页。

③ 魏禧《答施愚山侍读书》，任继愈主编《中华传世文选·清朝文征》上，长春：吉林人民出版社，1998年版，618页。

④ 戴名世《南山文集》卷三，光绪二十六年刻本，27页。

⑤ 徐正编《吕留良诗文选》，杭州：浙江古籍出版社，2009年版，369—370页。

⑥ 吕留良《反卖艺文》，《吕留良诗文集》上册，杭州：浙江古籍出版社，2011年版，186—187页。

是难登大雅之事。在当时的社会环境下，儒者出身的吕氏等人没能经得住社会舆论的压力，于是四友相约不再卖艺，解散了共同卖艺的约定。对于明清之际的文人而言，卖文、卖字并无本质区别，皆不过是为了保全性命而姑济一时的谋食手段，是难以启齿的。对于遗民来说，无非是靠卖诗、文、书、画、印等为生，即所谓“笔耕”。

清初“岭南三大家”之一的陈恭尹，因其父陈邦彦在抗清斗争中牺牲，入清后与友人砥砺名节，发愤读书，“食指日繁，取资于笔墨”[①]；明清易祚后，同样以卖画自给者还有陈应麟、黄宗炎等人。据载陈应麟国变后“孑然终身，卖画以给，专攻芦雁，遂成绝艺”[②]。而黄宗炎在入清后也“卖画自给，画宗小李将军、赵千里。工缪篆，又善制砚”[③]。又如徐枋，明亡后常常食不果腹，“日食一饭一糜而已”，[④]后被迫卖画为生，恐招致非议，竟然想出“置之道头，需者随其所值”的办法。[⑤]据罗振玉《徐俟斋先生年谱》载，朋友周玉凫为救助“方外诸公”成立了画社，以“山中雅集”的形式，每月会集，“次第出资以买其画”。然而徐枋觉得这样的帮助“有伤其廉”，二年后“谢却”了。[⑥]晚明画家程嘉燧，因举业无所得，布衣终生，诗书画名满三吴，不得已时卖文鬻书。《黄山志定本》卷二记载了程嘉燧以书画为谋的风雅生活：“（程）性好古书画器物，尤晓畅音律，善画山水兼攻写生，酒阑歌罢，兴酣落

---

① 陈恭尹《小禺初集小序》，《陈恭尹诗笺校》上，广州：广东人民出版社，2016年版，375页。

② 于安澜《画史丛书》第3册，上海：上海人民美术出版社，1963年版，85页。

③ 黄宗羲著，吴光主编《黄宗羲全集》第12册《附录》，杭州：浙江古籍出版社，2012年版，69页。

④ 罗振玉《徐俟斋年谱》，民国八年铅印本，7页。

⑤ 引自汪宗衍《艺文丛谈》，北京：中华书局，香港分局，1978年版，64—65页。

⑥ 罗振玉著，罗继祖主编《罗振玉学术论著集》第8集《补宋书宗室世系表》下，上海：上海古籍出版社，2013年版，818页。

笔，尺蹏便面，人购之不啻珙璧。”[①]风雅之中也难免有郁郁不得志的苦闷，如他在题画诗中曰：“老懒身益穷，贫贱恨不艺。纵耽书画癖，难使饥渴济。”[②]表达了以书画疗贫的无奈和苦寒。

不可否认，在我国古代官本位的社会环境中，读书做官是文人脑海里最为根深蒂固的观念，除此以外的任何职业如处馆、行医、处幕、业农、经商等均非正途。但同时也应该看到，商业文化的发展逐渐改变了人们的传统观念，特别是到了晚清时期，士商观念在商业文化的冲击下得到了很大的转变，尽管社会上仕途至上的看法还在延续，但文人多样化的谋生方式也逐渐被认可。明清易祚，大批文人命运斗转，做塾师自活成为遗民治生的一种常见方式，这种社会现象与文人“学而优则仕”的理想形成鲜明对比，成为清初社会的一种特殊文化现象。尽管处馆在清初乃至于整个封建社会一直都不是文人择业的首选，但却在商业文化的近代化进程中为不少落魄者提供了生存栖息之所，由此也让我们对文人情结与商业文化的关系有了更为深刻的认识。

三、晚明清初“治生”人物考

1. 徐渭：“笔底明珠无处卖，闲抛闲掷野藤中”

在晚明文人卖艺、卖文为生方面，徐渭是不得不提及的一位。

徐渭是浙江绍兴人，自幼父殁，年十四嫡母去世，数年后两位兄长也相继离世，徐家家境落魄。徐渭年轻时入赘潘家，令他感觉到寄人篱下，受制于人。不仅如此，徐渭仕途上也十分不顺，他二十岁时考取生

① 闵麟嗣《黄山志定本》，《故宫珍本丛刊》，海口：海南出版社，2001年版，118页。
② 程嘉燧《走笔题伯雨兄藏寒林扇图》，《程嘉燧全集》上，上海：上海古籍出版社，2015年版，85页。

员，然而接下来八次应试均未中举，使得他原本就不富裕的家庭雪上加霜。和其他读书人一样，徐渭的谋生之路也饱受屈辱，一生坎坷。

晚明经济的发展和重商世风为徐渭这样的生员提供了治生环境。作为文人的徐渭能诗善文，又长于书画，所以处馆、卖艺、处幕是他主要的生存之道。在谋生的同时他还曾一度兼顾举业，所以他的人生经历极为坎坷。在入赘潘家期间徐渭就曾训蒙处馆，之后由于觉得无所事事又学无进益搬离了潘家，租住在城东几间茅屋中。由于没有功名，徐渭只能做蒙师，收入不高，勉强维持生活。

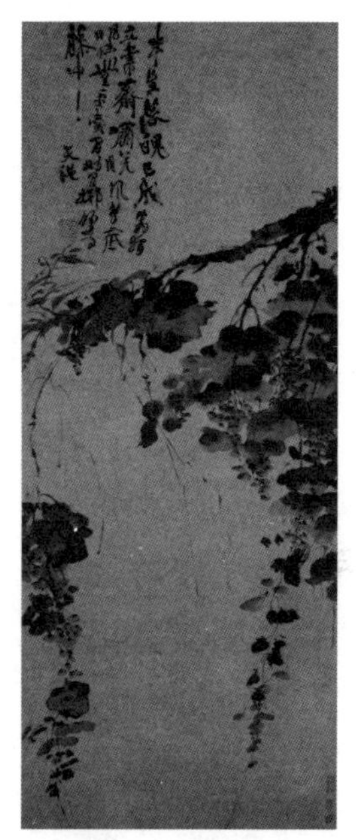
图5 徐渭《墨葡萄》 故宫博物院藏

处幕和书画是徐渭谋生的两个重要途径。然而严嵩倒台后，胡宗宪被连累至死，徐渭也因此事“渭虑祸及，遂发狂”[①]。后因病杀妻而下狱七年，出狱后被免除生员资格，生活堪忧，主要靠卖字鬻画为生。他有一首题画诗曰：“半生落魄已成翁，独立书斋啸晚风。笔底明珠无处卖，闲抛闲掷野藤中。”[②]（图5）很好地概括了他鬻艺自食的一生。

墓铭、寿序向来是文人慎书的题材，但在徐渭的治生之路上却时常可以看到相关的记载。如受托为友人老太君作寿序：“太君年八十矣，交太君之子辈，令渭操笔以颂，某唯唯。”[③]又如为人祝寿，徐渭受请在

① 徐渭《徐渭集》第四册，北京：中华书局，1983年版，1339页。

② 徐建融主编《徐渭书画全集·绘画卷》，天津：天津人民美术出版社，2014年版，165页。

③ 徐渭《徐渭集》第二册，北京：中华书局，1983年版，568页。

“王母行海水画”上题诗，[1]再如朋友道坚母去世，徐渭作《道坚母哀词》，[2]等等。这类酬应或出于朋友请托，也不排除困难时偶尔为之。

还有一类笔墨应酬或可换取生活物资，即为纪念官员赴任、述职、离任等而赋诗赠饯，如有人“索题赠上虞丞林君”[3]。这种迎来送往的诗文多出于礼仪所需，徐渭于官场处幕多年，对此是了然于心的，所谓“礼然而心未必然”[4]也，多半也是碍于情面，或有时考虑生计，不得不书罢了。

徐渭的有些作品是通过实物交换的形式出手的，这是较为传统的方式，既实现了互通有无，又周全了彼此颜面。如柳元穀以“晋太康间冢中杯及瓦券”易徐渭画作，[5]又如徐渭《画竹答赠刘真定之贻》：“美人赠我螭虎段，我因遗之凤尾图。”[6]除此之外，徐渭书画所“易”之物还包括酒、蟹、茶、果蔬等。尤其是酒，因徐渭嗜酒，所以经常会有人以酒易画，如其《画易粟不得》曰：“取酒聊自慰，兼以驱愁悲。展画向素壁，玩之以忘饥。”[7]又如“辽东李长公午日寄到酒银五两，写竹笋答之”，等等。[8]

再就是以蟹易画。除了好酒徐渭还爱吃蟹，不少人知道徐渭这一爱好，专门提蟹去求画。如“钱王孙饷蟹，不减陈君肥杰，酒而剥之”[9]；又如《题史甥画卷后》云：“万历辛卯重九日，史甥携豆酒河蟹换余手

① 徐渭《徐渭集》第一册，北京：中华书局，1983年版，114页。
② 徐渭《徐渭集》第一册，北京：中华书局，1983年版，98—99页。
③ 徐渭《徐渭集》第一册，北京：中华书局，1983年版，122页。
④ 徐渭《徐渭集》第二册，北京：中华书局，1983年版，563页。
⑤ 徐渭《徐渭集》第一册，北京：中华书局，1983年版，91页。
⑥ 徐渭《徐渭集》第二册，北京：中华书局，1983年版，393页。
⑦ 徐渭《徐渭集》第一册，北京：中华书局，1983年版，73页。
⑧ 徐渭《徐渭集》，北京：中华书局，1983年版，390页。
⑨ 徐渭《徐渭集》，北京：中华书局，1983年版，293页。

绘。”[1]在徐渭的诗集中处处可见“供馈”“答某饷”的字样，足见他的书画生活何等丰富。

也有以画易米或笔墨纸砚等日用品的。如葛山带纸请徐渭作草，恰逢徐渭无纸作画，于是乘兴为之画竹一幅；[2]又，李如松十分照顾徐渭，常馈以衣食、银两等，徐渭别无他报，常回赠书画诗文为酬：“谨奉《赤壁赋》四纸，紫檀诗扇一头，并是旧书，愧不专办。”[3]以物易物的方式自古有之，一方面缓解了徐渭生活的困境，另一方面也避开了金钱交易的尴尬，显示出文人安贫乐道的精神。所以这种交易方式一直被耻于言利的传统文人所青睐，甚至到了清末民国时期，还有不少文人采取以书易米、以画易米的方式，不失为书画商业文化中的一种风雅之举。

徐渭处于书画商业文化大盛期的前端，文人的思想解放还不够彻底，在介入市场时往往有世俗的情感羁绊，所以有关他鬻艺时的风骚之举被一再传唱。比如自古文人皆十分看重德行，而徐渭的诗文书画求索者却形形色色，包括了社会上诸色人等，如朋友门生、官僚、商贾等。在鬻艺谋生时，徐渭经常表现出傲骨不改、不事权贵的情结。特别是那些附庸风雅的权贵缙绅，徐渭在鬻艺时常常戒备心很重。这可能与其失败的入仕经历有关，又或许是他对腐败的社会现实的过激反应：“深恶诸富贵人，自郡守丞以下求与见者，皆不得也。尝有诣者伺便排户半入，渭遽手拒扉，口应曰某不在，人多以是怪恨之。”[4]更有意思的是，如果事后徐渭发现应请者人品不好，即便受领了润笔也要退回，并撕毁作品。如他在《答陆吉泉》中便说：“绝不敢当，且尚未有时日也，厚

① 徐渭《徐渭集》，北京：中华书局，1983年版，1095页。
② 徐渭《徐渭集》第四册，北京：中华书局，1983年版，1095页。
③ 徐渭《徐渭集》第四册，北京：中华书局，1983年版，1117—1119页。
④ 徐渭《四声猿》，上海：上海古籍出版社，1984年版，188页。

意则敬领矣。谨原赐告返，千万勿再往返也。”[①]这是文人情结在面对书画商业文化时的一个重要体现，也是徐渭性格使然。据王思任《徐文长逸稿叙》载，徐渭“不爱钱，贫即鬻自所书画，得饮食便止，终不蓄余钱”。[②]从这一点看，徐渭的书画买卖不同于严格意义上的商业行为，他不靠此业自富，所以才能做到“得钱即止”。陶元藻在《越画见闻》中说：“凡求书画者，须值其匮乏时，投以金帛，顷刻立就，若囊钱未空，虽以贿交，终不可得。”[③]这种情结也被视作值得称赞的文人性情而得以传颂，许多人了解徐渭的这一性格特征，所以专门等他急需用钱的时候才去索求诗文、书画，每每这个时候徐渭是不问求索者身份的：“一有当意，即衰童遢妓，屠贩田儓，操腥熟一盛，螺蟹一提，敲门乞火，叫拍要挟，征诗得诗，征文得文，征字得字。”[④]

然而由于性格狂狷、不善治生的原因，徐渭的一身才气却并未改变其落寞贫寒的一生。他晚年病困交加，生活潦倒，年逾古稀时死于儿子徐枳入赘的岳父家。徐渭晚年的惨痛遭遇再度向世人展示了传统文人安贫乐道的人生理想与残酷的现实生活的冲突，这也使得晚明清初的很多底层文人陷入两难的境地。

2．陈洪绶：“教爷作画卖，养活诸小儿”

陈洪绶是明清之交的著名书画家，浙江绍兴诸暨县人。他生于名门，十八岁即考取诸生，然其后三次科考却连连失败，至到四十五岁才捐赀入国子监，做得中书舍人。然只是个簪笔之臣，并未实现其政治抱负，所以数月后便毅然返乡。

---

① 徐渭《徐渭集》第四册，北京：中华书局，1983年版，1126页。

② 陈平原主编《中国散文选》，天津：百花文艺出版社，2000年版，416页。

③ 于安澜编《越画见闻》，上海：上海人民美术出版社，1963年版，12页。

④ 陈平原主编《中国散文选》，天津：百花文艺出版社，2000年版，416页。

陈洪绶早年便有“悬其画市中，立致金钱”的经历，[①]这当然并非他的人生志向，他一度为功名奔波，卖画只是为了暂缓经济压力。他好与文人雅士交游，并因陈继儒等友人的提携而颇得画名。虽如此，仕途的坎坷和明朝灭亡使得他不得不鬻艺自给，因此他的画风多样，既有文雅一路的，也有迎合世俗风格的，甚至还参与了戏剧版画、叶子牌等商业出版物的创作（图6）。

图6 陈洪绶《西厢记》插图《窥简》

崇祯十七年（1644）三月，李自成攻陷北京，崇祯帝自缢于煤山，从此明朝覆灭。明朝灭亡使得大批文人失去了生存土壤，生活上颠沛流离，思想上极度彷徨。有些人出仕新朝，有些人则逃禅遁世，也有以身殉国者，如陈洪绶的好友倪元璐。

甲申国变时陈洪绶46岁，已近“知天命”之年，明朝灭亡不仅带来了他生活层面的窘困，更剥夺了他求取功名的精神归宿，因此使得他身心备受打击，几近癫狂：“甲申之难作，栖迟越中，时而吞声哭泣，时而纵酒狂呼，时而与游侠少年椎牛埋狗，见者咸指为狂士。绶亦自以为狂士焉。”[②]胡其毅在《陈章侯先生遗集序》中说：“先生于甲申变后，绝意进取，纵酒使气，或歌或泣，其胸中磊然之概，托诸诗文，奇崛不凡，翰墨淋漓，绘事超妙，颇自以为狂者，较之颠米，又何让焉。”[③]尽管国变给陈洪绶带来了精神上的重创，但起初他并未完全丧失斗志。

① 陈洪绶著，吴敢点校《陈洪绶集》，杭州：浙江古籍出版社，1994年版，590页。
② 陈洪绶著，吴敢点校《陈洪绶集》，杭州：浙江古籍出版社，1994年版，587页。
③ 陈洪绶著，吴敢点校《陈洪绶集》，杭州：浙江古籍出版社，1994年版，583页。

甲申年五月，福王朱由崧建立南明，陈洪绶的老师刘宗周被招为官，他的不少朋友也纷纷响应，效力于南明。此间有人劝他参加福王在南京开设的科举考试，陈洪绶却谨慎起来："二王莫劝我为官，我若为官官必瘵。几点落梅浮绿酒，一双醉眼看青山。"[①]他当然不甘心"醉眼看青山"，只是对当时的政治局势心存疑虑，才有此说法。事实证明他的判断是对的，不久后清军即占领了南京，他的复国之梦被彻底打破。

国破后陈洪绶被俘，清军知其画名，命其作画，他严词拒绝并巧妙逃脱："大将军抚军固山，从围城中搜得莲，大喜，急令画，不画，刀迫之，又不画，以酒与妇人诱之。以画人之请，汇所为画署名，且有粉本渲染，已大饮，夜抱画寝。及伺之遁矣。"[②]文人多好酒与妇人，但陈洪绶并非不讲原则，他无意出仕新朝，故借为作品渲染之名携画逃离，这个性格贯穿其鬻艺生活始末。对于和他一样落难的书生，他向来不吝笔墨，而对于官宦豪绅则不轻易动笔。据毛奇龄《陈老莲别传》载："（陈洪绶）尤喜为窭儒画，窭儒籍莲画给空，豪家索之千缗勿得也，尝为诸生，督学使索之亦勿得。"[③]类似的记载在明清时期十分常见，几乎成了标榜文人性情的惯常做法。其真实性暂且不谈，然陈洪绶拒仕清廷的举动却是可信不误的。

国变后陈洪绶到处躲藏，先隐于杭州飞来峰，后又逃往家乡诸暨，在云门寺削发为僧，为家眷及自己寻求庇护。1646—1647年他以僧人身份隐居薄坞，虽然躲过了清兵的追捕，但一家老小生计堪忧，所以他又回到了绍兴，开始了以画为业的逃禅生涯。清初不少文人以书画为生，鬻艺不仅是一种生存之道，更成为遗民遁世的精神寄托。遗民于国故之

① 陈洪绶著，吴敢点校《陈洪绶集》，杭州：浙江古籍出版社，1994年版，322页。
② 天台野叟《大清见闻录·艺苑志异》，郑州：中州古籍出版社，2000年版，70页。
③ 天台野叟《大清见闻录·艺苑志异》，郑州：中州古籍出版社，2000年版，70页。

际心怀林泉之志是可以理解的，但坚持这种人生姿态却并非易事，他们必须要面对生存问题。文人手无缚鸡之力，无非是鬻艺卖文。入清后的陈洪绶在介入市场时不免有思想顾虑，因此身边朋友的接济和物质帮扶便显得十分重要，陈洪绶经常会馈以书画表示感谢，这在他的诗文中有不少记载。

对陈洪绶帮助较多的是同乡祁彪佳、祁豸佳（止祥）、祁骏佳（季超）兄弟，以及祁彪佳的儿孙，侄儿鸿孙（奕远）等，他们皆与陈洪绶有密切往来，这当然与他们相近的人生志趣，尤其是对抗清廷的人生态度不无关系，如祁豸佳入清后便隐于梅市卖画代耕，拒不与清廷合作。晚年陈洪绶隐居期间曾得到祁氏家族的不少帮助，尤其是祁骏佳和祁奕远，这在陈洪绶的答谢诗文中频频出现。如《卜居薄坞，去祖茔三四里许。感祁季超、奕远叔侄赠资》曰："移家仗亲友，守墓近松楸。不幸中之幸，两贤何处求。"[①]祁骏佳、祁奕远叔侄为陈氏移家提供帮助；《寄谢祁季超赠移家之资，复致书吴期生，为余卖画地，时余留山庄两月余》有"赠以移家费，由通前路书，一人三致意，自处欲何如。"[②]祁季超不仅相留陈氏两个多月，还赠给他搬家的费用；又有两首诗专门提到祁奕远给予的资助，一首是《奕远赠予移家之资，却赠，即书扇上》，曰："连年衣食子，兵乱尚分金。劫掠无余际，相怜复尔深。"[③]另一首为《过奕远平园归却寄》，也说："赠金忘感谢，十载受轻财。"[④]这些诗充满了对祁氏一家的感激之情，也让我们从中读出了清初遗民互相帮扶、寻求思想慰藉的深厚情感。

除了祁氏以外，还有不少志同道合者曾对陈洪绶施以援手，这些都

① 陈洪绶著，吴敢点校《陈洪绶集》，杭州：浙江古籍出版社，1994年版，111页。
② 陈洪绶著，吴敢点校《陈洪绶集》，杭州：浙江古籍出版社，1994年版，121页。
③ 陈洪绶著，吴敢点校《陈洪绶集》，杭州：浙江古籍出版社，1994年版，115页。
④ 陈洪绶著，吴敢点校《陈洪绶集》，杭州：浙江古籍出版社，1994年版，383页。

可以从陈氏的书画答谢帖中了解到。如《陶去病赠米烛，书谢》："野垆然败箨，饱饭接新春。山谷多贫士，如何赠老人？"[①]又如《书赠石言上人》："饥饿身难隐，同参志未坚。受棒无临济，为文有大颠。"[②]还有一个叫商䌹思的人曾赠米给陈洪绶，陈氏也有详细的记载，《寄谢商䌹思饷米，兼答画观音》曰：

安受同人惠，报惟笔墨谋。
此君常见笑，令我不能酬。
米贵遥分饷，佛图聊尔投。
贫儿原感易，兵燹更相周。[③]

兵荒马乱的年月，陈洪绶的卖画收入并不稳定，一家时常食不果腹，商䌹思以米见饷，缓解了燃眉之急，陈氏自然感激不尽，这也使得陈洪绶的卖画之举多了几分乱世的悲情。

陈洪绶晚年不少诗文与饥饿和贫困有关，如《老贫》诗曰："古言人怕老来贫，我又兵戈多病人。借米借柴深有味，从斯金玉气离身。"[④]投身清廷恐背负骂名，寄身乱世却又难周全儒者的体面。他在薄坞隐居期间有诗曰："自分为儒者，谁知作罪人。千山投佛国，一画活吾身。身贵今堪贱，随他绥日贫。"[⑤]尽管没有做"贰臣"，然卖画为活不也是儒者的一种自贱自轻吗？这个矛盾在遗民中是较为普遍的一种情结。

陈洪绶与不少画商及入清为宦的"贰臣"有密切交往，这成为其

① 陈洪绶著，吴敢点校《陈洪绶集》，杭州：浙江古籍出版社，1994年版，173页。
② 陈洪绶著，吴敢点校《陈洪绶集》，杭州：浙江古籍出版社，1994年版，383页。
③ 陈洪绶著，吴敢点校《陈洪绶集》，杭州：浙江古籍出版社，1994年版，133页。
④ 陈洪绶著，吴敢点校《陈洪绶集》，杭州：浙江古籍出版社，1994年版，392页。
⑤ 陈洪绶著，吴敢点校《陈洪绶集》，杭州：浙江古籍出版社，1994年版，122页。

绘画走向市场的重要渠道。如明亡后他与书画藏家林廷栋过从甚密，林是陈的重要书画推介人，他常常邀请陈参加书画雅集活动，陈有时甚至会住在林家。陈洪绶有诗《宿林苍夫家》曰："春月客窗满，明朝天气佳。湖船云即买，书画任安排。"[①]通常文人不愿为人役使，而这里却说"书画任安排"，可见二人书画交情甚笃。对于国变后的陈洪绶而言，参与这种社交活动较之街头叫卖的方式算是体面的了。

除了画商外，绘画作为生存之道，在与好友的日常交往中也会有所体现。如戴茂齐是陈洪绶相交多年的朋友，陈拮据时会向其借银，并常以画相酬，陈洪绶在题跋中说：

> 辛卯暮秋，老莲以一金得文衡山先生画一幅，以示茂齐，茂齐爱之，便赠之。数日后，丁秋平之子病笃，老莲借茂齐一金，赠以资汤药。孟冬，老莲以《博古叶子》饷茂齐。时邸中阙米，实无一文钱，便向茂齐乞米，茂齐遣我一金。恐坠市道，作此酬之，以矫夫世之取人之物，一如寄焉者。[②]

绘画在人情交往中被当作礼物馈赠，这在明清时期也属常见。尽管陈洪绶强调"恐坠市道"，实际上这是情谊，也是一种变相的利益交换。陈晚年生活窘困，在经济上常得到戴茂齐的帮助，想必类似的馈赠也有不少。

陈洪绶的社会交际中还包括不少入仕清廷的"贰臣"。自古"贰臣"皆好士养士，特别是喜欢暗中照顾那些不愿出仕的遗民，以此来重塑个人形象，弥补内心愧疚之情，这也是清初"贰臣"乐于与明遗民结

① 陈洪绶著，吴敢点校《陈洪绶集》，杭州：浙江古籍出版社，1994年版，121页。
② 陈洪绶著，吴敢点校《陈洪绶集》，杭州：浙江古籍出版社，1994年版，554页。

交的重要原因。[①]晚明时期，陈洪绶与周亮工因诗画相交，后因周入清“失节”而一度耿耿于怀，誓与周断绝往来。顺治六年周亮工路过杭州，特向陈洪绶索画修好，陈却不动笔墨。其实周亮工虽身在宦海，却心怀园林之志，自言“虽服官三十年，未尝一日不作田园之想”[②]。他喜欢陶渊明的诗，写了大量拟陶的诗词，他说：“心好异书，性乐酒德，则如陶渊明。”[③]陈洪绶想必也是有感于此，才最终与他言和的。次年周亮工又过杭州，陈洪绶便赠送他不少画作，又为其作《归去来图卷》。周亮工自然也体谅老友的难处，积极为其推介书画，并介绍收藏家杨思圣给他认识，缓解了陈洪绶的生存压力。与陈交往密切的“贰臣”还有黄澍、南生鲁等，和周亮工一样，他们也都十分欣赏陈洪绶的绘画并竭力为之宣传，这一方面消除了朋友间的芥蒂，另一方面也打通了陈洪绶的鬻艺市场。

当然，陈洪绶接受朋友的帮助时也是有底线的。入清后他的画友李际期担任了两浙都学，当听说陈洪绶生活艰难时，即以三百金相赠。陈洪绶却认为与士大夫进行金钱往来不妥，于是“列其乡里平昔交友之穷困者，计其缓急，以为厚薄，瞬息散遗尽，家骆骆待举火，不顾也”。[④]大概是陈洪绶认为李际期的馈赠来源于清廷的原因，他想以这种方式来表明自己卖画却不失文人操守罢了，这与他不出仕为官是同样的道理。

明亡前陈洪绶虽然也曾卖画为生，但其政治诉求较强，诗文中时常表达出鬻艺的无奈及对实现人生抱负的慨叹。他早年对绘事观念的转

① 白一瑾《论清初贰臣和遗民交往背后的士人心态》，《南开学报》2011年第3期，64—71页。

② 周亮工著，朱天曙编校整理，《周亮工全集》18，南京：凤凰出版社，2008年版，207页。

③ 周亮工著，朱天曙编校整理，《周亮工全集》18，南京：凤凰出版社，2008年版，217页。

④ 陈洪绶著，吴敢点校《陈洪绶集》，杭州：浙江古籍出版社，1994年版，588页。

变，与其三次北上科考的失败经历是密切相关的。如崇祯五年（1632）陈洪绶二度进京，途中与妻子写诗道："饥来驱我上京华，莫道狂夫不忆家。曾记旧年幽事否？酒香梅小话窗纱。"[①]发出了对美好前程的向往和对现实生活的叹惋。此次科考失败后，1640年他再度北上，通过黄道周、刘宗周、周亮工等师友的举荐，广泛进行书画社交，"一时公卿识面为荣，然其所重者，亦书耳画耳。得其片纸只字，珍若圭璧，辄相矜夸，谓：吾得已交章侯矣"[②]。虽然陈氏此番名震京城，但却是因画名流传，政治上他依旧没有根本改变，只是个簪笔之臣，所以他不久后辞官归乡。此时他仍然怀有较强的功名之心，他在《寄来季》诗中说："功业隳前人，著书无所积。老朽听鸡鸣，冷风吹眼泪。虽无冻馁忧，死同犬豕骴。书画耻流传，壮猷悲无寄。"[③]此间陈洪绶学业上无大成，还念念不忘科考之事，花费巨大，使得他的生活捉襟见肘。他对绘事表现出一种矛盾的心态：钻研绘画不能实现其理想抱负，但生计所需又迫使他别无选择。科举道路的坎坷逐渐使得他对画业的态度发生了转变。他在《作饭行》序言中对商䌹思赠米一事这样写道：

> 鬻图画之指腕为痛焉。儿子犹悲思一顿饭，悲声时出户庭，予闻之凄然，若为不闻也者。商䌹思闻之，以米见饷，此毋望之福也，犹不与儿子共享毋望之福哉？乃作一顿饭，儿子便欢喜踊跃，歌声亦时出户庭。今小民苦官兵淫杀有日矣，犹不感半古之事功否？感赋。[④]

陈洪绶的逃禅遁世在为其赢得美名的同时也客观上使得他的生活陷

① 陈洪绶著，吴敢点校《陈洪绶集》，杭州：浙江古籍出版社，1994年版，268页。
② 陈洪绶著，吴敢点校《陈洪绶集》，杭州：浙江古籍出版社，1994年版，587页。
③ 陈洪绶著，吴敢点校《陈洪绶集》，杭州：浙江古籍出版社，1994年版，61页。
④ 陈洪绶著，吴敢点校《陈洪绶集》，杭州：浙江古籍出版社，1994年版，374页。

入窘困，一家老小常忍饥挨饿，儿子常饿得大哭。他在《作饭行》中诉苦说："假借即复允，宁免厌且嗤。饥饿忧愁中，商君米见贻。"[①]借米只能是权宜之计，还怕被别人耻笑，所以商絅思赠米之举无疑让陈洪绶备感欣慰。

在是否仕清这个问题上，以往不少学者皆给出了非黑即白的判断，比如明亡后倪元璐以身殉国，便极度颂扬，赵孟頫、王铎出仕新朝便一片声讨，这是有悖于学术精神的。朝代更替之际，由于考虑到个人名声、前途、身家安危和生存需要等多种因素，大部分文人内心都是充满矛盾和斗争的，无论是否出仕内心皆患得患失。清初文人汪琬的一段话最为精辟：

> 古之君子欲进则进，欲退则退，未有不浩然自得者也。今之君子侧身迟回于进退之际，恒皇皇焉不能自主者，何也？非其人为之，其时为之也。古之君子力耕以为食，力蚕以为衣，俯仰身世，无求而皆给。故当其不得志而退也，毕其生可以无闷。今之君子仰无以养其亲，俯无以畜其妻子，饥寒之患，迫于肌肤，此其时与古异矣。虽不得志，其能遁世长往，浩然于寂寞无人之地哉？吾以是知其难也。[②]

这段话很准确地道出了清初文人在考量仕途进退时所面对的心理纠结，即人生理想和生存本能的博弈。虽然没有降清，但陈洪绶依然经历了这样的挣扎。他既然选择了以僧活命，必然要直面生计问题。所以随着国变后观念的转变，他开始逐渐冷静地接受明朝灭亡的事实，把一腔政治抱负转化到对画业的钻研上。与画商市侩不同，陈洪绶时常在诗中

① 陈洪绶著，吴敢点校《陈洪绶集》，杭州：浙江古籍出版社，1994年版，375页。
② 汪琬《灌园诗后序》，《钝翁前后类稿》卷二八，康熙刻本。

表达出认真对待绘事的态度，而不仅仅把画业当成赚钱的手段。如他在《作饭行》中说：

> 食糜非不惯，三餐无乃疲。……教爷作画卖，养活诸小儿。……晨兴便吮笔，薄雾犹运思。一笔违古人，颜面无所施。食事为之废，游盘为之迟。虽在忧患中，诸画实神奇。不敢事苟且，谓人以可欺。欺人得钱财，生平窃耻而。画故难急救，宁费日与时。博得钱数贯，俾汝果腹嬉。①

由于功名心切，陈洪绶早些时候认为书画耻流传。明亡后他逐渐认清了现实，逐渐转变了轻视画业的思想，转而要开宗立派了："作画名根出，吾家自立宗。"②同时，入清后陈洪绶也逐渐认可了自己以画为业的身份："故画有入神家、有名家、有当家、有作家、有匠者家，吾惟不离乎作家，以负此嗛也。"③与大部分遗民宣扬独抒胸臆、逸笔草草，把自己包装成戾家的做法不同，陈洪绶把自己定义为一个职业画家。毕竟是以卖画为生的，他知道不能完全依照文人画的标准去改变屠沽细民的审美，正如吴梅村所言："陈生落魄走酒肆，好摹伧父屠沽流。"④所以我们看到陈洪绶是个很全面的画家，举凡山水、人物、花鸟无一不通，这不仅透露出他在绘画观念上的转变，更体现了商业文化对士人心态的腐蚀和改变。

① 陈洪绶著，吴敢点校《陈洪绶集》，杭州：浙江古籍出版社，1994年版，374页。
② 陈洪绶著，吴敢点校《陈洪绶集》，杭州：浙江古籍出版社，1994年版，127页。
③ 陈洪绶著，吴敢点校《陈洪绶集》，杭州：浙江古籍出版社，1994年版，591页。
④ 上海书画出版社编《陈洪绶研究》，上海：上海书画出版社，2008年版，285页。

第二章　清初至中期：从隐逸自谋到“贾近士风”

第一节　士商观念转变

一、清初社会及世风

1644年明朝灭亡，清朝取而代之。王朝的颠覆给读书人——尤其是晚明遗民造成了巨大的精神打击。同时，政治层面的变迁带来了思想文化的剧烈碰撞，最典型的便是满汉文化的冲突，这对于置身其中的文士而言，则体现为对各自人生命运和归宿的重新选择。这种选择并非如他们所愿，由于清初统治者在思想上极力排斥异己，在易代之际对江南遗民非但没有施以援手，反而在经济上进行打击，借以迫使他们改变政治立场，服从清朝的统治，因此使得大批士人失去了衣食之源，生活上捉襟见肘。

晚明有大量考取了一定功名的文人（尤其是生员）面临衣食之忧，他们多半对仕途抱有一线希望，但入清后功名被割除，只得靠卖文鬻艺维持生计。清顺治三年朝廷下令规定：“将前代乡宦、监生名色，尽行革去，一应地丁钱粮、杂泛差异，与民一体均当，蒙混冒免者治以重罚。”[①]这一政策使得大批文人失去了前朝的地位和经济来源，遭到不少

① 《清世祖实录》卷二十五，北京：中华书局，1985年版，217页。

前朝遗民，特别是江南一带文人的强烈反对。顺治十七年（1660）清廷又推出了“户部民事官不用苏松常镇杭嘉湖之人”的政策，[①]强调不准江浙人担任户部尚书等重要职衔，以防止他们借职务之便利同情、救助明遗民。这些政策使得清初的不少士人失去了身份特权和恒产，没有了经济来源的遗民一时间生计上陷入困难，思想上极度彷徨。

关于清初文人的谋生问题，谢正光总结说：“清初的明遗民中，耿守亮节者，不必尽是山野及田园中的人；所过的生活，亦不必都是‘伯夷叔齐式’的，或‘陶渊明’式的。其中也有像亭林那样坦然入世、积极进取、而又无碍于其政治操守的人。”[②]入清文人有些慑于政策的高压投降自保，有些则傲骨不改，遁迹山林自谋。关于他们的谋生方式，钱穆在《明末遗民之志节》中分为六个类型：

> 一是僧道型，即明亡前后出家为僧道，如方以智、熊开元、董说、函可等；二为云游入幕型，如万寿祺、顾炎武、屈大均等；三为处馆讲学型，如黄宗羲、归庄等；四为以农自给型，如张履祥、魏禧、孙奇逢等；五为苦隐型，如张岱、朱之瑜、张盖、王夫之、李柏等；六为医商型，如孙枝蔚、傅山等。[③]

这里虽然没有直接提到以书画谋生者，其实不少文人皆能书善文，书画收入往往成为其遗民生活的一种重要的补贴。另外需要说明的是，明清之交不少文人在生存压力下通常是多种谋生方式相结合，如黄宗羲的兄弟黄宗炎“以卖药自给，不足则以古篆为人镌花乳石印。又不足则以李思

---

① 《清世祖实录》卷一百三十五，北京：中华书局，1985年版，1044页。

② 谢正光《清初的遗民与贰臣——顾炎武、孙承泽、朱彝尊交游考论》，《清初诗文与士人交游考》，南京：南京大学出版社，2001年版，390页。

③ 钱穆《国史大纲》下册，北京：商务印书馆，1994年版，851页。

训、赵伯驹二家画法为人作画。又不足则为人制砚，贾值皆有定”[①]。再比如傅山，他入清后不仅鬻书卖画，还同时有行医的经历。文人根据各自的手艺吃饭，在清初特殊的政治环境下蔚然成风。如张履祥、吕留良、陈确、魏禧及稍晚的戴名世等人，大多有卖文的经历，但文章商业化又何尝不是自轻自贱呢？无怪乎魏禧自称“猝应之文，动多违心”[②]。

卖艺者不只是遗民，由于官俸较低，也有官员参与卖艺。如官至礼部侍郎的钱谦益便让黄宗羲为其代笔，三篇文章竟得白银三千。[③]这毕竟是少数特权者才有的待遇，大部分文人只能靠笔耕墨耘勉强谋食。清代以前还极少看到文人发布润例，清初文人万寿祺、戴易是记载中较早传有书画润单者。万寿祺入清后衣僧服，以书画印自谋，他晚年的一份润例如下：

> 书法小楷银三两，最低至三钱；中等尺寸的草书银五两，最低三钱；大字体书法作品银五两，最低五钱。绘画作品人物，银五两至一两；本人不画（人物）扇面；大幅山水，银五两至一两；小幅图画和山水扇面，银三两，最低五钱。印石质，银五钱；铜质，银一两五钱；玉制品，银二两。[④]

万氏在润例中应承书画印条目如此之多，清初商业文化的境况由此可见一斑。另有山阴人戴易，七十高龄携子寓杭鬻字自给，寄于僧舍之

---

① 萧一山《清代通史》上，北京：中华书局，1962年版，975页。
② 魏禧《答施愚山侍读书》，王连熙主编《清代文论选》上，北京：人民文学出版社，1999年版，222页。
③ 《古今笔记精华》卷四《风俗》，北京：北京出版社，1991年影印版。
④ 转引自〔美〕高居翰《画家生涯：传统中国画家的生活与工作》，北京：三联书店，2012年版，62—63页。

中，“或竟日不得食，采野蕨充膳”，即便在这样的情况下仍旧不忘操守：“铢积寸累，不妄议一钱。”[①]儒者被道德绑架，在清初鬻艺者身上的烙印不可谓不深。

总体上看，清初遗民生活的压力使得不少文人逐渐打破了思想的固守，或隐居躬耕，或悬壶济世，或处家馆，或卖书画，等等。这些在晚明时期便已经成为不少落魄士人的谋食手段，只不过进入清代以后又增添了几分表节托志的意味。

二、清初士商观念转变

清代是中国封建社会土崩瓦解的时期，同时商业文化的漫延也在不断冲击着传统思维，读书人吟诗作画不再局限于对风雅的追求，而逐渐与市场和个人生存发生密切的关系。

从清初到中期，文人的传统观念被一再刷新。清初文人在面对家国之痛时，更加纠结于个人命运和封建王朝存亡间的思考。部分遗民拼死守节，有隐居佯狂者，有效仿伯夷、叔齐不食周粟者，也有改仕清朝但仍心系大明，暗中谋划“反清复明”者。但生存始终是一个很现实的问题，随着士商观念的转型，文士们对“治生”的认识也愈发深刻。清朝统治的日趋巩固使得清初士子们认识到，只有先解决生存问题才能实现人生抱负。从元人许衡到清初时的陈确，“学者以治生为本”的思想被逐渐传递下来，陈确甚至认为“勤俭治生洵是学人本事”[②]。然而清初士人对治生手段的认识还比较保守，普遍认为躬耕至上，所以张履祥在《训子语上》中说：“商贾近利，易坏心术。”[③]屈大均也说：“美利在

① 赵尔巽《清史稿》第45册，北京：中化书局，1977年版，13848页。

② 陈确《陈确集》，北京：中华书局，1979年版，158页。

③ 张履祥著，陈祖武点校：《杨园先生全集》卷四十七，北京：中华书局，2002年版，1352页。

前，视之如有所染。”[①]王夫之在“传家十四戒”中更强调“勿作屠人厨人及鬻酒食”[②]。这只是他们的理想罢了，残酷的现实往往会让他们有所变通。如孙豹人出身商贾之家，家境殷实。入清后拒不出仕，排斥清廷的博学鸿词科，“促入试，不终幅而出”[③]。最终只得带着一家老小浮客扬州，“长年刺促，乞食于江湖”[④]。“乞食”的无奈使得此时的文人思想充满纠结，因此王夫之又说：“能士者士，其次医，次则农工商贾各惟其力与其时。吾不敢望复古人之风矩，但得启、祯间稍有耻者足以。”[⑤]可见即便王夫之这样的大儒也接受了自食其力的现实状况，这种情况在当时是很有代表性的。

清初治生观念的转变，在对待商业及士商关系的认识上也有体现。唐甄在《养重》中说：“苟非仕而得禄，及公卿敬礼而周之，其下耕贾而得之，则财无可求之道。求之，必为小人矣。我之以贾为生者，人以为辱其身，而不知所以不辱其身也。”[⑥]唐氏的自我辩解说明“以贾为生”已不再是一件令人羞耻的事。这个思想在归庄那里更进了一步，他在为亦士亦商的严舜工所作的《传砚斋记》中说：“严氏之先，则士商相杂，舜工又一人而兼之也。然吾为舜工计，宜专力于商，而诫子孙勿为士。盖今之世，士之贱，甚矣。”[⑦]从归庄“士不如商”的感慨来看，清初斯文扫地的现象确属常然。当然，归庄作为遗民劝人弃士从商，固然有其拒不降清的政治动机，但也从侧面揭示了清初商业文化对士人思想观念的影响。“贫士无田，不仕无禄”的现实迫使不少文人逐渐妥

① 屈大均：《翁山佚文辑》卷上《场记》。
② 王夫之《船山全书》第15册，长沙：岳麓书社，1995年版，922—923页。
③ 钱仲联主编《清诗纪事5：康熙朝卷》，南京：江苏古籍出版社，1987年版，2866页。
④ 钱仲联主编《清诗纪事5：康熙朝卷》，南京：江苏古籍出版社，1987年版，2866页。
⑤ 王夫之《船山全书》第15册，长沙：岳麓书社，1995年版，922—923页。
⑥ 唐甄《潜书》，北京：中华书局，1963年版，91页。
⑦ 归庄《归庄集》，上海：上海古籍出版社，1984年版，360页。

协，赵园在《明清之际士大夫研究》中说："时间之于人的作用，即使老牌遗民也是难以抗拒的。"①所以他们往往又不得已靠处馆、卖文、行医、占卜、鬻字卖画等方式勉强为生。

关于清初文人的生存状况和择业心态，遗民张岱在《乡绅死义列传总论》中说："若夫罢职归田，优游林下，苟能以义卫志，以智卫身，托方外之弃迹，上可以见故主，下不辱先人，未为不可。"②清初文人经受着严峻的生存考验，他们不仅面临着商业文化的洗礼，还要考虑遗民身份和文人操守，加之治生能力的低下以及人们对于择业门类的偏见，更使得他们的生存状况极为窘迫。

三、清中期世风及士商观念的转变

随着时间的推移，晚明遗民对传统观念不再那么固守，对治生问题的讨论变得不那么敏感，在政治上也开始向清政府示弱。钱穆说："明末遗民，虽则抱有极强烈的民族观念，到底除却他们自身以外，他们的亲戚朋友以至他们的子孙，依然只能应举做官，这样便走上与异族政权的妥协。"③在谋生与儒家道德观的调和中，尽管"士农工商"的等级观念依旧存在，甚至直到近现代以来都没有完全被取代，④但多元的价值取向已经被越来越多的士人接受。康乾时期，人们的择业观愈发多样化，在文人看来从商不再是一个禁忌的话题，这个情况在乾嘉时期良吏汪辉

① 赵园《明清之际士大夫研究》，北京：北京大学出版社，2014年版，280页。

② 张岱《石匮书后集》，引自姜胜利《清人明史学探研》，天津：南开大学出版社，1997年版，110页。

③ 韩复智编《钱穆先生学术年谱》卷3，北京：中央编译出版社，2012年版，789页。

④ 按，商业文化中对从商的认同在不同时期有不同体现。清代末年商业被提到了救亡图存的高度，官方也不再强调"重农抑商"的政策，甚至一些朝野要臣、封疆大吏也纷纷"由官转商"，因而商人也享受到了"加头品顶戴""赐双龙金杯"的待遇。见《改订奖励华商公司章程》，《大清光绪新法令》第16册。

祖的《双节堂庸训》中便可看出：

> 然“业儒”二字须规实效，若徒务虚名，转是误事。富厚之家，不论子弟资禀，强令读书，丰其衣食，逸其肢体，至壮岁无成，而强者气骄，弱者性懒，更无他业可就，流为废材。……谚云：“三十六行，行行出贵人。”[①]

业儒成功率极低，所以对于大部分读书人而言恐怕只是“徒务虚名”，“行行出贵人”也正是从这个意义上来匡正传统偏见的。清中期，武进人庄存在训诫子孙时说：“人家子弟读书不成，即当令习一业，以为养家之计，如医、卜、书、画、算法之类；再下即手艺，力田自食，可不至为非作歹，倘能借此成家，伊子读书起来，犹不失旧家体面。”[②]庄存家贫，后科举又失利，所以教育子孙在择业上要从实际情况出发，不要因传统观念强调读书至上而走弯路。庄氏最终“决意弃举业，习绘事”[③]，正是后悔自己择业的失误。当然，这里同时还透露了另外一个信息，即读书做官在清中期仍然是遥不可及的追求，这个思想残余也使得明清以来的鬻艺市场始终带有点德操温情。

清中期士商观念出现戏剧性变化，洪亮吉曾记载这样一个故事，颇有意思：“岁甲午，途馆扬州榷署。……忽见一商人，三品章服者，肩舆访山长。甫下舆，适院中一肄业生趋出，足恭揖商人曰：昨日前日并

① 汪辉祖《双节堂庸训》，天津：天津古籍出版社，1995年版，169页。
② 《董太夫人家训》，《毗陵庄氏增修族谱》卷11《训诫》，1936年铅印本，苏州图书馆藏。
③ 《董太夫人家训》，《毗陵庄氏增修族谱》卷11《训诫》，1936年铅印本，苏州图书馆藏。

曾到府中叩谒安否，知之乎？商人甚傲，微额之，不答也。”[①]商人对书生如此傲慢，体现了传统“四民”观在清中期遭遇的极大挑战，可见士商的社会地位出现了戏剧性的逆转。这个状况并非只出现于商业文化浓重的扬州，北方地区亦然。雍正二年（1724），山西巡抚刘於义上奏说：“山右积习，重利之念甚于重名。子孙俊秀者多入贸易一途，其次宁为青吏，至中材以下方使之读书应试，以故士风卑靡。”[②]不几日雍正朱批曰：“山右大约商贾居首，其次者犹肯力农，再次者谋入营伍，最下者方令读书。朕所悉知，习俗殊可笑。”[③]山西多晋商，崇商观念自然较他处浓重，但这种观念与整个社会环境对商业文化的宽容也是分不开的。换言之，清中期士商观念的转型是群体性的，只是晋商、徽商聚集的地方更为凸显而已。

第二节　鬻艺自谋的社会风尚与文人生活

一、清代早期

随着商业文化的发展和士商观念的转型，鬻书卖画成为清初文人一种常见的谋生方式。特别是对于那些不与清廷合作的遗民而言，鬻艺自活不仅是生计所需，更成为一种精神疗伤的方式，这在清初竟成了一种社会风尚。众所周知，清“四僧”“金陵画派”“黄山派”中皆不乏鬻艺谋生者，较有代表性的如石涛、石溪、八大山人、恽寿平、龚贤、梅清等，皆有笔耕墨耘的经历。

① 《四部丛刊初编·集部》，上海：上海书店，1989年版，17页。
② 《雍正朱批谕旨》第47册，雍正二年五月九日刘於义奏疏。
③ 《雍正朱批谕旨》第47册，雍正二年五月十二日朱批。

鬻艺风气的盛行与当时的世风密不可分。清初名臣于成龙的《治家规范》颇有代表性，曰："士农工商，各执一业，子弟十二三岁，贤愚已定，贤者故向上事，愚者亦令执一艺，庶不放闲旷其身，到了长成，还可以赡养妻子，若一姑息，或听其暴弃，鲜不贻后日之悔也。"[①]于氏作为官宦之家，能够有如此平等的"四民"观，教育子弟"执一艺"即可，这在当时可谓开明。和于成龙不同，蒲松龄是清初的一个穷书生，举业上屡试不第，直到暮年才成为岁贡生。他一生穷困，长期坐馆为活。然而蒲松龄在《聊斋志异·黄英》中却描述了这样的桥段，高士马子才认为陶氏姐弟卖菊花为生是"以东篱为市井，有辱黄花"，而陶生却回应说："自食其力不为贫，贩花为业不为俗。人固不可苟求富，然亦不必务为贫也。"[②]蒲松龄借此表明了儒者自食其力"不为俗"的观点，可见文人鬻艺在当时还是有相当的舆论压力的，清初的鬻艺风气也正是在这样复杂的语境下展开的。

"甲申国变"后，不少晚明文士因复辟无望而以书画自隐。如陈洪绶不应科举，退隐林泉鬻画为生，有所谓"教爷作画卖，养活诸小儿"的说法。[③]还有些晚明获得一定功名然而并不如志的文人，也大多指仗砚田，如浙江山阴人祁豸佳，天启年间举人，工书画，能制印，"鼎革后隐于梅市卖画代耕"[④]。崇祯年间举人徐枋，入清不仕，"家贫，常卖画自给"[⑤]。晚明诸生顾梦游，善行草，晚年以书易米，求者接踵，"所至笺素委积，无少长贵贱皆应之。"[⑥]遗民鬻艺者往往以德操自诩，在

① 陆林主编《中华家训大观》，合肥：安徽人民出版社，1994年版，743页。
② 蒲松龄《聊斋志异》，长春：长春出版社，2015年版，516页。
③ 陈洪绶著，吴敢点校《陈洪绶集》，杭州：浙江古籍出版社，1994年版，374页。
④ 周骏富辑《清画家诗史》甲上，台北：明文书局，1985年版，26页。
⑤ 张舜徽《清人文集别录》，北京：中华书局，1963年版，24页。
⑥ 马宗霍《书林藻鉴·书林纪事》，北京：文物出版社，2015年版，325页。

招揽市场的同时多又不愿以艺事自富，以免沦为市井，这个情怀至今犹存。如晚明儒生赵甸，幼丧父，与母相依为命，家贫，“丙戌后，隐于淄，卖画自给，世所称璧林高士画者也”[①]。明清之交画家萧尺木，“借画以治生。每一幅出，则远近人争购去，得一二镪易薪米鲑菜归，即阁笔”[②]。戴易入清便有润例传世，素贫，然卖字看人品，品行不端者不应。他极重情义，卖字为好友徐枋买墓地：

> 初求其八分书者，非其人，多不应，得者必厚酬。至是榜于门，书一幅止受银一钱，人乐购之。资稍稍集，又相旁地当买者并买之。凡四十余金而地毕入。[③]

诸如此类以笔耕自活的遗民在清初还有很多。文徵明裔孙文与也，明亡后隐居竹鸣，贫寒卖画自给。富家买主催得急，文氏便会却金拒画：“富人子具兼金求画，期以三日走取。文恚曰：‘仆非画工，安得受促迫？’掷金于地。其人再请，不顾。”[④]清初也有辞归官员鬻艺的，如篆书家王澍，官至吏部员外郎，因葬亲故不复。他的卖字也颇有些文士风骚：“远近士夫，以金币请者无虚日。然不问家人生产，贫士丐其翰墨以举火者，亦应之不倦。”[⑤]不过也应该看到，在文人情结与商业文化的博弈中，风雅之举往往被传为佳话，进而存在夸大其词的嫌疑。

---

① 孙静庵著，赵一生标点《明遗民录》，杭州：浙江古籍出版社，1985年版，290页。
② 张小庄编《清代笔记、日记绘画史料汇编》，北京：荣宝斋出版社，2013年版，42页。
③ 孙静庵著，赵一生标点《明遗民录》，杭州：浙江古籍出版社，1985年版，326页。
④ 天台野叟《大清见闻录·艺苑志异》，郑州：中州古籍出版社，2000年版，58页。
⑤ 马宗霍《书林藻鉴·书林纪事》，北京：文物出版社，2015年版，208页。

二、清代中期

到了清代中期，封建社会的统治更加稳固。社会安定，经济迅猛发展，人口迅速增长，国库充盈，国内生产总值竟占到世界的三分之一，出现了所谓“康乾盛世”，朝廷多次全免全国农业钱粮。伴随着经济水平的整体发展，手工业和各项制造业更加繁荣，对外商业贸易逐渐开放，对内、对外商业活动频繁。在商业文化浸染下，康乾时期的不少官员都曾涉商，有些大臣更直接把资金委托给信誉好的商人。社会环境的转变使得人们的士商观念和择业标准进一步开放，对很多人来说，经商不再是羞于启齿的事情，且这个观念已经逐渐渗透到文人的日常价值判断中去了。

清中期世风的转变，在小说《歧路灯》中便有显示。作者李绿园是个不如志的文人，他在小说第十五回中借楼潜斋之口道出了他对经商的看法：“你今日做了生意，可惜了你的资质。也很好，我也不嫌你改业，即作商家，皆国家良民，亦资生之要，但你是个聪明人，只要凡事务实。”[①]这段话是士人楼潜斋说给弃学从商的王吉隆的，话间首先肯定了商人于国于民的价值所在，可见这种自食其力的精神，在清初以来底层文人的谋食之路上逐渐得到了认可。其次，这段话也同时透露出了士人在商人面前的些许优越感。[②]换句话说，尽管择业的多样性愈发得到尊重，特别是对商人的舆论环境越来越宽松，但经商并未从根本上压倒读书做官的传统观念，鬻书卖画的社会风气也便在这样的背景下展开。

随着士商观念的转型和商业文化的发展，文人以书画为业则耻的观念逐渐被冲淡，传统观念进入了破冰期。尤其到了清中叶，文人参与书画市场的枷锁被逐渐卸下，思想的松绑给书画家提供了更大的生存空

① 李绿园《歧路灯》，北京：新世界出版社，2013年版，115页。
② 可参见邵毅平《中国文学中的商人世界》，上海：复旦大学出版社，2016年版，447页。

间，“卖画去！这已成了绝大部分文人画家的主要谋生之路”[①]。扬州在明清时期是我国经济文化的中心，随着商品经济在东南沿海的发展，凭借地处江淮要冲的独特地理位置，扬州一跃成为康乾时期最富庶的城市，所谓“天下三分明月夜，二分无赖是扬州”[②]。康乾时期出现了以“扬州八怪”为代表的大批鬻艺文人，把文人鬻书卖画的历程往前推进了一大步。经济的繁荣是“扬州八怪”等鬻艺文人赖以生存的物质基础，大量“贾而好儒”的富商结交文士，附庸风雅，购藏书画，且经常资助来扬鬻艺的文人，为其提供好的创作环境，邀请他们参加诗画雅集，迅速推动了书画的市场化进程。

商业文化的开放在这个阶段体现得十分突出。尤其是扬州地区，文人鬻书卖画不再像过去那样遮遮掩掩。如“扬州八怪”大多出身贫寒，流寓扬州卖艺自活，且他们的行为和作品风格多狂放丑怪，惊世骇俗，金农的“漆书”前无古人，郑板桥的“六分半书”如乱石铺街。更令人瞩目的是郑板桥明码标价挂出笔榜的举动，成为妇孺皆知的趣谈。其实扬州地区的世风也有一个渐变的过程，我们知道清初扬州和金陵的商业文化，还较多体现出羞于言钱的气节，“经济的繁荣还没有使艺术品普遍成为商品，艺术品交易还远没有成为普遍的现象。所以，画家很少是为了金钱而创作书画，更多时候是利用书画来应酬各种社会往来，以换取生活的捐助等种种服务”[③]。所谓“君子谋道不谋食”，清初江南地区对文人以书画为业的反对声较为强烈，类似观念到了清中期也并未完全消失。如嘉庆年间的盛大士在《溪山卧游录》中说：

① 李向民《中国美术经济史》，北京：人民出版社，2013年版，468页。

② 薛永年，薛锋《扬州八怪与扬州商业》，北京：人民美术出版社，1991年版，5页。

③ 张卉《龚贤与徽商交游问题研究》，《南京艺术学院学报（美术与设计版）》2013年第5期，26—30页。

> 凡作诗画俱不求有名利之见，然“名利”二字亦自有辩。……近世士人沉溺于利欲之场，其作诗不过欲干求卿相，结交贵游，弋取货利，以肥其身家耳。作画亦然，初下笔时胸中先有成算，某幅赠达官必不虚发，某幅赠某富翁必得厚惠，是其卑鄙陋劣之见，已不可响迩，无论其必不工也，即工亦不过诗画之蠹耳。[①]

盛大士站在儒家传统道德的角度批评功利性的书画创作，这其实是见仁见智的。书画用于干谒朱紫历朝历代有之，且多受到传统士人的批评。鬻书卖画为生也不独清季，明代中期的文徵明、祝允明等吴门书画家也有过之而无不及。某种程度上说这与把书画投入市场并无本质区别，都是用于名利的交换，所以会遭到非议。然而有一点值得注意，即书画创作的初衷不宜过度被功名所累，否则虽“工亦不过诗画之蠹耳”，这也是传统士人一贯所坚持的。文人以书画为业，自古便饱受争议，如果说清初文人以书画自谋尚不带有较强利益诉求的话，则到了康乾时期，书画在被视作一种隐忍偷活的手段之后，便逐渐被赋予了更多商业的色彩。

传统观念的解放不仅有地域的差别，也会因人而异。面对商业文化的冲击，有些人能够放下身段悬画街头，也有些人仍不愿抛头露面，于是委托他人代售。如乾隆年间芷江人李隆家贫，卖画却羞于出面，于是“命小童携至街头卖之”[②]。文人忌讳言利、羞于悬立市中的情结自古已然，有时也会以对抗权贵的形式出现，这样的博弈在清中期并不少见，例如：

① 王伯敏主编《画学集成：明—清》，石家庄：河北美术出版社，2002年版，674页。

② 徐珂《清稗类钞》第9册，北京：中华书局，2003年版，4094页。

乾隆年间侍讲学士秦公大士善书，“未贵时，卖字以自给，求者踵至。客有知公贫，以厚币请者，微察其有德色，遽还之，客谢罪至再终不允。”①

乾隆年间书家曾贯之善作楷，恰逢建隆寺须题写“大雄之殿”匾，贿贯之以重金不允，然“往往市贾屠贩之流，以牛肉白酒供之，则为之作大幅。”②

乾嘉时期名媛张净因善画，“家贫，或以画易米。有长官慕其名，求见其诗，净因谢曰：‘本不识字也。’”③

乾隆年间书画家陆白斋，好收藏，“家计中落，往往携所作书画入市，得资可供数日餐，则楗户不复出。资罄复入市。”④

嘉庆年间进士郭尚先工书，“四方求书者无虚日。高丽、日本争相购致，然非其人不轻许。有以厚资为其父乞铭者，拒不与，既又浼权要来，仍不与。”⑤

另外，同样是作画，画工又较画家低一等。这不仅关系到赚钱之多寡，更体现了一种身份优越。如嘉道年间李筑夫善画，起初为漆工，“既而悔曰：‘瘁我心力，仅得一日之饱，徒其伦父玩赏，乌能传名不朽耶？吾十指自有所托。’遂改习绘事，用笔浓密，名噪一时。”⑥

尽管有以上试图对抗商业文化的案例，但并不足以逆转书画市场化的总体趋势。更多的底层文人是在顺应商业文化并试图从中牟利的，

① 《清朝野史大观·清朝艺苑》，上海：上海书店，1981年版，20页。
② 马宗霍《书林藻鉴·书林纪事》，北京：文物出版社，2015年版，330页。
③ 厉鹗，汤漱玉著，汪远孙辑《玉台书史·玉台画史》，杭州：浙江人民美术出版社，2012年版，343页。
④ 马宗霍《书林藻鉴·书林纪事》，北京：文物出版社，2015年版，329页。
⑤ 王钟翰点校《清史列传》卷七十三《郭尚先》，北京：中华书局，1987年版，6005页。
⑥ 徐珂《清稗类钞》第9册，北京：中华书局，2003年版，4106页。

如康熙年间以画龙著称的周璕，“尝以所画张于黄鹤楼，标其价曰一百金”[①]。乾隆年间工艺家吴兆杰以篆刻谋生，“肆力于缪篆，工模刻，售其技，而因此名于此”[②]。相比上述各种逆反商业文化的例子，这应该是书画市场中更为常见的情形。

第三节　鬻艺自谋个案考

一、石涛：“政治和尚”的书画乞食

石涛（1642—1707），“清初四僧”之一，明靖江王朱赞仪之十世孙。明亡时他尚年幼，“为宫中仆臣负出，逃至武昌，薙发为僧”[③]。明宗室的出身使得石涛一生动荡，他早年旅居宣城，中年迁往南京，后北上京都数年，晚年寓扬鬻艺自活。三个关键词可以大致勾勒出其凄苦的书画生涯：臣僧、遗民和文人。三个看似冲突的身份维度又形成两条主线，一、剃发为僧，希冀通过“政治和尚”的身份步入仕途；二、通过书画社交干谒朱紫、攀附名流，进而寻求仕途梦想。可惜事与愿违，石涛两次迎驾均未果而终，不得已晚年退居扬州鬻艺为谋，而书画最终成为化解其人生矛盾的精神归宿。

早年在宣城时，石涛即通过书画社吟诗作画，游历参禅，结交了不少文人、政客。如新安太守曹冠五，石涛曾为其作《黄山七十二峰图》：“时宣城有书画社，招人相与唱和。……徽守曹某，好奇士也，闻其在山中，以书来丐画。匹纸七十二幅，幅图一峰，笑而许之。”[④]可

① 《朵云》，上海：上海书画出版社，1993年版，第97页。

② 陈冠明等校点《程瑶田全集》第3册，合肥：黄山书社，2008年版，354页。

③ 石涛《苦瓜和尚画语录》，郑州：中州古籍出版社，2013年版，262页。

④ 石涛《苦瓜和尚画语录》，郑州：中州古籍出版社，2013年版，262页。

见石涛早年便萌生了入仕之心。这与清廷对南方士人的安抚政策不无关系，以往研究者经常提及的是康熙十八年的博学鸿词科，这个举措笼络了大批江南名士，钱谦益、龚鼎孳、吴伟业、潘耒、朱彝尊、李因笃等均曾应试，石涛的朋友施闰章、高咏等还入京做了官。这对石涛有很大触动，次年他即刻由宣城迁往南京，继续展开他的书画社交。令他纠结的是，不少遗民"品格自持而不阿谀附势"[①]，其中如戴本孝、程邃、朱耷、邢昉、吴嘉纪等皆拒绝参加清朝的"恩科"，戴本孝的父亲戴重甚至绝粒殉节。这给石涛带来了心理上的极大困惑，从他早年逃禅避世到晚年蓄发娶妻的历程来看，他并不甘于一生碌碌，面壁参禅。这从他在南京所作诗文中也可以看出："得少一枝足，半间无所藏。孤云夜宿去，破被晚余凉。敢择余生计，难寻明日方。山禽应笑我，犹是住山忙。"[②]与生活的窘困相比，更让他苦闷的是前途迷茫。

康熙二十三年（1684），石涛迎来了人生首次机会。这年八月康熙南巡至金陵，石涛应召绘制江南名胜图，以供御览。他是如何争取到这次见驾机会的呢？原来他与江南学政赵阆仙有交往，同年他曾赠赵氏《幽溪垂钓图》，跋曰："岁甲子三月，访学使者赵阆仙，写于客城官署。"[③]这应当是石涛为争取见驾而进行的书画社交之一。另，康熙抵金陵前，宣州司马郑瑚山便受命募集画家，石涛与郑氏也有书画之谊。郑氏还曾造访一枝阁，这一点石涛本人也提及过："又宣州司马郑瑚山见访枝下，时方奉旨图江南之胜。"[④]可见石涛是做了充分准备的。在清廷官员的帮助下，他终于如愿与众僧一道迎驾，并因其画僧的特殊身份而引起康熙的关注。此事令石涛大喜过望，对仕途充满期待。这从他赠与

① 严迪昌《清史诗》，杭州：浙江古籍出版社，2002年版，136页。
② 《江淮文化论丛》第2辑，北京：文物出版社，2013年版，188页。
③ 引自丁家桐《石涛传》，上海：上海人民出版社，2000年版，75页。
④ 韩林德《石涛与"画语录"研究》，南京：江苏美术出版社，1989年版，100页。

郑氏的书画题跋上便可看出：

> 宣州司马多清声，扣关日午遥相寻。
> 问禅直扫众人见，文采风流向上论。
> 当今诏下图丘壑，缥帙山林恣搜索。
> 画师如云妙手谁？请君放眼慢惊愕。
> 一言鉴别万眼注，并州快剪分毫素。
> 欲问皇家问赏心，好从宝绘通知遇。[①]

值得注意的是，该诗末钤有“臣僧”“野人”两印。作为前朝遗民石涛内心是矛盾的，一方面他“欲问皇家问赏心”，主动俯首称臣；另一方面他又一时难以割舍“遗民”“野人”“奇士”等志节标签，这是他调和自身复杂的身份认同时，所面对的仪式性选择，而“方外”“士”与“王孙”等多重身份，也使石涛背负了沉重的道德压力。[②]正是基于这样复杂的心理动机，当他真正见到康熙本尊时，竟然不知所措，“结舌口忙忙”。[③]最终康熙也并未提拔他，其通过绘画获得“知遇”的构想落空了。

然而石涛并不甘心，接下来的几年他一直奔走于南京、扬州间，筹划北上事宜。康熙二十六年（1687），他因经济原因困于扬州，为了北上石涛便向“次翁”“东老”等商人求助：“客广陵，十月，无山水可

① 〔美〕乔迅著，邱士华，刘宇珍译《石涛：清初中国的绘画与现代性》，北京：三联书店，2016年版，120页。

② 〔美〕乔迅著，邱士华，刘宇珍译《石涛：清初中国的绘画与现代性》，北京：三联书店，2016年版，130页。

③ 〔美〕乔迅著，邱士华，刘宇珍译《石涛：清初中国的绘画与现代性》，北京：三联书店，2016年版，121页。

图7 石涛《黄山画册》（局部） 日本京都国立博物馆藏

寻，出入无路，如堕井底。向次翁、东老二三知己求救，公以扇出示之，曰：和尚须自救。雨中放笔游，游不尽的三十年前鞋根子，亦有放光地处。有则尽与次翁藏之。”[①]最终“次翁”收藏了他的作品，然而石涛并未就此实现北行之举，直至1689年他才得以进京。在此之前的两年他一直靠鬻艺筹划进京，如1687年他为安徽商人吴次卣作《黄山图》，跋曰：“时丁卯冬日北游不果，客广陵之大树下，日与次卣先生谈及黄海之胜，不时应二三知己所请，予以答之，书进博笑。”[②]从这则题跋不难想象石涛寓扬期间与书画商之间的笔墨唱和。为了筹钱进京，富商成了他口中的“知己”。由于徽商喜欢《黄山图》，所以黄山便一度成为石涛笔下频频出现的题材，如日本京都国立博物馆藏有石涛《黄山画册》12开（图7），跋尾显示作于戊辰年（1688）扬州大树堂；又，1699年他为徽商“劲庵”也画过此图，并在题跋中自述了与徽商于“河下”雅集的场景。[③]

石涛早年的功利之心一度颠覆了我们对于遗民形象的概念性认识，乾嘉时期的王文治对石涛“折腰”应驾一事发出了这样的感慨：“童仆欢迎子侯门，归来检点旧山村。多君识我壶觞趣，垂落盈罂与细论。先生志迈羲皇，田父复有好怀相与，此情此景，正未可与折腰时同日语

① 杨新主编《四僧绘画》，上海：上海科学技术出版社，2000年版，193页。
② 汪世清《石涛诗录》，石家庄：河北美术出版社，2005年版，19页。
③ 卢辅圣主编《石涛研究》，上海：上海书画出版社，2002年版，271页。

也。”[①]以往学者谈及遗民时，每每以伯夷、叔齐“不食周粟”比喻，殊不知那只反映了遗民心态的某个侧面。石涛早年求取功名心切，所以与富商交往中常投其所好，博其欢心，这也是文人情结在士商观念转型背景下的另一个重要体现。

康熙二十八年（1689），石涛在扬州迎来了第二次见驾机会，这对于一直筹划进京的他来说大有久旱逢甘霖的意味。更令他激动的是，五年之后康熙皇帝还能记起他的名字，所以他一口气写下两首诗，以纪念广陵见驾的恩荣：

无路从容夜出关，黎明努力上平山。
去此罕逢仁圣主，近前一步是天颜。
松风滴露马行疾，花气袭人鸟道攀。
两代蒙恩慈氏远，人间天上悉知还。
甲子长干新接驾，即今已巳路当先。

圣聪勿睹呼名字，草野重瞻万岁前。
自愧羚羊无挂角，那能音吼说真传。
神龙首尾光千焰，云拥祥云天际边。[②]

可以看出石涛两次见驾确实受宠若惊，以至于他在诗中表达了对师祖“两代蒙恩”的艳羡。所以徐复观先生认为，石涛两次见驾是受到了其祖僧及父僧“两位变节的政治和尚”的影响[③]。此次扬州接驾后不久，

① 《石涛书画全集》上卷，天津：天津人民美术出版社，1995年版，179图《陶潜诗意图之一》。
② 《江淮文化论丛》第2辑，北京：文物出版社，2013年版，190页。
③ 徐复观《中国艺术精神：石涛之一研究》，北京：九州出版社，2014年版，526页。

石涛还绘制了《海晏河清图》，描绘了康熙南巡的壮观局面，并以“臣僧元济九顿首”落款[①]。足见两次面圣对石涛心理带来的冲击，他已经全然不顾出身，而把自己当作清廷的臣民了。二次见驾坚定了他北游的信心，同年他辗转来到北京，开始了为期四年的仕途之寻。

在京期间，石涛经常与清廷达官显贵交往，如户部尚书王骘，清宗室博尔都，巡抚张霖以及清初“四王”之一的王原祁等，其中交往最密切的当属清朝宗室博尔都。博尔都系清太祖五世孙，由于喜欢舞文弄墨，又十分欣赏石涛的才华，常请其临摹古画，所以石涛在博尔都的引荐下，凭借书画交际在京城结识了不少显贵。然而随着时间的推移，石涛并未获得召见机会，他逐渐意识到自己这种书画“乞食”的行为不可能获得恩宠，故在庚午年（1690）《山水册》上题诗道：“诸方乞食苦瓜僧，戒行全无趋小乘。五十孤行成独往，一身禅病冷于冰。”[②]诗文的哀婉诉说了他在京遭遇的凄凉。四年北游石涛最终未能步入仕途，“重瞻万岁”的初衷成为了泡影，在经历了遗民与顺民，方内与方外的思想斗争后，他最终重返扬州，开启了晚年书画谋生之旅。

石涛的悲剧在于他并未认清康熙南巡的意图，南巡最主要的目的在于笼络儒者，优容文士，从而加强统治。康熙本人并不信佛，甚至对佛教是有情绪的，他说：“朕十岁时，一喇嘛来朝，提起西方佛法，朕即面辟其谬，彼竟语塞。盖朕生来便厌闻此种也。”[③]尽管康熙并不排斥僧俗，但也并无太多兴趣，佛教只是其实现政通的手段，所以石涛作为“臣僧”北上，其结果便可想而知。因此也可以这样说，正是石涛对两次见驾的误读，最终导致了他进京无功而返。

① 《江淮文化论丛》第2辑，北京：文物出版社，2013年版，190页。
② 韩林德《石涛与〈画语录〉研究》，南京：江苏美术出版社，1989年版，58页。
③ 《康熙起居注》第1册，北京：中华书局，1984年版，127页。

夤缘清廷对于石涛而言显然是不太光彩的一笔，因此晚年他有意对这段不堪过往进行了“粉饰”。如1695年石涛在扬州作《墨色人物花卉册》，请朋友题跋，大家自然是心照不宣。所以我们看到《大涤子题画诗跋》中收录了数则标榜志节的诗文①，第一首便是《墨笔柳下陶渊明》。该诗仿照陶渊明《饮酒》，把石涛比作志在优游的人间逸士：“采之东篱间，寒香爱盈把。人与境俱忘，此语语谁者？”末句以问句收尾，再次强调了石涛是位真正的“隐士”。第二首是白叟的一则题跋《墨笔桥上放纸鸢》：“我爱二童心，纸鹞成游戏。取乐一时间，何曾作远计。”又曰：“布衣平步上青天，何异儿童放纸鸢。忽落泥中逢线断，争如不被名利牵。”诗文把石涛北上未果而返比作儿童放纸鸢的“游戏”举动，只是为了“取乐一时间”，显然这是出于朋友道义而故意扭曲事实。又，第五首《墨笔文竹》曰：“五尺烟梢扶不起，湿淋淋地墨龙拖。此青藤自题墨竹句也，移赞苦瓜，真可上下古今。归云庄农祖命。”庄农祖这首“尊嘱”诗把石涛比作狂士徐渭。其他题诗大体也均以“四君子”之类为歌咏题材，此处不再赘述。实际上石涛耿介不阿的形象的构建，一方面是后人对遗民形象一厢情愿的附会与构想的结果，另一方面也与石涛友人“为贤者讳”的做法密切相关。

石涛的朋友陈鼎曾作《瞎尊者传》。该文写于石涛离开南京前后，极有可能他已经见驾，而文中却说：

> 瞎尊者，……性耿介，不肯俯仰人，时而嘐嘐然，磊磊落落，高视一切。时而岸岸然，踽踽凉凉，不屑不洁，拒人千里外，若将浼之者。弱冠即工书法，善画，工诗。……然不轻以与人。有道之士勿求可致；龌龊儿虽贿百镒，彼闭目掉头，求其睨而一视不可

① 汪绎辰辑《大涤子题画诗跋》，上海：上海人民美术出版社，1987年版，63—65页。

得。以故君子则相爱，小人多恶之者。虽谤言盈耳，不顾也。[①]

后世有关石涛品行的描述多从此出，而置其俯首折节一事于不顾。一说《瞎尊者传》作于康熙三十六年（1697）前后[②]，要之则该文便更加涉嫌有意回避史实了。

兴化人李驎也是石涛的莫逆之交，石涛回到扬州后曾请其撰写《大涤子传》。文中同样回避了两次见驾的情节，把北游说成是为了“觐天寿诸陵”，最后把石涛描述成“不得已寄迹于僧，以书画名而老焉”的“不佛不老”之人[③]。更有意思的是，李驎也是位耿直之人，他对文人失节并非不在意。1700年卓尔堪编纂明遗民诗选时，李驎专门写信给卓氏，指出只有真正的忠节之士才能称为“遗民”，强调由于各种原因“欲仕不得”者，应清出遗民之列[④]，如此则石涛显然不宜以“遗民”自居。想必石涛也是有感于此，才多方请朋友作传记，以图改变世人对他两次见驾的负面看法。事实证明他没有徒劳，在此后的1728年，张沅在《苦瓜和尚画语录》跋文中便盛赞他如隐居不仕的赵孟坚：“乃今之大涤非昔之彝斋乎？其人同，其行同，其履变也无不同。盖彝斋后，复一彝斋，数百载下可以嗣芳徽，可以并幽躅矣。两先生之隐德，吾知颉颃西山之饿夫固然耳。且其浩浩落落之怀，一皆寓于笔墨之际，所谓品高者，韵自胜焉。”[⑤]陈鼎、李驎、张沅等人对石涛的正面评价对后世影响极大，这直接开启了清季以来推崇石涛志节的权舆，其声势之大，以至于现代美术史研究者都有意回避对石涛两度折腰的关注。如研究石涛的著名学

① 石涛《苦瓜和尚画语录》，郑州：中州古籍出版社，2013年版，260页。

② 汪世清《石涛诗录》，石家庄：河北美术出版社，2005年版，321页。

③ 石涛《苦瓜和尚画语录》，郑州：中州古籍出版社，2013年版，261—263页。

④ 潘承玉《清初诗坛：卓尔堪与〈遗民诗〉研究》，北京：中华书局，2004年版，236页。

⑤ 石涛《苦瓜和尚画语录》，郑州：中州古籍出版社，2013年版，226页。

者傅抱石便在《石涛上人年谱》说："上人性耿介，悲家国颠破，不肯俯仰士人，磊落抑郁，一寄之笔墨。故所为诗画，排奡纵横，真气充沛；盖吾中华民族伟大艺人也。"[①]至此石涛遗民形象的重塑基本完成。

当代美术史研究者并非不清楚石涛两次"折腰"的事实，而之所以不做重点阐发，和清初美术史"四王""四僧"两种对立画风的确立不无关系。一般认为"四僧"皆明末遗民，学者为了附会所谓人品、艺品的内在关系，而有意强化了石涛耿介傲岸的一面，这背离了学术研究的精神。笔者无意抹黑石涛，只是指出他在不同时期有不同的人生趋向。实际上他早年确实表现出了耿直的一面，如1668年石涛在歙县作《披裘翁》（故宫博物院藏），借披裘翁贫穷但不拾遗金的故事表达了文人不齿言利的情结。石涛以画为生却不愿用金钱定义自己的市场行为，这种与市场保持一定距离的态度，背后隐含的是鬻艺者对自我身份的界定。在石涛从北京返回以前，书画某种程度上充当了他入仕社交的手段，他还不算是职业画家，直至晚年寓扬后，他还俗娶妻，才逐渐走上鬻艺自活的道路。

北游南返后的前几年，石涛在扬州周边游历，广泛结交徽商和社会名流，发展潜在客户、开拓书画市场。1696年他最终定居扬州，建立了大涤堂。"大涤"即言涤除过去虚伪逢迎，争名逐利的人生，蓄发娶妻，炼丹服药，开始寻求新的精神寄托。随着清初士商观念的转型，石涛晚年对职业画家身份的焦虑愈发淡化，他坦言："予性懒真，少与世合，唯笔与墨以寄闲情。"[②]确如所说，当1699年康熙第三次南巡时，便不见了石涛的踪影。寓扬期间他有几枚印章："于今为庶为清门""道

① 王云五主编，傅抱石撰《明末石涛上人朱若极年谱》，台北：台湾商务印书馆，1978年版，10页。

② 石涛《苦瓜和尚画语录》，郑州：中州古籍出版社，2013年版，242页。

合乾坤”“清湘石道人”，从中也不难觉察他心路历程的转变。石涛早年出家为僧是带有功利性的，这一点在他晚年的诗文中也有透露：“生不逢年岂可堪，非家非室冒瞿昙。而今大涤齐抛掷，此夜中心夙响惭。”[①]他承认出家并非出于对佛门的信仰，只是为了保全性命、出人头地的权宜之计。石涛晚年出僧入道，束发娶妻，并公开说：“我不会谈禅，亦不敢妄求布施，惟闲写青山卖耳！”[②]他不靠布施、谈禅为谋，过上书画自活的“遗民”生活。然而他的遗民生活过得也并不轻松，陶季在《赠石涛上人》说：“皂帽蒙头衣敝衣，孤云无着姓名非。囊中剩有人间字，不是还山即采薇。”[③]该诗描述了石涛1694—1695年间的清贫落魄的生活，这种窘迫不独体现在物质层面，更体现为直面市场时所遭遇的精神压迫。随着石涛与书画商私人信件的不断披露，更多有关他晚年书画生活的细节也随之浮出水面，让我们对他寓扬期间的生活状况及遗民心态有了更为深层的了解。

石涛晚年寓扬时，留下了写给徽商及各地名人雅士的信札，从中可了解他晚年的书画生活和市场心态的转变。

石涛致八大山人：

> 济将六十，诸事不堪。十年已来，……济几次接先生手教，皆未得奉答，总因病苦，拙于酬应，不独于先生一人，前四方皆知济此等病，真是笑话人。今因李松庵兄还南州，空函寄上，济欲先生三尺高、一尺阔小幅，……款求书：大涤子大涤草堂，莫书和尚，济有冠有发之人，向上一齐涤。[④]

① 韩林德《石涛与〈画语录〉研究》，南京：江苏美术出版社，1989年版，70页。
② 张潮《幽梦影》，长春：吉林文史出版社，1999年版，60页。
③ 韩林德《石涛评传》，南京：南京大学出版社，1998年版，123页。
④ 石涛著，黄兰波点注《画语录》，南宁：广西人民出版社，2001年版，175页。

此信书于康熙三十八年（1699）以后，此时石涛两次见驾皆未果而返。同为明宗室后裔的八大对此早有耳闻，从信中推测八大当不止一次写信规劝石涛守住节义。而石涛信中称忙于应酬，又因病苦，“未得奉答”。这显然是为自己拜谒朱紫开脱，正如徐复观先生所说，这些寻常之事“亦不致为‘笑话人’”。[①]由于政治游戏中两度挫败，石涛晚年大有身世蜉蝣之感，所以他此时回复八大，并索求“大涤子大涤草堂”画，乃决意涤除佛禅，安心于“白发黄冠”的笔墨生涯。

关于石涛与商贾通信，研究者讨论最多的是“岱瞻先生”。此人乃安徽盐商江世栋，世代经商，仗义豪爽，家藏颇丰，是石涛重要的书画赞助人。沈大成《学福斋稿》卷一四有《江氏先友尺牍跋》，大致描述了江世栋的交游和书画收藏情况：“先生江东宿老，其友皆巨公佚民知名之士，其往来尺牍绸缪蕴藉，超超元著，半幅数行，绰有意致，因以想见前辈寸璧小玑皆可宝也。”[②]故宫博物院藏有数封石涛晚年写给“岱瞻先生”的信札，从中可以窥得他书画生活的不少细节和市场心态：

> 弟昨来见先生者，因有话说。见客众不能进言，故退也。先生向知弟画原不与众列，不当写屏。只因家口众，老病渐渐日深一日矣！世之宣纸、罗纹搜尽，鉴赏家不能多得；……以二十四金为一架。或要通景者，此是架上棚上，伸手仰面以倚，高高下下，通常或走或立等作画，故要五十两一架。老年精力不如，舞笔难转动，即使成架也无用。此中或损去一幅，此十一幅皆无用矣，不如只写十二者是。向来吴、许、方、黄、程诸公，数年皆是此等。即依闻

① 徐复观《中国艺术精神：石涛之一研究》，北京：九州出版社，2014年版，526页。
② 徐邦达《历代书画家传记考辨》，上海：上海人民美术出版社，1983年版，69页。

兄手中写有五架，皆如此；今年正月写一架，亦是如此。昨先生所命之屏，黄府上人云：是令东床所画。昨见二世兄云：是先生送亲眷者。不然先生非他人，乃我知心之友，为我生我之友，即无一纹也画。……弟所安生立命者，在一管笔，故弟不得不向知己全道破也。或令亲不出钱，或分开与众画转妙。……所赐金尚未敢动。岱翁老长兄先生。朽弟极顿首。[①]

与大多数短札不同，这封信石涛颇费口舌。一方面可能是摄于江世栋在当地的威望和财力，另一方面也是石涛索要润金时碍于情面，羞于启齿的心理活动使然。信中说江世栋曾派管家向石涛预订整组十二条屏。由于对构图和材料要求比较讲究，且作画时“或走或立”“架上棚上”“高高下下”十分辛苦，故按照市场价格应收“五十两一架”，而非订金“二十四金”。更令石涛委屈的是，此屏并非江氏私用而是当作礼品送给了他人，对于文人而言这不仅有为人役使之嫌，还蒙受感情欺骗。所以他先是登门讨要说法，因“见客众不能进言”，又写信道出原委。信中首先强调他不与屠沽同流的情结，只因家口之累才画屏风，并打出了“弟所安生立命者，在一管笔”的苦情牌。最后还出于道义，言若江氏自己收藏“即无一纹也画”，并强调“所赐金尚未敢动”，即委婉地表达了要追加润金的态度。从整个书信的语气和称呼来看，石涛虽尊称此人为“长兄”，并引以为“知己”，但欲言又止的表达却真实地再现了鬻艺者与商贾间的微妙关系，还原了商业文化背景下扬州士、商交往的复杂历史场景。文人喜欢在诗文中托志表节，而实际上他们在与购藏者的具体交往中却并不尽然，为了争取市场和客户，他们常常需要“折腰”联络感情，在商贾那里扮演“丑角”。这个情况也可从石涛写

① 徐邦达《历代书画家传记考辨》，上海：上海人民美术出版社，1983年版，67—68页。

给江世栋的其他书信中看出："向日先生过我，我又他出。……恭贺新禧，是荷。外有宣纸一幅，今挥就山水，命门人化九送上，一者问路，二者向后好往来得便。岱瞻先生知己。济顿首。"[①]此信应早于前一封，石涛为了攀附江世栋这个"大客户"而主动示好，送上山水一幅，这在商业文化流行的扬州当为普遍现象。职业书画家为了生存会千方百计拓展市场，除了通过江世栋这样的富商推销作品外，有时还得亲自登门服务，甚至写一些寿屏、墓铭之类的"奇货"。石涛在致江世栋信中便记录了这样的片段：

> 自中秋日与书存同在府上一别，归家病到今，将谓苦瓜根欲断之矣。重九将好，友人以轿清晨接去，写八分书寿屏，朝暮来去，四日事完，归家又病。每思对谈，因路远难行。前先生纸三幅，册一本，尚未落墨；昨金笺一片已有。……岱翁年先生，大涤弟济顿首。[②]

碑志、寿屏之类的作品多阿臾奉承之词，历来为文人所不齿。甚至到了民国时期还有不少文人在润例中表示"碑表不应"，或者"谀辞不应"。[③]石涛在书信中透露这个并不值得炫耀的细节给江世栋，且反复说他得病，可能是想博得江氏怜悯，又或者说这本来就是一封借问好的由头而自我推销的信札。

石涛交往信札中还经常出现一个被称作"哲翁"的人。此人系名士王士祯的弟子程哲，出身徽商，是当时有名的鉴赏家和书画文玩收藏

① 徐邦达《历代书画家传记考辨》，上海：上海人民美术出版社，1983年版，68页。
② 徐邦达《历代书画家传记考辨》，上海：上海人民美术出版社，1983年版，68页。
③ 陈蝀野"庚辰画例"，《申报》1940年3月1日。

家，也是石涛重要的赞助人。上海博物馆藏有石涛致程哲信札九通，其中不少是涉及鬻书卖画的：

前所命大堂画，昨雨中写就，而未书款，或早晚将题稿即写呈教正之。哲翁年先生，朽弟阿长顿首。

尊字到，此三幅弟皆是写宋元笔意，弟不喜写出，识者自鉴之，觉有趣。连日手中有事，未得走谢，画遣人送上照入。哲翁道先生，朽弟阿长顿首。

……日下有客至，欲求府中篷障借我一用，初五六即送上也。[①]

从书信的语气来看，石涛以“弟”自居，且曾向程哲借“篷障”，所以朱良志说程哲“是作者老病孤寂之中的‘知己’，困顿窘迫之中的挚友。”[②]当不为过。信中所述忙里偷闲应承书画的说法，不排除文人矫饰的可能，目的无非是要索取润笔，而又不便言明，所以“知己”二字加上引号也是大有深意。

二、傅山：“不为人役”[③]

傅山（1606—1684），山西阳曲人。出身书香门第，博学多才，于书画、诗文、医学等诸多方面皆颇有造诣。祖父傅霖是明嘉靖年间进士，官至山东辽海道参议。其父傅之谟乃明代万历年间贡生，博学能文，未入仕途，以教授生徒为业。由于出身官宦之家，祖上殷实，傅山自幼饱读诗书，遍览历代图籍、书画、碑帖，还精研医术，也为国变之

① 陈国平《石涛》上卷，南宁：广西美术出版社，2014年版，189—190页。

② 朱良志《石涛研究》，北京：北京大学出版社，2005年版，360页。

③ 本章节曾发表于《南京艺术学院学报（美术与设计）》2017年第3期，原名《傅山：从“甲申国变”到惨淡治生》。限于篇幅，本节只做简要论述。

后半生落寞、以书画文事治生埋下了伏笔。

崇祯十七年（1644），李自成率军推翻大明王朝，随后清军入关，入主中原。明亡后，由于傅山失去了经济来源，并且在甲申、乙酉年间典卖家产筹资从事反清复明活动，因此经济条件急转直下，不得不通过鬻书卖画、行医等方式谋生，且时常寻求朋友的帮助，勉强度日。这还仅仅是物质方面的困难，更令其痛苦的是精神上的虚无。在国运更迭之际，傅山站在了大明王朝的一边，并称病拒绝参加康熙十七年（1678）的博学鸿儒“恩科”。[①]然而他也因此不得不面对另外一个尴尬的问题，即如何应对国变之后的治生之道。这里所谓的身份转变是傅山变成了“遗民”，而作为一个传统文人的身份他始终未变，矛盾也正由此出。由于国变后生活落寞，情急之下的傅山甚至动过从商的念头。据载他曾合计和朋友开一家酒楼，但由于灾荒短粮，政府禁止酿酒而搁浅。[②]

傅山的交往与酬应，很大程度上与其在国变后的拮据生活有关。他交往和应酬的对象十分复杂，有清政府中的一些官僚，也有学界投缘的同仁，甚至还有普通百姓。无怪乎他发出这样的慨叹：“无端笔砚业缘多，不敢糊涂说换鹅。这为世情难决绝，鹜书终日替奔波。”[③]一方面如傅山所说是出于人情世故难以推诿，另一方面，傅山在这种交往和应酬中何尝没有获得利益呢？比如他与清政府官员魏一鳌的交往，便夹杂了寻求经济上的帮助和政治上的保护的因素。傅山曾多次写信给魏一

① 按，为了笼络知识分子，清代先后进行了两次博学鸿词科。一为康熙十八年（1678），此次傅山即被举荐。二为乾隆元年（1736）博学鸿词科。参见李世愉主编《清史论丛》第1辑，北京：社会科学文献出版社，2015年版，9—107页。

② 参见白谦慎《傅山的交往和应酬：艺术社会史的一项个案研究》，南宁：广西师范大学出版社，2016年版，77—78页。

③ 引自林鹏《丹崖书论》，太原：山西人民出版社，1989年版，194页。

鳌请求帮助，如1652年前后，他曾致书魏一鳌，请求免去他的土地赋税，[①]又写信给魏氏请求经济帮助："天生一无用人，诸凡靠他不得，已自可笑；一身一口亦靠不得，栖栖三年，以口腹累人……老亲亦长年念佛人，日需盐米，尚优胼胝，果见知容，即求以清静活命乞食之优婆夷及一比丘为顾，同作莲花眷属。即见波罗那须顿施朱题之宝，令出家人怀璧开罪也。"信中傅山以"口腹累人"相乞，甚至把自己说成了清心寡欲的出家人，请求经济帮助。而魏一鳌也是慷慨解囊——1653年魏氏花三十金在太原郊外为其购置了房屋，[②]解决了傅山国变后到处寄宿的难题。

国变后傅山交往人员中还有一位不得不提，他就是戴廷栻。戴氏与傅山同为明遗民，国变后，相同的故国情结和遗民态度使得二人交往密切，成为岁寒之友。傅山在《叙枫林一枝》中说：

> 枫仲髫年，受知于袁山先生，许以气节文章名世。丙子，拔晋才士三立书院课艺。枫仲声噪社中，少所许可，独虚心向余问字。余因其蚤慧，规劝之。甲申后，仲敛华就实，古道相助，竟成岁寒之友矣。[③]

① 《丹崖墨翰》第十七札："寒家原忻人，今忻尚有薄地数亩。万历年间曾有告除粮十余石。其人其地皆不知所从来。花户名字下书不开征例已八十年矣。今为奸胥蒙开实在粮食下，累族人之催此，累两家弟包陪，苦不可言。今欲具呈有司，求批下本州，查依免例。不知可否？即可，亦不知当如何作用？统求面示弟山。弟甘心作一丝不挂人矣。而此等事葛藤家口，不得了了。适有粮道查荒之言．或可就其机会一行之耶。其中关键，弟亦说梦耳。恃爱刺之。"引自齐峰主编《傅山书法全集》第8卷，太原：山西人民出版社，2007年版，2712页。

② 傅山著，尹协理主编《傅山全书》第2册，太原：山西人民出版社，2016年版，208页。

③ 傅山著，尹协理主编《傅山全书》第2册，太原：山西人民出版社，2016年版，37页。

所谓“古道相助”，即谓戴氏常为傅山代卖书画，助其渡过生活困难。故宫博物院藏有傅山致戴廷栻的一些书信，言及傅山的生活求助：“穷而无聊，颇欲结三椽之庵，以字画为卦谋也。记室或有善缘，一劳指示。枫老仁丈。弟山顿首。”[①]信中谈到傅山盖房无资，请托戴廷栻为其代卖字画。傅山没有仿效徐枋“自置街头”而是寻求戴氏等经纪人的帮助，恐是他放不下身段，以至于此。戴廷栻是傅山的老朋友，因此常见到傅山在信中向他诉苦：“老人听着写字，生头痛矣。勉强写后，两眼角如火烧，少选胶膏糊之，径不能开一缝，其苦如此，非诳言也。即以字论，尚成半个字耶！有命即书坏扇二柄，非弟罪也，若有人非，请分任之。”[②]写字作画本自娱，对于傅山而言却成了谋生的工具，恐为人耻笑，信中诉出其难言之苦。

与傅山有过书画交往的，还有一位叫作荃老的人，傅山在与其的书信中谈及以书换米之事：“寓中偶尔无米，父子叔侄相对长笑，颇近清虚，未免有待，而此面亦得空易卦也。偶有小金笺十余幅在破案，因忆唐伯虎不使人间造业钱伎俩，作小楷《孝经》十八章，较彼犹似不造业矣。令儿持入记室，换米二三斗，救月日之楞，若能慨然留而发之，又复为大陵一场话柄矣，真切真切。”[③]从写信口吻来看，傅山应当不止一次与荃老以书易米了。“留而发之”当是托其卖字之意，傅山打趣说这种交易将成为大陵（太原附近文水县）的一桩笑话，实际上是一种慨叹和自嘲。这种“以物易物”的方式自古有之，避免了买卖双方对质于市肆的尴尬，是文人常常采取的一种谋生之道。生活困难还迫使傅山学会精打细算：“闻祁县米麦价颇贱于省城，欲烦兄量米八两、麦六两

① 引自白谦慎《关于傅山研究的一些问题》，《文物世界》2007年第6期，39—43页。
② 傅山著，尹协理主编《傅山全书》第2册，太原：山西人民出版社，2016年版，179页。
③ 傅山著，尹协理主编《傅山全书》第2册，太原：山西人民出版社，2016年版，229页。

者。”[①]傅山从前朝富家子弟一落而转变成需为斗米操劳者，听说祁县米价比较便宜，他专门委托朋友代买，此中心酸可想而知。由此也让我们对其交往酬应中的诸多尴尬有了更深层的理解和宽容。

傅山出生于官宦之家，明亡后家境一落千丈，谋生的方式主要有两种，一是给人看病，二是卖字画，他是士大夫，对卖字这件事是很不愉快的。[②]关于从医的问题，明清之际不少遗民确实是以此谋生的。傅山的医术系家传，清人全祖望说："先生既绝世事，而家传故有禁方，乃资以自活。"[③]傅山卖书鬻画之余还兼职行医，傅家还一直开着药铺，由傅眉经营。[④]但儒者行医谋生历来被认为是不务正业之举，有辱斯文。如吕留良曾以行医自活，就遭到友人张履祥的批评："儒者之事，自有居广居、立正位而行大道者，奚必沾沾日活数人，以焉功哉？若乃疲精志于参苓，消日力于道路，笑言之接，不越庸夫，酬应之烦，不逾鄙俗，较其所损，抑已多矣。复挈长短于粗工，腾称誉于末世，尤为贤者所耻乎？"[⑤]可能是有鉴于此，傅山并没有放下身段做一个全职的医者，就像他偶尔鬻书卖画一样，囊中羞涩时就主动寻求自活之道，稍稍富足后便又极为自诩。作为一个文人，傅山骨子里的孤傲很难被磨灭，他有一段话颇为经典：

① 傅山著，尹协理主编《傅山全书》第2册，太原：山西人民出版社，2016年版，175页。

② 白谦慎《文人艺术家的应酬——从傅山的应酬书法谈起》，《中国文化报》2015年10月25日第6版。

③ 全祖望《阳曲傅先生事略》，引自郝树侯《傅山传》，太原：山西人民出版社，1981年版，110页。

④ 关于傅家开药铺一事，清人戴本孝于1668年在太原拜访傅山时提及傅家药铺，可知至迟在1668年傅家还在开药铺。见戴本孝《迂道太原，造访黑松庄傅青主不遇，冒雨返邸次，怅然赋此却寄》《赠傅寿髦》，《余生诗稿》卷三，康熙年间刻本。

⑤ 卞僧慧《吕留良年谱长编》，北京：中华书局，2003年版，164页。

文章小技，于道未尊，况兹书写，于道何有！吾家为此者，一连六七代矣，然皆不为人役，至我始苦应接。俗物每逼面书，以为得真。其实对人作者，无一可观。且先有忿懥于中，大违心手造适之妙，真正外人那得知也！[①]

这里所说的“俗物”，白谦慎认为“很可能是那些有钱但缺乏文化修养的地主和商人”。这些人明明腰缠万贯，却还要斤斤计较，又担心买到代笔之作，时常对傅山“面逼”。[②]世俗之人只在乎傅山的签名，并不关注作品的质量，因此会有在傅山看来的愚蠢之举，令其不堪其扰。对于这种情况下写出的作品，傅山称之为“死字”“死画”：“凡字画、诗文皆天机浩气所发。一犯酬酢请祝，编派催勤，机之远矣。天机无气，死字、死画、死诗文也。徒苦人耳！”[③]古人历来注重政治理想，似这般为人役使之事，历来被视为消磨意志之举。《旧唐书·阎立本传》有“左相宣威沙漠，右相驰誉丹青”的记载，[④]说的是唐高宗李治的两个宰相，左相姜恪驰骋疆场，屡立战功，右丞相阎立本却以书画见称，为后人所讥诮。这种矛盾在傅山身上也有鲜明的体现，他的诗文中常提及为了谋生而作书的矛盾：

鬻书有何好？此谬由诸君。
作意见不见，制心闻不闻。
所希在斗米，岂敢望鹅群？

① 傅山著，尹协理主编《傅山全书》第3册，太原：山西人民出版社，2016年版，345页。
② 参见白谦慎《傅山的交往和应酬——艺术社会史的一项个案研究》，南宁：广西师范大学出版社，2016年版，194页。
③ 傅山著，尹协理主编《傅山全书》第3册，太原：山西人民出版社，2016年版，287页。
④ 欧阳修等撰《旧唐书》第8册，北京：中华书局，1975年版，2680页。

自笑悭贪甚，吾能去几分？[①]

说的是傅山为了生活而与世俗周旋，自觉已经偏离了艺术本旨。又作《村居杂诗》与此旨趣相近："无端笔砚业缘多，不敢糊涂说换鹅。这为世情难决绝，鹜书终日替奔波。"[②]这两首诗道出了傅山的无奈和疾苦，正如他所慨叹的那样："笔墨事本游戏自适一着，而径为人役苦恼，乃知亦是恶因缘也。"[③]正因为如此，傅山在看到儿孙学书有长进时便陷入矛盾："且吾几为此事死，尔复欲造此三味耶？万万不可开此门户。传语后人，勿复学书，老夫痛惩之矣。"[④]这话恐怕也只是发发牢骚而已，傅山并没有能力摆脱尘世的烦扰："因无贷之难，遂令老夫役人之役。凡来人，不忠厚者多。"[⑤]他分明知道来者别有所图，因此从内心对那些趁火打劫的人充满愤懑，但究竟还是难以摆脱世俗的纠缠，这种心态正体现了文人与书画商业文化的博弈。当经济上陷入困难后傅山不得不"摧眉折腰"，一旦条件好转后他便又表现出其傲骨的一面。马宗霍先生在《书林纪事》中收录了这样一则轶事：

京师打钟庵落成，僧慕傅先生名，丐书庵额，以僧无行不许。僧念某甲与傅善，啖以重金，令转乞。甲不敢遽达，又虑无以报僧，既思得一法，乃沽佳酝招饮，又预作五绝诗一首，以"打钟庵"三字嵌诗中。乘微醺，自握笔书此诗，屡书屡自拉弃之。傅睨之而笑。甲曰："家有屏，欲书此诗刻其上，顾不善涂鸦。"时傅醉矣，曰：

① 傅山著，尹协理主编《傅山全书》第1册，太原：山西人民出版社，2016年版，184页。
② 傅山著，尹协理主编《傅山全书》第1册，太原：山西人民出版社，2016年版，301页。
③ 傅山著，尹协理主编《傅山全书》第1册，太原：山西人民出版社，2016年版，347页。
④ 傅山著，尹协理主编《傅山全书》第3册，太原：山西人民出版社，2016年版，344页。
⑤ 傅山著，尹协理主编《傅山全书》第3册，太原：山西人民出版社，2016年版，348页。

> “我为汝代笔如何？”甲喜曰：“幸甚！遽索纸笔为之。”甲请曰：“既赐书，即求署款。”傅笑而许之。甲乃剜此三字授僧榜于门。一日傅偶过庵前，讶署己款，笔意确是，注视之，沉思良久，忽忆前为甲书屏中有此三字，始悟为甲所卖，遂与绝交。[①]

自古文人士大夫强调人品、书品的统一，所以才有某甲帮品行不端的僧人骗取题字的故事。尽管从商业文化的发展来看，傅山的这个做法不无矫情，但却真实反映出了商业文化与文人情结的阶段性冲突。

三、八大山人："河水一担直三文"[②]

八大山人（1626—1705），即朱耷，明宁献王朱权九世孙。明亡后他遁迹山林，出家为僧。满汉文化的冲突和家国覆灭的屈辱，使得他背负了精神和生活的双重压力，这也是清初遗民群体性的特征。孙静庵在《民史氏与诸同志书》中说："思宋明以来，宗国沦亡，孑遗余民，寄其枕戈泣血之志，隐忍苟活，终身穷饿以死，殉为国殇者，以明为尤烈。"[③]作为明遗民，当失去了昔日锦衣玉食的生活后，书画不仅是八大谴兴排志和社会交往的需要，到了晚年还俗后还成为一种谋生的手段。

明亡后，八大山人经历了一个漫长的心理调整和斗争期。总体上说，入清早期他往返于僧俗文士之间，时刻关注社会形势的变化，反清复明之心强烈，其书画题跋中多隐喻和嘲讽之词，时常表达出壮志未酬的志节。如他34岁时在《西瓜图》上题诗曰："写此青门贻，绵绵咏长

① 马宗霍《书林藻鉴·书林纪事》，北京：文物出版社，1984年版，319页。

② 本章节曾发表于《中国书法》2018年第9期，原名《八大山人题画诗与书画"治生"考》。限于篇幅，本节只做简要论述。

③ 孙静庵著，赵一生标点《明遗民录》，杭州：浙江古籍出版社，1985年版，375页。

发。举之须二人，食之以七月。”[①]“青门贻”典出《史记·萧相国世家》，说的是秦东陵侯召平国亡后“青门种瓜”、初志不改一事。八大山人以“青门瓜”自比，意在表明不向清廷妥协的傲骨。末句“食之以七月”，源自《诗经·七月》所谓“七月食瓜，八月断壶”，字面上说的是此时不是吃瓜的时节，实则慨叹大明霸业一去不返，自己生不逢时，只能望洋兴叹的社会现实。这一情结在同期的另外一首题画诗《题飞鸟图》中有更为明晰的体现：“岂知巢未暖，两鸟自竞啄。巢覆卵亦倾，悲鸣向谁屋？”[②]此诗双鸟悲鸣描述了明朝政权覆亡，无力回天的悲凉情景。随着清朝统治的日渐巩固，这个境况到了康熙年间更为凸显，八大山人愈发觉得大明光复无望，于是不少题画诗中出现了慨叹人生的语句。这个情结在康熙年间《题梅花图册一首》中也有明确表露：

三十年来处士家，酒旗风里一枝斜。
断桥荒藓无人问，颜色于今似杏花。[③]

此时距明朝灭亡已逾三十载，八大山人几十年隐居不仕的佛门生涯非但没有换来明朝出头之日，反而眼看着大清帝业日渐稳固。大明复国无望，而他本人也无人问津，所以内心无比复杂。晚年还俗后八大生活孤苦，一生未能如其所愿，他每有仙翥之志，在《三友图》上题诗曰：“真个驴乡仙鹤在，成仙跨鹤尽徘徊。”[④]这也成为清初遗民精神的最终归宿。

明亡后，八大山人一度靠书画自谋。然由于他性格狂狷孤傲，不善

① 朱安群，徐奔《八大山人诗与画》，武汉：华中理工大学出版社，1993年版，20页。
② 朱安群，徐奔《八大山人诗与画》，武汉：华中理工大学出版社，1993年版，21页。
③ 朱安群，徐奔《八大山人诗与画》，武汉：华中理工大学出版社，1993年版，37页。
④ 《八大山人全集》第3卷，南昌：江西美术出版社，2000年版，721页。

经营市场，故鬻艺所入并不稳定，生活时常陷入困难。因此与其交往者如方士琯、罗牧、程京萼、宋荦等人便成为他和市场沟通的重要渠道。另外，他的侄子也是其书画生涯中不可或缺的一位。

要特别指出的是，尽管八大还俗娶妻，但并无子嗣。据《新建县志》载："山人老死无子，惟一女，适南坪汪氏。"[①]所以他的晚年生活主要靠侄子照顾，并代为传送书信和打理书画事宜。八大"身患癫疾"时"留止其家"者，一般认为是其侄朱容重，他也是八大山人的书画中介人之一。另，八大在写给方士琯的信中说："穷交得意处，唯是重喜、重庆，垂爱为愧。"[②]刘九庵据此认为重喜、重庆皆为八大的侄子[③]，要之则照顾八大晚年生活的人便有了不同说法。然朱良志则认为"重喜、重庆"应断为"重喜重庆"，意指"最最值得高兴的事"，认为收留并帮助八大打理书画生意的不是朱容重，而"可能是朱仲韶之子"。[④]八大的侄子究竟何人非关本文要旨，我们姑且不谈，可以肯定的是八大之侄在其晚年生活中起到了重要作用。除此之外，安徽画商方士琯常往返于南昌和扬州之间，也是八大书画在扬州的重要市场渠道。二人经常有书信往来，记录了八大接受方氏定单的情况：

> 四韵遵示书之，拙作可附骥去。画十一编次，一并附去。[⑤]
>
> 顷为沈年翁辱作画，当破格写此五副也，叔痤右手不倦，赏臣者多已。[⑥]

① 《青云谱区志》，北京：方志出版社，2004年版，664页。

② 《艺苑掇英》第19期，上海：上海人民美术出版社，1983年版，32页。

③ 《八大山人全集》第5卷，南昌：江西美术出版社，2000年版，1128页。

④ 朱良志《八大山人研究》，合肥：安徽教育出版社，2010年版，324—326页。

⑤ 《八大山人全集》第3卷，南昌：江西美术出版社，2000年版，751页。

⑥ 《八大山人全集》第4卷，南昌：江西美术出版社，2000年版，960页。

令侄履仁年翁云：有条画十幅，扇十笏属之。山人来日正可放笔为也。祈转致意，付之来人。[①]

文人羞于直面市场屠沽之流，所以常通过中介接收订单。从以上书信来看，完全没有了酒后放荡不羁的豪情。八大晚年为了生活也曾反复画过《松鹤图》《松鹿图》等祥瑞题材，又有多件《临河序》传世，当为应定件人要求而作[②]，也可见文人伪情的一面。由于与方士琯有这种特殊的关系，八大困难时便向其借钱："只手少苏，厨中便尔乏粒，知己处转掇得二金否？前着重侄奉谒，可道及此？……究之参苓、白术，日用仅止此耶。凡夫只知死之易，而未知生之难也。"[③]此信中又提及侄子"重"，八大曾派他去向方氏借银，可见此人在八大鬻艺生涯中扮演角色之重要。然这封信也引出了另外一个追问，由于八大晚年一度断炊，有人怀疑他的侄子及画商方士琯可能从中盘剥了润金。因为毕竟他晚年艺名远扬，又笔耕不辍，常借钱买米似乎有乖常理。[④]其实信中已经透露了一些信息，一来此间八大得病，正在服用"参苓、白术"。另，八大晚年好云游。据《贵溪县志》载，湖口、彭泽、九江、庐山、宁都、崇义、大庚、贵溪、弋阳、永丰等地都留下了他的足迹，[⑤]这也是笔不小的开支。再有，八大作为文人，为人作画时耻于言钱，有时仅换些许酒肴而已。据龙科保《八大山人画记》载："人有贶以鲥鱼者，即画一鲥鱼答之，其他类是。……旁有客乘其余兴，以笺索之，立挥与斗啄一双

① 《八大山人全集》第4卷，南昌：江西美术出版社，2000年版，962页。

② 张仁地《〈兰亭序〉一千六百六十年》，沈阳：辽宁人民出版社，2014年版，169页。

③ 《八大山人全集》第5卷，南昌：江西美术出版社，2000年版，1122页。

④ 谭天《非哭非笑的悲剧：八大山人艺术评传》，长沙：湖南美术出版社，1990年版，196页。

⑤ 《青云谱区志》，北京：方志出版社，2004年版，664页。

鸡。”[①]另据陈鼎《八大山人传》载：“山人既嗜酒，无他好，人爱其笔墨，多置酒招之。预设墨汁数升、纸若干幅于座右。醉后见之，则欣然泼墨广幅间。或洒以敝帚，涂以败冠，盈纸肮脏，不可以目。然后捉笔渲染，或成山林，或成丘壑，花鸟竹石，无不入妙。如爱书，则攘臂搦管，狂叫大呼，洋洋洒洒，数十幅立就。”[②]这种以实物换取作品的行为，展现了八大豪情的一面。但这种交易方式带有偶发性，决不可能成为八大晚年生活的可靠经济来源。[③]

程京萼也是八大山人交往中值得一提的画商。

程是安徽人，颇懂得书画经营之道，对八大的人品、艺品皆叹服。他曾于1697年为友人购买了八大一件十二开的《山水册》，且不遗余力地帮助八大进行市场宣传和推广。据其子程廷祚在《先府君行状》中载：“山人老矣。常忧冻馁，府君客江右访之，一见如旧相识，因为之谋，明日投笺索画于山人，且贻以金，令悬壁间。笺云：‘士有代耕之道而后可以安其身，公画超群轶伦，真不朽之物也，是可以代耕矣。’江右之人，见而大哗，由是争以重赀购其画，造庐者踵相接，山人顿为饶裕，其德府君。山人名满海内，自得交府君始。”[④]程京萼等画商对八大生活的帮助只能暂解燃眉之急，不能改变其晚年潦倒的现实。如前所述，由于八大晚年收入不稳定，又好云游，且性情狂狷桀骜，对鬻艺抱羞赧之心，因此他的书画治生只是处于解决温饱的边缘。

另，八大的遗民心态使得他在选择交往对象时十分谨慎，也决定了其书画谋生之路的清苦。比如宋荦，可能是其父宋权降清的原因，八大与宋荦的交往便心存芥蒂。宋荦任江西巡抚时与八大及其友人罗牧均有

① 《八大山人全集》第5卷，南昌：江西美术出版社，2000年版，1334页。
② 《八大山人全集》第5卷，南昌：江西美术出版社，2000年版，1335页。
③ 可参见萧鸿鸣《八大山人研究：论文集》，北京：北京燕山出版社，2006年版，118页。
④ 程廷祚《青溪集》卷十二《先考祓斋府君行状》。

交情，曾主持扩建八大居住的北兰寺，对二人很是关照，他举荐罗牧成为“御旌逸品处士”，且常备酒席请八大和罗牧去作书画。但八大却对宋荦的这种笼络并不领情，认为这有为人役使之嫌，他在1689年写给方士琯的信中说：“牛未没耳？昨有贵人招饭牛老人与八大山人，山人已辞著屐，老人宁无画几席耶？山人尊酒片肉之岁卒于此耶？遇老人为道恨他不少，且莫为贵人道。奉别来将一月，右手不倦，赏臣者倦矣。但可为知己道。十二月十三日，八大山人顿首。”[①]八大在信中表达了对罗牧不得已参加应酬的无奈，并含蓄地表达了对当权者以“尊酒片肉”收买遗民人心的不满。八大对宋荦的心态是矛盾的，一方面他需要宋氏的经济帮扶，另一方面宋氏又系清廷官员，在政治立场上是对立的。加之宋荦任江西巡抚后不久即平定了李美玉、袁大相的叛乱，对于心存幻想的八大而言，无疑又是心理上的一次打击。1689年，八大《题瓜月图轴》曰：“昭光饼子一面，月圆西瓜上时。个个指月饼子，驴年瓜熟为期。”[②]望着月圆期盼恢复家国，但大清帝业的日趋巩固又让他觉得这一愿望遥遥无期，所以他直至晚年对清廷官员还耿耿于怀。

第四节　鬻艺自谋书画流派考

一、“扬州八怪”总论

1. “扬州八怪”与盐商

“扬州八怪”是康乾时期活跃于扬州的一批鬻艺文人，有人说是八个人，也有人认为有十几人。大家常提及的有郑板桥、金农、罗聘、高

① 《艺苑掇英》第19期，上海：上海人民美术出版社，1983年版，30页。
② 朱安群，徐奔《八大山人诗与画》，武汉：华中理工大学出版社，1993年版，65页。

凤翰、李鱓、黄慎等人，因无关本文主旨，此处不做深究，可参见郑逸梅《扬州八怪考》。[①]有一点是学术界公认的，即“扬州八怪”多为政治上失意的文人，其中除郑板桥、李方膺做过知县外，大部分人均一生落寞，狂放孤傲，仇恨官场的奉承和虚伪。这种性格特征表现在艺术行为之中，便使得他们显得有些离经叛道，被传统派称之为“丑八怪”。但是他们追求自然和生活的真实，题材和用笔生动而充满个性，赢得了市井屠沽的普遍认可。扬州浓重的世俗文化培养了一大批笔耕墨耘的文人书画家，他们在与徽商的推杯换盏中既实现了个性的宣泄，也反过来强化和确立了“丑八怪”的市场标签，既带有谋食者对世俗审美的妥协，又不乏文人真性情的流露。

明清是商人阶层的上升时期，然而商业伦理中的儒学色彩却日渐形成，面对“士贵商贱”的社会心态，盐商急需得到社会的认同，由此出现了所谓“虽为贾者，咸近士风”[②]的说法，徽商“虽不服儒服，不冠儒冠，翩翩有士君子之风”[③]，特别是徽商，与陕商、晋商不同，他们尤其热心于文化建设，乐于与文人交往，贾为厚利，儒为名高，各取所需。

在这方面比较有代表性的有马曰琯、马曰璐兄弟，江春、程梦星、安歧等人。他们好收藏，修建书院，招揽各地文雅之士吟诗作画，赞助鬻艺文人，为他们提供栖息之所。如“二马”的小玲珑山馆是专供接待各地文人的私家园林，“所与游皆当世名家，四方之士过之，适馆授餐，终身无倦色”[④]。徽商热情的文艺赞助使得四方文士纷纷前来，“扬州八怪”中的金农、郑板桥、高翔、汪士慎等人便是这里的常客。“二马”经常延请社会名流宴饮，赋诗作对，附庸风雅（图8），如乾

① 郑逸梅《前尘旧梦》，哈尔滨：北方文艺出版社，2016年版，278—279页。
② 戴震《戴震全书》卷六《戴节妇家传》，合肥：黄山书社，1995年版，440页。
③ 婺源《湖溪孙氏宗谱》卷一《萃峰孙公传》。
④ 李斗《扬州画舫录》，北京：中国画报出版社，2014年版，64页。

隆八年春的一次雅集，金农、郑板桥、厉鹗、杭世骏等人皆在场，金农有诗曰：

> 修禊玲珑馆七人，主人昆季宴嘉宾。
> 豪吟堇浦须捻手，觅句句山笔点唇。
> 樊榭抚琴神入定，板桥画竹目生瞋。
> 他年此会仍如许，快杀稽留一老民。[①]

可见对于盐商的招揽，这些文人也是乐在其中。再比如徽商江春亦好儒，他任盐业总商长达四十年，广交天下名流逸士，在扬专门建有“秋声馆”。薛永年说：“盐商为了提高地位，即把养士包括优礼画家作为附庸风雅的一个方面。他们以交友礼贤的方式在画家的衣食住行上提供方便，以吸引画家，赚其作品。”[②]他们积极以各种方式优遇士人，招揽各处文人骚客，奉为座上宾，用诗文书画装点门面，一时间蔚然成风。受此影响，中产之家及屠沽细民也纷纷悬挂书画，以示风雅，故当地传有“家中无字画，不是旧人家”的说法。扬州巨大的书画需求吸纳了大量文人来此谋食，《扬州画舫录》收录来扬鬻艺稍有名气者便达一百多人，其他籍籍无名的觅食者更可想而知。“扬州八怪”正是在这样的社会环境下出现和生存的。

2. 书画消费观念与世风

“扬州八怪”的艺术风格有些“怪”，与清初“四王”形成鲜明对比。这不仅是对正统的颠覆，更是一种对所谓经典的挑战和讥讽。“八

---

① 《中国古代书画家诗文集丛书·冬心先生集》，杭州：西泠印社出版社，2012年版，279页。

② 薛永年《海派对八怪的发展与中国画走向现代》，《海派绘画研究文集》，上海：上海书画出版社，2001年版，863页。

图8 清 叶芳林《九日行庵文燕图》 美国克利夫兰美术馆藏

怪”艺术风格在屠沽细民阶层的广泛传播绝非偶然，它表现出底层文人对乱世的呐喊以及对人生挫败的自我调侃，引起了广泛的社会共鸣，成为后世文人风骨表达的一种常态。如近人杨钧在谈及“扬州八怪”的“怪”时说：“余每嫌其太平，离怪尚远。但彼时学子大抵回翔于科举范围之中，即以之为正轨。有越轨者，即怪物也。……彼时之所谓至怪者，乃今日之至寻常。”①随着时间的推移，如今“怪”成了一种创新理念，甚至可以从这类人物的出现去研究一处地域、一种文化、一个时代。

本文无意从单纯风格演变的角度阐释“扬州八怪”之“怪”，而旨在寻找“怪”背后隐含的文化心态。八怪的画风归根到底是一种文人情结的显现，与传统文人以书画自娱不同，他们首先是以艺自谋的职业书画家，因此他们的雅俗观在体现“自娱”的同时必须实现对世俗的关照，这个博弈始终伴随着他们的鬻艺生涯。一方面扬州远离帝都，社会思潮和文化氛围较为自由，艺术创作较少受制于传统成见。另一方面，地方商人积极的艺术赞助又引领了崇尚新奇的市民文化的畅行，市井屠沽的审美好尚左右着当时的画风。“扬州八怪”的诗文、书画与传统的疏离即表现在对商品化和世俗化的表达上，有研究者指出，扬州八怪“使得文人卖画维生这一举措亦雅亦俗，这一作为划分雅俗界限的重要

① 杨钧《草堂之灵》，长沙：岳麓书社，1985年版，296—297页。

砝码也丧失了昔日的权威地位。”[①]所谓“市井屠沽，每借联匾新异，足以致金”[②]。诗书画印不再局限于昔日文人自娱式的把玩，而是要面对世俗细民的各种请托，作品“悬之酒肆”不再是文人的禁忌，小商小贩也有资格张挂名家题匾，郑板桥为茶肆书对联，杨法为伍少西毡铺题写牌匾，华嵒、金农也为人写灯叶、刻砚铭，难怪黄宾虹批评扬州画家有“市井江湖气”[③]。这种批评自然有其特定的立场，然“八怪”疏离正统、以怪为尚风格的出现也是有其现实考量的，“官罢囊空”、穷途潦倒的文人已经顾不得“以画为娱则高，以画为业则陋”的传统理念了。我们当然不能对途穷卖画者施以道德高压，其实他们自己内心也有挣扎。绘画任人指点，为了金钱而逢迎索画者，这不仅对“扬州八怪”的文人情怀有挑战，甚至到了晚清民国也还是个没有完全解开的心结，所以李鱓在题画中就表达了对这种“匹之百工交易”方式的不满[④]。城市经济和市民文化的迅速发展，使得不少鬻艺者在娱人与自娱之间来回波动。李方膺有两首题画便反映了这一情结：

偶想元章换米时，五都市上亦矜奇。不知曾遇林君复，分别南枝与北枝。[⑤]

元章断炊古今夸，天道如弓到画家。我是无田常乞米，借园终日卖梅花。[⑥]

---

① 张曼华《中国画论研究：雅俗论》，北京：中国文史出版社，2006年版，235页。

② 李斗《扬州画舫录》，北京：中华书局，1960年版。

③ 薛永年《论扬州八怪艺术之新变》，《蓦然回首——薛永年美术论评》，南宁：广西美术出版社，2000年版，101页。

④ 卞孝萱编《郑板桥全集》上，南京：江苏美术出版社，1990年版，53页。

⑤ 顾麟文编《扬州八家史料》，上海：上海人民美术出版社，1962年版，137页。

⑥ 《中国古代名家作品丛书·李方膺》，北京：人民美术出版社，2004年版，5页。

前者指出元人王冕以画易米，后者试图通过王冕自证清白。同样是"乞米"，然世事变迁，在鬻艺成风的扬州是否还能借"卖梅花"保持一份清誉，恐怕要打上一个大大的问号。鬻艺是关系到生存的大事，迎合市场便有丰厚的回报。据郑板桥透露，扬州画派卖艺收入"岁获千金，少亦数百金"。[①]也有不被市场认可的，如僧日岩"卖画旅次，画无一售者，穷益甚"。[②]或有羞于言钱者，则生活愈加窘迫，如俞宗礼："生平古貌古心，索画者不讨酬，故伎虽工而家甚贫。"[③]谋食扬州者没有不明白这个道理的，所以面对市场时的心态很难不为利益所动。高翔在写给汪士慎的信中说：

> 前来仪时，准拟数日而归，迟至一月，何也？节内之事，大帐一切未缴算。馈赠者，马秋兄二方，吴学师题卷，附馈茶叶、食物，淮上徐鹤兄亦赠食物。小帐略为点缀而已，诸凡欠缺，立望归结。杨七兄有灯要画，俟面言，金寿兄嘱致之，彼已移寓天，卫容兄嘱致之。近人六兄大人。弟翔。[④]

高在信中为汪介绍市场，称因无钱付账得马曰琯等人馈赠。眼下又有人要画灯叶，所以信中催促汪速归。从信中语气可知书画家鬻艺多矫情，生活中他们远没有吟唱诗词时的那种洒脱。同属者还有华喦，他与盐商交往频繁，与陕商员果堂相交三十余年，"每至扬即住员氏渊雅堂"[⑤]，得到员氏家族的不少帮助。员果堂之弟员获亭也与华喦有过往，

① 王咏诗《郑板桥年谱》，北京：文化艺术出版社，2014年版，105页。
② 宋起凤《稗说》卷二《䲔堂老人》。
③ 《朵云》，上海：上海书画出版社，1993年版，98页。
④ 薛永年编《扬州八怪考辨集》，南京：江苏美术出版社，1992年版，560页。
⑤ 卞孝萱编《郑板桥全集》下，南京：江苏美术出版社，1993年版，62页。

曾用六两银子购得华喦一幅画，然华喦写信给员获亭，称笔润太低："知已良友本不当较论，六数弟仅得其本身，非敢赚先生之利也。今九申即九色矣，希大云慨全其数，则叨惠殊深。走笔赧颜，惶恐，惶恐！获亭先生，同学弟华喦顿首！"[①]信中可见华喦虽嫌笔润少，却羞于直接要价，措辞委婉，表现了与盐商交往中错综复杂的心理。这种心态也是鬻艺文人在商业文化发展中惯常的表现，至于郑板桥明码标价的风雅之举，则不无矫饰甚至标榜之嫌。

传世文献中对"扬州八怪"的记载多宣扬其放荡不羁、愤世嫉俗的一面。如金农"性情逋峭，世多以迂怪目之"[②]；李鱓"声色荒淫二十年"[③]放浪形骸；李方膺"岸然露圭角"[④]；郑板桥"日放言高谈，臧否人物，无所忌讳"[⑤]；黄慎"举爵无算，纵谈古今，旁若无人"[⑥]；高凤翰视金钱如粪土："我画非马骨，岂黄金可易也？"[⑦]其实这并不全面，"扬州八怪"一方面表现为放浪形骸、极其自我；另一方面，他们也会被扬州的商业文化和市场好恶影响，为了谋食而向市场妥协，否则他们就没有生路。以黄慎为例，他来扬鬻艺后绘画风格即不断发生转变，谢堃《春草堂集》称其"初至扬郡，仿萧晨、韩范辈工笔人物，书法钟繇，以至模山范水，其道不行。于是闭户三年，变楷为行，变工为写，于是稍稍有倩托者。又三年，变书为大草，变人物为泼墨大写，于是道之大行矣。盖扬俗轻佻，喜新尚奇，造门者不绝矣。瘿瓢由是买宅，娶

① 卞孝萱编《郑板桥全集》下，南京：江苏美术出版社，1993年版，66页。
② 顾麟文编《扬州八家史料》，上海：上海人民美术出版社，1962年版，29页。
③ 顾麟文编《扬州八家史料》，上海：上海人民美术出版社，1962年版，92页。
④ 顾麟文编《扬州八家史料》，上海：上海人民美术出版社，1962年版，128页。
⑤ 顾麟文编《扬州八家史料》，上海：上海人民美术出版社，1962年版，107页。
⑥ 顾麟文编《扬州八家史料》，上海：上海人民美术出版社，1962年版，13页。
⑦ 卞孝萱编《郑板桥全集》上，南京：江苏美术出版社，1990年版，347页。

大小妇，与李鱓、高翔辈，结二十三友，酬倡无虚日。”[①]可见鬻艺者必须要审时度势，根据市场风向在题材、风格上自我调整，迎合世俗审美诉求。比如黄慎的人物画就比较关注历史故事、民间传说、舟子渔人、乞儿贫民等贴近世俗生活场景的题材，而没有一味追求阳春白雪。

二、“扬州八怪”鬻艺个案研究

1．金农：“和葱和蒜卖街头”

金农（1687—1763），浙江仁和人，“扬州八怪”之一。（图9）布衣终身，出身于书香门第之家，自幼勤奋读书，曾拜何焯为师，与丁敬比邻，又常与吴西林、吴颖芳等名士交往熏陶，使得他年少即博学多才、负有诗名。然而金农并未因此而步入仕途，反而在康熙四十二年（1703）的春闱会试中落榜，之后更是两度被荐举博学鸿词科而未果。仕途无望后，遂南北周游几十年，直到晚年方才学画，并流寓扬州靠鬻艺自给。政治命运的没落与怀才不遇的感慨始终与金农的艺术生涯交织在一起，并使得其鬻艺谋生之路多了几分文人情趣。

1721年，35岁的金农首次来扬，然而由于人地生疏，又不懂得经营市场，他的遭遇十分惨淡：“一月闭门恒自饥，连朝养疴懒赋诗。高僧送米苦难得，残客索书佯不知。”[②]从中可见金农在面对市场考验时的无助，不齿言利的思维束缚了他的行为，但苦等上苍的眷恋又绝无出路，在要不要靠“卖街头”疗饥的问题上金农一度陷入矛盾，他在《秋兰词》中这样写道：“梦山迭翠，楚水争流，有幽兰生长芳洲。纤枝骈穗，占住十分秋。无人问，国香零零抱香愁。岂肯和葱和蒜，去卖街

① 薛永年，薛锋《扬州八怪与扬州商业》，北京：人民美术出版社，1991年版，97页。
② 卞孝萱编《郑板桥全集》上，南京：江苏美术出版社，1990年版，200页。

头？”[①]他自比“幽兰”却无人赏识，只得“和葱和蒜卖街头”，但他步入市场却又不想委曲求全，迎合世俗审美，而是试图用个性的表达去征服市场，在鬻艺中充满迟疑与羞涩，以至于给人留下了“性情逋峭，世多以迂怪目之”[②]的印象。这种违背商业精神的做法一度成为其自我标榜的资本，也某种程度上制约了其鬻艺的市场反馈，所以金农在市场化过程中也不断调整自己，以便从商业文化与市场博弈中谋求一线生机。

为了打开市场、维持生计，年逾花甲的金农开始学画。如他在题画时自述了其中心酸，并以卖墨竹自嘲曰：“冬心先生客广陵五阅月，衣上尘满把矣，臣朔九朝三食之厄未免也。日画墨竹，欲鬻以自给，终不得，有损鲁公之困而实莱芜之甑，为可叹也。”[③]金农自觉鬻艺是堕落之举，因此他寓扬卖画时还不忘念叨汉人范冉甘于清贫、不改初衷之事。实际上金农在鬻艺过程中是有妥协的，如在绘画题材上，自从乾隆十五年（1750）定居扬州以来，墨竹便成为其笔下频频出现的题材。金农去世后的道光年间，还可以看到古玩市场售卖其梅竹的记载：“钱塘金布衣农，画梅竹，苍劲绝俗。余于杭城骨董肆得其画竹一幅。”[④]“四君子”的形象不仅满足了大众对艺术世俗化的需求，还不失文人风雅本色，可谓一举两得。画竹不仅是谋食所需，更成为文人精神世界的一种寄托，直到去世的前两年，金农还不忘在题跋中谈及他与郑板桥因画竹而见重于时人的风雅之事：“乾隆戊辰，……予初画竹，以竹为师，人以为好，辄目我文坡公，又爱而求之者，酬值之数百倍于买竹。……兴化郑板桥进士亦擅画竹，皆以其曾为七品官，人争购之。郑板桥有诗云：‘画竹多于买竹钱’。予尝对人吟讽不去口，益征信吾两人画竹见

① 张郁明等编《扬州八怪诗文集》第3册，南京：江苏美术出版社，1996年版，247页。
② 天台野叟《大清见闻录》下，郑州：中州古籍出版社，2000年版，82页。
③ 金农《冬心先生题画记》，上海：上海人民美术出版社，1986年版，21页。
④ 陆以湉《冷庐杂识》，北京：中华书局，1984年版，8页。

重于人也。”[①]从历史的角度来看，金农作画反映了清中期扬州独特的文化现象和社会思潮，然而在当时看来这首先却是一种谋生的经济行为。纵观金农扬州鬻艺的整个过程，他对书画市场的融入一方面体现为个性的收敛，另一方面也体现为与市场的博弈，这对一个落魄文人的思想构成了极大挑战。寓扬期间他有《扬州杂诗二十四首》，多次谈及为斗米而不得不直面商业文化的情形。

图9 金农像

金农在扬州的鬻艺很大程度上有赖于其人际交往。关于金农在扬州的交往，《冬心先生续集》中有不少相关记载，他定居扬州之前就不止一次来此，并结交了谢前羲、余葭白等好友，[②]为晚年定居扬州做了铺垫。金农与豪绅富商的交往是带有明确利益诉求的，富商也需要通过笼络文士装点门面，可谓各取所需。在与富商、豪绅的交往中，金农看似是个座上客，其实也要扮演一个曲意逢迎者。例如，同样是在乾隆年间，金农曾因替盐商解围而得千金一事便广为流传：

> 钱塘金寿门客扬州，诸盐商慕名竟相延致。一日有某商宴客平山堂，金首坐，席间以古人诗句飞红为觞政，次至某商，苦思未得。众客将议罚商曰：‘得之矣，柳絮飞来片片红。’一座哗然，

① 卞孝萱编《郑板桥全集》上，南京：江苏美术出版社，1990年版，263页。
② 参见张郁明等编《扬州八怪诗文集》第3册，南京：江苏美术出版社，1996年版，89页。

> 笑其杜撰。金独曰："此元人咏平山堂诗也，引用綦切"众请其全篇，金诵之曰："廿四桥边廿四风，凭栏犹忆旧江东。夕阳返照桃花渡，柳絮飞来片片红。"众皆服其博洽，其实乃金口占此诗，为某商解围耳。商大喜，越日以千金馈之。[①]

寓扬文人大多指仗砚田，自然离不开对当地豪绅权贵的依附，他们期待与上流社会的交往应酬能够转化为谋生的社会资源，文人之间的竞争也日趋激烈，如同为流寓扬州的诗人董伟业便作诗对厉鹗的鬻艺冷嘲热讽："奇书卖尽不能贫，金屋银灯自苦辛。怪煞穷酸奔鬼相，偷来冷字骗商人。"[②]在这样的社会环境下，金农攀附权贵、结交豪绅作庇护也就在情理之中了。

除了"二马"以外，金农还与扬州两淮盐运使卢雅雨过往甚密。卢雅雨曾两度修禊红桥，均盛邀天下文人雅士吟唱助兴，特别是第二次修禊红桥时，参与的文士竟达七千余人，金农、郑板桥、汪士慎等均在受邀之列。由于卢为辛卯举人，工诗文，又乐与文士相交，对于金农而言自然是不可或缺的社交资源。从相关记载来看，金农曾为卢雅雨作花果册，[③]这也是鬻艺文人在整个社交关系中能够提供的为数不多的"回报"之一。金农并非方外之人，他的社会酬应也是带有目的的，无非是想通过广泛的社交跻身上流社会，最不济也会提升自己的社会声誉，为鬻艺赢得筹码。比如翰林院掌院阿克敦曾为金农制订过润格，就在博学鸿词科失利后的第二年，金农便在鬻艺中挂起了这面旗帜，这对其商业生涯

---

① 牛应之《雨窗消意录甲集卷三》，转引自卞孝萱编《郑板桥全集》上，南京：江苏美术出版社，1990年版，242页。

② 林苏门，董伟叶，林溥《邗江三百吟 扬州竹枝词 扬州西山小志》，扬州：广陵书社，2003年版，7页。

③ 见卞孝萱编《郑板桥全集》上，南京：江苏美术出版社，1990年版，243页。

的帮助是不言自明的。

凭借超凡的艺术造诣和广泛的社会交往，金农晚年扬州鬻艺渐入佳境，经济收入还算丰厚，郑板桥在《行书扬州杂记卷》中说："王篛林澍、金寿门农、李复堂鱓、黄松石树穀、后名山、郑板桥燮、高西唐翔、高西园凤翰、皆以笔租墨税，岁获千金，少亦数百金。"[①]但经济生活的好转并不能掩饰其精神生活的孤苦。同时，由于金农生性放荡，挥金如土，常常得钱后很快又落得囊中羞涩，生活甚为颠簸。因此除了鬻书卖画外，金农还为人写灯画灯、刻砚造墨甚至倒卖古董等，全祖望在《冬心居士写灯记》中就记载了金农刻砚写灯一事："寿门虽穷愁，时时有户外之屦，或以砚，或以灯。其砚铭之多，遂成一集。而其寓扬也，则灯之行为尤盛。"[②]可见刻砚、写灯也成为金农御穷谋生之道，这也让我们看到了他适应商业文化的一面。

金农介入书画商业的渠道很多，其中很重要一个方面是通过书画店、笺扇店等窗口。他与这些店铺的老板常有书信来往，我们可以从这种较为私密的个人通信中了解更多金农对商业文化的适应过程。

扬州当时影响最大的书画店是蓝云阁。蓝云阁主要售卖文房用具，代售书画家作品，接受客户订单，代为转交作品并制订润格、转交润金等。蓝云阁的老板是安徽人方辅，他也工书法，善制墨，"扬州八怪"中不少人均与方辅有密切联系，金农便是以职业画家的身份在蓝云阁挂牌鬻艺的。日本高岛氏槐安居藏有《金冬心十七札》，这些信札多是金农50至70岁写给方辅的，详细记录了金农请方辅出售作品、催交润金及其刻砚、写灯等相关事宜，[③]也让我们对金农在面对商业文化时的心理活

① 王咏诗《郑板桥年谱》，北京：文化艺术出版社，2014年版，105页。
② 顾麟文编《扬州八家史料》，上海：上海人民美术出版社，1962年版，37—38页。
③ 见卞孝萱编《郑板桥全集》上，南京：江苏美术出版社，1990年版，235—238页。

动有了更为真切的了解。

金农致方辅第一札："……此时旅社青黄不接之时，需用颇繁，暂向尊处，借粮五金，不出十日便送还。日内得一书录之人，砚铭可以付剞劂矣。前年雅诺，可得践乎？或将空贷之物，以作斯费，未尝不可也。……弟农白事（十月十七日），密庵先生千古。"①信札并未标明是哪一年，只说"初到于此"，当为金农早期来扬州谋生陷入困顿，进而向方辅求助的情况下所写。从写信的口吻看，完全没有文人的傲气，信中不仅谈及砚铭之事，而且还问起"前年雅诺"，可见金农此时的生活处境堪忧。同样涉及到钱的问题，金农在致方辅信第十三札中说："送画册后，索取润笔。又旬日矣，今友何故迟迟乃尔也。刻下有急用，令友处一时既不能应手，尊处转挪数金，俟令友将意时除算可也。果有不可缓之需，故尔相告，万勿靳却是祷。如又公出，明早再遣奴走领。有物赍付交小僮，无疏虞之事也。密庵先生。寿门。廿九日札。"②金农自称急用钱，信中向方辅催交润笔，甚至着急到请方氏"转挪数金"。尽管金农并未交代"不可缓之需"所谓何事，然却让我们看到了一个落魄文人为金钱而犯愁的真实情景，这也与他平素里视金钱如粪土的形象形成了鲜明对比。

在第九札和第十六札给方辅的信中，我们则看到了金农请人代笔的相关信息。

第九札：

顷接来教，知嗣君来，失迓也。两峰甚忙，此时又出门，容达尊意，使其拨冗为之。松源兄《弄月莲花沟》诗，虽脱稿尚须斟

① 卞孝萱编《郑板桥全集》上，南京：江苏美术出版社，1990年版，235页。
② 卞孝萱编《郑板桥全集》上，南京：江苏美术出版社，1990年版，237页。

酌，迟日奉到耳。卒翠林匾额，乞示尺寸，字之大小，亦须面商。农顿首上，密庵先生。[①]

第十六札：

杨吉翁寿屏已写，小篆甚工妙，可爱也。杨已老序文送上。高凤兄已来过，二石付与，初十内，寿屏并刻石俱有也。闵莲兄往杭州，寿诗已做，渠郎君即送到，不误事耳。笔客三星，乞付。此人明日还湖州矣，初六日，吉金小言。[②]

随着金农晚年艺术声誉的提升，他已难以应对市场的种种需求，所以无论是书画、砚铭还是诗文创作均有代笔者。从金农信中毫不避讳的语气来看，代笔已经成为当时行内人心照不宣的通行做法，金农并未因为这种“造假”而表现出情感上的障碍，这也体现出他对商业文化的适应。在第十六札中，方辅接到了一位绸缎商的订单，于是他转托金农写寿诗一首，寿序一篇，刻祝寿印一对，金农又把任务转给了杨吉翁、杨已老、高凤翰等友人。值得一提的是高凤翰，他因被诬告入狱而丧失右臂，出狱后以左臂鬻书画自给，金农请他代笔又超出了简单的商业关系，带有一丝朋友互助的人情味。

2．郑板桥：“实救贫困，托名风雅”[③]

郑板桥是封建末世社会底层文人的一个典型代表。他罢官后寓扬鬻艺自谋，当时扬州汇聚了大批和他一样鬻艺的书画家，据《扬州画舫

① 卞孝萱编《郑板桥全集》上，南京：江苏美术出版社，1990年版，237页。

② 卞孝萱编《郑板桥全集》上，南京：江苏美术出版社，1990年版，238页。

③ 本章节部分发表于《书法赏评》2017年第1期，原名《矫饰与伪情：从诗文看郑板桥的“双面”人生》。限于篇幅，本章节只做简要论述。

录》载，康熙年间仅有名姓可查的书画家即达170多人。

关于郑板桥的鬻艺生活，不得不提的是他明码标价挂出笔榜的风雅之举。乾隆十三年（1748）郑板桥辞官归里，一时名声大噪，求书索画者接踵不暇，郑氏疲于酬应，不得已听从友人拙公和尚建议，公开发布润例，曰：

> 大幅六两，中幅四两、小幅二两。条幅、对联一两。扇子、斗方五钱。凡送礼物食物，总不如白银为妙。公之所送，未必弟之所好也。送出银则中心喜乐，书画皆佳。礼物既属纠缠，赊欠尤为赖帐。年老神倦，亦不能陪诸君子作无益语言也。画竹多于买竹钱，纸高六尺价三千。任渠话旧论交接，只当秋风过耳边。[①]

该润例被刊于石，现藏于潍坊市博物馆。郑板桥这则笔润商业气息很浓，此举在当时确属瞩目。笔榜中所标价格之高，亦令人瞠目。据钱泳《履园丛话·旧闻·田价》载："至本朝顺治初，良田不过二三两。康熙年间，长至四五两不等。雍正间，仍复顺治初价值。至乾隆年，田价渐长。然余五六岁时，亦不过七八两，上者十余两。"[②]从钱泳的这个记载看，郑板桥"大幅六两"的要价即相当于一亩良田的价值，这显然不是普通百姓之家能承受的，所以这则笔榜的公布想来是有感于富豪巨商的占便宜行为，这也是一种对自我价值的肯定。

实际上，郑板桥公开推出笔榜的行为，一方面是商业文化环境及生存条件决定，另一方面也与其性格不无关系。据《板桥集外诗文》载，郑氏本是一"好大言，自负太过，谩骂无择"[③]的狂怪之人，但他的狂

① 艾舒仁编《郑板桥文集》，成都：四川美术出版社，2005年版，197页。

② 钱泳《履园丛话》上，上海：上海古籍出版社，2012年版，18页。

③ 郑板桥《郑板桥集》，上海：上海古籍出版社，1962年版，176页。

怪之中又透露着几分坦荡和真豪情。但作为传统文人，郑板桥在置身书画商业文化时，内心也有摇摆。就像在《靳秋田索画》中记载的那样："终日作字作画，不得休息，便要骂人；三日不动笔，又想一幅纸来，以舒沉闷之气，此亦吾曹之贱相也。今日晨起无事，扫地焚香，烹茶洗砚，而故人之纸忽至。欣然命笔，作数篇兰，数竿竹，数块石，颇有洒然之趣。其得时得笔之候乎！索我画偏不画，不索我画我偏画，极是不可解处，然解人与此但笑而听之。"[①]这里我们看到了郑板桥身处商业浪潮之中的两面性，面对艺术他自然是可以"索我画偏不画"，但针对市场和生计时他又会身不由己。如果说扬州鬻艺还主要是迫于生计的话，则同僚间的书画应酬便成为消磨意志的无奈之举了。同僚的求索有别于单纯的书画市场行为，往往不便计较润笔，且不好推托，殊难应对。无怪乎郑板桥在与同僚朱湘波的书信往来中发出这样的感叹："索书索画，积纸盈案，催促之函，来如雪片，如欠万千债负，未识可有清偿之日否？"[②]难以应对又不得脱身，以至于政务繁忙时令谭子犹代笔，也算是无奈之举了："乾嘉时期，郑板桥一日选匠作器皿，有谭木匠与焉。每遇桥作书画，则侍立旁观，心会其妙缘。身虽为匠，曾习儒有年也。板桥喜其聪慧，乐为教之。不数年，谭氏所作，酷似板桥，真赝几不能辨。板桥政务冗忙时，辄令其代笔，此亦一段佳话也。"[③]代笔之事自古有之，而且有的系多人代笔。据启功先生考证，明代著名书画家董其昌的代笔人就有赵文度、叶有年、吴振、赵泂、杨继鹏、沈士充、吴易、僧珂雪等人。[④]又如湖湘名家齐白石晚年视力不及，难以画细笔贝叶草

① 卞孝萱编《郑板桥全集·板桥题画》，济南：齐鲁书社，1985年版，217页。
② 周积寅《郑板桥》，长春：吉林美术出版社，1996年版，231页。
③ 周积寅编《郑板桥书画艺术》，天津：天津人民美术出版社，1982年版，20页。
④ 见启功《董其昌书画代笔人考》，《启功全集》第3卷，北京：北京师范大学出版社，2010年版，108—120页。

虫，便多由弟子娄师白和儿子齐子如代笔。且吩咐他们不要全部画完，留下一两条腿，待取画时齐白石当面补上，表示该画是他自己画的。[①]可见书画家为了应对市场和世俗的种种要求，也是绞尽脑汁，有时不得不使用些策略。当然，代笔也并不仅仅是出于市场因素的考量，启功先生将其分为两类："其一，自有本领，而酬应过多，一人的力量不足供求索的众多；其二，原无实诣，或为名，或为利，雇佣别人为幕后捉刀。"[②]具体到郑板桥而言，恐怕以前一种为多，其书画请索和应酬不仅有来自官场同僚的，还有朋友间的酬和，以至于不得不借他人之手。郑氏有诗曰："西园左笔寿门书，海内朋友索向余。短札长笺都去尽，老夫赝作亦无余。"[③]请索既多，加之谭子犹的代笔水平又好，[④]于是赝作的出现便顺理成章了。

代笔现象常常出现在忙于请索的文人那里，这实际上反映出古人把书画视为"戏笔"雅好的传统观念，也因此而导致书画商业化在文人眼里成为一个心结。这样的结论看起来似乎与郑板桥大张旗鼓挂出笔榜的行为相抵牾，徐建融先生曾指出"扬州八怪"存在"无视艺术规律，以经济标准第一、艺术标准第二，片面地追求艺术作品的商品价值"的问题，[⑤]确实有部分材料可以支持徐先生的观点。我们必须承认扬州当时的确是个商业氛围浓厚之地，以郑板桥、金农为首的"扬州八怪"成为书画商业文化的推波助澜者，市场因素和现实的考量对文人志节构成了

---

① 见王以坤《书画鉴定简述》，南京：江苏人民出版社，1981年版，87页。

② 启功《董其昌书画代笔人》，《北京师范大学学报（社会科学版）》1962年第3期，67—74页。

③ 郑板桥著，郑炳纯辑《郑板桥外集》，太原：山西人民出版社，1987年版，200页。

④ 据载，郑板桥去世后谭氏因代笔而发家："至板桥仙去，一字一画，世人珍之。而谭氏所作，外来字画商人，亦不能辨其真伪，每以重价购去，谭氏子孙因以小康。"见郑板桥著，郑炳纯辑《郑板桥外集》，太原：山西人民出版社，1987年版，349页。

⑤ 徐建融《元明清绘画研究十论》，上海：复旦大学出版社，2005年版，320页。

严重的冲击。但与此同时另外一个问题却被忽视，即商业浪潮并没有完全同化郑板桥等鬻艺文人，如郑氏在题李方膺《梅花图》时写道：“梅花，举世所不为，更不得好，惟俗工、俗僧为之。每见其几段大炭，撑拄吾目，其恶秽欲吐也。”[①]这里郑氏便表现出超尘脱俗的一面。话虽如此，由于长期靠鬻艺治生，郑板桥有时对“雅”与“俗”的解读却并不能够始终如一，甚至有时会故意淡化、模糊雅俗之分。如其在《再复文弟》一信中又说：

> 所云传神为俗笔，俗人所赖以谋温饱者，此语失之自轻。夫技艺只分高下，不别雅俗，圣门六艺，各有专执，御车之役，更俗于传神万万，未闻七十子之徒，鄙视之而不屑为。况吾都系寒素，技艺即为生活之资本，宜郑重视之，精益求精，庶足赖以谋温饱。[②]

在温饱面前谈雅俗观显然是苍白的，这也是我们看到郑板桥前后矛盾的重要原因。当然也不能据此认为郑氏已经完全被市场同化，作为传统文人，“四君子”历来是大家关注的题材，郑板桥的一首诗说得最为清楚：“咬定青山不放松，立根原在破岩中。千磨万击还坚韧，任尔东西南北风。”[③]以托物言志的方式向世人展示了其傲骨不改的文人形象。但对于置身商海以书画谋生的文人而言，个中滋味恐怕很难一言定论，倒是钱锺书先生在《谈艺录》中说得精辟：“造化之秘与匠心之运沆瀣融合，无分彼此。”[④]尽管与市井为伍，但内心却并不自甘沉沦，这或许与其家学教育不无关系。其父本是一个传统的穷困儒生，传统的

① 艾舒仁编《郑板桥文集》，成都：四川美术出版社，2005年版，221页。
② 艾舒仁编《郑板桥文集》，成都：四川美术出版社，2005年版，35页。
③ 周积寅编选《郑板桥书画集》，北京：人民美术出版社，1991年版，86页。
④ 钱锺书《谈艺录》，北京：中华书局，1984年版，62页。

儒家思想对郑板桥的影响也最深，他曾说："父立庵先生，以文章品行为士先，教授生徒数百辈，皆成就，板桥幼随其父学，无他师。"[①]成年后郑板桥又从陆种园学填词，陆氏世代受明朝国恩，对清政府一直怀有异心，"是一个见地甚高、性情孤峭的词人，更是个沉沦底层、不谐于世的独异之士。"[②]因此我们看到郑板桥在商业氛围中的价值取舍如此反常，与陆氏颇有些仿佛。尽管指仗砚田，郑板桥却仍旧念念不忘其文人身份，加上他有科考做官的经历，故当其辞官卖画扬州时备受世俗青睐，其兰竹之作"凡王公大人、卿士大夫、骚人词伯、山中老僧、黄冠炼客，得其一片纸、只字书，皆珍惜藏庋"[③]。甚至于那些曾经歧视他的富商豪绅也请索不断，附庸风雅。尽管郑板桥有其文人性情的一面，但与缙绅富豪的周旋毕竟是较为现实的考量，且市场的认可某种程度上也是对自我人生价值的认同，郑氏并不忌讳谈及此事，甚至还把自己与李鱓相比较："复堂起家孝廉，以画事为宫廷内奉。康熙朝，名噪京师及江淮湖海，无不望慕叹羡。是时板桥方应童子试，无所知名。后二十年，以诗词文字与之比并齐声。索画者必曰复堂；索诗字文者，必曰板桥。"[④]言辞间透露出对自己文学才能和书法技艺的高度自诩，这也是文人情结的一种体现。

3．李鱓："画尽燕支为吏去，不携颜色到青州"

李鱓，江苏扬州府兴化人。自幼善诗文书画，青年时已小有名气，后被召为宫廷画师。他与郑板桥是同乡，且都曾做过县令，颇得民心，后罢官寓扬卖艺为生。人生经历与郑板桥何其相似！所以郑板桥在《署

① 卞孝萱编《郑板桥全集》，济南：齐鲁书社，1985年版，240页。
② 严迪昌《清词史》，南京：江苏古籍出版社，1999年版，374页。
③ 郑板桥《郑板桥集》，上海：上海古籍出版社，1962年版，177页。
④ 卞孝萱编《郑板桥全集》，济南：齐鲁书社，1985年版，652 页。

中示舍弟墨》有“速装我砚，速携我稿，卖画扬州，与李同老”之说。[①]

和“扬州八怪”中其他文人一样，李鱓的一生是矛盾的。他一方面生性放荡，不适宜在朝为官，仕途屡屡受阻；另一方面却又始终有苍生之念，罢官后还心系朝廷，不甘心做一个职业的鬻艺者。李光国在李鱓《花卉册》上的一段题跋最为准确地概括了这一心结：

> 忆是岁复堂年二十九耳，计偕京师，以诗画名动公卿。画之工拙固不必论，且余所望于复堂者，亦本不愿以画显。昔阎立本工画，太宗尝与仕臣学士泛舟春宛池，有异鸟随波容与，太宗击节欣赏，诏座者为咏，召立本写焉。一时阁外传呼画师，立本奔走汗骇，俯伏池侧，手挥丹粉瞻望座宾，不胜愧赧。盖立本已为主爵郎中矣，退诫其子曰：“吾少好读书，不幸以丹青见之，躬斯役之务，辱没大焉。汝宜深戒勿习此末伎。”由是观之，画虽工弗贵也。然而立本卒为右相，工画者又有时而贵也。复堂毋抑但希立本之贵，故画特工欤？乃何以画愈工而不贵仍如故也！复堂今年近五十老孝廉矣，以农圃为娱，不轻与人作画，即余与复堂总角相爱兄弟，画亦罕焉。[②]

虽然李鱓早年“以诗画名动公卿”，但他却“不愿以画显”。所谓“德成而上，艺成而下”，这是传统文人的信仰偏见导致的。跋中举了阎立本因善画而“奔走汗骇，俯伏池侧”，在众大臣面前“不胜愧赧”的例子。自古文人皆倡导以画为娱，故凡以之为业者皆不足为范，所以阎立本告诫子孙“勿习此末伎”。尽管这个偏见由来已千年之久，但仍

① 郑板桥《郑板桥集》，上海：上海古籍出版社，1962年版，94页。

② 卞孝萱编《扬州八怪年谱》上，南京：江苏美术出版社，1990年版，15页。

对清中期的鬻艺者有一定约束力，以至于晚年卖艺为生时还“不轻与人作画”。尽管这里面不排除李光国对于朋友的嘉许之情，但李鱓本人的政治情结与鬻艺生涯始终交织在一起是没有问题的，他时常在题画时表露出对“君恩”的渴望与期许。如他在题画时曰：“自入长门着淡妆，秋衣犹染旧宫黄。到头不信君恩薄，犹是倾心向太阳。”[①]在经历了官场多次受挫后，李鱓并未死心，仍然“倾心向太阳”，这也使得其鬻艺生涯充满纠结，在获得艺术自由的同时，政治抱负始终是他挥之不去的一块心病。

1718年李鱓离开宫廷，时隔20年后，年过半百的他又被任命为山东临淄县令、滕县知县。这对于李鱓而言是个很大的鼓舞，赴任前他在《牡丹图》上题诗曰：“水浸城根万井寒，老夫一醉也艰难。朝来寻纸挥毫卖，利市开先画牡丹。空斋霪雨得淹留，检点奚囊旧倡酬。画尽燕支为吏去，不携颜色到青州。”[②]李鱓鬻艺谋生，他深知世俗好“燕支”（即胭脂）、“牡丹”的审美心理。但他志不在此，在仕途面前卖艺是难登大雅的，所以“不携颜色到青州”，决意要干出一番作为来。然而命运多舛，仅仅三年后他便“忤大吏罢归”[③]。仕途偃蹇，这对李鱓的打击很大，他同年所绘《山水册》上题曰：“倪黄高处无人识，前有青溪后石溪。笑我廿年脂粉笔，白头方悔放山迟。”[④]政治失意后的李鱓不得不重新回到扬州“途穷卖画”，由于这次政治事件的打击，李鱓在艺术道路上更精进了一步。他回到扬州遇见石涛，受其启发画风为之一变，“因作破笔泼墨画益奇”。石涛在艺术上“我师我法”的创新精神不仅

① 天津市艺术博物馆藏《秋葵图》，《李鱓画集》上，北京：北京工艺美术出版社，2005年版，29页。

② 卞孝萱编《扬州八怪年谱》上，南京：江苏美术出版社，1990年版，31页。

③ 卞孝萱编《扬州八怪年谱》上，南京：江苏美术出版社，1990年版，34页。

④ 卞孝萱编《扬州八怪年谱》上，南京：江苏美术出版社，1990年版，34页。

符合李鱓的个性，而且与此间他对仕途的一腔愤懑之情暗合。

李鱓仕途失意后，只能重操旧业，以画为谋，把“卖画不为官”当成自我激勉。他在1753年题画时感叹说：

> 只可自怡悦，不堪持赠君。以画为娱则高，以画为业则陋。……国朝有陈道山，得诸公一铢半两，皆可传也。不循索画者之意，亦固执己意，兴之所至，笔即任之。若宋之宗室铁镜僧、倪元镇、太仓王时敏以画为娱者也。画索其值，人人指点，或不出题目而索人高价，只得多费工夫以逢迎索画者之心。匹之百工交易，其品愈卑，其画愈陋。[①]

鬻艺为生就难免为人役使，李鱓虽深知此中屈辱，但仍勉励自己遵守职业道德，不欺世，不诓人，守住文人的底限。尽管如此他仍旧不能全然释怀，对“匹之百工交易”的画业抱有一丝偏见。传统观念的根深蒂固使得“扬州八怪”中不少人在鬻艺时自相嗟叹。李鱓在罢官后，常借诗画发出对世俗社会的不满及对以画为业的慨叹，如1741年他在《喜上眉梢图》上题曰：“禁庭侍值，不画喜鹊，性爱写梅花，心恶时流庸俗。”[②]梅花作为四君子之一，代表文人不与世俗同流合污的孤傲品格，但市民阶层的审美好尚却与此迥异，所以鬻画自食的李鱓只能心怀理想而妥协于现实，所谓“索画催诗老兔泣，酒痕泪染青衫湿”[③]。

4．李方膺：“我是无田常乞米，借园终日卖梅花”

李方膺，江苏扬州府南通州人，出身官宦之家，曾任乐安、兰山等

① 卞孝萱编《扬州八怪年谱》上，南京：江苏美术出版社，1990年版，53页。
② 卞孝萱编《扬州八怪年谱》上，南京：江苏美术出版社，1990年版，40页。
③ 卞孝萱编《扬州八怪年谱》上，南京：江苏美术出版社，1990年版，42页。

地知县。为人正直，不媚权贵，后因谗言被罢官，居于江宁项氏园，常往来扬州鬻画。

李方膺的宦海生涯十分曲折，乾隆十一年（1746）四月他赴京，次年任安徽潜县县令。不久又调任滁州。乾隆十四年（1749）任职于合肥，两年后因触怒上司被罢。此间他在《梅花楼诗草》中有“风尘历遍余诗兴，书画携还当俸钱”诗句，道尽了他游身宦海的万般不如志。和金农、郑板桥一样，李方膺来扬鬻艺也是迫于无奈的选择。他有首诗曰：“元章炊断古今夸，天道如弓到画家。我是无田常乞米，借园终日卖梅花。”[①]借元人王冕隐居九里山卖画为生自勉。他其实内心并不甘心以此为业，所以诗文也可以理解为以梅花自比，却始终得不到重用的叹息，由是梅花也成为李方膺笔下常见的题材。乾隆十一年（1746），他在扬州期间，题《梅花册》曰：“知己难逢自古来，雕虫小技应尘埃。扬州风雅如何逊，瘦蕊千千笑口开。”[②]也是借梅花谴兴排志，表达了不甘于一生寄身艺事，以“雕虫小技”为活的人生志趣。

正是因为心怀天下，功名之心未泯，李方膺的题画诗文中处处可见针砭时弊、胸怀苍生的大爱，例如：

《青菜图》：

> 菜把甘肥色更鲜，劝农曾见口流涎。从来不到街头卖，怕得官衙索税钱。[③]

题《柿枣》：

① 《中国古代名家作品丛书·李方膺》，北京：人民美术出版社，2004年版，5页。
② 曹惠民主编《扬州八怪全书》第1卷，北京：中国言实出版社，2007年版，435页。
③ 曹惠民主编《扬州八怪全书》第1卷，北京：中国言实出版社，2007年版，432—433页。

冻枣垂垂映柿红，来春买米做农工。只愁县吏催粮急，贱卖青钱转眼空。[①]

题《风雨钟馗图》挂轴：

节近端阳大雨风，登场二麦卧泥中。钟馗尚有闲钱用，到底人穷鬼不穷。[②]

“四君子”是最受古代文人青睐的题材，咏物言志，李方膺的笔下也有不少这样的作品。他比较喜欢画竹，尤其是风中之竹。他在《风竹图轴》上题诗曰：“波涛宦海几飘蓬，种竹关门学画工。自笑一身浑是胆，挥毫依旧爱狂风。”[③]李方膺借此发出了宦海浮沉之后的一种倾泻和抗争，他的人生悲剧也是那个时代知识分子集体命运的写照。

5. 华喦：“不如事糟粕，吾当养吾生”

华喦，福建人，有诗书画“三绝”之称。自幼家贫失学，流寓杭州，后常往来于扬州、杭州间，三十年鬻画为生。晚年因病离开扬州，通过在扬州的书画中介人鬻艺。华喦在扬的推介人主要有三个，一个是他在扬州时的徒弟张四教，陕西人；另一个是张四教的父亲张瓠谷；再就是华喦信中称作“汪学兄”的人，也是他在扬州的书画中介。

由于华喦晚年离开了扬州，所以经常通过书信与中介人保持联系。华喦晚年写给他们的几封书信，从中可见其鬻艺的心结。

① 曹惠民主编《扬州八怪全书》第1卷，北京：中国言实出版社，2007年版，432页。
② 曹惠民主编《扬州八怪全书》第1卷，北京：中国言实出版社，2007年版，434页。
③ 曹惠民主编《扬州八怪全书》第1卷，北京：中国言实出版社，2007年版，440页。

第一封：弟自二月初九日冒雨登舟，不先走面谢为歉。迩日想雅士起居，自多乐胜。尊翁大人有喜报不？念念！蒙嘱，册子尚未展笔，容当请教。令伯令弟祈叱名致意。上宣学兄文口。小儿嘱候近祉。[①]

从信中口吻可知，华嵒离开扬州时匆忙，未来得及与张四教道别。大概是回去后张四教写信问询托他写册页的进展，华嵒还未动笔，所以特回信致歉。另外，晚年得疾的华嵒生活应该比较困难，为了维护扬州的市场他在信中的语气也显得十分客气，本来张四教是他的徒弟，他却屈尊称兄，完全没有了初识张四教时长辈的口吻："瓠谷翁与我为莫逆交，某子与我子皆长成，又同时列于庠序。"[②]翻开明清时鬻艺文人的书信就会发现，类似这种与书画商、中间人称兄道弟的情况很是普遍，可见在生存压力下，鬻艺文人远没有他们在诗文中表现得那样洒脱，这也恰恰反映出商业文化对人性扭曲的一面。

第二封：《美人》幅因汪学兄抱疾，尚未与人看，今取回奉上。意中倘有赏音者或者高价与之。此种笔墨，弟今后不能作矣。非敢自矜也，希谅之。[③]

信中华嵒提到自己所画的《美人》图，通常画家都会因为这样的题材有媚世之嫌而表示拒绝，可见市场喜好对鬻艺者的影响之大。虽然华

① 引自薛永年《华嵒研究》，天津：天津人民美术出版社，1984年版，58页。
② 《朵云》第2集，上海：上海书画出版社，1982年版，190页。
③ 引自薛永年《华嵒研究》，天津：天津人民美术出版社，1984年版，59页。

喦在信中一再声称“此种笔墨”以后不再作，但总让人觉得这是讨价还价的说辞。

第三封：弟自春间一病，几至颓废。调理半年，尚不能复原为苦！是以少于修候。承嘱《松鹤图》，应命奉到。……弟晚年作此巨幅，运腕甚是艰苦。至于润笔，绝不敢较论。望于令友处转致增惠一二，则老人叩良友之爱多矣。①

该信反映了华喦晚年生活的窘迫。前面一大段寒暄的话是为了引出后面《松鹤图》，华喦自诉画画的艰辛，目的不过是为了抬高润笔。这种交易的口吻确实有些市侩的意味，全然没有了早年挥金如土的风雅。这也是“扬州八怪”鬻艺文人的可爱之处。

第四封：令侄处灯叶，可不必深言矣！此种笔墨弟废已久，实不能胜也。②

“灯叶”是装灯的片子，多悬挂在商铺门口做宣传之用，在当时的扬州十分盛行，金农也有为人写灯的记载。通常文人是很忌讳书写店牌市招的，觉得有失身份。所以对于张四教画灯叶的请求，华喦严词拒绝。笔者以为这倒未必仅仅是出于面子的考虑，因为华喦此时正是生活落魄、急需用钱之时，哪还顾得了这些虚妄？从前面几封信基本可以断言另有隐情。须知华喦早年谋食扬州时也是画灯叶的，扬州博物馆便藏有他的灯片，大小为55厘米×38厘米，款中有“拥书既无用，砚田何须

① 引自薛永年《华喦研究》，天津：天津人民美术出版社，1984年版，59页。
② 王冰《秋空一鹤：华喦传》，上海：上海人民出版社，2001年版，242页。

耕？不如事糟粕，吾当养吾生”[①]。由此可见他为了生计是可以画灯叶的。之所以晚年不应，恐怕是一来目力不济，二来灯叶属于小件，润金又较低。他为晚年生活考虑，希望应承回报丰厚的大件。

三、“金陵画派”书画鬻艺考

1．“金陵画派”总论：社会、观念与世风

金陵画派是明清之际金陵地区书画群体的一个缩影。明清之交，金陵汇聚了大量来自全国各地的书画家，按照龚贤《题程正揆山水册》的说法：“今日画家以江南为盛，江南十四郡以首都为盛，郡中著名者且数十辈，但能吮笔者奚啻千人！”[②]其中就包括以龚贤、樊圻、高岑、邹喆、吴宏、叶欣、胡慥、谢荪等为主的金陵画派。由于金陵画家来自不同地方，并无师承关系，所以他们艺术风格差异很大，甚至彼此都无深交，他们之所以能形成一个画派，与当时的政治局势有密切关系。明末清初，社会秩序逐渐恢复正常，但仍有部分汉族地主阶级对清廷充满敌视，反清复明的情绪还在延续，因此出现了大批隐逸之士，金陵画派便由此出现。

金陵画派的画家多以书画为生，不时相聚以诗酒自娱，有着相近的人生志趣。他们多不关心仕途，骨子里带有“遗民”色彩，整日遁迹山林，以诗画唱和，成了鬻书卖画的职业鬻艺者。更为不同的是，不少画家不以画业鄙，反而父子相传，如龚贤与龚础安，邹典与邹喆，樊圻与樊云，胡慥与胡濂等。在明清之际的特殊社会环境下，这种子承父业的情形多少有些托志言节的意味，也构建了金陵画派画家身份和知识结构的职业化特征。所以金陵地区的画家注重绘画的技巧

① 华嵒《离垢集：新罗山人华嵒诗稿》，厦门：福建美术出版社，2009年版，66页。
② 见周亮工集各家山水册中龚贤题跋，现藏于台北“故宫博物院”。

性和实用性，把绘画和市场紧密结合起来，不少画家都是为商行、店铺画纱灯画的高手，以至于被清初“四王”为代表的娄东画派批评、打压，称他们风格甜俗，迎合世俗，是典型的“纱灯派”。纱灯多为节日期间悬挂在商铺门前招揽生意之用，上面书画内容多为美人图、历史典故、曲艺名胜、灯谜等世俗题材，一般由民间画工书画。但当时金陵不少书画名家以卖艺为生，在利益驱使下也会给人画纱灯，如樊圻就为吴子期画灯笼美人，其他书画家如吴宏、胡慥、谢成等更自不待言。娄东画派以“四王”为代表，他们对金陵画派的批评还有另外一层政治含义。众所周知，王时敏曾献城降清，娄东画派不少画家都做过大清的宫廷画师，“四王”备受清廷追捧，是清代画坛的盟主，在政治立场和艺术观念上与金陵画派是对立的。总之“四王”对于金陵画家“纱灯派”的评价并非完全没有根据，金陵画派的商业特征决定了他们与宫廷画家的理念冲突，况且艺术涉商自古以来就是饱受争议的话题，因此批驳的声音还不止于此。近人黄宾虹也对金陵画家有过负面评价：“明季金陵，人文特盛，画士之流寓者恒多名家。……号为八家。所惜相传日久，积弊日滋，流为板滞甜俗，至人谓之‘纱灯派’，不为士林所见重。”[①]就像“四王”的身份决定了他们的艺术主张相对保守一样，书画家一旦在生活上要靠鬻艺为生，则其审美必然要受制于市井流民，这也是晚明以来商业文化风行的必然结果。近代以来，不少针对明清书画家的批评皆忽视了商业文化发展的历史必然性，而一味把板子打在鬻艺者身上，是有失公允的。如吴湖帆题樊圻《山水》扇时说：“樊会公与龚半千为金陵派领袖，然余以为习气太深，反不如邹方鲁、叶荣木等为雅韵尔。”[②]

① 黄宾虹《黄宾虹自述》，合肥：安徽文艺出版社，2013年版，171页。

② 引自卢辅圣主编《中国山水画通史》下，上海：上海书画出版社，2014年版，773页。

2．龚贤："朝耕暮获，仅足糊口"

龚贤是金陵画派之首，江苏昆山人。明末战乱时到处漂泊，入清时已27岁，隐居不出。他有一首诗曰："壮游虽我志，此去实悲辛。八口早辞世，一身犹傍人。"寥寥数字，讲述了他孤苦飘荡、自谋生计的一生。

由于入清后无以为生，龚贤的生活一时陷入困境。1648年在好友徐逸的邀请下，到海安坐家馆，开始了五年的课徒生涯。作为一名逸士，期间生活还算过得去。但其内心却始终充满矛盾，1653年他离开海安回到扬州，用他自己的话说是"壮岁始有家，儿童已森森"，在扬州度过约十年"避贼""避兵"的动荡生活。由于定居扬州后他续妻得子。所以龚贤不得不靠笔耕为生，"卖画成为他主要的来源。作为一代遗民的他，应该对卖画也曾感到沮丧和无奈"[①]。作为遗民，卖艺自活的方式几乎是不可避免的。好在流寓扬州时龚贤就颇有画名，他开始大量作画，并频频与客居扬州的徽商、士绅接触，这些人也成为龚贤画作的重要传播、收藏者。关于龚贤和徽商的交游情况，据载1663年他为了给一个叫作中符先生的人庆祝六十大寿，曾与他人合作一本书画册。据汪世清先生考证，这位中符先生姓汪，名德章，安徽歙县人，是寓居扬州的一位风雅之士；[②]另有一位祖籍新安的吴氏，也是一位定居扬州好收藏的商人。龚贤在早年的《山水图轴》上题跋说："此幅余二十年前旧作，藏之新安吴氏，吴君晋明宝此若家珍，后携至金陵，命余题识。"[③]提到盐商吴晋明收藏其画作的情况。清初扬州和金陵艺术市场

---

① 张卉《龚贤与徽商交游问题研究》，《南京艺术学院学报（美术与设计版）》2013年第5期，26—30页。

② 汪世清《汪世清艺苑查疑补证散考》下卷，石家庄：河北美术出版社，2009年版，257页。

③ 〔日〕铃木敬编《中国绘画总合图录》第一卷，东京：东京大学出版社，1999年版，262页。

的活跃，与大批商贾附庸风雅，酷好收藏有直接的关系，盐商为不少落魄文人提供艺术赞助，吸引大批遗民聚居于此谋食，带动了这里书画市场的繁荣。

龚贤的朋友如周亮工、王士祯、龚鼎孳等人，皆是有仕宦背景的名流，他们的推介和宣传又进一步扩大了龚贤的艺术声名，使得其画作在屠沽市民阶层得到更广泛的认可和传播。

所以龚贤的生活和艺术之路与扬州徽商有着密不可分的联系。龚贤在1676年所作《山水精品册二十四页》跋文中回忆说："十年前余游于广陵，广陵多贾客，家藏巨镪者，其主人具鉴赏，必蓄名画，余最厌造其门，然观画则稍柔顺。一日，坚欲尽探其箧笥，每当有意者，归来则百遍摹之，不得其梗概不止。"[①]从中可见文人对商人轻视而又依赖的心结。龚贤之所以"厌造其门"，是因为与商贾交往很多情况下要做违心之事，这也表现了士人在商人面前的身份优越感。周积寅说："龚贤是学松江派的文人画家，其余七家则是学浙派、宋明院体的职业画家。龚贤是看不起职业画家的，从他的《草香堂集》及题画、书信中可知。"[②]龚贤的心结在明清时期是很多文人共有的苦恼，一方面龚贤视书画为"众技中最末"，羞于以笔耕为活："画要有士气，何也？画者诗之余，诗者文之余，文者道之余。不学道，文无根；不习文，诗无绪；不能诗，画无理。固知书画皆士人之余技，非工匠之专业也。"[③]另一方面，残酷的现实又把他们与商贾市民阶层牢牢捆绑在一起。他一生清贫，为了养家不仅要鬻画、卖字、卖文，还教授生徒绘画。徐邦达先生直言："他为了糊口，不得不经常渡江到这繁华之地，以解决他的经济

① 刘海粟主编《龚贤研究集》下，南京：江苏美术出版社，1989年版，33页。
② 周积寅《再论"金陵八家"与画派》，《艺术百家》2012年第5期，92—102页。
③ 龚贤《龚半千山水画课徒稿》，成都：四川人民出版社，1981年版，74页。

问题，隐士也不是饿着肚皮能当的。”[①]康熙二十一年（1682），年迈的龚贤带着《溪山无尽图》再至扬州，值许桓龄邀其于旧馆授餐，便以《溪山无尽图》相赠，跋曰：

忆余十三便能画，垂五十年而力砚田，朝耕暮获，仅足糊口，可谓拙矣。然荐绅先生不以余之拙，而高车驷马，亲造荜门，岂果以枯毫残沈，有贵于人间耶？顷挟此册游广陵，先挂船迎銮镇，于友人座上值许葵庵司马，邀余旧馆下榻授餐，因探余笥中之秘，余出此奉教。葵庵曰："讵有见米颠袖中石而不攫之去者乎？请月给米五石、酒五斛以终其身，何如？"余愧岭上白云，堪怡悦，何合谬加赞赏，遂有所要而与之。尤嘱葵庵幸为藏拙，勿使人笑君宝燕石而美青芹也。[②]

由此可见，尽管指仗砚田本非其所愿，但绘画确实成为其与缙绅商贾交往和谋食的工具。晚明国变使得不少士人贫困不堪，不向清廷低头就只能乞食于江湖，至于传统观念中对士人择业的偏见，更多情况下也只能是生活暂缓时的一种自我感叹。

在扬州、海安一带漂流近二十年后，1664年龚贤来到金陵定居。由于他曾参加复社活动，事败后被迫害追捕，为了避免权势者的迫害，龚贤多次移居，生活颠沛。好友周亮工、吴嘉纪等人描写其半亩园生活时，有“经年合闭门”“畏人常屏迹”“敛迹谢逢迎”等诗句，有人认为这“并不只是为衬托隐居者的清高，似乎龚贤仍处于一种避免某种迫

① 引自卢辅圣主编《龚贤研究》第63集，上海：上海书画出版社，2005年版，10页。
② 参见汪世清《龚贤的〈溪山无尽图〉卷》，《故宫博物院院刊》1998年第4期，36—37页。

害而经常提防的紧张状态之中”[①]。确实如此，所以周亮工《半千移家》诗曰：“倦鸟无高翼，卑飞又一林。小心过逆旅，大意失黄金。砚亦移将破，山犹入未深。空闻买字者，曲巷费追寻。”[②]数次搬迁后龚贤终于在1666年隐居于南京清凉山，并开辟了半亩荒园栽花种竹。据周亮工《读画录》载：“早年厌白门杂沓，移家广陵。已复厌之，仍返，结庐于清凉山下，葺半亩园，栽花种竹，悠然自得，足不履市井。”[③]清凉山的隐居生活主要以鬻艺糊口，为避免外界的干扰，龚贤隔断了不必要的社会应酬，只与孔尚任、周亮工、方文等几位好友保持往来。由于周亮工入清做了“贰臣”，所以时常拜访龚贤，并给予他经济上的帮助。明清之交，不少遗民通过与“贰臣”的交往获得了经济支持，很多遗民也认可并感激这种帮助。如1669年龚贤在周亮工集《名人画册》里，便提及二人的书画交往及周对他的帮扶：“诗人周栎园先生有画癖，来官滋土（南京），结读画楼，楼头万轴千箱，集古勿论。凡寓内以画鸣者，闻先生之风，星流电激，惟恐后至，而况先生以书召，以币迎乎。”[④]由此可见龚贤对周亮工的感激之情。康熙十一年（1672）周亮工去世，龚贤失去了一个好友和赞助人，令他悲痛。

龚贤在南京期间与孔尚任也有交往。在他因为权势者横索书画而被欺凌病倒时，曾写信向孔尚任求助。孔回信说：“昨闻贵门人所言，不胜骇异，仆必为先生谋一降龙伏虎之法，不然，何以居龙盘虎踞之地哉！”[⑤]可惜还没等孔尚任帮忙，龚贤便去世了。同为遗民的宗定九，在《哭龚半千》诗中说：“半翁之命，竟丧于豪横索书之手，或亦业报当

① 华德荣《龚贤研究》，上海：上海人民美术出版社，1988年版，46页。
② 刘纲纪《龚贤》，北京：人民美术出版社，1981年版，14页。
③ 钱仲联主编《清诗纪事2·明遗民卷》，南京：江苏古籍出版社，1987年版，640页。
④ 卢辅圣主编《龚贤研究》第63集，上海：上海书画出版社，2005年版，8页。
⑤ 刘墨《龚贤》，石家庄：河北美术出版社，2003年版，222页。

尔耶？”[①]清贫一生的龚贤死后无钱入殓，在孔尚任的帮助下才得以入土为安。所谓“百苦不一乐，到老尚谋生”，文人、诗人、画家和遗民的多重身份使得他在明清之交的生存充满悲剧色彩，也成为一个没落时代文人生存挣扎的缩影。

① 卢辅圣主编《龚贤研究》第63集，上海：上海书画出版社，2005年版，256页。

第三章　晚清民初：世风转变与鬻艺观念“异化”

第一节　晚清民初社会、世风及鬻艺观念

一、晚清民初社会转型

晚清是一个特殊的时期，此时期不仅清王朝的统治走向末路，同时也标志着中国近代史的开端。1840年第一次鸦片战争清廷一败涂地，在西方列强的迫使下签订了一系列不平等条约。晚清以来，西方资本主义入侵进一步深化，自给自足的自然经济逐步解体。同时伴随着列强在华设厂和洋务运动的展开，中国出现了民族资本主义。鸦片战争使我们面临数千年未有之变局，在外敌入侵、“西学东渐”的背景下，以“自强”“求富”为口号的洋务运动在晚清迅速兴起。社会变革带来了社会观念的转型和碰撞，传统“四民”观、义利观、等级观等发生了动摇，尤其是此时的文人思想变化和行为特征，更加鲜活地反映了晚清以来的历史变迁和社会发展变化。

民国上承晚清，此时的许多文人皆生于清代，因此在讨论书画商业文化与文人情结时，“国变”是个绕不开的话题。特别是民国早些时候，王朝的更替和社会大变革为书画商业化的发展带来了契机。身份各异的文人书画家纷纷笔耕墨耘，在市场中竞争谋食，这极大促进了书画市场的繁荣，“不仅官僚政要、富商巨贾争相以拥有当代名家作品为

荣，书画家也从原本尴尬的卖艺形象变为登堂入室的社会名流”[①]。可惜这种境况为时不长，随着1937年抗日战争的爆发，鬻艺为生的社会环境被彻底打破，不少书画家为了自身安全和生存需要背井离乡以避时乱，海派、京派以及岭南画派也正是在这样的背景下发展起来的。

二、晚清民初士商观念的“异化”

清中期以来兴起了一股经世致用的思潮，部分文人开始关注社会现实，倡导经世致用。而传统的科举考试仍然注重对“四书五经”“八股文”的考究，严重脱离社会现实。加之科举考试成功者九牛一毛，屡试不中者比比皆是，也使部分文人对其大失所望，只能另谋出路，生存所需和商业文化进一步改变着人们的思想观念。

到了晚清，随着国内政治经济形势的转变，特别是1905年科举制度的废除，打破了文人对仕途的幻想，因此出现了一股文人经商的热潮。这种对传统“士农工商”四民等级观念的突破，与晚明以来商业文化的发展有莫大关系。商品经济的发展冲击着传统的价值观念，士人“耻于言利”的传统观念发生了改变，弃农经商、弃举经商甚至于弃官经商者日益增多，商人在人们心目中的地位也随之提高。据胡汉民回忆：“满清盛时，绅士与官结纳作威福，竟若代表一切，而其他无敢言者，迄于末造，经所谓维新变法及预备立宪，乃始承认商会、教育会等为合法团体，通都大邑贸易繁盛，商人渐有势力，而绅士渐退。商与官近至以‘官商’连称，通常言保护商民，殆渐已打破从来之习惯，而以商居四民之首。”[②]重商风气的出现使得商人的社会地位得以提高，文人对商人

① 陶小军，杨心珉《从“折衷”到“现代”：抗战寓澳时期高剑父绘画思想的嬗变》，《江苏社会科学》2017年第5期，208—215页。

② 胡汉民《胡汉民自述（1879—1936）》，北京：人民日报出版社，2013年版，49页。

的态度也产生了微妙的变化。这个变化可以从当时的文学作品中看到，在被誉为晚清四大谴责小说之一的《二十年目睹之怪现状》中，作者吴趼人竟然将英国经济学家法思德的《政治经济学提要》《经世文编》视作是“有用之书”，足见人们经济意识的长进。然同时书中也表达了对世上书贾“都是胸无点墨的，只知道甚么书销场好，利钱深，却不知甚么书是有用的，甚么书是无用”[①]的鄙夷之情。所以吴氏总的立场还是对指仗砚田者表示不屑，《二十年目睹之怪现状》中有吴继之与小说主人公的一段对话，便对鬻艺者冷嘲热讽，这种矛盾心态便是晚清书画商业文化与文人情结碰撞的真实反映：

> 有两个只字不通的人，他却会画，并且画的还好。倘使他安安分分的画了出来，写了个老老实实的上下款，未尝不过得去。他却偏要学人家题诗，请别人作了，他来抄在画上。这也还罢了。那个稿子，他又誊在册子上，以备将来不时之需……谁知都被他弄颠倒了，画了梅花，却抄了题桃花诗；画了美人，却抄了题钟馗诗。[②]

尽管这只是文学的虚构，但却真实反映了当时鬻艺者所面临的社会遭遇和舆论环境。清人许起在其《珊瑚舌雕谈初笔》中也强调说：“画家一要人品高，二要师法古，三要寄兴远。然后至工夫纯熟，则兔起鹘落，足以赴之；不然则兔背而驰，鹘堕而死。”[③]虽然社会上对于商业文化的包容较之前有所放开，但此时新旧价值观念同时并存、交织碰撞在一起，仍旧有人对鬻艺谋生者从道德层面予以抨击，这便是晚清以来的

① 吴趼人《二十年目睹之怪现状》，天津：天津古籍出版社，2004年版，109—110页。
② 吴趼人《二十年目睹之怪现状》，天津：天津古籍出版社，2004年版，42页。
③ 许起《珊瑚舌雕谈初笔》卷六，上海：上海古籍出版社，1995年版，67页。

社会现实。

魏源和包世臣是晚清时期文人涉足商业的两个典型。包、魏二人自幼饱读诗书，极富远见卓识，然碍于社会现实无法实现人生抱负，于是开始涉足商业。魏源当过盐商，还开设了纱厂。包世臣也曾经营票盐，从他对“士农工商”的不同阐释中我们可以揣度此时士人对商业的基本态度：“夫无农则无食，无工则无用，无商则不给。三者缺一，则人莫能生也。”又说，“生财者农，而劝之者士；各路用者工，给有无者商。”[①]包世臣的“四民”观已不再有传统意义上对商人的歧视，这种社会思潮下，晚清文人不再孜孜以求于举业，甚至出现了弃仕从商的情况，他们借助“通官商之邮”的身份便利，很快成为“既富且贵”的社会力量，以至于出现南通状元张謇投身实业的情况。

清末科举制废弃，传统士人失去了精神支柱和生活保障。山西举人刘大鹏在《退想斋日记》中道出了传统士人普遍面临的尴尬：“嗟乎！士为四民之首，坐失其业，谋生无术，生当此时，将如之何？”[②]读书人只得另谋出路。社会结构的变化带来的是士人经济收入的转变，正如张仲礼先生在谈及这段历史时所说的那样，晚清绅士阶层收入来源结构的变化，总的倾向是土地收入逐步减少，商业性收入稳定上升。[③]所谓“商业性收入”，对于一个手无缚鸡之力的文人而言，无非是鬻书卖文，制印刻砚，行医卖药，做幕僚，处家馆，抑或者开厂做生意，等等，然而“行医和业商需要资本积累，非朝夕能成事，难救眼前之急。至于游幕，国门大开的时代背景下要懂西学、明时局，更非普通士子所具备”[④]。因此相比之下卖书鬻文是最为实际的谋生之道。

① 包世臣《说储上篇前序》，《安吴四种》，清同治壬申年注经堂刻本。

② 刘大鹏著，乔志强标注《退想斋日记》，太原：山西人民出版社，1990年版，149页。

③ 张仲礼《中国绅士》，上海：上海社会科学院出版社，1991年版，215页。

④ 《文学教育》2016年第4期，12页。

尽管晚清时期商业文化的发展和社会观念的转型为鬻艺自谋提供了基础条件，不少以此为生者也广泛得到社会新兴阶层的认可，但也有部分观念保守的传统文人对他们投以冷眼，在书画市场化发展过程中，试图逐渐脱离文人阶层但又心存顾虑的底层艺人遭到来自文人阶层的最为严厉的斥责。

晚清民初时期，书画商业与文人情结的碰撞在海派书画家那里体现得最为集中。

海上画派代表画家胡公寿卒于1886年。王中秀在《近现代金石书画家润例》中收录了这样一则材料，概括了胡氏以书画自活的一生："胡氏素负经济才，不得意于仕途，乃隐于画，以画鸣于世，当时民间有'三胡'之称，童稚皆知，即'胡雪岩之做官，胡公寿之书画，胡小宝之妓女'。沈祥龙挽诗有云：'半生赁庑沪江边，挥遍柔毫气欲仙。书妙门前穿铁限，画奇海外辇金钱。谈兵杜牧狂难用，傲俗嵇康懒善眠。身后莫愁名寂寂，流传翰墨定千往。'"[①]沈祥龙的挽诗对胡氏不得意于仕途的原因做出解释，即狂放不羁的傲骨决定了他与功名无缘，只得凭借书画自给。但却不是所有人都能接受胡氏这种鬻艺之举，晚清文人吴趼人在《二十年目睹之怪现状》中借主人公与管德泉的一段对话表达了对胡公寿的讽刺：

> （胡公寿）也是赫赫有名的。这个人人品倒也没甚坏处，只是一件，要钱要的太认真了……他道："我向来是先润后动笔的，因为是太尊的东西，先动了笔，已经是个情面，怎么能够一文不看见就拿东西去！"来人没法，只得空手回去，果然拿了三百元来，他也把东西交了出来。过了几天，那位太守交卸了，还住在衙门里。

① 王中秀等编《近现代金石书画家润例》，上海：上海画报出版社，2004年版，407页。

定了一天，大宴宾客，请了满城官员，与及各家绅士，连胡公寿也请在内。饮酒中间，那位太守极口夸奖胡公寿的字画，怎样好，怎样好。又把他前日所写所画的，都拿出来彼此传观，大家也都赞好。太守道："可有一层，象这样好东西，自然应该是个无价宝了，却只值得三百元！我这回拿进京去，送人要当一份重礼的；倘使京里面那些大人先生，知道我仅化了三百元买来的，却送几十家的礼，未免要怪我悭吝，所以我也不要他了。"说罢，叫家人拿火来一齐烧了。羞得胡公寿逃席而去。[①]

胡公寿要求"先润后笔"是当时比较通行的做法，并无不妥，但在部分士绅来看仍旧是"要钱要的太认真"。这也让我们在看到晚清商业文化发展的同时，对于具有一定社会地位的士人而言，文化优越感始终让他们对鬻书卖画者投以冷眼。

随着商业文化的发展，很多文人不再把仕途当成唯一的人生追求，甚至出现已经博取功名者也反过来涉足商业活动的情况。前述如状元实业家张謇，与其同一时期的又有海上著名绅商李平书（1854—1927），曾任地方知县，后来也创办了保险公司，还投资面粉厂等实业。这些传统绅士和官员向工商界的转化符合中国近代社会结构变迁的大趋势，即"由绅而商"，文人在这个潮流中以书画为生也就不足为怪了。但同时也应该看到，经历了清末民初国变之后的文人士大夫并非都能适应书画商业文化，甚至可以说很大一部分人对此是排斥的——特别是晚清时期的官僚群体，他们多半仍留恋于仕途生涯，对书画商业化嗤之以鼻。

① 吴趼人《二十年目睹之怪现状》，天津：天津古籍出版社，2004年版，199页。

三、鬻艺观念嬗变个案

1．张謇："仆字本不鬻钱，有时藉逃人役则鬻"

张謇是晚清状元，从其身上可清晰看到晚清民国社会士商观念转型和文人情结的嬗变。

张謇的科举之路可谓坎坷，连续五次乡试均告失败，至光绪十一年（1885）才考中举人，并得到翁同龢的赞赏。然此后连续四次科考皆不中。这促使张謇有了其他的想法，他敏感地意识到读书人不能再将工商业视为贱业，必须走实业救国的道路。但他在创办实业的同时并没有放弃对科举的留恋。光绪二十年（1895）的殿试中，恰逢翁同龢担任阅卷大臣，算是圆了张謇的状元梦。同年他返回家乡继续尝试实业救国，在南通创办大生纱厂，企业创办之初资金困难，他也曾靠鬻书补贴生活："旅沪不忍用公司钱，主于友人，卖字自给。"[①]1908年2月15日《时报》也刊登了"张謇言鬻字字婴启"，以鬻艺赞助育婴堂经费："仆字本不鬻钱，有时藉逃人役则鬻，有时营实业乏旅赀则亦鬻，年来甚少暇，不复为。今发起通州新育婴堂，……筹募之法，若一文愿，若戏捐，若彩票，备矣，仆不自尽其力无以对，凡应募之人，而确为之所自尽者，惟有鬻字。"为育婴堂捐资也属公益事业，与张謇开纱厂办实业有异曲同工之妙。尽管当时社会的商业氛围已经较为浓厚，但张謇的鬻书行为仍然不能被社会广泛认可："驵侩黠吏阴嗤而阳弄之者比比皆是。然而闻谤不敢辩，受辱不敢怒，闭目塞耳。"[②]这或许与其"状元"的特殊身份不无关系，张謇毕竟不同于那些一生不得功名的落拓文人，他们是为了政治理想而被迫卖书鬻画，而张謇作为堂堂新科状元、翰林院修撰，又反过来卖字自活，便有点"自甘堕落"的意味。

① 张謇著，文明国编《张謇自述》，合肥：安徽文艺出版社，2014年版，134页。
② 张謇著，文明国编《张謇自述》，合肥：安徽文艺出版社，2014年版，134页。

需要强调的是，尽管晚清文人"不齿言利"的传统观念已逐渐"松绑"，但涉足商业仍旧被视为是救国于危难的手段或解决温饱的权宜之计。张謇15岁考中秀才，之后其科举生涯却一再受挫，直至41岁才中了状元，总算是实现了读书人的梦想。但他却并没有继续走仕途，而是投身于发展实业。当时正值甲午中日战争爆发前后，清政府的腐败使他深感仕途无望，因此投身于发展棉纺织厂。他开办实业的目的是为了救亡图存，而不是为了个人私欲，这种情结在晚清至民国初期尤为普遍。

张謇的鬻书行为渗透了文人的家国情怀。到了民国时期，由于一战结束后欧洲各国疯狂争夺中国市场，加上连年灾荒歉收，原材料涨价，我国民族产业受到重创，棉纺织业走到存亡关头——从1922年10月到1924年6月上海棉价大幅上涨，爆发了纱厂危机。张謇的纱厂到1922年因原材料涨价而出现了亏损。到1924年，大生纱厂已欠下400万两的巨额债务。张謇的鬻书之事也愈发繁忙，在与民国书画收藏家诸宗元的书信中，可以看到此时张謇的无奈。

民国十一年（1922）《复诸宗元函》：

> 贞壮仁兄惠鉴：
>
> 得书悉一一。飓霖之灾，通亦正同。棉收初尚天晴，近复阴雨，岁又减收！天厄奈何？今年卖字一月，可得二万余元。须写三月方可竣事，亦颇觉苦。而支配各慈善、教育常支，尚虞不足。为此劳工，亦自乐也！奚君介函可写，但报言省之已辞职，果尔则可罢。复颂。[①]

① 李明勋，尤世玮主编《张謇全集3·函电》下，上海：上海辞书出版社，2012年版，1087—1088页。

信中坦言卖字累身，“须写三月方可竣事”。按照传统的说法，这便是“身为物役”了，但张謇卖字并非为自谋，而是为了慈善，为了教育，因此又说“为此劳工，亦自乐也”。对于文人而言，如果不能通过政治途径兼济天下，而是通过身体力行做些公益事业，也是一种人生价值的实现，较之那种为富不仁的经商行为，张謇的鬻书自然会减轻不少道德层面的负担。

由于科举入仕的机会渺茫，自古以来的寒门士人不仅要克服“十年寒窗”追逐功名的寂寞，更为现实的是他们一直面临着为衣食而忧的考验。如稍早些时候的寓沪书画家铁舟，据载其善画工书，“渡江而东，名噪吴越。寓沪甚久，富室巨商以至酒楼伎馆，靡不乞其笔墨。所得润笔随手挥霍，或赠寒素，弗恤也”[①]。作为僧人的铁舟尚且不能全然免俗，普通士人就更不必说了。不过铁舟上人鬻艺得钱“随手挥霍，或赠寒素，弗恤也”，倒是颇有几分文人雅士的洒脱。自古以来的书画买卖多与狂狷的文人性格相伴而生，且往往传为佳话。如晋人王濛，张彦远《历代名画记》载其“放诞不羁，书比庾翼，丹青甚妙，颇希高远。常往驴肆家画辎车，自云：‘我嗜酒好肉善画，但人有饮食、美酒、精绢，我何不往也？’”[②]为了品尝美酒佳肴是可以为别人作书画的，言下之意王濛并非要以此自富，说到底这便是文人以书画自娱的表现。这几乎成了传统书画文化的一个重要特征，晚清民初以来，随着海上画派、岭南画派的发展，书画商业文化逐渐深入人心，但鬻书卖画作为一种无奈的人生境遇的情结，始终没有完全被突破。

2. 林纾：“不增画润分何润，坐听饥寒作什么”

能书者卖书，善画者鬻画，长于属文者则卖文，这在清末民初蔚然

① 杨逸著，陈正青标点《海上墨林》，上海：上海古籍出版社，1989年版，92页。

② 张彦远《历代名画记》卷五，上海：上海人民美术出版社，1963年版，73页

成风。近代著名学者、翻译家林纾，博学强记，能诗文，善书画，有狂生之称。他光绪八年（1882）中举人，但却没能考中进士，只好在京漂泊，以译书售稿与卖文卖画为活。林纾因翻译《巴黎茶花女遗事》而得名，遂绝意仕途一心译书，他一生翻译了180余部书稿，平均每年有8部之多，收入不可谓不多。他所翻译的小说每部均在20万字左右，全由商务印书馆收购。据陈明远先生考证，按千字6元计算，每部稿酬1200元左右，合今人民币6万元以上，林纾十几年稿酬已逾20万大洋，合今人民币1000万以上。[①]作为文人的林纾早年虽生活困苦却仍然拒收《巴黎茶花女遗事》的巨额润笔，而到了晚年却流传有他的一首卖画诗："往日西湖补柳翁，不因人熟不书空。老来卖画长安市，笑骂由他耳半聋。"[②]可见林氏的思想转变。作为文人的林纾鬻画卖文亦并非为了发财致富，据郑逸梅记载，"故小说泰斗林琴南兼擅丹青，山水得宋元人遗意。当其寓居北平时，小说也、寿文墓志也、大小画件也，以求之者多，所入甚丰，某巨公因称其寓为造币厂，实则悉以所获周恤族人，至死无一瓦之覆，一垄之植也"[③]。林氏的这种做法颇具传统文人风范。由于亲旧族人较多，需要接济，他必须正视市场的需求以做出调整。徐悲鸿曾言："民初在北京负相当画名者，为以译西洋小说著名的林琴南。林写王石谷式之山水，能投一般资产阶级所好，笔墨生涯，颇不寂寞。"[④]此外，林氏还根据行情常更定润例鬻画。

民国十年（1921），林纾更定润格一纸曰："五尺堂幅二十八元，五尺开大琴条四幅五十六元，三尺开小琴条四幅二十八元，斗方及纨折扇均五元，单条加倍，手卷点景均面议。限期不画，磨墨费加一成。且

① 《文学教育》2016年第4期，12页。
② 郑逸梅《郑逸梅选集》第4卷，哈尔滨：黑龙江人民出版社，2001年版，121页。
③ 郑逸梅《郑逸梅选集》第4卷，哈尔滨：黑龙江人民出版社，2001年版，120—121页。
④ 王震编《徐悲鸿文集》，上海：上海画报出版社，2005年版，150页。

附一诗：亲旧孤孀待哺多，山人无计奈他何。不增画润分何润，坐听饥寒作什么。”[①]在生计无望的前提下鬻艺是晚清民初时期特殊的时代背景决定的，现实生活压力及商品经济对传统“轻商”观念的冲击，使文人士子们逐渐摒弃了以鬻文为耻的传统思想。在传统的“士农工商”价值观念受到冲击和挑战的历史境遇下，许多精于书画、诗文的文人墨客纷纷移居上海、北京，开始了笔耕墨耘的生涯。

清末民初还有不少留学生，如徐悲鸿、林风眠、刘海粟、颜文梁等，在海外生活困难时也会以书画谋生。[②]由于日本与中国文化的亲缘关系，中国书画在日本颇受欢迎，这也吸引了不少书画家前往谋生。陈永怡说：“返观早期中国画家赴日，主要还不是从学术交流角度，而是为谋生而鬻艺。后期则以交流学习为主，兼及售画。”[③]早期东渡日本的画家有罗清、蒲华、陈曼寿、冯雪卿、胡铁梅、顾法、王寅、金吉石、郭宗仪等人，收获颇丰。晚清指画高手罗清，同治年间东渡日本，“居于浅草公园之植木屋。其前有六尺招牌板，上悬红纸，浓墨书姓名，旁立广告牌。浅草公园为东京名胜。四季绽开梅、藤、菊等，观客如云。一见招牌，自然聚观罗氏书画，加之罗氏善于应酬，长于经营之道，日本观客大抵惑于他的招呼，不惜出十几日元购一幅他的作品。”[④]同时期书画家卫铸生也东游日本鬻艺，收入“殊不寂寞”。据王韬《扶桑游记》载，光绪五年（1879）闰三月二十五日：“卫铸生来相见。铸生琴川人，工书法。挟其一艺之长而掉首作东游者。闻乞字者颇多，自八、

① 引自郑逸梅《郑逸梅选集》第4卷，哈尔滨：黑龙江人民出版社，2001年版，121页。
② 参见郑彭年《“中国梦”的历史解读》，杭州：浙江大学出版社，2014年版，418—419页。
③ 陈永怡《近代书画市场与风格迁变——以上海为中心（1843—1948）》，北京：光明日报出版社，2007年版，141页。
④ 〔日〕近藤高史《明治书道史夜话》，转引自陈振濂《近代中日绘画交流史比较研究》，合肥：安徽美术出版社，2000年版，144页。

九月至今，已得千金，陆贾囊中，殊不寂寞。”光绪五年（1879）四月二十二日：“有卫铸生者，卖字一月而获千金。然则彼自谓掉首东游者，正觉此间乐矣。”[①]卫铸生在日鬻书市场的打开是由于当时日本人对中国文化的追捧，以卫氏的水平在国内恐怕很难得到市场认可。其他如冯耕山“每岁东航，贩笔墨”[②]，王寅留日期间得润笔有三四千金之多，[③]这些人均看准了中国书画在日本的走俏，他们也成为书画商业文化向近现代转型的一个组成部分。

第二节　晚清“官员不卖字”考

一、晚清“官员不卖字”的缘起与争鸣

2014年，白谦慎先生在《南方周末》发表了《晚清官员的书法不是商品》一文。文章指出，书法作为文人士大夫之雅好，在晚清官员的日常生活中扮演了重要角色，当时的官员常常作书，却不卖字。一方面这是“练习”，另外也是日常交际与“应酬”的需要。白文以翁同龢、何绍基、曾国藩等人日书对联几十副之多为例，得出了“晚清官员不卖字”的结论。[④]文章还特别提及晚清官员李慈铭，细述了李氏卖文不鬻书的案例：

① 转引自陈永怡《近代书画市场与风格迁变——以上海为中心（1843—1948）》，北京：光明日报出版社，2007年版，141页。

② 〔日〕风千仞《沪吴日记》，转引自王勤谟编《近代中日文化交流先行者王惕斋》，宁波：宁波出版社，2011年版，7页。

③ 〔日〕古贺十二郎《长崎画史汇传》，长崎县立图书馆藏。

④ 白谦慎《晚清官员的书法不是商品》，《南方周末》2014年10月9日。

张德昌先生曾根据李慈铭的《越缦庐日记》，对李慈铭在京师为官期间的收入和支出做了非常具体的统计和分析。李慈铭为人撰写墓志铭、碑文、寿序，都收润笔，但却没有卖字的收入。京官收入不高，应酬多，虽然能得到各种馈赠，但李慈铭的生活并不宽裕，有时甚至借债度日，相当拮据。即便如此，字写得不错的他，并不卖字。[①]

白先生这段话令人顿生疑窦。这里有两个问题需要关注，第一，生活拮据的李慈铭是否真的为了面子而“不卖字”；第二，为他人作墓铭、碑表是否真的比卖字更加体面，以至于李氏鬻文不卖字？我们先从第二个问题谈起。达官文豪为人作碑铭、寿序并不稀奇，此风早在唐宋时期便多有记载，如初唐王勃因善写碑铭而求者盈门，获利颇丰。《唐才子传》载其“请者甚多，金帛盈积，心织而衣，笔耕而食”。[②]又，韩愈为人作《进王用碑文状》《奏韩弘人事物表》，分别获得润笔“马一匹，并鞍衔白玉腰带一条”“绢五百匹”。[③]李邕更是因善书碑颂名满朝野，据载其所作“凡数百首，受纳馈遗，亦至钜万。时议以为自古鬻文获财，未有如邕者”[④]。唐代碑志铭文的商品化现象非常普遍，如杨炯、李邕、韩愈、柳宗元、刘禹锡、颜真卿、白居易、元稹、杜牧等人均有为人书碑志的经历。一方面，这种社会风气的出现与唐代官俸低微有直接关系；[⑤]另一方面，碑志铭文不仅是为了赞颂亡灵，更体现了中国人

① 白谦慎《晚清官员的书法不是商品》，《南方周末》2014年10月9日。

② 辛文房，傅璇琮《唐才子传校笺》，北京：中华书局，1987年版，32页。

③ 韩愈《韩愈集》，北京：中国戏剧出版社，2002年版，349、351页。

④ 刘昫等《旧唐书·李邕传》，北京：中华书局，1975年版，5043页。

⑤ 据《新唐书》载：“武德元年，文武官给禄，颇减隋制，一品七百石，从一品六百石，……从九品三十石，皆以岁给之，外官则无禄。”见欧阳修，宋祁《新唐书·食货》，北京：中华书局，1975年版，1393页。

的孝悌之义，因此树碑立传之风一直延至清末民国时期，经久不衰。清人钱咏在其《履园丛话》中说："大凡孝子慈孙欲彰其先世名德，故卑礼厚币，以求名公巨卿之作。"[①]如前所说，由于官俸微薄，在京做官时的李慈铭靠为人作墓铭、碑文补贴生活（这在晚清官场并不少见），那么结合前述唐代达官显贵书碑铭成风的风气，是不是说文人士大夫卖文自谋是社会舆论普遍支持的呢？显然并非如此。对于文人而言，卖文和鬻书相比并无本质区别，同样会遭遇冷眼。不论何种原因，为人作墓诔多有谀词，对于文人（特别是有社会地位的官员）来说皆为有失颜面之事，至少比卖字存在更高的道德风险。所以汉代蔡邕在为林宗作碑铭时也感叹道："吾为人作铭，未尝不有惭容，唯为《郭有道碑颂》无愧耳。"[②]正因如此，不少文人是不轻易与人作碑表的。清人也是如此，乾嘉时期的赵翼在其《陔馀丛考》中便发表了类似的看法："古人于碑志之文不轻作，东坡答李方叔云：'但缘子孙欲追述其祖考而作者，某未尝措手。'其慎重如此。"[③]作为清代的官员、学者，赵翼的观点还是颇有代表性的。

尽管文人有慎书寿屏、墓铭的传统，但由于碑铭、墓志一类的"奇货"润笔较高，故自古以来"替文臣武将、名士贤流撰写，或者由于情义所驱使，给自己的亲友撰写"[④]的情况不胜枚举。令人惋惜的是，由于有些达官名士请索者过多，故存在敷衍了事、"设情以为之"的现象，[⑤]更有甚者，"或冗中为求者所逼，辄取旧作易其名以应酬"。[⑥]有

① 钱咏《履园丛话》，北京：中华书局，2012年版，82页。
② 刘义庆《世说新语》，杭州：浙江古籍出版社，2011年版，1页。
③ 赵翼《陔余丛考》，北京：中华书局，1963年版，685页。
④ 周榆华《晚明文人以文治生研究》，广州：广东高等教育出版社，2010年版，77页。
⑤ 徐渭《徐文长三集》卷十九，北京：中华书局，1983年版，534页。
⑥ 王锜《寓圃杂记》卷四"张学士"条，北京：中华书局，1984年版，33页。

鉴于此，后世不少有一定社会地位的士人均慎书碑铭、墓志，甚至明确拒绝书写。如康有为1924年润例中有“寿屏寿文不撰不书”一条，[①]1926年润例中也附说：“寿屏寿文，不撰不书”。[②]润例中出现“不书”条款在晚清民国是十分常见的，康有为的政治资本保证了他相对强硬的市场姿态。然而由于作碑表笔润较高，在晚清民国时期，各种现实因素促使不少书家采用“另议、别议、面议”等暧昧的态度。如1920年《申报》“天台山农介绍书家指严”有“寿屏、碑志、行述、哀挽等及撰文均另议”一条，[③]《神州吉光集》“朱中原润例”有“碑志别议”一条，[④]1923年《申报》“尘外散人润例”也有“寿屏碑志题跋面订”一条。[⑤]因此从这个背景下看李慈铭日记没有卖字的记录，就会得出和白谦慎先生截然相反的结论，李氏的做派非但不值得道德标榜，相反完全是迫于“生活并不宽裕，有时甚至借债度日”的拮据状况而做出的谋食之举。换言之，对于清人而言，鬻文并不比卖字高贵，此二者皆为文人的无奈之举，所以白谦慎先生关于李慈铭因道德顾虑而“不卖字”的说法是站不住脚的。

从李慈铭的个案来说，由于《越缦庐日记》确实没有卖字的相关记载，所以并不排除他为官期间鬻文但不卖字的可能。即便如此，笔者并不认为这是出于道德层面的考虑，很显然为人作碑表在道德上更为站不住脚。考虑到李氏为官期间生活拮据的情节，加之碑志、墓表的润金远高于卖字，则其日记中没有卖字的记录，不排除是出于经济层面考量的原因。

关于“晚清官员不卖字”，白谦慎先生还指出是“因为官员的字没

① 《申报》1924年7月6日。
② 《康南海先生书例》，书画保存会编《中国现代金石书画家小传》，1926年版。
③ 《申报》1920年12月1日。
④ 王中秀等编《近现代金石书画家润例》，上海：上海画报出版社，2004年版，133页。
⑤ 《申报》1923年5月5日。

有市场价格。只不过这个礼物出自高官，带有特殊性”。又以曾国藩、翁同龢免费为下属写字为例，称“在任官员不卖字，应该是官场行之已久的传统”[①]。按，白先生所言不无唐突，既然官员的字“没有市场价格”，那么他们代书碑志、墓表为何又有价格了呢？至于曾、翁二人的行为，看似“免费”，实则不尽然。另据《翁同龢日记》载，1870年前后翁氏曾常住在一家客店，因此被“酒家索书扇子极多”。[②]诸如此类的情况，尽管看似没有获得金钱的回报，但却与自古以来“以物易物”的交易方式并无二致，没有利益关联是断然不会轻易索人书作的。所以白谦慎先生又将之视为“礼品经济”：“坚持把自己的墨迹作为‘礼品’而不是‘商品’，恰恰是一种抵御既有的社会生活方式受市场经济冲击的手段，使得官员的行为不被市场赤裸裸的金钱游戏规则所绑架。”[③]从现代经济学的角度来看，无论“礼品”还是“商品”，最终都是某种利益的置换。对于书者而言，为朋友作墓铭或书画多不收润金，以免被金钱和道德绑架，然有时受馈者为了周全颜面以绢帛、舆马等实物相赠，从而使得原本的商业行为带有了人文情怀。比如元稹去世时白居易曾为之作墓志，事后元家人“状其臧获、舆马、绫帛、洎银鞍、玉带之物，价当六七十万为谢”，白居易再三推辞不得，只好捐赠给香山寺。[④]可见对于朋友而言，即便是实物酬谢的形式也会令受者不安，给“商品”蒙上“礼品”的面纱并不能成为文人雅士的一块“遮羞布”。

二、晚清官场：低俸、卖官鬻爵

不知白谦慎先生为何要把官员“不卖字”界定在“晚清”这一时

① 白谦慎《晚清官员的书法不是商品》，《南方周末》2014年10月9日。
② 《浙江大学艺术与考古研究》第1辑，杭州：浙江大学出版社，2014年版，241—248页。
③ 《浙江大学艺术与考古研究》第1辑，杭州：浙江大学出版社，2014年版，241—248页。
④ 韩鹏杰编《白居易全集》5，长春：时代文艺出版社，1980年版，1410页。

期，据笔者研究发现，早在清初便有大批遗民对鬻文卖字发出了负面的声音，如傅山便说："文章小技，于道未尊，况兹书写，于道何有！"[①]可叹傅青主迫于生计压力未能如其所愿。自晚明资本主义萌芽产生以来，伴随着商业文化对士人传统观念的洗礼，鬻文卖字之风逐渐推演开来。以清中期"扬州八怪"之首的郑板桥为例，他在潍县任县令时便边做官边鬻艺，生活颇不寂寥。郑氏在一封家书中这样说道："我不知是何冤孽，自到潍县以来，官事不忙，却忙于写字作画，天天执笔，累得人好苦也……我不是做官而来，变了作画而来，此苦也。"[②]郑氏为官期间忙于写字作画，所获颇丰，这从他在任期间的另一封家书中不难获悉：

> 家屋改建，既买宅旁余地，终必举行。而余之主张缓图者，因仕途中人蓄姬妻，置田产，更进而大兴土木，建筑高堂华厦，行道者见之，必窃窃私语曰：郑某一介寒士，侥幸成名，得为百里侯。谁谓狂士作官，要名不要钱？苟不搜括地皮，艳妾华厦，何自而来？殊不知我每年笔润，就最近十年平均计算，最少年有三千金，则总数已有三万。[③]

郑板桥鬻艺每年有三千金之多，而此时他的年俸是多少呢？据《潍县志卷三·秩官表》载，乾隆十一年（1746）郑板桥任知县，"秩正七品，俸四十五两"。[④]此与鬻艺润金相比可谓寒酸。这种低俸的情况到晚清时期非但没有好转，反而因为内外动荡的社会局面而进一步恶化，所以晚清官员的生活捉襟见肘，到处钻营，贪污受贿成风。关于这个

① 傅山著，尹协理主编《傅山全书》第3册，太原：山西人民出版社，1992年版，344页。
② 郑板桥著，木子译注《板桥家书》，上海：学林出版社，2002年版，275—276页。
③ 郑板桥著，木子译注《板桥家书》，上海：学林出版社，2002年版，110—111页。
④ 卞孝萱编《郑板桥全集》，济南：齐鲁书社，1985年版，593页。

问题，侯宜杰在《晚清的贿赂名堂》一文中指出："当时的京官俸禄不高，'养廉银'也不是很多，又没有条件搜刮民财，加上应酬多，生活一般并不十分富裕，无不想'吃'地方官，从他们身上捞一把。每遇督抚司道进京，邀请宴会，迄无虚日。即使素不相识、绝不相关者，也具帖邀请。地方官害怕得罪他们，临行皆要分别厚薄和地位高低，到各家'留别'，仅此一项，就是一笔不小的数目。"①京官生活并非如我们想象中的风光，由于晚清官俸较低，他们只得搜刮下级官员或靠笔耕墨耘生活。

另，太平军起义后，咸丰年间捐纳之风盛行，"印结费"成了京官的一项重要收入，曾国藩、李慈铭皆有相关记载，如李氏全俸才160两，而印结费却高达397两。②尽管如此，由于官员的日常用度高得惊人，所以生活仍然捉襟见肘。因此白谦慎先生在谈及"晚清官员不卖字"时指出"官员在有俸禄的时候，为增加收入而卖字，大概会被认为是不够体面的事"。③这在晚清显然是不成立的，情况恰恰相反，晚清官员除了索贿受贿以外，卖字鬻文反倒成了一个更为实际的门路。特别是为人作碑志、墓表、寿序之类，润金十分可观，所以成为不少官员创收的渠道。除此之外就是卖字了，如晚清时期林则徐的女婿沈葆桢，在福州南后街开了间装裱店"一笑来"，自定润格卖字，④此时他可是堂堂的江西巡抚，则其他地方官吏便可想而知了。白谦慎先生显然也意识到了这一点，他又坦言说："我们偶尔也能看到一些卖字的记录。"并引用了戴丙荣致吴大澂的信札，信中谈及莫友芝卖字一事："莫子偲征君经学诗文皆极根柢。篆隶之学，似百年来海内无对。不日过苏来晤，平翁请预

① 侯宜杰编《历史的转折处》，广州：南方日报出版社，2013年版，2页。

② 张德昌《清季一个京官的生活》，香港：香港中文大学出版社，1970年版，49页。

③ 《浙江大学艺术与考古研究》第1辑，杭州：浙江大学出版社，2014年版，241—248页。

④ 冯精志《晚清名臣：高级知识分子们如何执掌军权》，南昌：二十一世纪出版社，2014年版，2页。

备好宣纸（在此收润七言四洋，相好不计也）。”[①]然白先生仍然强调“官员卖字是不够体面的事”，即使是莫友芝等人卖字，“也依然保留了相当大的非商品化的空间。如果将书法都作为商品来处理，那对文人文化将是一个重大冲击”。[②]可能白先生认为此条有悖于他的结论，故又在另一篇文章中称莫友芝“客居曾国藩幕府，后又为曾国藩督领江南书局，担任校勘经史之职，谈不上是什么官员”。[③]普通文士卖字尚知羞愧，何况为官者？和其他文人一样，莫友芝作为官员在卖字时保有底限，这也是晚清文人比较普遍的价值观念。晚清文人与书画商业文化仍在博弈，如清末士人杨以贞便称儒者不应把“谋食”挂在嘴边，即便言之也只是“为民言之，非为士言之也”，并举例说：“颜子箪瓢陋巷、曾子衣敝履穿，皆不以治生为急务。”[④]

然而官员毕竟不能回避“谋食”问题，尤其是晚清国库空虚，俸禄下发时常打折扣甚至无俸，官员为了糊口而鬻书卖画在所难免。当然，由于鬻书卖字说到底与经济因素有脱不开的关系，因此做官的人（特别是在朝高级官员），由于收入渠道较多而较少鬻画卖书倒是实情。但对于大量底层官员来说，鬻书卖文靠刀笔自谋，恐怕是更为实际的选择。

尽管晚清时期商业文化的发展和社会观念的转型为鬻艺自谋提供了基础条件，不少以此为生者也广泛得到社会新兴阶层的认可，但也有部分观念保守的传统文人对他们投以冷眼，尽管白谦慎在晚清“官员不卖字”的问题上有失偏颇，但他同时也指出：“对官员而言，卖字并不非法，写字收钱虽可能遭物议，但并不伤天害理。……在十九世纪的下半叶，对于绝大部分的政府官员来说，书法还是一种市场之外的非职业性

① 《浙江大学艺术与考古研究》第1辑，杭州：浙江大学出版社，2014年版，第241—248页。

② 白谦慎《晚清官员的书法不是商品》，《南方周末》2014年10月9日。

③ 《浙江大学艺术与考古研究》第1辑，杭州：浙江大学出版社，2014年版，第241—248页。

④ 杨以贞《志远斋史话》卷五。

的艺术活动，市场还没有全面地渗透到他们的生活中，成为支配性的力量。”[①]这倒是实情，严格来说这种规律并不专属于十九世纪下半叶，而是适用于整个封建社会发展始末，甚至于今天。只是相比较而言，封建社会时期的文人士大夫更加在乎鬻艺和守节之间的关系，所以给人造成了“不卖字”的假象。

第三节　晚清民初书画润例研究

一、关于书画定价

清末民初以来，随着商品经济的发展和思想的解放，书画商品化愈发成为潮流。特别是清代较早时期先后有戴易、郑板桥公开挂出润例，更是给文人书画明码标价走向市场开了先河。清末民初以来，借助古董铺、南纸店、笺扇庄、报刊以及形形色色的书画社团，文人纷纷发布润例，公开鬻书卖画。

润例在书画市场化和商业化的过程中具有十分重要的意义，它可以鲜活地反映出近代书画市场的发展状况，也可以借以了解不同时期文人书画家的生存状况、艺术审美及其与市场的关系等。润例是由书画家自我评价和市场评价综合决定的，它反映了近代书画家商品意识的觉醒。通过润例给现代书画市场把脉是个热门的学术话题，然而对润例的关注也要综合看待市场、书画家身份、作品旨趣等多种因素。陈永怡说：“从近代书画家们高低不等的润格中，我们可以发现不同层次的艺术家对各自深浅不一的艺术造诣有着相对准确的定位，这说明即使是在商品经济的洗礼下，书画家们仍然遵从于中国书画统一的价值评判标准。当

① 白谦慎《晚清官员的书法不是商品》，《南方周末》2014年10月9日。

然，我们也要警惕由于市场炒作所造成的书画价格与市场认可程度错位的现象。”[①]润例通常能够基本反映出书画家作品的行情乃至于水准，但由于受到书画家个人声誉、社会影响、宣传力度等多种因素的干扰，有时也会出现名不副实的情况，这就需要对书画家润例的实际情况做出界定。

首先，书画家润例与其名声大小有很大关系。凡是在社会上有较高声誉和威望者，其润例定位就相对较高。以北京的一些南纸店、画店为例，他们收购画片时往往要分上、中、下三等。上等者如齐白石、陈半丁、张大千等人，皆为当时著名的文人墨客，因其颇负画名而润例较高，一幅画可达百元；中等者如清代如意馆出身的书画家以及一些高手画匠演变而来的画家，由于作品水平较高，每张画价也能达到三四元至十元不等；下等者则多为平民画家，或者灯画店、扇店的低级画工，由于出身卑微，艺术造诣较低，他们的画价低至以百幅计，甚至不过大洋三角。清末民初，书画市场化所带来的一个几乎不可避免的问题是，润例很大程度上受到书画家身份的影响。特别是民国时期寓沪书家如李瑞清、曾熙、康有为等人，由于他们在清代的社会声誉和特殊的旧式文人身份而备受青睐，润例较高，反之若既无画名，又无来头，即使画得再好，价格也不甚高。

其次，即便是同一书画家，也会因不同时期声誉、社会资源乃至于功力不同而出现润例变动。关于这一点，近代以来较为典型的当属齐白石和吴昌硕了。齐白石初来京城时十分落寞，由于没有人脉，市场认可度很低，据他自己说：“我的润格，一个扇面，定价银币两元，比同时一般画家的价码，便宜一半，尚且很少人来问津，生涯落寞的

① 陈永怡《近代书画市场与风格迁变——以上海为中心（1843—1948）》，北京：光明日报出版社，2007年版，57页。

很。"[①]1920年代，他托人请当时画坛领袖吴昌硕为其代订润例。吴氏给予了极高评价："齐山人生为湘绮高弟子，吟诗多峻拔，其书画墨韵，孤秀磊落，兼擅篆刻，得秦汉遗意，曩经樊山评定，而求者踵相接，更觉手挥不暇，为特重定如左：石印每字二元，整张四尺十二元……"[②]尽管这个评价有虚夸的成分，但借着吴昌硕的名头还是有所上涨。由于两年后遇见了陈师曾，齐白石的鬻艺生涯迎来了转机，齐的作品在中日联合绘画展览会上广受好评，皆被高价买去："每幅就卖了一百元银币，山水画更贵，二尺长的纸，卖到二百五十银元……"[③]这是齐白石自己都没想到的市场转机。由此也让我们看到了国际市场行情和社会评价对书画家润例的巨大影响。

与齐白石类似，吴昌硕的书画润例也经历了不小的起伏变化。1890年由杨岘为吴昌硕所制订的《缶庐润目》显示："书斋扁：四元，过大者不应。横直幅整张：四尺三元，五六尺四元，八尺五元。"[④]到了1919年，由于寓沪后的吴昌硕得到商业大亨王一亭的帮助，迅速打开了上海和海外市场，因此他重新订制润例时已大为不同："楹联：三尺五两，四尺六两，五尺八两，六尺十二两。直幅横幅：三尺十四两，四尺十八两，五尺廿四两，六尺卅二两。"[⑤]即便如此，由于被市场广泛认可，订单仍旧不断积压，应接不暇，以至于吴氏于次年又重新发布了润例，再次提高书画价格："楹联：三尺六两，四尺八两，五尺十两，六尺十四两。横直整幅：三尺十八两，四尺三十两，五尺四十两。屏条：三尺八

① 齐璜口述，张次溪笔录《白石老人自述》，北京：人民美术出版社，1962年版，72页。
② 齐白石《齐白石自述》，合肥：安徽文艺出版社，2014年版，220页。
③ 齐璜口述，张次溪笔录《白石老人自述》，北京：人民美术出版社，1962年版，74页。
④ 参见林想、谢菁菁《论吴昌硕制订润格》，《美术大观》2012年第12期，46、47页。
⑤ 赵幼强主编《吴门扬州海上：中国书画市场化进程》，北京：中国书店，2011年版，205页。

两，四尺十二两，五尺十六两。”[①]可见润格与书画家名气有极大关系。

再次，润例的高低还与社会环境及物价总体水平有较大关系。通常而言，当通货膨胀时物价上涨，润格也随之上涨，反之亦然。如日伪时期，国内战火连绵，秩序混乱，物价飞涨，齐白石一度停止卖画。但生活所需使得他在抗战结束后又恢复了砚田生涯。随着“金圆券”的发行，国内物价瞬息万变，于是有投机者大批量订购齐白石的画。而此时他的润例尽管看似很高，然费尽气力“换得的票子，有时一张画还买不到几个烧饼”[②]，这是由于社会环境的恶化所导致的货币贬值带来的恶果。面临同样困窘的还有郭沫若先生，1947年他因拒绝与国民党当局合作而失去了经济来源，一时间生活无保障，于是自定润例，挂单鬻书。其润格几何呢？1947年《新华日报》刊登了题为《一代文豪困居上海：郭沫若卖字求生》的启示，虽然《新华日报》的这则启示带有政治色彩，但从中也可以看到国民党统治下混乱的社会环境给书画润例所带来的巨大影响。“三万元至二十四万元不等”的润格看似不低，然而相对于当时上海的整体物价而言却是杯水车薪。[③]抗日期间国民党政府发行大量纸币，上海物价飞速上涨。抗战胜利后更是愈演愈烈，从1945年底至新中国成立前夕，货币发行量竟增加了近2亿倍。1937年一百旧法币还可买两头牛，到了1947年买一根油条却需要五百旧法币。[④]由此可见郭沫若先生的润例看似虚涨，实则没有太大的购买力。

---

① 徐建融主编《海派书画文献汇编》，上海：上海辞书出版社，2013年版，622—623页。

② 齐白石《齐白石回忆录》，北京：东方出版社，2012年版，112页。

③ 马民书主编《在世纪的回音壁里：二十世纪中国要闻评说》，北京：中央文献出版社，2004年版，904页。

④ 上海社会科学院《上海经济》编辑部编《上海经济（1949—1982）》，上海：上海人民出版社，1983年版，81页。

二、文人情结与润例用语的包装[①]

清末民初以来，携笔南游的书画家纷纷挂单鬻艺，在《申报》《字林沪报》《时报》《神州吉光集》等报刊公开刊出润例。与其他市场行为不同的是，这些润例在宣传包装上带有较强的文人色彩，字里行间呈现出作者深厚的学养、阔达的心胸、广泛的交游和高洁的品行，这是区别于普通商品推介的很有意思的现象。

1．表家世、人品及交游

与现代商品社会的促销方式不同，民国鬻艺者的润例中透露出一股文人的矜持。他们很少称颂自己的作品，反而大肆阐扬鬻艺者的家世、人品及交游等，这是近代书画商业文化中颇值得关注的地方。尽管晚清以来封建社会江河日下，1905年科举制度被取消，但尊贵的出身和广泛的交游仍然是影响艺术品市场行情的重要因素，书因人贵的现象并没有改变。这一则源于宋元以来文人主导书画创作的风尚，二则艺术品的价值评判向来皆由把持话语权的文人雅士、社会名流主导，这个传统决定了海上书画润例竞相以作者的志节考评作为卖点，鬻艺者是否得到了社会名流的认可成为评估其市场价值高低的重要标准。润例小启越来越长，从最初的寥寥数字发展为后来的数百字甚至千余字，内容涉及鬻艺者的家庭背景、师承、个人成就、社会地位、名家鉴评，等等，这些都直接影响着他们书画作品的价格和社会关注度。

《墨海潮》1930年10月第2期“赵悔庵书法篆刻润例”便说：“赵君宗抃……前清名孝廉。通小学，工书钟鼎大篆，下追汉魏六朝，楷隶行草，均能深得古人意趣，又融洽秦权汉钫等笔妙……性不乐仕宦，曾任

① 本章节曾发表于《书法研究》2017年第4期，原名《“文人情结”的挑战：从民国商业背景下的书画润例谈起》。

教育事，垂三十年。近居海上，以鬻书文篆刻为生，并以自娱……”[①]孝廉本是汉代察举制的科目之一，明清时期成为对举人的雅称，体现了儒家以孝为本、以廉从政的思想。赵悔庵既是前清名孝廉，品行自然不一般，又“不乐仕宦”，以书画自娱，具备文人傲世风骨，加之专业功底深厚——这些都是赢得市场的重要因素。润例中的赵悔庵以一个不慕荣利的传统文人的身份出现，这是近代以来润例促销中较为常见的做派。同年刊登于《墨海潮》的还有“爨林山民史喻庵润约”：“喻庵为溧阳史文靖相国第六世孙，其尊人退省居士精六书金石之学，著有《说文易检》，已行世。喻庵幼受庭训，孜力于金石文字垂三十余年，篆隶汉魏，均臻佳妙，而于爨宝子碑尤有专嗜，得力至深……”也采用了同样的手法，表家世出身、学识修养。而《湖社月刊》在1930年刊登的“吴吴山润例”除了采用这一传统做法外，还谈及吴吴山的海外市场：“吴立斋孝廉忠本，……咸同间，鞠老以书名雄海内外，即朝鲜、日本亦争致重金，以得其寸缣尺楮为宝。”[②]书画“远播夷狄”者，古代有欧阳询[③]、柳公权[④]，近代有齐白石、陈师曾[⑤]等为数不多的人见称，润例中说吴吴山蜚声海内外，在当时西学东渐、传统思想饱受外来文化冲击的大背景下可谓一种时髦的宣传。

表家世出身者，无非为了说明其书画价值非同于一般市井之流，以

① 《墨海潮》1930年10月第2期。

② 《湖社月刊》第36册，1930年11月1日。

③ 按，欧阳询书名在入唐前便已风靡国内外，高祖叹曰：“不意询之书名，远播夷狄。”见刘昫等撰，陈焕良，文华点校《旧唐书》第4册，长沙：岳麓书社，1997年版，3125页。

④ 据《新唐书》载：“外夷入贡者，皆别署货币曰：‘此购柳书’。”见欧阳修，宋祁撰《新唐书·柳公权传》，北京：中华书局，1975年版，677页。

⑤ 1922年陈师曾携齐白石书画前往日本参加中日联合绘画展览会，一时间名声大噪。据齐白石回忆说：“……法国人在东京，选了师曾和我两个人的画，加入巴黎艺术展览会。日本人又想把我们两人的作品和生活状况，拍摄电影，在东京艺术院放映。”见齐璜口述，张次溪笔录《白石老人自述》，北京：人民美术出版社，1962年版，74页。

抬高鬻艺者的身价。《湖社月刊》曾刊出张南湖润例，同样采用了类似手法："恽东园尝云：画家有士大夫笔，有作家笔，大抵士大夫为文人游戏，随意涂抹，墨章水晕，不求形似，与作家拘于绳墨者迥异。南湖张先生为鸳湖名儒，文章之余，酷好六法，玩其所作，苍润秀逸一洗作家习气，当可与君乡吴仲圭先后映辉……"[①]借恽寿田之口阐明了张南湖绘画有别于作家画的根本，这是打开市场、提升身价的有利砝码，在清末民初的海上颇为流行。

《申报》1931年6月29日刊登了由余约成代订的"杭席洋先生鬻书润格"：

> 自来卖文鬻书者，大都在野遗贤之所为，乃今之达官显宦军阀武僚，下至贩夫俗子不通文墨之辈，亦竞以悬招卖字相高，不亦辱斯文而羞当世乎？杭席洋先生，沪上隐贤，皖中高士，元章三绝，诗书画固擅多能，小宋一流，士大夫争为倾倒。

把杭席洋描述为一位绝意仕途的高士，这也是封建社会竞相高标的文人风范。《神州吉光集》1923年第3期"张镜波润例"也采用了这一手法：

> 张鉴字镜波……为前清名孝廉讳经莱畦老人之玄孙。性高超，淡泊于名利，科举仅一试。父孝则先生……清岁贡生，以文学称，工篆隶魏碑。

该润例强调张镜波不仅出自书香门第，且他本人有淡泊名利、无意功名的志节。

① 王中秀等编《近现代金石书画家润例》，上海：上海画报出版社，2004年版，267页。

与家世出身相关的是对鬻艺者交游情况的渲染。名家助阵是当时惯用的手法，润例的制订多假他人之手，邀请社会名流、业内名家、骚人政客联名介绍，可谓壮观。这一风气可以从1930年《申报》的一则润例中获悉："复（李复）始至沪……诸友爱复者咸以请前辈名士介绍之策进，复窃不谓然……复果全无学力，虽亲若昆季，犹当窃笑于后。……孟子曰：若夫豪杰之士，虽无文王犹兴。复虽不敢以豪杰自负，然心窃慕之。诸友闻余言有笑为迂远者，有目为狂怪者，见亦有以为知言者。"①此为李复自订润例，朋友劝其请名家代订，然他却不以为然，有人认为他的做法欠妥，他却依然如故。由此不难想见当时请名家、名流作介绍人以便进行市场推广的情形。这种现象不仅仅局限于海派，京派也是如此，齐白石就曾请画坛领袖吴昌硕代订润例。1919年齐来京之初，十分落寞，故托好友胡鄂公请吴昌硕代订润例。由于齐当时名气不大，且与吴并不熟识，还特作诗一首以示敬意："青藤雪个远凡胎，老缶衰年别有才。我欲九原为走狗，三家门下转轮来。"②为了向吴示好，作下如此低姿态的诗文，由此也让我们对那些一连串的"代订人"有了更加客观的认识。

这种风气在海上更为流行，代订人或为政界要员，或为军阀首领，抑或是文人骚客、画坛领袖等，他们作为介绍人或代订人连署推荐无疑进一步放大了广告效应。1930年《墨海潮》创刊号发布的"石佞头陀鬻画直例"，其代订人有8个，包括曾熙、王一亭、于右任、吴昌硕、吕公望、吴待秋等名家；③1929年《申报》登出的"陈子清画例"也由王同愈、冯超然、吴湖帆等10人代拟；④《墨海潮》1930年刊"爨林山民史

① 《申报》1930年4月8日。
② 侯开嘉《齐白石与吴昌硕交往考证（上）》，《书法》2013年第6期，50—55页。
③ 《墨海潮》1930年9月。
④ 《申报》1929年10月26日。

喻庵润约”，由谭组庵、孙伯兰、蔡孑民等15人同启；[①]《申报》1933年“介绍美术家滕白”，其介绍人包括王一亭、徐悲鸿、叶恭绰、吴湖帆、蔡元培、刘海粟等21人；[②]《申报》1935年，“梁子真书例”，代订人包括王褀、王伯揆、钱瘦铁等25人；[③]而《申报》1934年“联名介绍百体书家许参军铁丰鬻字鬻文”，其挑头者是“前国务总理江朝宗”，连署者更是包括章炳麟、吴佩孚、孙传芳、黄炎培等31人。[④]这一制度一直延续到新中国成立以后，由九华堂所藏“万国代美专万国函授美专院长刘君任先生订书法润例小启”，其代订人竟达40人之多。[⑤]能够获得名家、名流联名推荐，除了说明鬻艺者有广泛的社交之外，还无形中增加了润例的可信度，其传播效应和市场反响自然不凡。因此那些在书画界享有盛誉或在政界身居要职者常常被列于润例之后。更有甚者，竟把介绍人的名讳列入润例标题，以示醒目。如“吴昌硕介绍楼辛壶书画名家”[⑥]，“吴昌硕介绍名画大家唐子湘”[⑦]，“章太炎介绍袁缶鸣鬻字廉润”[⑧]，等等。

2．润例中的学识修养

在中国人的传统观念中，学养对书画作品的价值是至关重要的。如果没有深厚的学养，其书画便微不足道，甚至会被视为匠人，是很难得到市场认可的。尽管清末以来上海社会思想开放，包容性强，但市场供大于求，竞争激烈，购求者自然会对作者的身份背景、学识素

① 《墨海潮》1930年第2期。
② 《申报》1933年11月5日。
③ 《申报》1935年2月21日。
④ 《申报》1934年3月2日。
⑤ 王中秀等编《近现代金石书画家润例》，上海：上海画报出版社，2004年版，343—344页。
⑥ 《申报》1923年6月11日。
⑦ 《〈申报〉索引》，上海：上海书店，1984年版，112页。
⑧ 《申报》1928年10月15日。

质进行斟酌，这也是书画商业化区别于其他商品的根本所在。胡佩衡1923年刊登在《神州吉光集》第6期上的润例，便重点宣传了胡氏的学术素养：

> 幼喜诗书，长于古文辞。及长，师事名画家贺履之，尽其法。……尝著《山水入门》，为中画之倡道者，蔡君元培延之主北京大学画法部讲席，从游者极众。其论画不宗一派，一以能得天然物之神韵为归。所著《中国山水写生法》《气韵之研究》等说，均载于北京大学《绘学杂志》中，盖其中画之根底既固，又富于革新之精神，故其作品新旧画家无不惊叹也。

类似这样的宣传铺天盖地，几乎成为海上书画润例的主旋律，既很好地塑造了鬻艺者的市场形象，也有力地烘托了书画作品的市场潜力，大大提升了购求者的欲望。早期的书画润例通常比较简洁，有的仅列一份价格表，有的在价格表前附有小启，对书画家做简单的介绍。但在商业文化活跃的上海，旧有的润例模式已经无法满足新的形势，为了增强宣传效果，订润人在润例语言上颇费心思，他们常常采用诗词、骈体、古文等传统的文体来作小启，以示其具备深厚的文化素养，有别于市井凡夫。如江苏无锡人王蕴农（1884—1942）颇有才华，16岁中举人，不仅善书，更是写得一手好诗。其润例曰：

> 非人磨墨，乃磨墨人，莫笑诠痴。笑少年书剑，后车误中，半生铅椠，覆瓿同嗤。莲幕红凋，荷衣缁化，画尽娥眉不入时。蹉跎处，试朝来看镜，鬓以成丝。无端浮海乘桴，但荡气回肠感不支。算东涂西抹，前尘如梦，五张六角，许事谁知？江上秋心，人间哀

曲，伴我□愁只有诗，无憀甚，援板桥先例，卖赋陈词。[①]

王蓴农以诗词的形式讲述了自己坎坷的人生，也表达了“卖赋陈词”的无奈，巧妙地为自己的鬻艺之举做了辩护。再如一向有所坚守的黄宾虹，其山水画小启以古文形式呈现，展现了他高洁的人生追求：

夫月下写竹，报估客从萧材，石边看云，添缁流于画幅。玄赏斯契，墨趣同参，自谓因缘，非关勉强。尔乃小米云山之笔，无妨逮于闲人，大痴富春之图，岂待见知后世。王元章何惭乞米，唐子畏不使业钱，遂卖画中之山，为煮林间之石。至若倪迂高逸，设色仅赠于征君，曹髦风流，写真必逢夫佳士，只可偶然，不在斯列。[②]

黄宾虹以米芾、米友仁、黄公望、唐寅、倪瓒、曹髦等古贤自勉，表达了志在山水的文人情操。尽管为了这份自我坚持，他的市场一度冷落，但历史证明黄氏的坚守是对的。这种情结在当时其他的鬻艺者身上均有不同程度的体现。

为进一步宣扬作者的学识才情，晚清民国时期的润例还常常以诗文的形式出现。如1923年“朱遯庸润例”便有鬻书诗附于其后：

我书未必佳，亦复乱涂抹。
颇有嗜痂人，赏其意活泼。
佳纸动遭污，求者尚喧聒。
如是者有年，岂非怪事咄。

① 徐建融主编《海派书画文献汇编》，上海：上海辞书出版社，2013年版，666页。
② 徐建融主编《海派书画文献汇编》，上海：上海辞书出版社，2013年版，691页。

今与诸君约，俗根笑未拔。
愿借墨池润，嘘彼枯鱼活。
施济圣所难，庶几助豪末。
视子敢惮烦，握管兴难遏。
岂堪持赠君，聊代沿门钵。[①]

润例旨在商业，而诗文则多表志节，这种结合形成了书画商业文化的特色，也在关照鬻艺者体面的同时活跃了书画市场。

再有，晚清民国书画广告中还流行一种骈体，读起来朗朗上口，颇见风雅。如《申报》1881年10月1日“捐润助赈启”及1889年8月13日“寄云女士的助赈润例”皆如此。采用这种已不太实用的“骈四俪六”文体，“目的或为强调作者深厚的文学素养，以博得文化阶层的好感”。[②]骈体的文采加上关心公益事业的胸怀，晚清鬻艺多把书画家描述为道德高尚的传统文人，而这势必会带来市场的正面反馈。

3．关于“踵接”“不暇”

晚清民国时期，随着商业文化的发展，“求者接踵”“日不暇给”之类的词汇成为书画润例的常用语，具有不俗的推介效果。如胡亚光启事曰：“因画件积压甚多，日不暇给，凡指定八仙上寿图、扇面以50件限，逾额不收，余件当排日挥写，依次报命。”[③]再如民国书画大师萧厔泉，早年任教于两江优级师范学堂图画手工科，民初时任北平艺专教授，桃李盈门，名满京华。他晚年寓居海上卖画为生，在沪举办了两次展览，轰动一时。第一次是1944年，报道称：

① “朱遐庸润例”，《神州吉光集》1923年第4期。

② 陶小军《“助赈启事”与晚清书画鬻艺活动——以〈申报〉相关刊载为例》，《文艺研究》2017年第9期，146—152页。

③ 《申报》1942年7月24日。

> 当代大画家萧厔泉举行画展于本埠西藏路宁波同乡会，曾志本报。昨为开幕第一日，虽天阴细雨，而到会参观者，肩比踵接，不下二千余人。西藏路上车水马龙，盛极一时。[①]

第二次展览在1946年，据《奋报》报道称：

> 衡阳萧厔泉先生，近徇友好之请，举行生平第二次画展于大新公司。陈列杰作三百余帧。昨为第一日，参观者肩摩踵接，盛极一时。定购者亦十分踊跃，甚至一幅而争购者数人，可谓难得。[②]

两则报道中均出现了"踵接"一词，形象地描绘了萧厔泉展览现场的火热程度。由于萧氏画名远扬，海上求索者盈门，一时无法应付，他晚年甚至挂出了暂停接单的告示："俊贤老大无成，五十年来只恃砚田以维生计，讵意近岁率病连绵，精力大减，今准定10月10日起暂行停止接收一切大小支扇等件。"[③]可见萧氏的确广受好评，不负观者"肩摩踵接"的美名。但报刊的宣传不可尽信，也有半真半假的情况，如1928年《申报》所刊"曹凤韶书例"便说："京兆曹凤韶先生，……今偶寄迹沪上，亲旧之求墨宝者日不暇给，先生苦之，爰为代订润例以为节焉。……对联四尺二元……挽对扇面同上……寿屏面议。"[④]从润例上来看，曹凤韶的书作似乎很受市场欢迎，以至于要订润"以为节焉"，其实不然。一则他的润格在同一时期书家中偏低；二则通过他对挽对、寿

① 龙林《萧厔泉小传》，《朵云》1989年第1期。

② 龙林《萧厔泉小传》，《朵云》1989年第1期。

③ 《申报》1941年10月9日。

④ 《申报》1928年4月6日。

屏的态度也不难推测他此时的经济状况，否则也不至于请“程燮春、王一亭、王启之”等8位名流代为推介了。[①]

“求者踵接”成为行销热词，甚至画坛巨擘吴昌硕为人订润时也不止一次运用类似词汇。如1925年为王一亭订润有“求者踵接并不得，加润商量苦缓臂”[②]，又，为其弟子陈半丁所订润例中也说：“（半丁）近写罗汉变幻百出，在佛法中可称无上妙谛，求者履盈户外……”[③]最值得玩味的是1920年他给齐白石订制的润例：“齐山人生为湘绮高弟子，吟诗多峻拔，其书画墨韵，孤秀磊落，兼擅篆刻，得秦汉遗意，曩经樊山评定，而求者踵相接，更觉手挥不暇……”[④]评价极高令人瞠目，但显然又名不副实。“求者踵接”“手挥不暇”把齐白石的鬻艺生涯描绘得如火如荼，然而此时齐白石刚入京不久，用他自己的话说：“我的润格，一个扇面，定价银币两元，比同时一般画家的价码，便宜一半，尚且很少人来问津，生涯落寞的很。”[⑤]所以侯开嘉先生说：“为了齐招揽更多的顾客，甚至不惜写下了‘求者踵相接，更觉手挥不暇’这样虚假的广告词。”[⑥]可谓一语中的。因此晚清民国以来的书画润例中，诸如“求者踵接”一类的说法不乏虚张声势的情况，并不十分可信。但此语出自文人之手，恐怕尚有另外一层含义：“踵接”一说较早见于先秦典籍，如《东周列国志》有“卫之使者接踵而至，见孔子曰：‘寡君新立，敬慕夫子，敢献奇味。’”[⑦]“踵接”者必为所求，润例中出现“求者踵

① 《申报》1928年4月6日。

② 齐建秋《中国书画投资指南》，北京：东方出版社，2012年版，38页。

③ 斯舜威《百年画坛钩沉》，上海：东方出版中心，2008年版，22页。

④ 《留得年年纸上香：齐白石的今生今世》，北京：中国友谊出版公司，2010年版，216页。

⑤ 齐璜口述，张次溪笔录《白石老人自述》，北京：人民美术出版社，1962年版，72 页。

⑥ 侯开嘉《齐白石与吴昌硕交往考证》上，《书法》2013年第6期，50—55页。

⑦ 冯梦龙《东周列国志》，天津：天津古籍出版社，2004年版，587页。

接”，其用意不言自明，无非是想掩饰利益驱使下的商业和市场行为，这对文人来说是既保丰收又不失体面的。

4．“不书”“不应”及其他“限制”性条款

书画自古为文人士大夫遣兴排志的雅好，然而对于海派鬻艺者来说却成了谋食的工具，这是极其尴尬的事。无人求索便要忍饥挨饿，求索者过多又要面临为人役使的尴尬，尽管这一情结在民国时期已不比明清时浓厚，但鬻艺者并未就此放下亘古延续的思想包袱。1925年见于《有美堂金石书画润例》的“江南刘三书例”便道出了这一矛盾：

> 学书原以自娱，浸久乃为人役，泛应既疲于酬答，择书不免于怨咨……始与沈子尹默合订一例，为御穷之计……而登门求书客弗绝，爰发曩例，被以芟削，不备纸者不书，不如其直者不书，亲知督责，则杀其直之半，有以撰述文字为请者，铭幽之属，间或一应，以其盖棺易于论定。凡此比于农夫粜谷，蚕女雠丝，市道之讥，所弗恤已。①

尽管作者坦言为人所役并不情愿，但为“御穷”之计还是不得已而为之，这在晚清以来的文人书画家那里体现尤为真切。所以我们经常会在他们的润例中看到某某“不书”，某某“不应”及其他限制条款。如张大千在润例中称：“山水：……立索不应……，书例：……叠扇不应、名刺不应、市招不应、劣纸不应、来文不书、金笺加倍、堂匾面议、碑铭墓志面议。”②又如赵眠云“心汉阁鬻书直例”曰：

① 王中秀等编《近现代金石书画家润例》，上海：上海画报出版社，2004年版，145—146页。

② 李永翘编《张大千艺术随笔》，上海：上海文艺出版社，2001年版，54页。

> 堂幅：三尺三两，四尺四两，五尺五两，六尺八两，六尺以外每尺加二两。楹联：三尺二两，四五尺三两，六尺四两，六尺以外每尺加一两。屏幅视堂幅减半，整张同堂幅。横幅与堂幅同。册页每件两半，尺外加倍。扇面每面两半，小扇不应。匾额：每字一两一尺以外三两二尺以外六两，庙字减半，市招不应，寿文、墓志、题跋均面议。长联加倍，冷金笺加三成，泥金笺加六成，点品加倍，劣纸不应。不如例不应，立索不应，以上磨墨费统加一成。每两计洋一元四角。丙寅元旦松陵赵眠云第三次重订。[①]

润例中“劣纸不应、不如例不应、立索不应”几条是自古以来的传统，旨在避免人为物役之嫌，有些鬻艺者同时还表示“点品不应”或“点品加倍”，如二十世纪四十年代郭沫若先生曾挂单鬻书，有“点品不应”一条。[②]但更普遍的情况是“点品加倍”，如许昭“清籁馆润格”便有“点品加倍，立索不应”一条。[③]作书绘画本为文人兴来涂抹的雅好，最忌讳命题创作，在艺术家看来，这是限制自由创造的“工匠”行为。这种情结始终没有随着商业文化的发展而消失殆尽，所以民国时期不少鬻艺者在介入书画市场的同时往往表现出背离商业文化的一面。然而所谓“不书”“不应”的条款也要客观看待，果真“不应”“不书”吗？齐建秋认为“这种‘不应’也是真假参半，主要是价位未到，价位合适一切都是可以变通的。”[④]这个说法并非全然没有依据。很多海派书家在

① 《鼎脔》1926年11月22日。

② 叶中强《上海社会与文人生活（1843—1945）》，上海：上海辞书出版社，2010年版，904页。

③ 徐建融主编《海派书画文献汇编》，上海：上海辞书出版社，2013年版，687页。

④ 齐建秋《中国书画投资指南》，北京：东方出版社，2012年版，38页。

商业文化浸染和生存压力迫使下选择逐渐适应市场和世俗审美，罗继祖在《题吴昌硕〈石鼓文〉册》中说："人或讥海派，以为以鬻书画为业者，一得名则艺不进。此说不为无理。百年来海上书家若汪洵、唐驼、伊立勋辈，一时市招书醰，皆出其手，颇有'匾皆书塝'之概，而书皆庸劣，今人往名亡矣。然则今之有志书法者，其务求千载之名，如唐宋诸贤，不废江河，慎毋效汪、唐之徒，徇一时之高名厚利，而转为名累也。"[①]汪洵等人选择了妥协，应承市招书醰，而这些作品世俗性较强，因此使得他们的书法也变得"庸劣"，这是市场化的代价。为了避免由此带来的庸俗和背负恶名，很多书家明确表示"市招不应"，这种观念甚至到了建国初也没能完全改变，如马一浮1950年为筹集先茔树碑之资自定润例鬻书，有"一不书祠墓碑志，二不书寿联、寿序、征启，三不书讣告、行述、像赞，四不书题签和时贤作品，五不书市招"[②]，所谓"五不书"条例。但在实际生活中"五不书"却也有灵活处理的情况，如20世纪30年代初他曾为人写过"石氏眼科医院"的市招，人问其故，答曰："余苦目疾，久不愈。石君为我悉心治疗，既愈，概璧余酬。诘其故，曰：愿得某书一额，于愿足以。余感其意而乐为之书。"[③]马氏此举近于人情往来，显然已经超越了商业文化的范畴。20世纪40年代，由于日军侵占了上海，马公愚遂辞去邮局工作以鬻书为生，誓与日军划清界限。马氏善书市招，因此风靡上海，但却不向市井流俗妥协。曾有商贾嫌其市招不够妩媚，要求重写，他断然拒绝："这就是马公愚的字！我的字从不媚世谐俗。"[④]可见即便是被迫混迹于市井，书画家骨子里文人情结的禀赋并不会被改变。再如康有为，他的润例中常常出现"不

① 罗继祖《枫窗三录》，大连：大连出版社，2000年版，365—366页。

② 《文史资料选辑》第39册，北京：中国文史出版社，1989年版，119—120页。

③ 《文史资料选辑》第39册，北京：中国文史出版社，1989年版，120页。

④ 陈纬《经纬斋笔记·艺坛逸闻摭拾》，杭州：西泠印社出版社，2011年版，8页。

书”“不应”的条款，自然与其声名显赫的政治背景及其在碑学运动中的巨大影响不无关系，但康氏也有无奈和变通的时候。如他寓沪避难时，每月家用及各种救亡活动所需电报费竟达两千元，[①]这是一笔巨大的生活开支。若遇灾荒年月，其鬻艺策略也会随之变通，如1915年《申报》刊出其助赈声明曰：“康南海先生书法高雅逸雄苍，大字尤高出近世，向不为人作书，今不忍粤东洪水蚕灾，特鬻字助赈……石刻碑志每字寸内一元。”[②]这种为“大我”牺牲“小我”的做法显示了鬻艺者的文人情结和家国情怀。同时，公开助赈济贫的行为也为鬻艺者赢得了善名，起到了活跃市场的宣传效应。

5．“奇货”：碑铭、墓志、寿序

由于碑志铭文记载了墓主人的生平、作为等事迹，具有悼死问伤，安慰家属，传扬后世的功能，因此历来人们都给予高度重视。比如唐代，由于经济发达，崇尚厚葬，刻碑作志之风盛行：“士大夫之葬必志于墓，有勋庸道德之家，兼树碑于道。”[③]由此造成了树碑立传甚至是“谀墓”之风的畅行，不少人以此为生，特别是那些具有一定社会地位和影响力的文人，更是从中获得了相当可观的润笔收入。[④]这一方面与当时的社会风气有关，也与当时低微的俸禄和丰厚的碑志润笔有关。

当然，为人作碑志收不收、收多少润笔也与文人的秉性有关。据宋人洪迈《容斋随笔》载：“曾子开与彭器资为执友，彭之亡，曾公作铭，

---

① 陈永怡《近代书画市场与风格变迁——以上海为中心（1843—1948）》，北京：光明日报出版社，2007年版，31页。

② 《申报》1915年9月13日。

③ 陈鸿墀《全唐文纪事》中册，北京：中华书局，1959年版，755页。

④ 按照清人董浩《全唐文》的说法，唐代知名文人作碑志的数量十分可观，如张说73篇，李邕29篇，韩愈96篇，柳宗元73篇，权德舆24篇，独孤及37篇，颜真卿39篇，白居易25篇，元稹13篇，杜牧14篇等。引自徐海容《唐代碑志文商品化倾向与文体嬗变》，《北方论丛》2011年第4期，23—27页。

彭之子以金带缣帛为谢。却之至再，曰：‘此文本以尽朋友之义，若以货见投，非足下所以事父执之道也。’彭子皇惧而止。”[①]像曾子开这样为尽朋友之义而免收润笔的情况往往传为士林美谈。同样不收作文润笔的还有苏轼，宋人龚明之《中吴纪闻》中有这样一段材料流传颇广：

> 阊门之西有姚氏，素以孝称。所居三瑞堂，东坡尝为赋诗，姚致香为惠。东坡于虎邱通老简尾云：“姚君笃善好事，其意极可嘉。然不须以物见遗，惠香八十罐却托还之。已领其厚意，与收留无异。实为他相识所惠皆不留故也。切为多致此恳。”[②]

苏轼称之所以不收姚氏润笔，是因为姚氏“素以孝称”。当然还与宋朝崇尚文治，文人官俸较高有一定关系。当然，这种风气并没有就此打住，甚至有愈演愈烈之势，范文澜曾说：“唐宋以下，凡称文人，多业谀墓。退之明道自任，犹或不免，其他更何足数。此顾亭林所以发‘志状不可妄作’‘作文润笔’之笃论也。”[③]

明代中期，谀墓之风尤盛，明人茅元仪曾指出晚明文人谀墓交易的乱象：“文人谀墓而轻，自弇州（王世贞）始，而滥筋于云杜（李维祯），若新都（汪道昆），固贾人，不足论也。”名满天下的文徵明，四方求索不断，仅《文徵明文集》便收录谀墓之词104篇。[④]更为悲剧的是，文氏“卒之时，方为人书志石，未完，乃置笔，端坐而逝”[⑤]。到了

① 洪迈《容斋随笔》，上海：上海古籍出版社，2014年版，115页。

② 俞樾《茶香室丛钞》第4册，北京：中华书局，1995年版，1666页。

③ 范文澜《范文澜全集》第4卷《文心雕龙校注》“墓志铭考”条，石家庄：河北美术出版社，2002年版，206页。

④ 参见周道振辑校《文徵明集》，上海：上海古籍出版社，2014年版。

⑤ 周道振辑校《文徵明集》下，上海：上海古籍出版社，2014年版，1726页。

清代，请人代写碑志的风气依然畅行，莫能相挽。清人钱咏在《履园丛话》中说："大凡孝子慈孙欲彰其先世名德，故卑礼厚币，以求名公巨卿之作。"[①]特别是随着书画商业文化的进一步发展，卖书鬻文之风作为一种习俗延续下来。凡求人书碑志、墓铭者，无非是为了获得名士的赞誉，接受请托者自然也是心知肚明，所以形成了不良之风，所谓"赞美之辞，往往言过其实"。[②]但也有坚持原则、不为金钱所动者，如清人赵翼《陔馀丛考》里有这样一段话："其有不肯卖文及虽受馈而仍他施者。韦均之子持万缣诣韦贯之求铭其父，贯之曰：'吾宁饿死，岂忍为此哉！'又柳僋比善书，顾彦晖请书德政碑。僋比曰：'若以润笔为赠，即不敢从命。'"[③]韦贯之、柳僋比认为为人作文不应受钱，他们的信仰是宁愿"饿死"也不能"失节"，这是一种最为朴素的文人情结，尽管能切实做到者寥寥无几，但这种声音却一直存在。明末清初的大儒顾炎武对韩愈多业"谀墓"表示惋惜："韩文公文起八代之衰，若但作《原道》《原毁》《争臣论》《平淮西碑》《张中丞传后序》诸篇，而一切铭状概为谢绝，则诚近代之泰山北斗矣，今犹未敢许也。"[④]顾炎武的言论相当有代表性，不独在明末清初，即便到了清末民初，在商业文化高度繁荣的海上这种思维依然是普遍存在的。

随着海上书画市场的繁荣，由于身份背景、宣传力度，乃至于艺术水平的不同，鬻艺者内部出现了贫富分化。以康有为为例，由于戊戌变法带来了巨大的政治资本，寓沪期间的康氏真正称得上是"求者踵接""日不暇给"："无论是助赈还是普通售卖，求字者都络绎不绝，

① 钱咏《履园丛话》上，北京：中华书局，2012年版，55页。
② 钱咏《履园丛话》下，北京：中华书局，2012年版，439页。
③ 赵翼《陔余丛考》，北京：中华书局，1963年版，665页。
④ 顾炎武《与人书》十八，《顾亭林诗文集》，北京：中华书局，1983年版，96页。

在润例不变的情况下鬻艺月入可达1000银元以上。”[①]像康有为这样的鬻艺者，的确存在“为忧求者踵接，应之不暇而以是说限制耳”的情况，[②]但对于大部分勉强维持生计的鬻艺者来说，刊登广告只盼“户限为穿”，然碍于情面又不好坦言，因此他们的润例措词是很讲究的。如对于碑铭、墓志一类的“奇货”，由于酬金较高，各种因素促使不少书家没有简单采取“不书”“不应”的条款，而是用“另议、别议、面议”等暧昧态度。如1920年《申报》“天台山农介绍书家指严”有“寿屏、碑志、行述、哀挽等及撰文均另议”一条，[③]《神州吉光集》“朱中原润例”有“碑志别议”一条，[④]1923年《申报》“尘外散人润例”也有“寿屏碑志题跋面订”一条，[⑤]这种模棱两可的市场态度也为他们与市井屠沽的周旋留下了空间。与之相对，那些地位较高或社会声誉较好的文人，则多明确写出“不书”“不应”例，如康有为1924年润例中有“单宣不书，墨浓不再写，扇不书，寿屏、寿文不撰不书”，[⑥]1926年润例中也附说：“单宣劣纸不书。寿屏、寿文不撰不书。墨浓淡或墨渍不再写。纸破不赔。”[⑦]润例中同时出现如此多的“不书”条款是十分少见的，康有为的政治资本保证了他相对强硬的市场姿态。

文人慎书寿屏、墓铭，这是老传统了，较早时期多以作文取润的形式出现，到了晚明时期，随着商品经济的发展和社会结构的变化，这一风尚在普通市井阶层中得以流传，“屠沽细人，有一碗饭吃，其死后必

① 斯舜威《百年画坛钩沉》，上海：东方出版中心，2008年版，31页。
② 《文史资料选辑》第39册，北京：中国文史出版社，1989年版，119—120页。
③ 《申报》1920年12月1日。
④ 王中秀等编《近现代金石书画家润例》，上海：上海画报出版社，2004年版，133页。
⑤ 《申报》1923年5月5日。
⑥ 《申报》1924年7月6日。
⑦ 陈鹏举编《收藏历史》，上海：上海书店，1998年版，520页。

有一篇墓志”[①]，江南铜臭之家“有父母之丧，辄遍求挽诗为册”。[②]于是一批底层文人在生存压力下为人所役，卖文治生，处境十分艰难。如王稚登自述为人代写祭文的境况时说：“归听谯鼓已之声，急持高枕欲卧，乃为人索祭文，苛于虎。剪西窗下烛，伸纸攒眉，宛似儿时习公车业，畏苜蓿先生槚楚状。”[③]又如俞仲蔚为谋生计“乞诗索书者肩摩踵接，君一一应之，不以贵贱贫富有间，每挥毫构思，率以昏夜。能于烛下蝇头细书，了无错误，往往夜分乃罢”[④]。徐渭一生穷苦潦倒，他曾这样叙述自己为人代写文章的“马耕”般的生活：“古人为文章，鲜有代人者。盖能文者非显则隐。显者贵，求之不得，况令其代；隐者高，得之无由，亦安能使之代。渭于文不幸若马耕耳，而处于不显不隐之间，故人得而代之，在渭亦不能避其代。”[⑤]徐渭这里说的正是明人代写墓铭、寿序、寿诗的世风，但由于请索者过多，故存在敷衍了事，“设情以为之”[⑥]的现象，或者拿同一文章改头换面应付多人：“或冗中为求者所逼，辄取旧作易其名以应酬。”[⑦]这种丑恶现象时常遭到一些有识之士的批评，如明人唐顺之曰：“幸而所谓墓志与诗文集者皆不久泯灭，然其往者灭矣，而在者尚满屋也。若皆存在世间，即使以大地为架子，亦安顿不下矣。”[⑧]故后世大凡有气节的文人均慎书碑铭、墓志，也就不难理解了。这种情结在文人心中打下了深深的烙印，甚至到了解放之初还

① 于景祥，李贵银《中国历代碑志文话》，辽阳：辽海出版社，2009年版，565页。
② 陆容《菽园杂记》卷十五，北京：中华书局，1985年版，189页。
③ 见张德建《明代山人文学研究》，长沙：湖南人民出版社，2005年版，122页。
④ 俞允文《仲蔚先生集》附录《明处士俞仲蔚先生行状》，《续修四库全书》集部1354册，上海：上海古籍出版社，2001年版，580页。
⑤ 徐渭《徐文长三集》卷十九，北京：中华书局，1983年版，536页。
⑥ 徐渭《徐文长三集》卷十九，北京：中华书局，1983年版，534页。
⑦ 王锜《寓圃杂记》卷四“张学士”条，北京：中华书局，1984年版，33页。
⑧ 唐顺之《荆川先生文集》卷五，《四库全书》集部1276册，台北：台湾商务印书馆，1985年版，308页。

没有改变。如马一浮先生向来不轻易为人写墓铭，有一镇海商人素来仰慕马氏，去世前特意叮嘱家人希望死后如愿。故其妻女备上润笔专程到马先生湖上寓所求见，母女二人泣道："如不蒙允许，我们将何以报先人？"马氏颇有难色，感念其诚，于是勉为破例书之。[①]由此我们可以对文人慎书碑志、墓铭的情结有更为深刻的认识。

6．不书上款

凡求人书画，多希望对方把自己的名讳写在右上方，以示要好。然鬻艺文人却颇为审慎，因上款多是对素有私交的亲朋好友所作，在商业文化条件下，有些附庸风雅者也想让作者书上款，但有些书画家明确表示"不书上款"，有些则表示"上款加倍"。《大清见闻录》中收入了张叔未这样一则轶事：

> 嘉兴张叔未先生……润例甚苛。扇对每件须银若干，如署款须称"大人"者，必另加银若干。有友某富而吝，偶持对乞书，未加署款之润，张遂不署"大人"。一日张诣友，忽见友之仆李元者侍友装烟，手持一扇甚精雅。友笑曰："汝何时制此佳扇，是何人为汝书？"仆云："是求张老爷书者。"友执扇观之，忽谓张曰："汝料太自亵矣，何至贪润银乃称奴辈为'大人'？"张骇视之，果有某某仁兄"大人"字样，始知为友所算也。[②]

尽管张叔未为人骗书上款的这个记载未必真实，但却生动地说明了文人慎书上款的事实。这个情况和"上款加倍"的说法是一个道理，可以说是文人自命清高，这又何尝不是与商业文化的博弈呢？又如20世

① 马镜泉，赵士华《马一浮评传》，南昌：百花洲文艺出版社，2010年版，122页。
② 天台野叟《大清见闻录·艺苑志异》，郑州：中州古籍出版社，2000年版，192页。

纪30年代始，“中国当代书法界之泰斗”马一浮书作广受好评，马氏虽素贫，但却绝少卖字。据载他一生只有五次鬻书经历，要么是为公共事业，要么是为迁葬先人，再有就是新中国成立之初政府提倡自食其力，马一浮决定鬻书代劳：

> 社会改革，野无闲民。老人筋力既衰，不能参加任何劳动。但宿习耽书，犹堪执笔。虽书法为艺术余事，不足供大众欣赏。颇思自食其力，无求于人。且以复性书院改设智林图书馆，经费无出。老人尝预编纂，愿以劳力换取同情，用资涓滴。将尽此炳烛之年，不废临池之役。藉易升斗，以供朝夕。仁则处约，义亦随时；取不惕廉，力不为己。知我罪我，俟诸后贤；因物付物，期于尽分而已。[①]

一方面是为了响应号召自食其力，不求于人；另一方面也为了智林图书馆建设，马一浮方暂且卖字。除此之外，马氏暮年还曾为筹集先茔树碑之资自订润例鬻书：

> 暮年事此，比之执御，恒苦自力不给，思焚笔砚，藉息诸缘，徒以先茔碑碣未树，分当自竭筋力，稍易匠作之资。苟遂斯志，无所复须，自当辍笔。……求书者多索题上款，昆弟之雅，昔唯限于画家；先生之称，今乃施之行路。既嫌滥附，亦病不诚。自兹以后，一律勿题上款，犹为不失于义，请勿以是见责！[②]

① “蠲戏老人鬻书代劳作润例小启”，引自毕养赛主编《中国当代理学大师马一浮》，上海：上海人民出版社，1992年版，189页。

② 《文史资料选辑》第39册，北京：中国文史出版社，1989年版，119—120页。

文人慎书上款，只是不想把“昆弟之雅”施之于行路，把文人雅好贴上商业的标签罢了。由于马一浮先生名扬四海，不慕荣利，而慕名辗转求书者络绎不绝，马氏绝少应承。只是晚年为刻书筹资，才订润鬻字，但润例有“无介不书”一条，即言不轻易为人书上款，[①]这一传统一直延续至今。

7. 限期打折

“廉润”“减润”等“打折”鬻艺之举是晚清民国时期较为流行的一种促销方式。但文人染指商业，总要找个名头，如为“广结墨缘”“发扬艺事”“以广流传”，等等。无故“打折”便有可能陷于不义或自贬身价，这反映了文人进入商业社会的特殊心态。较有代表性的促销润例是1929年“赵眠云、赵日朋廉润”：“画家赵日朋系赵子云文郎，作画有年，向不轻易应酬，求得作品殊难。今循友人之请，为书画合璧扇，减笔润，广结墨缘。”[②]虽只有短短数语，却突出了三个卖点：一是作者“不轻易应酬”（机会难得）；二是“循友人之请”（应市场呼唤）；三是“广结墨缘”（非为牟利）。这些说法使得廉润鬻艺既不必背负沉重的道德包袱，又可吸引潜在的客户，可谓一举两得。特别是“循友人之请”一条，在当时的润例中反复出现，带有很强的文人气息，颇有点“三请诸葛”的意味，这在传统文化中向来是被引为美谈的。又如1931年“朱大可、朱其石合作扇面廉润”曰：“……同人等为阐扬艺事起见，力劝二君扇面取润应特别从廉，以广流传。”[③]这则润例

① 按，关于此条，陈振濂先生曾说：“本师沙孟海先生忆前辈马一浮翁以书艺处世，有此箴语二。读后仍存疑问：‘无介不书’系指不书上款乎？亦或言不作书乎？予不敏，未能及时请益，憾憾。”黄坤明主编《守望西泠——陈振濂西泠印社社史研究书法展》，杭州：浙江古籍出版社，2011年版，191页。

② 《申报》1929年7月10日。

③ 《申报》1931年7月14日。

由郑孝胥、于右任等人代订，既无形中抬高了作者身价，又证明了“同人等”的劝勉绝非虚妄，尤其是这种劝勉出自颇有声誉的同行之口，便更能突显其市场潜力了。同时，发扬艺事、以广流传的噱头进一步掩盖了牟利的目的。

在儒家传统思维中，情非得已而参与有限程度的商业买卖是允许的，如徐悲鸿便说“画非迫于生计不能卖”[①]。文人卖艺毕竟不同于商业叫卖，利字当先是犯忌讳的。因此文人鬻艺的润例十分讲究，绝少言为私利，以堵悠悠之口，自古以来鲜有僭越此制者。在打折的问题上，“崔涤川赠画”的启事无疑更加吸引眼球：“今为广结墨缘，廉润一月。在此期内，只取墨费四成，自登报日起，剪报为凭，逾期概照原润。”[②]相比一般的打折而言，“赠画”的标题确属醒目，然墨费的收取却高于惯例，这种以墨费代润笔的方法也可谓一种新的促销智慧。更有意思的是，《申报》在1929年刊登了一则题为“王莲友书画文艺免润”的广告，但正文中却并未提及任何免润问题，[③]今天看来这颇有点“标题党”的意思。诸如此番所谓减润甚至免润的打折广告，其目的无非是为了促销和吸引客户。倒是沈繇、曾寿同“暑假期内代书代画扇面概不取润”的启事毫不隐晦这一目的：“即日起，诸君凡欲得扇面者，书画两面只合收一元二角，如需扇二柄只收一元八角，藉聊感情……此中扇面非谋利也，求传名耳，以便介绍中堂屏条大件，特此声明。”[④]声明中并非如其题目所言“概不取润”，而是为了吸引客户介绍大件。尽管如此，还不忘打出“藉聊感情”的情感牌，这是典型的文人式促销，与之

① 郑逸梅《艺林散叶续编》，北京：中华书局，2005年版，136页。
② 《申报》1928年3月20日。
③ 《申报》1929年6月3日。
④ 《申报》1929年7月2日。

类似的是1934年许学源发布的“今日许学源先生赠书画一天”的润例，[①]目的都是为了招揽客户。

大凡打折促销，要么有时间限制，如“赠书画一天”，要么有件数限制，如“额定五百件，逾额仍照原润”。[②]如《申报》1942年10月3日周炼霞女士书画启事：

> 兹以书画积件过多，自即日起仕女暂停收件，花鸟、山水、人物照前润例加倍，收件处各大笺扇庄。

《申报》1928年4月23日汪声远赠青绿山水扇面：

> 兹为补助国画补习社基金起见，特廉润三百件，凡润满四元即赠扇页一张，多则迂加。

类似的情况并不少见。1934年张枕绿发布“一元书画合作扇会”启事，声明与诸画家合作扇头千件，在良晨好友社举行为期四天的展览，“每件统售一元……有待选品百件，亦只售二元半”。[③]既限定了日期，又限定了件数。然一则“千件扇头”的质量恐难保证，二来又引出了百件“二元半”的“待选品”，至于展会现场是否有价值更高的“大件”，则又另论，这种促销方式在现代社会仍然十分流行。还有一种打折方式比较少见，即为了凸显打折幅度，钱剑秋曾在同一日刊登了两则鬻书广告，一则是“钱剑秋半润鬻书”，时间限至农历三月底；另一则

① 《申报》1934年8月6日。
② 《申报》1930年12月7日。
③ 《申报》1934年6月21日。

为"钱剑秋鬻书增值"，且称从农历四月起"增加润资，不折不扣"。[①]这两则润例刊于《申报》同一时间，从两则润例对比来看，其打折幅度已然超出了"半润"，可能是为了让顾客有一个对比，故意声张。这种折扣多少有点让人不舒服，亦可见民国商业气息对鬻艺者的浸染。俞建华1929年发布的"书画特例"更具煽动性：

> 俞君剑华，擅六法，尤长山水，……索画者每多向隅。今寒假将届，乃发愿普赠各界同仁等，恐其劳而难周，乃代订特例，以示限制。自即日起至十九年一月十日止为第一期，十一日至廿日为第二期，廿一日至卅日为第三期。订件自一尺至五尺大小随意，书每件第一期只收一元，二期二元，三期三元（按润五尺六元）；花卉每件一期五元，二期七元，三期十元（按润五尺二十元）；山水每件一期十元，二期十五元，三期二十元（按润五尺四十元）。逾期按润，润须先惠，十日取件。[②]

这则润例由黄宾虹、于右任等十人代订，影响力自不待言。首先说俞建华的画十分难得，然后推出了分期逐步减少折扣的方式，这颇见商业策略，促销效果应当不俗。不知是否受此启发，次年郑烟樵也在《申报》登出了同样的廉润广告："自登报日起至国历二月十五日为第一期，照原润六折；自二月十六日起至廿八为第二期，照原润七折；自三月一日起至卅一止为第三期，照原润八折。"[③]分期打折的策略较之通常的折扣而言更具感召力，是限期打折的一种变换。限期打折虽然有短期

① 《申报》1928年4月25日。
② 《申报》1929年12月27日。
③ 《申报》1930年1月19日。

的市场效应，但难以长期奏效，若长期打折又有乖文人风范，因此海上书画润例中又出现了另外一种变相的打折促销方式——“随赠”式。

随件赠送是一种变相的打折行为，有点类似于今天的“买一赠一”。在吴待秋介绍画家来碧天的润例中便有“书可奉赠不另取费”一条。[①]一般来说赠品均非鬻艺者所长，所以“随赠”对于艺术家来说既显大度又得利好，对于求索者而言也算是得到了实惠，可谓双赢。“随赠”又以赠书和赠画两种形式最为常见，赠书者有1930年“赵日朋鬻画赠书”：“兹为广结墨缘起见，凡在本年双十节以前求画者即照原纸大小奉赠书一张……多画多赠，照数类推。”[②]又，1931年“钱潮模鬻梅赠书最廉润”也有“随件赠书大小与画梅同”一条。[③]再如，1931年顾石声有“廉润送扇”的启事，由于他此前回家养病三年，愈后重返砚田，为恢复市场，“报前向隅诸君，特举行廉润送扇。无论对联中堂等各种写件不限，尺数每件概收二元，且送书扇面一页”。[④]这是典型的低价买市。不过这种随赠的形式常有漏洞，给某些只图赠品的不轨商人以可乘之机，所以1929年《申报》刊出的“陈履坦、金少梅书画合作扇面免润二月”便特意声明“专书不画或专画不书者仍收一元”，[⑤]堵住了那些精于钻营者的后路。

与赠书相比，赠画者相对较少，或与古来轻书重画的传统有关。1931年载于《申报》的“大智鬻书赠画助佛学会”有“赠画免费”一条。[⑥]当然，免费赠送只是个宣传的噱头，赠送是有附加条件的，要么

① 《申报》1930年4月18日。
② 《申报》1930年9月7日。
③ 《申报》1931年3月28日。
④ 《申报》1931年6月24日。
⑤ 《申报》1929年5月26日。
⑥ 《申报》1931年4月22日。

是买书赠画，要么是买书画大件随赠小件或同等大小件，总之是要有人买单的。1930年《申报》曾刊发“张聿光卖虎赠鹤”的启事，声明“（同人）以先生最擅长之白鹤，得者珍如拱璧，请其随虎相送”，通俗地说，即“凡画虎每张则赠送同式大小白鹤一张”。[①]想必这则广告效应不错，同年底他又在《申报》刊登了一则类似的声明，称由于“近日踵门请托及诒书陲诿者纷至沓来”，为发扬艺事，“爰仍旧例广结墨缘，并不限定画虎一种，无论山水、人物、鸟兽、虫鱼，随点随应”，赠画仍照旧例，且“凡定画一张则赠送同式大小之画一张”。[②]

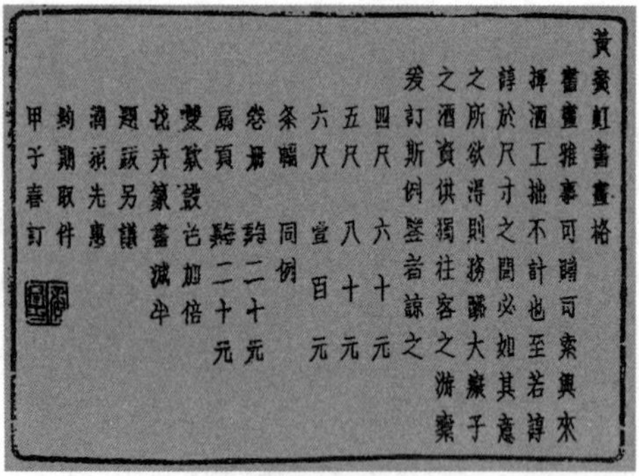

黃賓虹書畫格
書畫雅事可贈可索興來揮洒工拙不計也至若諄諄於尺寸之間必如其意之所欲得則務酬大癡子之酒資供獨往客之游橐爰訂斯例鑒者諒之
四尺六十元
五尺八十元
六尺壹百元
条幅同例
卷册每頁二十元
扇頁每件二十元
雙款題跋加倍
花卉篆書減半
題跋另議
潤資先惠
約期取件
甲子春訂

图10 1924年“黄宾虹书画格”

这里要特别说明一点，大凡赠书赠画者，多声明旨在“发扬艺术”“俾之普及”“饷遗同好”，等等，这只是个体面的说法而已。既然是赠送，就无从谈及酬劳，但海派的鬻艺者大多依仗砚田，又不得不收取润笔，这也是人之常情。对此，黄宾虹在自订润例时有过解释：“书画雅事，可赠可索，兴来挥洒，工拙不计也。至若谆谆于尺寸之间，必为其意之所欲得，则务酬大痴子之酒资，供独往客之游橐。爰订斯例，鉴者谅之。”[③]（图10）书画自古以来为文人遣兴排志的雅好，即宋人苏轼所倡

① 《申报》1930年7月26日。
② 《申报》1930年12月11日。
③ 王中秀等编《近现代金石书画家润例》，上海：上海画报出版社，2004年版，147页。

导的“文以达吾心，画以适吾意”①，此与“成教化、助人伦”②绘画功能的宣扬一脉相承，书画可索可赠便是以此为前提的，所以古代多以酬酒资为由收取润资。然时过境迁，海上书画家要按照求索者的要求作书画，故索取润笔也就顺理成章了。这当然也是文人自保名节的说辞，只是这样的做法在晚清，特别是民国时期更有被充分理解的理由。

第四节 公益型鬻艺：收支管理与分配

一、书画“助赈”

晚清民国时期，书画商业化浪潮中有一个现象值得关注，即助赈、助学等带有公益性质的个人和团体书画展销十分畅行，有力地推动了海上鬻艺风尚的整体进程。

以赈灾、义卖或助学为目的的书画公益活动较早始于清末，与当时接连不断的自然灾害相关。首先是1876到1878年影响遍及北方九省的“丁戊奇荒”，随之便是蝗、雹、疫等灾难的降临。特别是“丁戊奇荒”，其影响面积之大、波及地区之广，“诚为二百年之所无”③，引起了社会各界的广泛关注，于是“民间自发的形成了‘民捐民办’，即自行组织劝赈、自行募集经费、并直接向灾民散发救灾物资的跨地域救荒活动”④。受此风气的影响，书画届的仁人志士也迅速行动起来。上海画坛在1878年发起了减润鬻书的助赈义举，在全国引起不小轰动，不少艺

① 苏轼著，孔凡礼点校《苏轼文集》第六卷，北京：中华书局，1986年版，2074页。
② 张彦远《历代名画记》，上海：上海人民美术出版社，1963年版，1页。
③ 戴逸，李文海主编《清通鉴》第10册，太原：山西人民出版社，2000年版，7525页。
④ 朱浒《晚清义赈与中国近代彩票的起源》，《中国社会科学院近代史研究所青年学术论坛（2004年卷）》，北京：社会科学文献出版社，2005年版，614—433页。

术社团和个人也纷纷伸出援手。海上最早公开发布书画助赈启示的是金免痴，他拉开了晚清个人书画助赈的大幕：

> 灾已三年，荒延数省，伤心惨目，苦不堪言。……今又有金君免痴者夙精书法，绘事尤工，闻今特立愿捐卖画兰一千件，设砚于老巡捕房对门彭诚济堂，集收润笔之资，尽作赈饥之用。因欲速成，特从贱售，计扇册等每件只二十文，条幅四十文，堂幅百文，物美价廉，惠而不费。昨第一日间已有数十件立刻挥就，随到随画，仗手腕之轻灵，愈速愈多，趁笔资之省俭。夫以一艺一微，且能力顾大局如此，彼坐拥多金者奈何！[①]

金氏的举动立刻引起了轰动，书画界同仁纷纷效仿，尽管不排除有借助赈之名自我宣传的情况，但毕竟从中看到了书画家的社会关怀和文人情结。另，尽管此时公开书画润例已成风气，但似金氏这般露骨的宣传却并不多见。由于金氏呼吁助赈，且承诺所得润金“尽作赈饥之用”，因此无形中减少了道德层面的背负，他更是在此后的三十多年里刊布润例二十余次，其中多半与慈善相关，听起来有些匪夷所思。1909年4月20日他在《申报》上刊出了最后一条书画润例——“金免痴书画贬价疗贫”：“扇每面一角，册页倍，琴对同屏条堂对各大件面议。”从这个“白菜价”的疗贫润例中我们不难觉察此时金氏的穷困落魄之态，由此也让人对书画助赈的真实性产生了一些疑问——毕竟对于很多底层书画家而言，首先要解决的是自我生存问题。金免痴的助赈之举又何尝不是一次漂亮的自我宣传呢？在商业文化泛滥的海上，这种存在潜在商业动机的做法并不应该单纯从道德的层面加以禁止或批评，首先助赈

① 《申报》1878年7月2日。

之举从道义上唤起了社会人士的正面回应是值得称赞的。据郑逸梅回忆说："时直鲁水灾，嗷嗷待哺者以数十万计。海上味莼园特开助赈会，鱼龙曼衍，百戏杂陈，售券所得，悉以捐输。免痴慈善为怀，自告奋勇，携笔墨赴园，当众挥洒，顷刻而就；随求随应，绝不停滞，开书画助赈之风。"[①]金氏的举动迅速带动了不少效仿者，甚至于当时海派巨擘如张熊、任伯年、胡公寿、朱梦庐等人也加入到了鬻艺助赈的行列中来，这种做法后来成为海派书画界的保留节目。书画助赈之所以受到如此青睐，绝不仅仅因为这样有利可图，关键在于这种做法很好地缓解了商业文化对文人情结的冲击。正如吴方正先生所说："书画近代化过程中，始终有文人情结的阻碍，书画助赈起到助推器和催化剂的作用。"[②]这里点破了一个问题，即助赈某种程度上使得文人不齿言利的情结得以释放，鬻艺者可通过助赈义举合理降低书画价格，在不失风雅的同时更密切地参与到书画交易市场中去。

自"丁戊奇荒"以来的二三十年，晚清社会灾荒不断。《申报》1882年10月4日《虞山书画旧社》曾这样描述当时的情况："前年晋豫奇荒，吾虞创立书画社助赈，今夏皖省蛟水告灾，同人重理旧社，以笔墨润资，借以助赈。兹因本邑沙洲潮灾，待赈孔亟，因与皖赈公寓商妥，就近改充本邑沙贩之用，书画润格悉照旧汇，益以诗古文辞。"确如所说，连年的灾荒引起社会各界的广泛关注，所谓"天下兴亡，匹夫有责"，大批文人墨客、职业书画家纷纷参与到鬻艺助赈的行列中来。有人对1874年至1893年在《申报》《时报》《艺文杂志》等报刊所发布的书画润例进行了统计，结论是："书画赈灾广告总占比合计为

① 郑逸梅《郑逸梅选集》第4卷，哈尔滨：黑龙江人民出版社，2001年版，582页。
② 吴方正《西洋绘画的中国再诠释——由〈申报〉资料看中国现代化的一些视觉面向》，《人文学报（台湾"国立中央大学"）》2002年6月，第25期。

84.84%，其中书画赈灾广告集中爆发的年份恰恰是‘丁戊奇荒’之后的1878年。”[①]这恰恰证明了我们要关注的重点，即文人情结与书画商业文化间的博弈、碰撞从未终止过，即便是当时声名显赫、市场走俏者如吴鞠潭、任伯年、胡公寿、杨伯润、张子祥、朱梦庐等人，其书画购求仍多半通过朋友私下推介的方式实现。但当灾害频发、哀鸿遍野时，书画家便有理由站在道德制高点公开鬻字卖画。这种风气不仅局限于海上，天津《大公报》的创办人英敛之也善作书，灾难来临时他“连日作大字联，为书画慈善会赈灾用，入款全数充赈，分文不取”[②]。

海派书画家也纷纷加入到助赈、助贫活动中来，“上海工商大亨”王一亭便是极有代表性的一位。王氏祖籍浙江吴兴，生于黄浦，起初在上海一家纸店打杂，后入恒泰钱庄，从学徒做起，遂跃身于上海实业界，兼营运输、保险、电器，并成为日清汽船公司总代理，从而奠定了其在商界的统领地位。作为清末上海三大洋行买办之一，[③]王氏乐善好施，热心社会公益事业，吴昌硕在《白龙山人小传》中称他“以慈善事业引为己任，绘图乞赈，夙夜彷徨，不辞辛苦，于是四方之灾黎得以存活者无算。国内水灾，日本关东大地震，东北同胞沦陷，皆起而呼唤救助”[④]。王一亭对于慈善活动的意义在于他拥有广泛的社会资源，并积极投入到对这些资源的整合利用上，经他筹集用于赈济之款高达一亿元之巨，[⑤]对助赈起到了示范作用。具体到书画艺术方面，他热心扶持来沪谋生的书画家，且积极参加和支持书画社团的创建，如“海上题襟馆金

① 刘畅《晚清民国上海书画市场润例的社会效应》，《收藏家》2015年第12期，77—81页。

② 方豪编录《英敛之先生日记遗稿》，沈云龙主编《近代中国史料丛刊续编》第三辑，台北：文海出版社，1966年版，1196页。

③ 熊月之等主编《老上海名人名事名物大观》，上海：上海人民出版社，1997年版。

④ 转引自刘曦林《二十世纪中国画史》，上海：上海人民美术出版社，2012年版，193页。

⑤ 香港《良友》1998年第164期，34页。

石书画会”“豫园书画善会”等，为沪上书画家提供相互交流的平台和对接市场的窗口，同时还不忘关心社会慈善事业。特别是“豫园书画善会”，这是一个比较健全的书画慈善机构，创建之初便吸纳了吴昌硕、钱吉生、杨佩父、蒲作英、张善孖等百余名书画名家，章程中明确指出“将各家合作书画陈列出售。订定合作的润例。售出之后，半数归作者，半数捐会储蓄，存入钱庄生息，遇有慈善事宜，便公议拨用。冬施米，夏施药，助赈甘、浙、鲁、豫各省水旱之灾”①。王一亭这样的慈善家把当时松散的、临时性的个人书画助赈行为联合起来，书画社成为兼具商业行会和公益性的社会机构，这不仅提高了赈灾效率，也为书画家的鬻艺之举谋得了道义上的支持，进而提高了他们的社会地位和影响。

二、收支分配与管理

随着晚清灾荒的漫延和海上民间救助机构的兴盛，由于书画市场化是借慈善之名得以实现的，因此这些机构的收支分配需要透明，给公众一个交代。同样，募得赈款的多寡、来源、去向、负责人等收支分配与管理都会在报刊上公布。

在这方面走在前面的是《申报》（图11）。本着对公众负责的态度，《申报》频频登出赈款收支明细，以此表明公益的态度以及对捐赈人的交待，“明晰的账目，

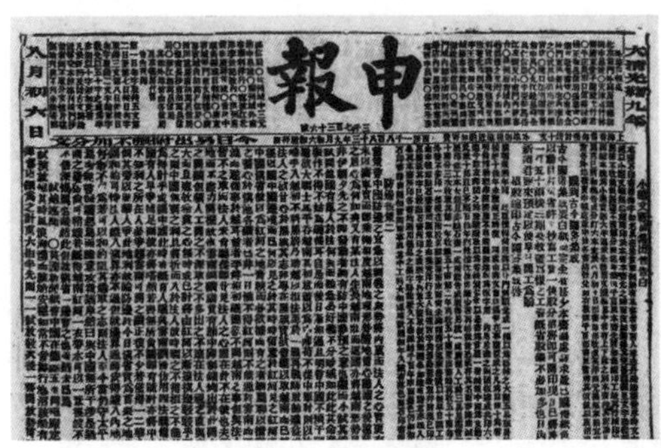
申報

图11 《申报》1883年9月6日剪影

① 引自林树中主编《美术辞林·中国绘画》卷上，西安：陕西人民美术出版社，1995年版，109页。

也增加了赈款的透明度，有利于对赈款使用的监督，避免贪污现象发生”[①]。对赈款的公开透明，《申报》等报刊起到重要监督作用。如《申报》对秦晋豫某次捐款的记录公示为：“晋鼎恒捐洋一百元、洽记五十元、……朱念慈七百文、浙绍存恕主人经泰山堂等钱合洋五元，以上秦晋豫赈。浙江末吏善省子康熙字典一部，仙源隐名氏羽毛单褂一件、毛青呢单褂一件。”[②]工作之详细，连一件单褂也记录在册。这是赈款的来源，而对赈款的使用同样也做到了公开透明：“昨奉七月十三日公信知，现寄弟作霖处赈银九千七百九十五两四钱加赈士女银二千四百两，沿津应可应敷衍。又弟翰处赎妇留婴银五千两。”[③]

再就是对放赈人员的挑选，这是确保慈善能够有效传递的关键一环，需要选派公正无私的士绅去做。但由于受灾地域广阔，所需人手较多，很难绝对保证办赈人员的素质，所以一篇名为《论赈银不可侵蚀》的文章发出这样的感叹：“奈之何经手之人，尚侵蚀其赈银，其不至速其死者几希，而犹乘此机会从中渔利。”[④]选人难只是一方面，更难处理的是放赈的具体行事细则没有完备，因此《申报》上有人总结办赈的难处说：“至办赈之人尤宜选择，办赈之法尤宜筹划，诚非宜宜也。盖有人无法则其惠仍虽遍及，有法无人则其惠更难博施，非侵蚀款项，即滥费捐输。故此事之难办，较之他种善事为更甚。”[⑤]

对于如何规范和惩戒放赈中的丑恶现象，除了法律层面的处罚外，更多是施以道德的谴责，很难从制度层面完全制止：“至于侵盗赈银一经发觉，未有不伏法者，纵能受刑诛亦断难逃冥罚，尝见此种之人非绝

① 刘畅《晚清民国上海书画市场润例的社会效应》，《收藏家》2015年12期，77—83页。
② “接录五月念六日至六月初五日止秦晋豫捐数”，《申报》1878年7月10日。
③ “摘录豫省来书”，《申报》1878年9月24日。
④ 《申报》1876年12月22日。
⑤ “论办赈不易”，《申报》1876年12月19日。

后嗣即属不堪。”[①]由于社会的动荡和政府的不作为，海上助赈活动的发起带有极强的民间性，也因此不可避免地带来一系列的社会问题。

三、书画助赈与利益分成

在关注晚清民国书画助赈善举时，有一个问题不可回避，即相当部分的助赈书画家是从中获得了利益分成的——实际上，助赈活动一开始就没有回避过参与者的利益分配问题。

社会慈善机构要想运营下去，离不开书画家的支持，因此对所得润资的分配必须要照顾各方的利益。如1909年《时报》大篇幅刊发了“上海书画善会合作润例并附章程”，明确指出“应纳之润，半储会中，存庄生息，遇有善举，公议酌拨”。支持慈善事业的发展，但又考虑到“书画家大都仗砚田，因须先筹公私两全法”，所以议定“所收之润，半归会中，半归作者；如遇指名专件，仍照各人自有润例，概归本人，与会无涉”[②]。善会为了维持运转，要照顾方方面面的利益，既要维持义举，又要接济会员，同时还要保证入会会员的纯洁性，以免“借善名而唐突，致自玷夫清名”[③]。虽然声明中并未细言“借善名而唐突”的事例，但通过善会把章程在报刊公开发布的举动，不难领会此中所蕴含的巨大信息量。

晚清时期，随着书画助赈运动的发展，的确出现了借助赈之名而中饱私囊的丑恶现象，如1889年朱筱塘在其润例中直言不讳地指出：“同人以江浙两省水灾，多有以书画助赈，借此沽名取利者。”[④]这则材料揭露了助赈被利益扭曲的一面，由此也不难嗅觉当时鬻艺助赈活动夹杂的

① “论赈银不可侵蚀”，《申报》1876年12月22日。

② 《时报》1909年7月11日。

③ 《时报》1909年7月11日。

④ “丹青助赈”，《申报》1889年12月12日。

不良社会风气。无怪乎在1890年孙龙泉书画启事中，署名“新安善梦生者”给晚清书画助赈活动做了这样的总结：“自筹赈务以来，以笔墨资助赈者不乏人，而终归于箦。”[①]这种评价主要是站在传统士人的角度，对书画市场在公益事业之名下的“道德沦丧”发出了感慨。由于借助赈渔利的情况愈发突出，这种公益形式所具有的道德光环遂日渐消失。当然也有些书画家为了彰显助赈的诚意，主动在润例中变更了收取润金的方式，即书画家本人不接受润金，而委托专门的公益事业运作机构，如本地赈所、会馆等收款，购求者凭票领取作品，这样至少从形式上避免了谋取私利的嫌疑。如晚清时期《申报》曾刊出陈禀初的一则助赈润例便说：“求书者润资连件并送各筹赈公所，以收条为凭，三日取件，减润广招，亦仁诚之一助也。”[②]尽管这种由中介机构收取润金的方法实现了形式上的公正，但仍不能完全排除藏污纳垢的可能。毕竟书画家皆以此为生，因此除了出于市场宣传目的而短期进行的大比例，乃至“尽数充赈”的公益活动外，书画家不可能长期参与公益事业而置自己的生计于不顾。所以19世纪90年代以后，书画助赈启事出现的频率逐渐降低，以营利为目的的润例又占据上风，这也体现了商业文化回归理性的一面。

借慈善之名的确有利地带动了鬻艺者的市场，因此晚清以来才有那么多书画家加入到这个行列中来，不少人也并不避讳鬻艺分成的问题。如1920年“冯蒿叟草书助赈”便明确了“半充善举半佐游资”的利益分成问题，[③]书画社和个人在经营市场时都必须保证“有利可图”，这是无法回避的话题，否则就难以运作下去。1923年《民国日报》刊登了一则名为《玄庐鬻字》的广告，从中不难获悉，书画家的助赈活动同时也是

① “法书助赈”，《申报》1890年7月18日。
② 《申报》1886年10月15日。
③ 《申报》1920年11月29日。

一种自谋的方式：

> 玄庐负担几件社会事业都是穷得不得了的，不但经济穷，连我自己个人底光阴也觉得穷忙得很，所以把从前卖字的润格重新发表，凡要求我写字的，请照下列润格先付资，或者我底光阴得节省些，几件社会事业也得些补助。[①]

话语间不难获悉作者的良苦用心，一方面他在做公益事业，另一方面他本人也是需要帮扶的对象。鬻艺在助人的同时也是一种“自活”的手段，以至于不少艺人把助赈视作一种谋利和宣传的方式，频频挂单减润助灾，既得善名又可治生，一举两得。陈永怡在谈及1843—1948年上海书画市场时指出：助赈活动有效带动了书画的市场化，使部分原本就公开订润、积极参与市场的鬻艺者，为了提高公共形象，拉近与消费者之间的距离，以更加从容和积极的心态参与到社会公益活动中来。而助赈活动的促销效果也的确不俗，如张大千、于非闇的一次助赈公益展览“以定价不过昂，且称全数助贩，故售出甚多”[②]。1922年，清末状元张謇在《申报》发表声明：

> 往者尝以慈善事一再鬻字，有例矣。鬻字犹劳工也，忽忽十余年，今政七十，宁复胜劳，然无如何。自登报起，鬻字一月，任何人能助吾慈善公益事者，皆可以金钱使用吾之精力，不论所得多寡，限断一月。此一月内，定每日捐二小时于字，无一字不纳于鬻。[③]

① 王中秀等编《近现代金石书画家润例》，上海：上海书画版社，2004年版，117页。
② 《艺林月刊》第84期，北京：京华印书局，1930年版，15页。
③ 《申报》1922年7月12日。

尽管知道鬻字是“劳工”，但慈善所需促使他“宁复胜劳”，且称悉数捐赈。与一心做实业的张謇不同，民国时期有相当部分的助赈者不仅要通过鬻艺捐助别人，更需鬻书卖画自救。大量作书画出售毕竟也是一种劳苦，因此廉润助赈很难作为一种常态，1930年方药雨登出的增润启事便道出了这一苦衷：

> 若既许毕生卖画助赈计，惟多售画件，方能多得润资，于润例胡可言增？乃年来日渐觉衰老，每竟一作，臂楚腰酸，向视此为乐，今视此为苦，增润正以抵减件耳……况不爱我画，不增润未必肯来；果爱我画，既增，画何至见客区区润资欲活穷困无告者？尽心焉而已。设诸友不谅，犹以无润见强，是诸友与穷困无告者计较，若不与诸友计较也，然搁置勿怪。①

从润例的表述来看，方药雨曾廉润助赈，但又觉体力不支，想“增润”又怕会失去市场，因此在润例中颇费了一番口舌。这是参与书画助赈者的苦恼，一直“裸捐”显然是行不通的，如果大比例留作私用又有不仁之嫌，于是有些书画助赈润例在对外宣传中便明确了分成比例，以示诚意。如1902年《春江花月报》“皖江寄渔书画润格”有“所收润费以八成掣收充赈，以二成给仆磨墨”一条。②但个人性质的书画助赈行为很难监督，这也给某些另有所图者开了方便之门，因此海上书画助赈的腐败行为不仅存在于书画善会等团体组织之中，某些书画家个人也存在“分一杯羹”的心态。特别是那些吸纳了数百书画会员的慈善机构，经

① 王中秀等编《近现代金石书画家润例》，上海：上海画报出版社，2004年版，262页。
② 《春江花月报》1902年1月29日。

营中难免存在这样那样的问题。为了规范慈善行为，树立良好的市场形象，“豫园书画善会”将赈灾活动作为规定列入章程：

> 沪渎繁会，甲于海内。其间善人之疏财仗义，济困扶危，名士之提倡风雅，保存国粹者，联袂以来，接踵而起。碌碌吾徒，附庸翰墨，硁硁自守，耕被耨砚田；既不克与识时之俊杰，共辅维新，复不能博济夫饥寒，广行阴骘。……应纳之润，半储会中，存庄生息；遇有善举，会议酌拨，聊尽善与人同之意云尔。①

“豫园书画善会”依靠其社会影响力吸纳了一大批书画家，为会员提供书画订单，并收取一定费用酌拨善举。通常而言，书画家将廉润所得全部或者部分回馈社会皆有期限（或件数限制），以示在关照慈善的同时不失个人体面，如“画家钱病鹤、画家高冠吾二公，曾于去夏减润书画雅扇，捐助上海书画会经费，求者纷纷，后因限满，多数退回。二公同为本公学校董，兹恳其再行润减提倡教育（夏历三月十二日起，一月为限），所得笔资悉捐本校。件交上海闸北中公益里民德公学”②。不管如何分成，合理的个人所得都是确保书画组织和个人持续完成善举的一个重要前提。

---

① 黄可《上海美术史札记》，上海：上海人民美术出版社，2000年版，12—13页。

② 《申报》1924年4月15日。

第四章　海派书画市场与鬻艺观念嬗变

第一节　海上社会风尚与商业文化

一、社会背景

清末民初的上海是个风云际会的地方，这个时期也是艺术史上盛产大师的时代。上海书画商业的繁荣较早起于咸丰年间，晚清文人袁翔甫在其《望江南》中有这样的说法："申江好，古玩尽搜探。商鼎周彝酬万镒，唐碑宋帖重千镰，真伪几曾谙。"[①]形象地描述了当时上海艺术市场的兴盛。到了民国，旧上海还出现了有名的"五马路古玩街"，这里与当时北平的琉璃厂一样，在二十世纪二三十年代极盛一时，成为一个时代书画商业文化的烙痕（图12）。

图12 民国时期的上海五马路

上海之所以近代以来异军突起，成为一个时代书画商业繁荣的象征，与其得天独厚的地理位置密不可分。因地理之便，早在宋代就在这里设立了市舶投举

① 袁翔甫《望江南》，引自吴远度《中外收藏轶闻》，成都：四川文艺出版社，2000年版，195页。

及榷货场；到了元代，上海县从华亭独立出来；明清以来，上海成为吴越之衢要剧邑，陆续有一些文人来此谋生，据《同治上海县志》载，明人王守信、顾听、陆时伊等均有在此治生的经历。[①]到了清代，随着商品经济的发展，越来越多的文人来此自谋，如《松江府志》记载了施润、张国臣、沈沐、张梦松、陈焕、杨城书、贾振元、计渤等人在上海从事治生的情况。[②]总体来看，如果不能走入仕途，自古文人谋食的方式无非是做幕僚、处家馆、行医问药、躬耕务农，抑或是卖文鬻艺。尽管卖文鬻艺对于文人而言有斯文扫地之羞，但相比之下却是最为实际的选择，这样既不需要成本投入，也不用顾忌人情世故，还可以发挥自己所长以解决生存问题，可谓一举多得。

自从晚清上海对外通商以来，由于当时江南大部受太平军影响，社会动荡不安，而上海则很少受到战争的破坏，社会安定，因此短时间内会聚了大量富商缙绅、文人雅士。特别是江浙一带的文士，由于与上海存在地缘优势，他们纷纷奔赴上海，使得这里短时间内汇集了大量人口和物质财富。王韬在《弢园尺牍》中有这样一段话：

> 论其财赋所出，全倚于商，……他若外来之民，踵接趾交，肩毂摩击，金气熏灼，巨商远贾，望羶而附，官斯土者辄豢肥鹤飞去，顾利所在，则人争趋，任既重则为之益不易。中外错处，倨侮习成，殊州群哄，……南北人才，近以此为孔道，持温卷挟荐书以干者，日不知其凡几；酬之则为无益之费，不应则生觖望之心，此

① 俞樾等纂，郭儒栋等修《同治上海县志》卷十八《人物一》，卷十九《人物二》，同治辛未刊本。

② 宋如林纂修《松江府志》卷二十《人物三》，卷二十一《人物四》，卷二十二《艺术》，卷二十三《游寓》，卷五十二《古今人传四》，卷五十七《古今人传九》，嘉庆二十二年刊，府学明伦堂藏版。

> 难于接纳者一也。城外东北两区，西人之居日廓，藏垢纳污，诘不胜诘。近时劫夺频闻，其盗无可踪迹，实皆粤、浙莠民倚西人为逋逃薮也；我往捕之，动辄掣肘。[①]

这里交代了上海之所以富庶的原因，即“外来之民”“巨商远贾”对当地经济的推动作用。当然，由于这里在晚清以来“西人之居日廓”，在促进上海经济繁荣的同时也带来了社会治安的隐患，成为“藏垢纳污”之所。这是经济繁荣背后的负面影响，对于大部分避难者来说，上海毕竟是个乐园：“上海为水陆辐辏、工商集合之处，又因时局关系，各地人民皆视上海为安全土、极乐园，纷然蝟集。”[②]社会大变革是促成上海人口骤增、财富迅速聚集的直接原因。从社会形态上说，封建社会的解体以及半殖民地半封建社会的形成，从根本上为上海经济的发展提供了社会背景支撑。清人涂宗瀛在《同治上海县志序》中曾这样描述了当时上海的状况：

> 或曰今之上海，非昔之上海也。关津之所由，财货之所集，他州别邑殊方异域之所萃，而处形势便利用能以区区之地制粤寇之死命，天下通都岩邑莫是过焉。……而士几非昔之士，峨舸大舰捆载百物，贩运往还，万里若咫；而商几非昔之商，奇技异术，尽态极妍，人巧极而天工错；而工几非昔之工，且工商之事，积重其利，什佰倍于农；而农亦非复如昔之力于田，其夫人女子亦将自荒其木棉之业，如是则四民之职不尽废乎？[③]

① 王韬《弢园尺牍·代上丁观察书》，北京：中华书局，1959年版，91页。
② 胡祥翰著，吴健熙标点《上海小志》，上海：上海古籍出版社，1989年版，25页。
③ 俞樾等纂，郭儒栋等修《同治上海县志》卷十八《人物一》，同治辛未刊本。

涂宗瀛时任分巡苏松太兵备道海关监督，他的这段话自然有其保守的一面，但基本概述了上海繁荣背后的成因。

二、士商观念嬗变与海上鬻艺之风

1．士商观念嬗变

士商观念的碰撞起于先秦，自从《管子》把庶民阶层划分为士、农、工、商四个等级以后，“士志于道”“重农轻商”的思维便逐渐形成，士商观念的较量也愈演愈烈。明清之际，商品经济的繁荣和社会大变革使得传统的“四民”观遭受重创，最显著地体现在士商合流及商业文化对儒家传统价值取向的冲击上。明清之交，文人的传统观念逐渐得到解放，不再简单地以卖文鬻书等商业行为为耻，而开始权衡不义之财与道义失守孰轻孰重的问题。到了乾嘉时期，有“一代儒宗”之称的钱大昕甚至也说：“与其不治生产而乞不义之财，毋宁求田问舍，而却非礼之馈也。”[①]钱氏的观点在传统文人中相当有代表性，他用规避“不义之财”为文人涉足商业提供了道义上的支持，这种治生理念与传统意义上文人不问世事的态度形成鲜明对比，是士商观念转型中的一个极大进步。

当然，清儒治生观念的流布也有一些负面的影响，有些士人，特别是那些身居要职者以治生为借口，大肆聚敛不义之财，对他人和社会造成了极大的危害。所以也有些士人对书画商业化持反对意见，如晚清士人华翼纶便说：“画既不求名又何可求利？每见吴人画非钱不行，且视钱之多少为好丑，其鄙已甚，宜其无画也。余谓天下糊口之事尽多，何

① 钱大昕著，陈文和，孙显军校点《十驾斋养新录》卷十八“治生”，南京：江苏古籍出版社，2000年版，396页。

必在画？石谷子画南宗者极苍莽，而以卖画故降格为之。设使当时不为谋利计，吾知其所就者远矣。且画而求售，骇俗媚俗，在所不免，鲜有不日下者。若以董、巨之笔，悬之五都之市，苍茫荒率，俗士无不厌弃之，岂否有人问价乎？”①这种相对保守的观点不仅在晚清有之，实际上一直持续到民国都没有完全消失。

随着商业文化的发展，清中后期以来不少儒生的观念解放僭越了传统规制，他们虽无衣食之忧，但却丧失了儒者应有的志节与担当，志趣与市井屠沽无异。晚清以来，随着西方列强的入侵和经济结构的转型，不少士人的观念进一步发生转变，一些有识之士如张之洞、曾国藩、薛福成、郑观应等倡导发起洋务运动，试图用“商战”救国，经商被提升到了救亡图存的高度，这是商业文化发展中的一个重要契机，即商业文明得到部分上层士人和政治层面的认可。但士商观念转变在洋务运动发展中也经历了一个逐渐蜕变的过程。在洋务运动的中早期，只有少数有远见卓识者从思想上深刻认识到这一运动的必要性，大部分传统文人和官员尚难接受。正如薛福成所说：“自中外交涉以来，中国士大夫拘于成见，往往高谈气节，鄙弃洋务而不屑道，一临事变，如瞽者之无所适从。其号为熟悉洋务者，则又惟通事之流，与市井之雄，声色货利之外，不知其他。”②刘光第也说：“士大夫之才质聪颖者，又方鄙为洋学，不屑究心，惟殚精疲神于无益之事，此宜坐困也。”③

晚清社会，世风转变，然“万般皆下品，惟有读书高”的思维仍旧根深蒂固，1989年鲁迅先生曾进入江南水师学堂学习，据他回忆说：“那时候，读书应试是正途，所谓学洋务，社会上便以为是一种走途无

① 华翼纶《画说》，王伯敏主编《画学集成：明—清》，石家庄：河北美术出版社，2002年版，716页。

② 薛福成著，丁凤麟，王欣之编《薛福成选集》，上海：上海人民出版社，1987年版，77页。

③ 刘光第《第甲午条陈》，《刘光第集》，北京：中华书局，1986年版，4页。

路的人，只得将灵魂卖给鬼子，要加倍的奚落而且排斥的。”[①]由此不难看出商业文化在晚清并未战胜文人情结，经商仍要在讲究义理的前提下进行，否则便会遭到谴责。如晚清名臣张之洞便认为谋生要走正道，不可违背义理："寒士谋生，自有正道，止可择其不伤义者为之耳。"[②]在这个前提下，清廷对文人士大夫经商也持默许或赞同的态度，士商关系出现了前所未有的融合之势。许多文人甚至于官员（如盛宣怀、张謇等）都大力弘扬"实业兴国"的理念，投身于商海，并做出了令人瞩目的成绩，这极大推动了晚清以来士商观念的转变和商业文化的发展。关于晚清士商观念的转型，不妨来看一下1881年8月28日《申报》所刊登的一篇名为《论考验艺徒》的文章：

> 人生世上，厥有四民，士居其一，农工商居其三。可知教育之方原不仅使为士，苟能于农工商之中学成一端，何尝不可以为恒业？而农工商三者之中又条分缕析，款目繁多，通一事即可得一事之用，执一业即可得一业之力，业虽有大小之分，而其所以谋食则一也。今之人其稍获温饱者，莫不送其子弟入塾读书以博科名，即贫不能从师者，有义学之处，亦可送入而卒之，游荡无藉者多，能执技以糊口者少，此其故何哉？慕读书之虚名，忘蒙养之至道，耻于学艺，而安于从容。少时血气未定，既不能读书以明理，复不屑学艺以谋生，目事嬉游，成群聚党，穿街度巷，目所见者，皆浮靡之习耳，所闻者皆虚矫之言，其有不渐为浸渎习与性成者乎？

文章从谋生的角度出发，认为士农工商只是行业类别的差异，并不存在

① 鲁迅《〈呐喊〉自序》，《鲁迅全集》第1卷，北京：人民文学出版社，1973年版，270页。
② 张之洞《书目答问二种》，北京：三联书店，1998年版，288页。

高低贵贱之分，并向读书博取功名的传统观念发起了挑战，这反映了晚清上海商业文化浓重的实用色彩，也见证了传统观念在晚清时期的转型。需要强调的是，尽管晚清以来商业文化渐渐被大多数人接受，但晚清民国时期尚未完全达到“四民”平等的理想状态，士商观念的冲突还远没有得到普遍意义上的化解。与该文类似，1892年4月2日《申报》还刊发了一篇名为《论造就人才》的短文，文章从学艺自活的角度出发，倡导各地义学兼设艺塾，“令顽童各习一艺，……习成以后，糊口有方，或不至终身废弃”。与传统意义上强调读书入仕的观念相比，这则文章似乎淡化了对功名的追求，但话语间又分明流露出学艺“糊口”是等而下之的无奈之选，可见在淡化功名的问题上大家并未完全释然。

尽管如此，鬻艺自谋、“实业兴邦”的社会舆论已经形成，政治理想不再是士人唯一的人生追求，一些有识之士也从兴国强邦的角度为经商呐喊，严复、梁启超、康有为等维新派人士，皆极力倡导商业救国，成为近代商业文明的第一批代言人。如严复把不少西方古典经济学著作翻译成中文时，积极为“利己心”正名，甚至在翻译《原富》时加入了自己的主观看法，以此向传统“重义弃利”的观念发难：“民之所以为仁者若登，为不仁若崩，而治化之所难进者，分义利为二者害之也。孟子曰：亦有仁义而已，何必曰利？董生曰：正谊不谋利，明道不计功。泰东西之旧教，莫不分义利二涂，此其用意至美，然而于化于道皆浅，几率天下祸仁义矣。”[①]严复毫不避讳为“利”而鼓吹，认为西方之所以能强大富有，就在于不回避对利益的追逐，而孔孟之道中“不齿言利”的观念却“几率天下祸仁义矣”。

晚清以来，随着家国破碎和社会局势的动荡，不少仁人志士愈发

① 〔英〕斯密著，严复译《原富》，北京：北京时代华文书局，2014年版，65页。

无暇顾传统道德的约束，而纷纷投入到“实业兴邦”的大潮中去。如康有为在《上清帝第二书》中便说：“凡一统之世，必以农立国，可靖民心；并争之世，必以商立国，可牟敌利。”[①]就连鲁迅先生也开始大力阐扬美术经济在净化人性以及防止资金外流方面的作用，他在《美术之目的与致用》中说：

> 美术之目的，虽与道德不尽符，然其力足以渊邃人之性情，崇高人之好尚，亦可辅道德以为治。物质文明，日益曼衍，人情因亦日趣于肤浅；今以优美而崇大之，则高洁之情独存，邪秽之念不作，不待惩劝，而国乂安。
>
> 美术可以救援经济。方物见斥，外品流行，中国经济，遂以困匮。然品物材质，诸国所同，其差异者，独在造作。美术弘布，作品自胜，陈诸市肆，足越殊方，尔后金资，不虞外溢。故徒言崇尚国货者末，而发挥美术，实其根本。[②]

鲁迅先生从社会经济学的角度来观察书画市场的重要作用，强调了书画经济具有涤荡人性、实业救国的现实意义，这在当时是很有代表性的社会思潮。由此可知，晚清以来商业文化的确较大程度上动摇了人们的传统观念，重商主义已经成为广泛的社会思潮，商人也被赋予了振国兴邦的家国使命，士商观念的转变已经映射到人们日常的价值判断中来。但我们也应该看到，与纯粹意义上的商品经济不同，晚清时期的商业文化带有浓重的家国色彩，这也是士商观念转型中较为特殊的一环。

---

① 康有为著，乔继堂编《康有为散文》，上海：上海科学技术文献出版社，2013年版，135页。

② 鲁迅《集外集拾遗》，北京：人民文学出版社，1973年版，49页。

2. 观念嬗变与鬻艺成风

上海在清末时期成为一个热闹的移民社会，来自大江南北身份各异、文化背景千差万别的移民构成了文化多元的大都市。

关于上海自晚清以来的迅速发展，1885年《申报》刊登了这样一段话很有代表性："上海不过斗大一孤城耳，租界亦不过一弹丸地耳，而外可通大海，内可达长江，北可至燕都，南可抵闽粤，为万方之辐辏，实四达之通衢，欧洲人既挈资财、携妻子航海七八万里家于斯、商于斯，以博蝇头之利，华人之思逐什一者亦无不成群结队，不远万里而来。"①之所以会有如此规模的人口和资本流动，无非是看重了上海租界对他们生命和财产安全的保障。清末陈夔龙说："内地不靖，租界转成乐土。"②如果单纯从经济的角度去看，来上海的人无非有两种：避难的富人和谋生的贫困者。清末民初的上海，对于有钱人而言是一种庇护，对困厄者而言则意味着得以活命的"乐土"。由于这片人间乐土能够为富人提供人身庇护，为穷人提供谋食之道，所以短时间内聚居了形形色色的外来人口。"同光体"诗派代表陈三立说："当国变，上海号外裔所庇地，健儿游士群聚耦语，睥睨指画，造端流毒倚为渊薮。而四方士大夫雅儒故老，亦往寄命其间，喘息定类，摅其忧悲愤怒，托诸歌诗，或稍缘以为名市矜宠。"③这段话把来上海避难的各色人等讲述得十分清楚，尽管他们身份、境遇不尽相同，但都在这座大熔炉中找到了自己的生存方式。说得通俗点，有钱人取会风骚，困顿者混口饭吃，大家各取所需。张敏在《晚清上海租界文人职业生活（1843—1900）》一文中说得好："这里最让文人动心的原因之一是文化市场发展较快，提供了

① "论工部局稽查租界华人丁口事"，《申报》1885年6月22日。

② 陈夔龙《花近楼诗存》初编卷二，北京：中国书店，1985年影印本，37页。

③ 陈三立《清故江苏候补道庞君墓志铭》，陈三立著，李开军校点《散原精舍诗文集》下，上海：上海古籍出版社，2003年版，985页。

较多新的工作机会，同时有钱的寓公较多，买画、买字的人远远多于他处，稍有一技之长的文人在这里都能立脚。”[①]

与京派不同，海派是由一大批无业人士组成的，生存的压力迫使文人雅士不得不委曲求全。另外，上海开放的社会环境和浓厚的商业氛围也使得不少文人墨客更加易于与商业环境相融合，游幕、从商、教书、行医、卖文、测字、占卜、卖书、鬻画，等等，这些都是清末民初以来海派文人得以安身立命的依靠。如浙江桐乡举人沈炳垣，曾任松江府海防同知，后主持上海敬业书院；江苏人张澹擅诗画，旅食海上，依仗砚田，谋食海上；王韬因父病逝，家乡水患，也于民国末年来到上海墨海书馆觅食。由于上海新城区的拓展刚刚起步，可供选择的职业并不充分，又受到夷夏之辩传统观念的束缚，只有少数文人迫于饥寒到外国领事馆、海关担任文案等工作。[②]清代末年，这些底层知识分子来沪多半是为了暂谋生路，并未放弃对仕途的留恋。如王韬、沈毓桂在沪工作期间都曾回乡参加过科考。最有意思的是晚清文人蒋芷湘，据说他在《申报》做到了主笔，却因高中进士而决然辞职，回归到士大夫行列。[③]由此也不难想象这些早期的知识分子来上海谋生的矛盾心态，他们心中的家国情怀和政治夙愿并没有完全放下，但谋生所需又使得他们对职业有一定的依赖。如郑观应著《日报》，陈炽著《报馆》，王韬著《论日报渐行于中土》等，便强烈地表达了要改变外国人垄断我国报业、操控舆论的情结。王韬更是指责外国报纸“其所言论，往往抑中而扬外，甚至黑

① 张敏《晚清上海租界文人职业生活（1843—1900）》，马长林《租界里的上海》，上海：上海社会科学出版社，2003年版，61页。

② 张敏《晚清上海租界文人职业生活（1843—1900）》，马长林《租界里的上海》，上海：上海社会科学出版社，2003年版，66页。

③ 张敏《晚清上海租界文人职业生活（1843—1900）》，马长林《租界里的上海》，上海：上海社会科学出版社，2003年版，56页。

白混淆，是非倒置”。[①]这种思潮在寓沪文人中很有代表性，这也使得他们的谋生之路充满坎坷。

清代末年，太平军运动席卷整个长江中下游地区，江浙一带的大批文人为躲避战争举家逃往上海，寓沪避难的文人“尤以书画家人数为多”[②]，由于失去了家产和固定生活来源，大多穷困潦倒。战前寓沪文人大多住在城厢地区，书画家则大多下榻于西园，战后则多向租界集中。特别是小刀会起义以后，不少人躲往租界自保，这也使得租界人口骤增，就业困难，部分文人在这种情况下再也顾不上所谓“夷夏之辨”的传统观念，转而加入到为外国人工作的队伍之中。如清末翻译家、教育家华蘅芳（1833—1902）曾在韦廉臣处坐馆，出身书香门第的秀才管嗣复（？—1860）在避难中遇到传教士艾约瑟，随其到上海翻译医书，江浦诸生邓子明则在传教士慕维廉处谋食。善于书画者一部分挂单鬻艺，成了职业书画家，如任伯年、胡远、蒲华、钱慧安等；另一部分则被吸收到各大出版社，或报馆之中，如吴友如到了《点石斋画报》做编纂工作。民国早年，初到上海的徐悲鸿经济困难，也为人画过体育挂图。[③]

动乱的时局和自然灾害的频发使得上海在清代末年人口激增，[④]人口的大流动带来了社会价值的转变和观念革新，1890年《申报》的一篇文章刊登了这样一段文字，颇能说明问题：

① 方汉奇《中国近代报刊史》，太原：山西教育出版社，1991年版，38页。
② 张敏《晚清上海租界文人职业生活（1843—1900）》，马长林《租界里的上海》，上海：上海社会科学出版社，2003年版，57页。
③ 黄警顽《回忆徐悲鸿在上海的一段经历》，《文化史料丛刊》第一辑，北京：文史资料出版社，1980年版，85页。
④ 按，太平天国运动后，上海人口曾短时骤减，但不少人不久后又因经济破败、生活困顿而重返上海。1865年太平军战事结束不久，上海新城区公共租界和法租界人口为148809人，随后十年间有所下降，1880年以后回升并不断增加，到1900年达433200人。见汤志钧主编《近代上海大事记》，上海：上海辞书出版社，1989年版，214、275页。

> 天下攘攘而往者何而已？熙熙而来者又何为？曰为利耳。富者恃筹握算，贫者奔走驱驰，何为乎？为利耳。泰西之人不惮数万里之城，不顾重洋之险，挈妻孥偕朋友来通商于中国，何为乎？为利耳……吾茫茫四顾，见四海之大，五州之众，非利无以行，中外通商以后，凡环附于地球者，无一不互相交易，以通有无。当今天下，实为千古未有之利场；当今之人心迹逐，为千古未有之利窟。[①]

从谋生到谋利，反映出了寓沪避难者的思维转换，人口的激增激活了商业文化，也动摇了文人自古而来“不齿言利”的传统观念。即王韬所谓“盖此间为人海，亦利薮耳”[②]。“人海”是“利薮”的前提，也是商业环境得以形成的先决条件。在上海这座商业城市里，传统“四民”等级秩序和重农轻商的价值观已经被冲得七零八落，对利益的追逐不再是羞于启齿的事，甚至反过来成为某些人身份地位的标榜。

清末民初的上海，到处充斥着崇商逐利的气息，以前的人是不齿言利，而现在“来沪上者，无不有发洋财之梦”[③]，流风所及，以至成为茶余饭后炫耀的谈资：“每当宴会之时，人或作风月清谈，而彼则计算锱铢，讲求贸易，一若舍持筹握算，天壤间竟别无经纶者。”[④]这种风尚所波及的范围很广，已经不再局限于普通的市井商贾、屠沽细民，而是给传统的寓沪书画家带来了思想挑战，致使他们不得不妥协调整自己的观念和心态，以适应商业文化的到来。当时，书画家靠自己的笔杆子换取财富，解决生存问题是天经地义的，甚至于出现了这样的说法：“上海

① 《申报》1890年7月23日。

② 王韬《瀛壖杂志》，上海：上海古籍出版社，1989年版，73页。

③ 《申报》1880年2月8日。

④ 《申报》1887年5月9日。

人对于人生的一切，第一个标准是金钱，第二个标准是金钱，第三个标准还是金钱。”[①]这种金钱崇拜折射出商业文化对人们传统思想的侵蚀，并由此导致传统价值观扭曲和肆意荒诞的奢靡之风。上海市民在人物品评方面形成了新的价值尺度，即所谓“七耻四不耻”。“七耻”为：“一耻衣服之不华美，二耻不乘轿子，三耻狎身份较低的妓女，四耻吃价钱不贵的饭菜，五耻坐便宜的独轮车，六耻身无顶戴，七耻看戏坐价值最廉的末座”；“四不耻”即：“身家不清不为耻，品行不端不为耻，目不识丁不为耻，口不能文不为耻”。[②]“七耻”主要阐释了奢靡的消费行为，“四不耻”则围绕出身和个人修养论述，公然在为消费文化和享乐主义唱赞歌，体现了海派文化“笑贫不笑娼”的特色。

晚清民初时期，上海、广州等沿海城市开埠通商，较早接受新的思想和外来文化，率先带动了商业文化的发展，士商观念的转变在这些特殊地区体现尤其突出。在上海这样的商业大都市，商人的地位甚至于超过了士人，成为人们竞相攀附的对象，这是在他处少有的情况。与海上商业文化相适应的是这里的书画家多鬻艺为生，因此造成了艺术风格的趋同和世俗化倾向。尽管商业文化已经成为海派书画的一个重要症候，但上海这座商业城市创新、包容、多元的氛围也给海派艺术的创新带来了新的可能。这是很有意思的现象，一方面海上书画家置身商海，行事作风秉持商业操守——笔榜、润格高高挂起，宣传启示到处刊发，以至于他们不甚计较购求者的身份、文化水平，艺术商品化潮流使得金钱作为艺术品价值评判的观念逐渐得到鬻艺者的默许或认可。另一方面，有些鬻艺者仍旧不时发出无可奈何的感慨，以志节相矜，如民初时期李瑞

① 陈西滢《西滢闲话》，南京：江苏文艺出版社，2010年版，295页。
② “海上看洋十九年客”《申江陋习》，《申报》1873年4月7日。

清偷活上海时便称“不得已仍鬻书作业”，[①]黄宾虹也称“余之作画，自娱而已，非为人也”。[②]同时，在上海铺天盖地的商业润例中也随处可见“劣纸不应、不如例不应、立索不应、点品不应”等违背商业精神的字样。可见即便是在商业文化横行的上海地区，“不为人役”的人生信条仍旧是文人雅士的一块“遮羞布”。

与上海书画商业文化相比，京派书画家市场观念更为保守和滞后。如齐白石成名后的1925年，同乡宾恺南建议他东游日本鬻艺，足可致富，却遭到他的拒绝：“余居京华九年矣，可以过活，饥则有米，寒则有煤，无须多金，反为忧患也。”[③]在齐白石看来，鬻艺自活即可，不可以此发家致富，溥心畬也说被人称为画家“是一件很耻辱的事”。[④]这是传统文人在商业文化背景下对待市场的本能反应，也让我们看到了北京作为帝都在应对商业文化来袭时所表现出的固守。士商观念的转型在京派书画家那里进行得更为艰难。稍有不同的是丰子恺，他似乎已经完全适应了书画商业文化，并在1936年《致谢颂羔》的信中反对高订润例，要把艺术品当作民众的精神食粮，提倡“艺术品贱卖”以惠及民众：

> 弟近重定画例，比前仅增大洋一元，始终以贱卖艺术品为今日画家之义务。盖艺术品犹米麦医药，米麦贱卖可使大众皆得疗饥，医药贱卖可使大众皆得疗疾，艺术品贱卖亦可使大众皆得欣赏。米麦与医药绝不因贱卖而失却其营养与治疗之效能，艺术品亦决不因

① 郑逸梅《人物品藻录初编》，上海：日新出版社，1946年版，62—63页。

② 浙江省博物馆编《黄宾虹文集·译述编》，上海：上海书画出版社，1999年版，19—20页。

③ 齐白石《齐白石自述》，合肥：安徽文艺出版社，2014年版，第229页。

④ 引自吴明娣主编《中国艺术市场史专题研究》，北京：中国文联出版社，2015年版，448页。

贱卖而降低其艺术的价值。盖“艺术的价值”与“艺术品价值”，原是两件事也。国人墨守旧习，且以欺骗为心，每将画价定为数十元乃至数百元，实则其作品所费工作仅半个小时。假定每日作画四五小时，每月作画二十天，而所得皆以每幅五十元卖脱，则此画家之收入每月五千元，每年六万元，如此敛财，罪大恶极，岂艺术所能容？弟深为若辈叹息。实则若辈之画，百中不能售脱其一，余九十九皆白送，或白送无人要也。弟持此见，故拟坚持廉价。[①]

图13 1932年丰子恺漫画《到上海去》

无论怎么说，士商观念的转型确实使得书画家参与市场的心态发生了微妙的变化，他们逐渐不再像传统士人那样纠结，甚至不再忌讳谈及艺术品的“价值”，这是商业文化发展带来的必然趋势。尽管丰子恺的市场观还不能说是民国时期的主流，但在积极融入市场方面确乎是值得肯定的，这一方面是士商观念转型的大背景所决定的，另一方面也与漫画自身较强的商业属性不无关系（图13）。

1843年中英《南京条约》签订后，上海正式对外开埠通商。从此大量外国商品和资本涌入，上海也因此成为对外通商窗口。上海的繁荣和相对稳定的社会环境吸引了来自各地的文人墨客来此谋生，鬻书卖画蔚然成风。这一风气较早形成于清代道光年间，后来上海被迫开埠通商，

① 丰子恺《丰子恺作品新编》，北京：人民文学出版社，2010版，325页。

"卖画之风日盛"[①]。对于这个情况，晚清文人张鸣珂在其《寒松阁谈艺琐录》中有一段颇为经典的描述："道光、咸丰间，吾乡尚有书画家橐笔来游，与诸老苍揽环结佩，照耀一时。自海禁一开，贸易之盛，无过上海一隅。而以砚田为生者，亦皆踽踽而来，侨居卖画。"[②]张氏说的再明了不过了，道光、咸丰年间"橐笔来游"的目的是"揽环结佩"，即言以书画为娱而非奔着走市场的目的。但开埠之后却发生了变化，"侨居卖画"成为来沪书画家的主要目的。这种转变与当时的社会环境息息相关，晚清时期，轰轰烈烈的太平天国运动使得东南诸省陷入动乱，一大批文人书画家和富商豪绅拖家带口来到上海躲避战乱，这个移民浪潮活跃了上海的书画市场，也带动了上海整体的商业氛围。

需要指出的是，商业文化的迅速繁荣并没有把人们的传统观念同步洗礼掉。尽管上海在晚清以来逐渐成为"割据一方的乐土"，但传统的伦理道德和根深蒂固的保守思想始终是商业文化的障碍，"七耻四不耻"也不是海派文化的唯一声音，反商业的舆论一直存在。甚至到了1878年，《申报》上还刊登出了上海道台以官方名义发布的《崇俭黜奢示》：

> 上海为通商总汇之所，商贾云集之区，人烟稠密，竞尚奢华，实属人心风俗大有关系。至于民间一应服饰、宴会，以及婚丧仪制，会典载明，不容僭越。……自示之后，尔等务当居乐土而念苦境，行乐事而思苦况，日常一应服饰宴会，均须恪守定例，总以节俭朴实为主，切勿奢华靡丽，好胜争妍，果其囊有余金，亦可福田

① 陈伯海主编《上海文化通史》下，上海：上海文艺出版社，2001年版，1402页。

② 张鸣珂著，丁羲元校点《寒松阁谈艺琐录》，上海：上海人民美术出版社，1988年版，150页。

广种，毋再仍前挥霍逾越，致干咎戾，本道实有厚（望）焉。①

我们从上海官方的这则告示中看到，即便是在商业奢靡之风充斥的晚清，传统伦理道德仍然主导着官方舆论，上海市民在心理上仍然屈从于传统价值观念。特别是“丁戊奇荒”爆发后，书画界人士对此次灾荒的态度很积极，立刻掀起了“书画助赈”的浪潮。所以有研究者指出，尽管灾害给不少人带来了苦难，“但从另一角度看，这段时间也在不经意间促成了鬻艺者和报界的合作，从而极大地推动了书画市场的发展。”②的确如此，很多传统观念较重的鬻艺者借此机会公开走向了市场，赋予了海派书画市场伦理的温情。

第二节　海派书画市场与谋食风尚

一、书画商业文化的繁荣与寓沪书画家琐谈

1．“海上”书画商业文化

从晚清光绪、宣统年间到民国初期的五六十年间，随着上海开埠通商，各地书画家为了躲避战乱、灾荒而流寓上海，形成了商业气息浓厚的海派。杨逸在其《海上墨林》中说：

大江南北，书画士无量数。其居乡而高隐者，不可知。其橐笔而游，闻风而趋者，必于上海。上海文物殷盛，邑中敦朴之士，

① 《申报》1878年4月29日。

② 陶小军《“助赈启事”与晚清书画鬻艺活动——以〈申报〉相关刊载为例》，《文艺研究》2017年第9期，146—152页。

> 信道好古，娴习翰墨，又代有闻人。雅尚既同，类聚斯广，此风兴起，盖在百年以前。闻昔乾、嘉时，沧州李味庄观察廷敬，备兵海上，提倡风雅，有诗、书、画一长者，无不延纳平远山房。坛坫之盛，海内所推。道光己亥，虞山蒋霞竹隐君宝龄，来沪消暑，集渚名士于小蓬莱，宾客列坐，操翰无虚日，此殆为书画会之嚆矢。其后吾乡吴冠云李廉，复举萍花社画会于沪城，江浙名流，一时并集。至同、光之际，豫园之得月楼、飞丹阁，俱为书画家游憩临池之所。[①]

杨逸把海派书画的缘起上推至乾、嘉、道时期，实际上海派把书画作为谋生之道且形成一种风气，其时间大致在同治、光绪年间，由于时局动荡，大批书画家“蛰居上海，卖画自给，以生计所迫，不得不稍投时好，以博润资。画品遂不免日流于俗浊，或柔媚华丽，或剑拔弩张，渐有海派之目”。[②]文人为了生存而迎合市场，满足市井、商贾的审美需求，这在当时的上海蔚然成风。富商为了抬高身价竞相以手持画扇为荣，不惜以重金购藏书画附庸风雅。张鸣珂在《寒松阁谈艺琐录》中记载了任伯年的作品当时大受市场欢迎的情形：“盖经商者皆思得一扇，出入怀袖以为荣也”，又“一时走币相乞，得其寸缣尺幅，无不珍如球璧”。[③]这基本上反映了当时上海书画市场的风气。尽管大多书画的消费者非富即贵，并非真正的书画鉴藏者，但的确推动了海上书画的商业进程。据王韬《瀛壖杂志》载：

① 杨逸著，陈正青标点《海上墨林》，上海：上海古籍出版社，1989年版，5页。

② 俞剑华《中国绘画史》下册，北京：商务印书馆，1937年版，196页。

③ 引自王靖宪《任伯年其人其艺》，《任伯年精品集》，北京：人民美术出版社，1993年版，1页。

沪虽非孔道，而近来名流至者，联镳接轸。贾于沪者，大抵皆无目者流耳。即欲攀附风雅，不惜重价购求书画，亦徒震于其名，非有真赏也。故名士至此间者，辄以势力为事，得当道一名柬，无求不获。噫！提绫文刺三百为名利奴，清操何在？窃为至沪之名士差之。①

在浮躁的社会思潮下，海上书画家大抵也须入乡随俗，所谓“雅俗合流、贵贱失序”，鬻艺谋生的文人雅士也成为商业审美潮流的推波助澜者。传统意义上的文人多以书画“遣兴托志”或“冶情养性”，书画只是作为一种自我修养和交往应酬的手段，即便是有个别鬻书卖画的，也多半为疗贫、尽孝悌、换酒资，等等，很少有出于商业目的而鬻艺的，因而染指商业一直是被认为有辱斯文的。尽管这些老传统在海派书画家那里被打得七零八落，但仍因有一些寓沪避难的遗老还时时不忘前朝身份，他们来上海不仅仅是出于“填饱肚子”的考虑，还看准了上海租界为遗老所提供的庇护：这里既无杀身之惧，也无降敌之讥，可谓是明哲保身的好去处。正如寓沪避难的郑孝胥所说：“余今日所处之地位，于朝廷无所负，于革党亦无所忤。”②海上之旅在郑氏看来不仅是避难之行，更成为其保全志节的方式。他有诗答陈三立曰：“恐是人间干净土，偶留二老对斜阳。”③认为租界的存在为他们提供了保持操守和平淡生活的净土。不少避居于租界的遗老对旧王朝皆是抱有幻想的，如李瑞清避难上海，拒仕教育会长，而听说张勋复辟时却答应出任学部左待

① 王韬《瀛壖杂志》，上海：上海古籍出版社，1989年版，72页。

② 劳祖德整理《郑孝胥日记》第三册，北京：中华书局，1993年版，1358页。

③ 《答陈伯严同登海藏楼之作》，黄珅、杨晓波校点《海藏楼诗集》上，上海：上海古籍出版社，2003年版，224页。

郎："丁巳五月复辟事起，授学部左侍郎。"[①]清朝覆灭后，不少文士以清遗老自居，避居上海不问世事，鬻书卖画已经超越了单纯生存所需的层面，它同时也成为旧式文人保全操守的一个举动。如何维朴，同治年间以道员分江南候补，工书善画，"宣统三年后，隐居沪上，与诸遗老文燕往还，不问时事，鬻书画以自给。"[②]

民国初年，大批前朝官僚和旧式文人寓居沪上自活，尽管他们以遗老自命，但由于封建帝制已经终结，这些深受儒教濡染的文人士大夫所处的社会环境已发生了根本转变。他们不仅不再"牛车土屋"，避居乡壤，反而身处要津大市，沪上的租界还为他们"提供了另外一种存在空间"。[③]

鸦片战争后，我国对外开埠通商、外国资本大量涌入，加之江浙一带避难的富庶之家带来了大量财富，上海迅速发展成为全国商业中心，吸引了全国各地书画家来沪鬻艺，一时间成为文人谋食的天堂。王韬《瀛壖杂志》描述上海卖画的情景时说："沪上近当南北要冲，为文人渊薮。书画名家，多星聚于此间。向或下榻西园，兵燹后僦居城外，并皆渲染丹青，刻画金石，以争长于三绝，求者得其片纸尺幅以为荣，至其轩轾所在，未能遽定以品评。"[④]书画文化的繁荣是上海经济发展的一个重要体现，书画作为文化繁荣的一个点缀，少不了形形色色的创作者和收藏者的参与。自从清末以来，由于封建社会逐渐崩塌，社会环境一再转变，上海逐渐由一个无人问津的小渔村发展为商业繁荣的大都市，寓沪书画家的人数变化见证了这一转变。1908年，张鸣珂在其《寒松阁

① 沈云龙主编《近代中国史料丛刊·清道人遗集》第42辑，台北：文海出版社，1973年版，223页。

② 姚文楠主纂《民国上海县志》卷17《游寓·何维朴》，民国二十四年刻本。

③ 熊月之《辛亥鼎革与租界遗老》，《学术月刊》2001年第9期。

④ 王韬《瀛壖杂志》，上海：上海古籍出版社，1989年版，93页。

谈艺琐录》中载有沪上鬻艺者150多人，而到了1920年，杨逸的《海上墨林》便把这个数字扩展到741人。[①]关于这一点，晚清文人、刻书家葛元煦也有类似记载。葛氏早在太平天国运动时便寓居上海，可谓是“老租界”了，他所著《沪游杂记》一书系统地记录了近代上海的发展变化。葛氏在书中说：“上海为商贸之区，畸人墨客，往往萃集于此。书画家来游求教者，每苦户限欲折，不得不收润笔。其最著者，书家如吴鞠潭（淦）、汤埙伯（经常），画家如张子祥（熊）、胡公寿（远）、任伯年（颐）、杨伯润（璐）、朱梦庐（偁）诸君。润笔皆有仿帖，以视雍、乾时之津门、袁浦、建业、维扬，局面虽有不同，风气所驱，莫能相挽，要不失风雅本色。”[②]从葛氏的记载看，此时鬻沪书画家笔墨砚缘，颇不寂寞。然而是不是“每苦户限欲折”才收取润笔的呢？恐怕不全是。大多数的书画家来沪是积极开拓市场以谋生存，即便是吴昌硕这样的名家，初来乍到也得靠王一亭推介。然而当时挂单鬻艺成风确实不虚，陈巨来《安持人物琐忆》中载有这样一段，言陈氏经人介绍向书家许松如求字，颇能说明当时海上的风气：“又回忆余第一次由姬传介绍登门进谒时，他下楼后，即拜谒相迎，未及多言，即在抽屉中，四处乱找，找到了一纸润例，立即摊在余面前曰：‘这是兄弟的润例，请你看看。’其时余始恍然，他怕余去揩油也。”[③]对于子侄介绍来的朋友，许氏并不客气，而是以一纸润例见客。许松如算不得当时的名家，他尚且如此见客，由此不难想见这个群体的生存方式。比如陈巨来本人也是鬻艺的，“不仅鬻印，且复鬻书。订有润例”[④]。（图14）又如浙江吴兴人俞原，善画，“尝北游，应肃亲王之招，

① 见胡光华《海上名家书画集：2013亚洲画廊艺术博览会参展作品》，上海：上海书画出版社，2013年版。

② 葛元熙《沪游杂记》，上海：上海书店，2009年版，75页。

③ 陈巨来《安持人物琐忆》，上海：上海书画出版社，2011年版，217页。

④ 郑逸梅《艺林散叶荟编》，北京：中华书局，1995年版，67页。

京华冠盖，倾动一时。国变后，屏迹海上，谢绝人事，鬻书画自给。”①再比如浙江仁和人高邕，善书，国变后“专以卖字为活”②，等等，举不胜举。

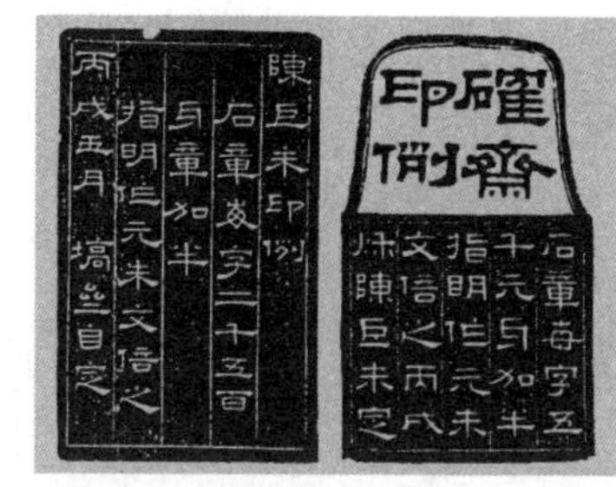
图14 陈巨来1946年5月“确斋印例”

上海书画商业文化的繁荣不仅仅是因为这里汇聚了一大批能书善画的文人，更为重要的是这里有市场，上至高官巨富下至屠沽细民都是书画市场的消费者，字画古董甚至被当作人们日常交往的礼品馈赠。豪商大贾收藏书画附庸风雅，普通的公司职员也会购买书画，并将之作为一种投资手段，“由于书画不会贬值，积蓄些钱来买几张字画放着，比把钱存进银行好”③。这样的商业环境对于落魄的文人而言是颇有吸引力的。无论是久寓沪上的鉴藏家，还是匆匆而过的商旅，都是海上书画商业大潮不可或缺的一个组成部分。

2. “海上”谋食人物琐谈

王中秀在研究近代书画市场时谈到，从晚清至抗战爆发这段时期，上海城市经济快速发展，市民阶层迅速扩大，书画市场随之空前活跃。仅登润例卖画者就有两千余人。④他们的身份各异，既有侨居海上的职业书画家，也不乏前清遗老遗少，甚至还包括一些民国政客、社会名流等。如王韬在《瀛壖杂志》中提到当时名满海上的朱巨山、康起山鬻艺的情形：“沪上前辈画家，以朱巨山、康起山为巨擘，巨山画山水花鸟，无不工，尤以荷花擅名。四方陈币求索者，无虚日。”⑤除此之外，

① 姚文楠主纂《民国上海县志》卷17《游寓·俞原》，民国二十四年刻本。
② 姚文楠主纂《民国上海县志》卷17《游寓·高邕》，民国二十四年刻本。
③ 郑重《杭人唐云》，上海：上海文艺出版社，1992年版，68页。
④ 王中秀等编《近现代金石书画家润例》，上海：上海画报出版社，2004年版。
⑤ 王韬《瀛壖杂志》，上海：上海古籍出版社，1989年版，65页。

还有大量由于各种原因来此谋生者：安徽桐城人张祖翼，久困科场，无宦海履历，归为端方幕僚。善书，“晚以鬻书为活，名动海上，并汪洵、吴昌硕、高邕号四大家，然祖翼其首出矣”[①]。江苏常州人汪洵，光绪十八年以进士入翰林，工诗书，暮年“鬻书沪上二十余年”[②]。武进人黄山寿，善画工笔人物、双钩花鸟及青碧山水，立规正矩，无一俗笔，“客津门数年，拳匪后，南归于沪鬻画，言行笃诚，乐于为善”[③]。

近代以来，海上鬻艺者中较为瞩目的当推袁世凯的二公子袁克文，袁世凯倒台后他也曾一度寓沪卖书为生。1916年袁世凯逝世，按照遗嘱袁克文分得遗产24万元，但由于他挥霍无度，先后纳妾5人，又染上毒瘾，到1927年遗产竟被他挥霍一空。幸亏袁世凯旧部在焦作煤矿每月送其600干薪，另外他又为《晶报》《半月》等报刊撰文，略有稿酬，日子尚能维持。此外，袁克文还精于诗词歌赋和琴棋书画，特别是其书法，师从近代“津门四大书家”之一的严修，真草、隶篆俱妙，写得一手好字。据袁克文日记载，1916年其母病逝后他橐笔南下，鬻文海上：

> 先公召文曰：人贵自立，不可恃先人之泽，而无所建树。……今文始三十，正有为之年，而天下嚣攘，群以利征，甘屈躬以求辱溷，此暂侣于烟霞，苟活于刀笔，岂得已哉，岂能已哉！[④]

日记中袁克文坦言鬻文海上是为了“自立”，表示自己并不甘居人下，以刀笔为活纯属无奈之举。袁克文虽为纨绔子弟，然从小接受过严格的儒家思想教育，对卖文鬻书之举仍旧不能全然释怀。到了1927年，一方

① 沃丘仲子《近现代名人小传》上册，北京：北京图书馆出版社，2003年版，427页。
② 姚文楠主纂《民国上海县志》卷17《游寓·汪洵》，民国二十四年刻本。
③ 姚文楠主纂《民国上海县志》卷17《游寓·黄山寿》，民国二十四年刻本。
④ 袁克文《辛丙秘苑·寒云日记》，太原：山西古籍出版社，1999年版，114页。

面家产挥霍殆尽，另一方面国民革命军北伐导致焦作煤矿的例薪断竭，加之社会动荡，他无心作文，稿酬锐减，日子一时间陷入困难，他只得变卖早年的藏品维持生计（图15），书画珍品有六朝人绘《鬼母揭钵图》、唐人写《洛神赋》、宋赵大年《风尘三侠图》等。无奈之下，1927年夏，袁克文在报刊上公开刊出鬻书启示：

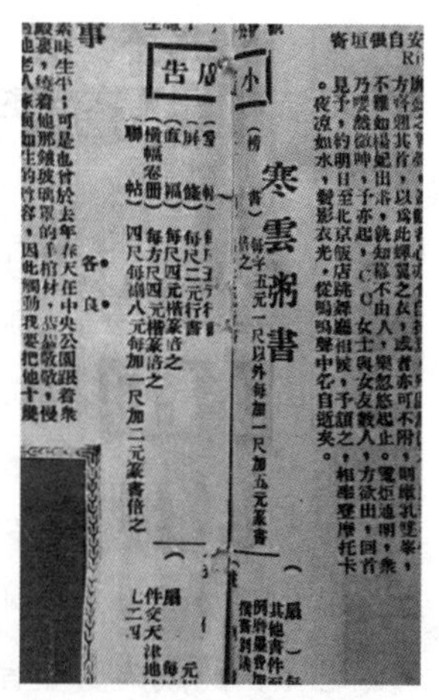

图15 1926年袁克文刊登在《北洋画报》缝里的“寒云鬻书”润例

> 三月南游，羁迟海上；一楼寂处，囊橐萧然，已笑典裘，更愁易米，拙书可鬻，阿堵傥来，用自遣怀，聊将苟活。嗜痂逐臭，或有其人，廿日为期，过兹行矣，彼来求者，立等可焉。
>
> 不佞此后将废去寒云名号，因被这寒云叫得一寒寒了十余年，此次署名用克文，在丁卯九月以后，无论何种书件，均不再用寒云二字矣。①

该笔单用语谦卑，透露出袁克文此时的窘迫落拓，甚至自称“嗜痂逐臭”，且承诺“彼来求者，立等可焉”，这与民国时期不少文人在润例中称“过急不应、立索不应”的口吻截然不同，②可见他此时困顿至极，鬻书换米“聊将苟活”，已经顾不上什么文人的颜面了。

① 袁寒云《袁寒云自述》，合肥：安徽文艺出版社，2013年版，186页。

② 如张大千润例有“立索不应”“叠扇不应、名刺不应、市招不应、劣纸不应、来文不书”。见李永翘编《张大千艺术随笔》，上海：上海文艺出版社，2001年版，54页；赵眠云书例有“小扇不应”“市招不应”“点品加倍，劣纸不应。不如例不应，立索不应”。见徐建融主编《海派书画文献汇编》，上海：上海辞书出版社，2013年版，689页；许昭润例也有“点品加倍，立索不应”。见徐建融主编《海派书画文献汇编》，上海：上海辞书出版社，2013年版，687页。

二、商业美术里的鬻艺情结

清末民初，在上海这样的商业都市靠书画谋生的形式是灵活多样的，并不是只能挂单鬻艺。

相比而言，为画报画插图、绘制月份牌或题写招贴广告等门槛较低，然所面临的舆论压力也较大。但由于商业美术市场空间较大，有书画特长者能发挥所长，因此很多近代艺术史上的大家都有过参与商业广告的经历，如徐悲鸿、蒋兆和、叶浅予、丰子恺等，由此亦可见海上世风之多元。在这里，中外商家为了招揽客户，不惜重金进行商业宣传，书画艺术由此成为商业宣传中不可或缺的元素。丰子恺回忆当时商业美术之兴盛云：

> 在今日身入资本主义的商业大都市的人，谁能不惊叹现代商业艺术的伟观！高出云表的摩天大楼，光怪陆离的电影院建筑，五光十色的霓虹灯，日新月异的商店样子窗装饰，加之以鲜丽夺目的广告图案，书籍封面，货品装璜，随时随地在那里刺行人的眼睛。总之，自最大摩天楼建筑直至最小的火柴匣装饰，无不表出着商业与艺术的最密切的关系，而显露着资本主义与艺术的交流的状态。①

经济的繁荣推动了商业美术的发展，也为流寓沪上的书画家提供了生存空间。无论是商业广告、招贴还是“月份牌”，商业美术的无处不在也使得海派书画家的生存方式趋于多样化。

漫画家叶浅予，因家中南货店倒闭，生活无着落，恰逢上海三友实业社招收广告绘画员，便试着寄去几张画稿。从此叶浅予便与广告插画

① 丰子恺《商业美术》，《艺术论集》，北京：中华书局，1935年版，107页。

结缘，在十里洋场的上海滩开启了商业画谋生之旅。他在《浅予八十自述》中说他在三友实业社“站了一年柜台，兼当广告图画员”，后来又“投身到上海美术界，画过教科书插图、舞台布景和印花设计，最后从事漫画创作”。[①]直到1937年抗日战争爆发，商业广告萧条，叶氏的商业绘画暂告一段落。与叶浅予有类似经历的是我国现代水墨人物画巨匠蒋兆和。蒋氏自幼学习画画、写字，靠为他人画像谋生，16岁只身来到上海，以画像和广告等商业美术为生。由于有美术基础，次年蒋兆和经人介绍到了南京路上的先施百货公司照相馆画广告。[②]然而大部分商业美术相关的工作往往很辛苦，收入较低，也不够体面，很多人都是迫于生活压力不得以而为之，并不愿意终生以此为业。这从1941年蒋兆和的一段自述中可以获悉：“幼而不学，长亦无能，至今百事不会，惟性喜美术，时时涂抹，渐渐成技，于今数十年来，靠此糊口。东驰西奔，遍列江湖，见闻虽寡，而吃苦可当，茫茫的前途，走不尽的沙漠。”[③]

1. 月份牌

月份牌俗称年历、日历，晚清民国时期极盛一时。月份牌是19世纪后期随着新印刷技术的引入和商品经济的发展而出现的一种商品广告画。关于它的产生，较早可以追溯到清光绪年间，1884年《申报》刊出的一则启示中有“本馆托点石斋精制华洋月份牌，准于明正初六日随报分送，不取分文。……诸君或悬诸画壁，或夹入书毡，无不相宜”等字样。[④]

民国初年，上海月份牌广告风靡一时，市场前景一片大好。郑曼陀早先在杭州的一个照相馆谋生，此时也来沪谋求发展。当时上海侍女画

① 叶浅予《叶浅予散文》，广州：花城出版社，1998年版，30页。

② 刘曦林《艺海春秋——蒋兆和传》，上海：上海书画出版社，1984年版，21页。

③ 刘曦林《蒋兆和》，石家庄：河北美术出版社，2002年版，166页。

④ 《申报》1884年1月25日。

十分流行，于是他画了四张仕女画挂在南京西路张园，被中法药房大商人黄楚九看中，用作药房广告，[①]从此开启了他十几年的商业美术生涯。在郑曼陀月份牌广告画最受欢迎的时候，社会订单纷至沓来，接踵不暇，如商务印书馆、三友实业社、中华书局、华成烟草公司、南洋兄弟烟草公司等，都是大客户，甚至于香港的不少行号都来请其作画。这使得郑氏的市场一路走高，价格也不断攀升，他“卖给商务印书馆的月份牌广告画，价格高达三百银元一张，外商英美烟草公司拟每月给他五百元，聘他为专任画师，都被他委婉拒绝，被时人誉为月份牌广告画界的梅兰芳”[②]。

受郑曼陀影响较大的是杭穉英，他是二十世纪二三十年代月份牌广告的领军人物，被称为“中国近代广告之父”。杭氏出身书香门第之家，自幼酷爱绘画，十几岁便随父抵沪学画，后加入商务印书馆图画部，负责香烟牌、月份牌业务。他不仅从郑曼陀学习了水彩画和炭精擦笔水彩月份牌画的技法，还汲取了国外相关用色的技巧，这使得其作品以细腻柔和、艳丽多姿见称，并很快打开了市场。1916年杭穉英离开商务印书馆开设了自己的画室，业务范围也从“月份牌”拓展到商品包装、商标设计等多种商业美术领域，且吸纳了何逸梅、金雪尘、李慕白等成员。据载，业务繁忙时，“每年单是月份牌广告画就达80张，每月的收入当时可以买一辆小汽车”[③]。“穉英画室”不仅包揽了上海绝大部分的月份牌和商业美术设计业务，而且还辐射全国各地，“甚至香港、东南亚地区的商行也都纷纷向画室定约画稿”[④]。由于竞争激烈，画月份

① 步及《解放前的“月份牌”年画史料》，《美术研究》1959年第2期，51—56页。

② 卓伯棠《月份牌画的沿革——中国商品海报（1900—1940）》，《联合文学》第9卷，第10期。

③ 赵琛《中国近代广告文化》，长春：吉林科学技术出版社，2001年版，112页。

④ 陈瑞林《“月份牌”画与海派美术》，《海派绘画研究文集》，上海：上海书画出版社，2001年版。

牌的技术也是商业秘密，据说郑曼陀常常闭门作画，以免技法泄露。但这并不意味着杭氏已经变成只重利益的商人，如抗战时期日军进占上海租界，曾酬以重金请他绘制月份牌，但“稺英力拒，并从此搁笔关闭画室，靠借债度日”[①]。从此改学国画，借以自娱，这在当时的社会背景下尤为难得。

清末民初以来，商业的发展带动了月份牌制作的繁荣。丰厚的利润使得不少画家转行到月份牌广告的创作中去，如谢之光、张光宇、梁鼎铭、周柏生、吴友如、周慕桥、周湘、张聿光、丁云先、金梅生、徐咏青、张碧梧、李慕白等人。这些都是当时十分活跃的月份牌画家，绘画的商业属性在他们那里得到了渲染。

由于月份牌是市场化的产物，商业色彩较重，偏离了艺术创作和审美的本旨，因此遭到部分画家的批评：“且看现在的月份牌美女画，光暗、设色、远近、都得西画的皮毛，为艺林所不取，却大受一般人之欢迎，每年消流千百万幅，而月份牌画家，是民国以来画界可以发财的一流人物。”[②]工商广告的参与者不乏画家出身，不少人是迫于生存才转行进来的，但也有些画家对此嗤之以鼻。如黄宾虹在写给傅雷的书信中便这样说道：“拙画向不轻赠人，赠人书画，如新罗画生存只为人作包裹纸用。拙作日课不求完竣，不署年月名款，完竣即为家人取去应索者。今次举近十年之作，大抵自行练习。原画用墨居多数，故暗滞不合时，不如画四王之漂亮。画月份牌，则到处受欢迎，然松柏后凋，不与凡卉争荣，得自守其贞操，但辜负盛意为抱歉无穷耳。”[③]黄宾虹不但对月份牌等商业广告有看法，而且对因循守旧的“四王”画风也表示了不满。

---

① 黄玉涛《民国时期商业广告研究》，厦门：厦门大学出版社，2009年版，44页。

② 李朴园等《民国丛书》第一编，上海：上海书店，1989年版，23页。

③ 罗清奇著，陈广琛译《有朋自远方来——傅雷与黄宾虹的艺术情谊》，上海：中西书局，2015年版，50页。

至于他说自己的作品“暗滞不合时”，主要是有感于当时浮躁浅薄的画风和艺术商品化的惨淡现实，这当然也是一种文人的孤傲与自诩。

2. 画报

晚清民国以来，除了月份牌以外还产生了一种以刊载摄影图片、绘画为主要形式的期刊——画报。它至今已有百年历史，晚清属于其萌芽时期，民国则进入了草创和发展时期。早期画报最有代表性的当属《点石斋画报》，开启了图说新闻风气的先河。此后，面对庞大的市场需求，“许多报纸竞相以画报作为副刊，《时事画报》《戊申全年画报》《民呼画报》《民立画报》《图画日报》《星期画报》等各种画报如雨后春笋般在上海涌现”[①]。以《图画日报》为例，其每期发行量竟近万册，“凡公卿士大夫及绅商学界，无不手览一编，即妇人孺子识字不多者，每喜指画求解”[②]，足见此时海上画报的繁荣。到1911年，中国出版的89种画报，其中绝大部分都在上海出版，[③]由此带动了海上绘画的商业浪潮。参与画报商业绘画者有吴友如、张志瀛、周权香、顾月洲、周慕乔、田子琳、金桂生、马子明等人，[④]他们多半是苏州年画的画师出身，所画的大部分图片是根据文字描述进行的主观构思，这种图文并茂的形式既达到了传播目的，又体现了平民趣味，很受市场欢迎。特别是《点石斋画报》，作为早期画报的开拓者，更以其雅俗共赏的内容和形式，博得市场好评，同时也给不少生活落魄的书画家提供了谋食的市场空间。

“海上”大众文化的繁荣给书画家带来了生存机遇，像徐悲鸿、

① 张伟《沪渎旧影》，上海：上海辞书出版社，2002年版。
② 引自熊月之主编《上海通史·晚清文化》，上海：上海人民出版社，1999年版，493页。
③ 熊月之主编《上海通史·晚清文化》，上海：上海人民出版社，1999年版。
④ 薛理勇《〈点石斋画报〉里的“西洋镜”》，全岳春编《上海陈年往事》，上海：上海辞书出版社，2007年版，67页。

蒋兆和等知名画家都曾在商业美术中谋食。海上书画家的成长往往是靠多种商业美术相结合的方式得以实现的，有人以鬻书卖画为生，也有不少文人画家身兼数职去报刊做编辑，从事商业广告、画报设计。比如黄宾虹一边在中央美术学院任教，一边卖画补贴生活，还在上海从事过出版事业。又如舞台布景美术家、漫画家张聿光，既主持《太平洋画报》《神州日报》画刊，又在上海一些学校开设图画课，还担任新舞台剧院布景主任兼绘景、上海明星影片公司美术主任兼绘景等职。①尽管从事商业美术与鬻书卖画并不完全是同一回事，但对于绝大部分靠艺术谋生的底层书画家而言，对待商业美术的看法也基本反映了他们对待书画商业文化的态度。也不妨这么说，靠商业美术为活，染指商业文化更甚，较之鬻书卖画反而少了几分安贫乐道的风雅。

三、书画创作目的和消费对象

1．从遣兴托志到应世谋生的转变

自古以来，书画创作便存在着两种截然不同的创作类型，一种是画工，以书画为业；一种是文人，以书画自娱，耻于以此换钱。“自娱”还是“娱人”，这种关于创作目的的讨论一直存在，然文人鬻艺取润的记载却自古有之。如南朝时市井间便流传着“买王得羊，不失所望”的俗语，尽管不能由此推定王献之、羊欣参与了市场，但可以断定的是书画交易的确存在。而《南史》中也载有萧子云舟途遇朝鲜求书使者，乃“停船三日，书三十纸与之，获金货数百万”。②从材料上看，萧子云直接参与了鬻书无疑。但类似的记载毕竟是零星散乱的，并不能因此而判

① 阮荣春，胡光华《中华民国美术史（1911—1949）》，成都：四川美术出版社，1992年版，14页。

② 李延寿《南史》，北京：中华书局，1975年版，1075页。

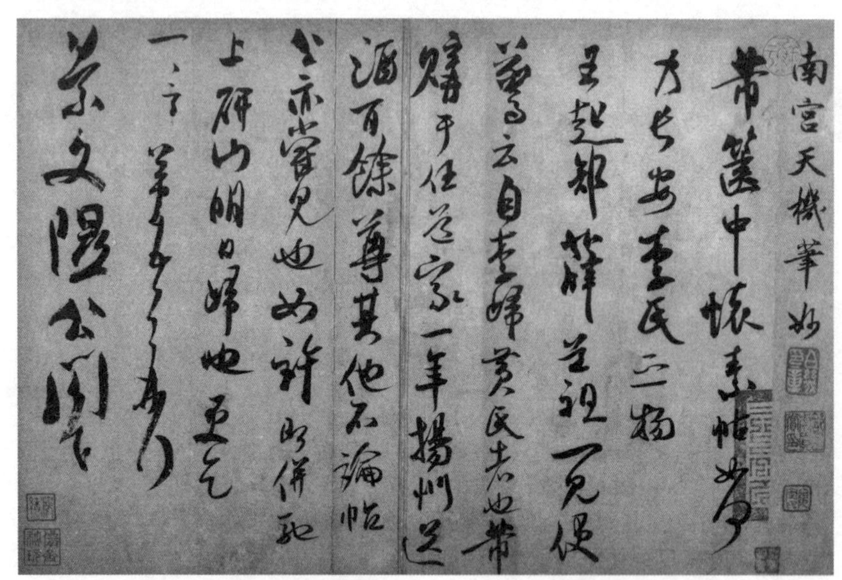
图16 米芾《箧中帖》 台北“故宫博物院”藏

定当时的文人书画家已经普遍具有了市场意识，甚至于到了宋代，米芾还说“书画不可论价”。[①]其实他本人购藏了大量书画名作，如《箧中帖》便记录了他收藏字画的事迹（图16）。宋初画家李成也对鬻画之举表示不屑，认为这有辱斯文，“与画史冗人同列”：

尝有显人孙氏，知成善画得名，故贻书招之。成得书且愤且叹曰：“自古四民不相杂处。吾本儒生，虽游心艺事，然适意而已。奈何使人羁致入戚里宾馆，研吮丹粉，而与画史冗人同列乎？此戴逵之所以碎琴也！”却其使，不应。孙忿之，阴以贿厚赂营丘之在仕相知者，冀其宛转以术取之也。不逾时，而果得数图以归。未

① 米芾《画史》，北京：中华书局，1985年版，156页。

几，成随郡计赴春官较艺，而孙氏卑辞厚礼复招之。既不获已，至孙馆，成乃见前之所画张于谒舍中。成作色振衣而去。其后王公贵戚皆驰书致币，恳请者不绝于道，而成漫不省也。[①]

李成是不是对鬻艺一概否决呢？显然也不是，否则孙氏也不会得逞了。但卖画要看对象，道德不入流者不予，自古皆然。这一方面体现了文人的志节，另一方面也道出了古代书画市场发展缓慢的部分原因。到了明初，这种分裂依然存在。如画家姚绶，王绂在《书画传习录》中说："其画有两种：一法赵千里秾丽工致；一法吴仲圭浑灏流转。然不肯率而酬应。人乞其画珍藏之者，辄喜不自胜；人或以其画售于人，即愠曰：'绘画为雅人深致，奈何令庸贩者流估价值轻重耶？'"[②]与市井流俗划清界限是文人书画家自诩之举。书画雅事不可以金钱论高低，甚至到了嘉靖年间持这种观点者仍不乏其人，如王逢元"山水师赵松雪一派，笔力疏秀，人争求购，意所不屑，虽重币弗顾也"。[③]这个现象很有本土特色，也可以说是我们的文化基因决定的，而这种文化又与我国几千年来自给自足的经济基础是分不开的。正如陈永怡所说："人类创造艺术的过程始终与经济因素纠缠在一起。"[④]长期以来我国自给自足的自然经济决定了我们的文化特征，也影响了书画商业文化的发展。

晚清以来，随着封建经济的解体和近代资本主义经济的发展，特别是清廷覆灭后文人人身依附关系的丧失，这些对传统士商观念造成极大

① 《宣和画谱》，上海：上海人民美术出版社，1963年版，114页。

② 王绂《书画传习录》，卢辅圣主编《中国书画全书》第3册，上海：上海书画出版社，1993年版，92页。

③ 徐沁《明画录》，卢辅圣主编《中国书画全书》第10册，上海：上海书画出版社，1993年版，17页。

④ 陈永怡《近代书画市场与风格迁变——以上海为中心（1843—1948）》，北京：光明日报出版社，2007年版，1页。

挑战，但“人们心中根深蒂固的传统文化情结却没有在西方商业资本的渗透下迅速崩溃，而是依然保持着顽强的生命力”[①]。因此我们有理由判断，尽管文人情结在书画商业化的问题上一直扮演了矛盾的角色，尽管在我国传统书画艺术领域之中，商业性的书画创作和交易是存在的，但与明清以来相比，早期文人直接参与书画商业的现象还不甚普遍。即便是到了商品经济日益发达的晚清民国，文人情结依然是书画市场化中的一个思想障碍，这从根本上说是由传统观念所决定的。

晚清以来，由于国势衰微，民生凋敝，官俸微薄，有些已经为官的文人也不得不靠鬻艺补贴生活，不少士人对待仕途的看法也发生了微妙变化。如晚清书画名家赵之谦，晚年任江西鄱阳县候补知县，由于官俸无多，加之连年水灾，光景不好，生活窘迫，以至于流露出做官不如卖画的心声。在赵氏致周家谦信中曰：“六皆仁兄大人阁下……弟候补一年昏忙为事，亏空大加，转不如卖画为活，不畏之甚。在属目者尚以为飞天手段也，不哀也。”[②]周家谦也曾做官，他虽出身官宦，但仕途不畅，遂辞归故里，以书画为生，这与赵之谦的处境颇为相似。读书人不为官的话，多半只能靠笔杆子为生，这种情形到了民国更为普遍。如海派巨擘吴昌硕，作为书画市场化最具代表性的书画家之一，他的作品带有较强的应世偕俗的色彩，全然没有了传统意义上书画“自娱”的特征。如其在与沈石友的书信中说：“缶为画件所累，每日做三件，大约做到三月杪方可将去年所（欠）了却。书画本乐事，而竞人苦境，衰年之人如何当之，还乞石友先生教我。”[③]吴昌硕坦言为谋生计自己狼狈不堪，市场化运作使得他不得不接受大量订件，身为物役不能自拔。

① 陶小军《1912—1937年中国书画市场研究评述》，《艺术百家》2012年第5期，228—229页。

② 单国霖《画史与鉴赏丛稿》，杭州：浙江大学出版社，2013年版，151页。

③ 单国霖《画史与鉴赏丛稿》，杭州：浙江大学出版社，2013年版，151页。

海上书画家一方面面临的是生存的考验，另一方面又身处繁杂的商业环境之中，无论是出于“自谋”还是“他谋”，都不得不放下身段，摸索市场规律和市民阶层的审美癖好，由此也便导致了书画创作旨趣的转变：“同治、光绪年间，时局日坏，画风日漓，画家多蜇居上海，卖画自给，以生机所迫，不得不稍投所好，以博润资，画品遂不免日流于俗浊。”[①]但反过来看，寓居沪上的书画家不少都是生不逢时，命运多舛，绝意于仕途的文人雅士，他们不愿随波逐流、卑躬屈膝，书画自谋保证了他们思想的相对独立。从这个层面看，书画商业文化又被赋予了更深一层的社会含义。如清末光绪年间举人陈修榆，生逢末世，一生未仕，独守清贫，晚年寓居沪上以鬻书卖文为生。陈氏有绝句两首自表心迹，一曰：“八十年华复鬻书，饥寒困我意何如？嗟余衰老颓唐甚，愿向书丛作蠹鱼。”诗后跋：“余衰甚，就残编以度残年，书此寄慨。”二曰：“青毡旧物耐寒酸，笔砚尘封最可怜。时际乱离常自叹，故人劝我莫留连。”诗后跋：“余年八旬，平生不敢妄取一钱。惟以卖文鬻字为生活。今将避地，诸友好来访，请以此作答。”[②]凄楚中透露着矛盾与愤激，反映了陈氏生在乱离，人生不得志，而又不甘堕落、不慕名利的高尚品格。与之不同的是吴待秋，他24岁便寓沪卖画为生，与屠沽细民接触最深，凡日常生活所需之物皆可易画。吴氏曾与某餐馆老板商定以画易食，即他画册页一开，换餐一顿。某天，吴氏向餐馆老板抱怨说：“你近来的伙食越来越差了？”餐馆老板也毫不客气地回答说：“吴先生，实在因为你近来也越画越差了。”[③]吴氏对书画市场的了解也甚于旁人，他画山水喜欢堆砌，并解释说：“上海人出大价钱求画，总望多画

① 俞剑华《中国绘画史》下，北京：商务印书馆，1937年版，196页。

② 叶元章《静观流叶》，上海：上海文艺出版社，2011年版，249—250页。

③ 陈定山《春申旧闻》，北京：海豚出版社，2015年版，33页。

几笔方舒服，所以只能如此对付。”[①]吴氏对待市场的态度也比较坦然："画已经变成商品，没有什么清高的事情，如果一个强盗用抢来的钱买我们的画，我们能说不卖给他？”又说，“画就是商品，人家花了钱，我马上就画给人家，我死了不欠人家的债。”[②]不过似吴氏这样敢于袒露心声的鬻艺者并不多见，相当部分的书画家在应世谋生的同时不免遮遮掩掩，不愿把自己装扮成一个商人。特别是有一定社会地位和文化修养的遗老遗少、旧世文人，他们不仅润例高，而且附带条件也多。例如晚清官员、文学家樊增祥，民国时避居沪上鬻书自谋，不仅润例奇高，还有“四不书”条例，即来文不书，双款不书，劣纸不书，约期不书。[③]这种谋生之道不独海派、京派有之，且成为贯穿整个书画近代化进程的一个特色。

2. 书画市场的世俗化

书画市场的世俗化表现在消费对象和书画题材两个方面。这也是海上书画商业化的一个必然趋势。晚清以来，随着上海经济的迅速发展和书画商业文化的繁荣，广大市民阶层逐渐壮大并成为书画市场化的重要推动者。市民阶层是一个特殊的群体，他们的审美情趣趋于平民化和大众化，对海上书画文化的市场导向产生了重要影响。杨剑龙谈到海派与京派的不同时说：“北京是历代政治中心，培养了天子脚下太平民的心态，一种悠哉游哉的士大夫文化，很适宜所谓高雅文化的发展；而上海自从开埠后就是商业中心，在中国首先培养了小市民阶层，商业气息浓郁，形成了通俗文化的大本营。”[④]的确触及到了海派商业文化的根本所在。

---

① 张宗祥《谈谈黄宾虹的画》，《艺林丛录》第五编，北京：商务印书馆，1964年版，246页。

② 郑重《杭人唐云》，上海：上海文艺出版社，1992年版，83页。

③ 陈重远《文物话春秋》，北京：北京出版社，1996年版，240页。

④ 杨剑龙《都市上海的发展与上海文化的嬗变》，上海：上海文化出版社，2012年版，96页。

上海在1843年开埠之前只是一个海边小镇，自从大英帝国开启了上海门户后，这里凭借着优越的地理条件和交通优势，迅速成为国内繁华的商业都市，并由此带来了上海社会结构的变化，即传统的士商结构出现分化，取而代之的是中产阶层、产业工人、都市平民。如果从职业划分来看，传统的农业社会以农民、官员、小商人等为主要组成部分，而上海开埠通商后，农民失去了赖以生存的土地，逐渐融入商业社会转变为工人和职员身份。此外，太平天国运动时期不少江浙一带富贾避居海上成为有钱有闲的寓公，也形成了海上新的市民阶层。到了二十世纪二三十年代，上海已经形成了一个以公司职员为主体，同时包括公职人员、律师、记者、医生、教师、小商小贩等在内的广大中产阶层，此后“中小商人和一般市民阶层壮大，构成城市大众群体，商场、游乐场、戏院、影院乃至各类艺术形式都为之一变”[①]。由于这些中产市民阶层的审美趣味体现为对时尚性和娱悦性的追求，因此海派书画文化也随之表现出偕俗的倾向。

当广大市民阶层成为支撑海上社会经济发展的重要力量时，他们的艺术诉求和审美偏好势必要影响艺术市场的走向。早在清末时期，经济因素就成为一个重要的力量渗透到书画市场中了，商人的社会角色发生了逆转，书画市场运营者也由此成为具有相当社会资源和话语权的群体。人与人之间的关系也更多体现为各种利益关系，海上鬻艺书画家经历了前所未有的商业化的洗礼，“从市民生态到市民心态都发生了前所未有的深刻变化，商业化不仅支配着市民的生活方式，而且渗透到市民生活的处世态度和行为方式之中。在这个过程中，金钱和财富受到了全社会的礼赞，并成为唯一的社会评价尺度”[②]。金钱成为当时社会中的

① 张仲礼主编《近代上海城市研究（1840—1949）》，上海：上海人民出版社，2014年版，876页。

② 熊月之主编《上海通史》卷5，上海：上海人民出版社，1999年版，3页。

重要价值尺度，这对于指仗砚田的文人而言确实是个不小的挑战，并非每个人都能很快适应这样的转变。身为“海派四杰”之一的蒲华便是如此，由于他早年科考不太顺利，遂绝念仕途，潜心书画，携笔砚云游，后寓沪卖画为生。但其乖僻孤傲的个性却并没有被海派商业文化所改变，他虽以书画谋生，却并不为商业所俘获，坚持“一生以诗、书、画自娱”[①]。同时他又性情豁达，视金钱如粪土，鬻艺得润后常常请朋友吃酒至大醉。又由于蒲华出身卑微，因此他十分同情底层民众，虽居处邻近妓馆而洁身自好，自号“不染庐”。且对妓女非但不歧视，还时常施以援手，“有时得到润例，却为堕入青楼的女子赎身，竟至身无分文”[②]。慷慨的个性使得蒲华时常捉襟见肘，为生计而忧。如1891年冬蒲华生活上又陷入困难，他向好友吴昌硕求助，吴氏家口众多，也爱莫能助，故写信给常熟好友沈石友：“有人自杭来，述蒲老狂态，天寒购得棉袄长过膝，小衫而长过袄，插入裤内，外着长衫，两袖折而穿之，左右臂如蟹箝，而身体则如大甕矣。跳笑作画，如京班武戏中所着之飘风。然可叹可笑，俟其回沪，必速告之。”[③]沈石友与吴昌硕素有交游。由于蒲华性格狷介，有狂士之风，作书画狂放不羁，不偕世俗，市场本就冷寂，又仗义好施，故时常陷入困苦。这也是近代艺术史上书画家与商业文化最常见的对话方式。

由于走的是市场化路线，海上书画家一开始便面临着要应对上至达官显贵，下至市井贩夫的两难选择。与京派鬻艺者相比，海派书画家无论是鬻艺对象还是书画题材都带有较强的世俗性和市场化特征，甚至海派巨擘任伯年、吴昌硕、林风眠等人的作品中都大量出现表现通俗历

① 吴晶《百年一缶翁——吴昌硕传》，杭州：浙江人民出版社，2005年版，163页。

② 王琪森《海派书画——百年辉煌背后的人文精神和经济形态》，上海：文汇出版社，2007年版，27页。

③ 单国霖《画史与鉴赏丛稿》，杭州：浙江大学出版社，2013年版，151页。

史故事、祈福纳祥、喜庆吉祥、花鸟草虫等题材内容，并呈现出生动活泼、喜庆鲜明、雅俗共赏的市民品味，带有极强的平民化、世俗化特征。同时还应该看到，由于寓居海上的书画家多半具有一定的文化素养和社会身份，因此在适应市场偕俗性的同时仍有所坚守，如吴昌硕便找到了一条既不失文人雅趣又深得市民阶层喜爱的兼容道路，成为古典绘画向现代转型的一个典范。

四、文化品格和市场精神的博弈：风格趋同与代笔

1. 风格趋同化

书画市场化的一个必然趋势就是艺术品生产的商品化和批量化。

生存压力下的鬻艺书画家为了适应市场和购求者的需要，逐步形成了一套程式化的书画创作方法和流程，犹如商品的生产一样去定义书画作品的尺寸、幅式、材质、题材、内容等，这是商业文化带来的必然结果。趋时性和通俗性是近代海上新兴市民文化的重要特征，鬻艺书画家的职业化决定了这一审美思潮的诞生和传播。对于置身其中的书画创作者而言，如何在赢得市场的同时保持作品的文化品格和艺术精神，成为考验他们智慧的一大抉择。不近世俗、坚持自我就可能被淘汰，而迎合市场、追求时风又易于成为概念化的符号，难有新突破。因此未成名的书画家往往为衣食而忧，而已经有所成者，则多半在坚守与创变、艺术与金钱之间徘徊，反复寻求平衡，尽可能不过多被市场牵制。其中也有少数艺术家把专业操守放在第一位，绝不为迎合市场而放弃对于艺术品味的追求。如来楚生到上海之初曾与唐云联合办过展览会，但其拙朴浑厚的画风并不被大众接受，于是唐云劝他改画清新秀丽一路，但来楚生仍然选择了坚守。[①]又如黄宾虹素以“黑、密、厚、重”的画风见称，但

① 郑重《金石书画三绝的来楚生》，《朵云》第9集，139页。

却并不十分受市场认可，行情落寞，然而他却无意逢迎时风。他虽然也认可吴昌硕花卉的破墨效果，但与吴昌硕在艺术趣味、艺术追求上还是有较大歧异，总体上将吴划归江湖派。[①]这当然与吴昌硕对市场的亲近有密切关系，由于经常接受大量订单，吴昌硕琢磨出了一套应对市场的方法，他在写给沈石友的信中说："公高兴时求代制题画诗，牡丹、珠藤、秋海棠、松竹、茶花之数种，皆东人时时点品也。"[②]明确表示要沈氏为类型化题材预备题画诗，以备敷用，则画作的趋同化、类型化也就在情理之中了。

2．代笔

当鬻艺书画家市场走俏、不断接到订单难以应酬，或者遇到自己不太擅长的题材定单时，鬻艺者便陷入两难。如果拒绝便有可能失去部分客户，但承接又要面临"身为物役"的苦恼，于是代笔现象便产生了。特别是那些广受市场追捧的海派名家，如晚清民国著名学者、书画家王同愈便常由冯超然的外甥张谷年代笔。[③]再如任伯年，他经常接到自己并不擅长的山水画订单，于是"持草图连夜向胡公寿求助，请胡氏润色完成"[④]。更为人熟知的是吴昌硕，由于声名远播，吴氏经常要应付大量的订单，但他却不善作人物和山水，令其大伤脑筋。于是人物画多由王一亭代笔，山水画多请吴待秋[⑤]和赵子云代劳，题画诗常请沈石友代劳："石友先生鉴……再寄画杏花、桃子、芋头、石榴、佛手、香橼，求各

① 冯天虬《张谷年小传》，《朵云》第22集，上海：上海书画出版社，1989年版，118页。
② 单国霖《画史与鉴赏丛稿》，杭州：浙江大学出版社，2013年版，154页。
③ 冯天虬《张谷年小传》，《朵云》第22集，上海：上海书画出版社，1989年版，117页。
④ 章利国《任伯年与海上艺术市场》，吴山明，周红英主编《任伯年研究文集》，北京：方志出版社，2004年版，102页。
⑤ 据载吴昌硕不擅山水，有人求索，"他就画一张花卉送给吴待秋，请吴待秋为他代笔一幅山水"。郑重《杭人唐云》，上海：上海文艺出版社，1992年版，84页。

代题数首。”[①]他晚年制印也多由他人代刻：“七十后由徐星洲代刻，八十后，由铁瘦铁、王个簃代刻。”[②]这当然是商业社会的大背景所致，而在海上已然成为一个普遍的社会现象。

要指出的是，代笔虽然解脱了书画名家的劳役之苦，但并不能解决海派作品趋同的问题，某种程度上反而加重了这一趋势。无论是题材、形式或是风格的类型化现象都较为普遍，特别是像吴昌硕、任伯年这样的名家，随着声名的传播，他们晚年作品类型化的习气愈发严重，“失去了中年期创造个性风格时那种鲜活的乍气和精到的艺术锤炼工夫，风格趋于定型化和程式化。这不能不说是书画作品商品化带来的弊病”[③]。批量化的创作方式势必会带来类型化的现象，但也要客观看待，不可一概否决。近现代以来，举凡有所成就的书画家无不经历了商业文化的洗礼，在大量的创作实践中逐渐摸索到了个人风格，从这个意义上说，商业烙痕便被赋予了经济因素以外的色彩和功用。

第三节　书画广告：报刊里的市场策略、矫饰与伪情

一、书画报刊与书画广告

清末民初，动荡的封建末世社会使得鬻书卖画在海上蔚然成风，一个庞大的书画商业群体由此形成，书画商业化成为不可逆转的历史潮流。有市场就有竞争，有竞争就有宣传和推广。清末民初，随着商业文

① 单国霖《画史与鉴赏丛稿》，杭州：浙江大学出版社，2013年版，154页。
② 郑逸梅《艺林散叶荟编》，北京：中华书局，1995年版，49页。
③ 单国霖《海派绘画的商业化特征》《海派绘画研究文集》，上海：上海书画出版社，2001年版，573页。

化的发展，海上书画家开始通过各种报纸和杂志进行自我推广宣传，借以提高社会知名度，招徕潜在客户，极大地推动了书画商业化的进程。近现代以来，市场竞争愈发激烈，书画家往往既是生产商，又是推销商。特别是那些初来上海的籍籍无名者，他们为了迅速提高知名度，打入书画市场，不免要千方百计地结识社会名流和较有影响力的艺术家、加入书画会，以期得到他们的支持。例如画家唐云便经常去舞厅，并在那里结识了不少社会名流和商人。

书画市场的繁荣使得书画报刊如雨后春笋般出现，鬻艺者通过《申报》《神州吉光集》《有美堂金石书画家润例》《艺观画刊》《采风报》等报刊刊登润例，广泛进行市场宣传。并且为了提升宣传效果，不少鬻艺者纷纷托请当时上海的社会名流、书画大家代为订制润例，借助他们特殊的身份和社会地位抬高身价，以引起市场和购藏家的注意。因此海上书画润例的代订人越来越多，有的多达数十人甚至几十人，如1934年江南许参军铁丰来上海鬻书鬻文，其代订人便有章炳麟、吴佩孚、孙传芳、黄炎培、严独鹤、杜月笙、王一亭、张善孖等30位政界、商界、艺术界、文化界的名流。[①]市场认可度如何，某种程度上要取决于其代订人和社交圈有多大影响，不得不说这种宣传已经变了味，金钱的诱惑极大扭曲了宣传的真实性。

此外，由于当时海上的报刊大多自负盈亏，行业内的竞争也十分激烈，因此也客观上助长了书画商业广告的泛滥和虚假。关于这一点，黄天鹏在《民国丛书》中说："因报纸之支出大部分依赖于广告收入，正如可使报纸的经济自给自足，报纸的经营可趋于独立，而减少受'政治资本'的影响。但翻过来说，报纸的生命线依赖于广告后，则又不免受

① 《申报》1934年3月2日。

广告客户的任意指使，‘商业资本’复有成为报纸太上皇的危机了。”[①]其中最典型的是广告文词的夸大失真，这种现象在民国医药、电影、香烟等广告上体现最为明显，以至于民国政府颁布相应法律进行制止。[②]二十世纪三十年代，鉴于当时虚妄广告带来的负面社会影响极大，不少报馆专门制定了自律条文，规定“有关风化及损害他人名誉，或远近欺骗者，概难照登”“如伤风败俗，荒谬绝伦者，概不接受。害人贪利之药品，诲盗诲淫之书籍，以及谈相算命迷信一流之广告，亦概不登载”[③]。可见商业环境的确污染了当时的社会风气，产生了某些不良影响，书画广告在这样的背景中产生，无论对于报刊还是参与其中的鬻艺者来说，都是个不小的挑战。

二、《申报》及市场策略与广告

上海见证了中国近代社会的整个变迁历程，而在我国近代化的历史进程中，报刊是反映现代社会风貌的重要媒介。清同治十一年（1872）英国商人安纳斯脱·美查在上海创办了《申报》。作为民国时期影响最大的一份商业报纸，《申报》中广告所占版面大得离奇，而且这在当时是较为普遍的现象。[④]

---

① 《民国丛书》第3编，上海：上海书店，1991年版，19页。

② 按，医药广告泛滥备受关注，以至于上海市卫生局发布通告：“查本市各报，滥登虚伪医药夸张广告，并有假宣传医药卫生常识之名义，特辟副刊，登载种种变相医药广告性质之文字，乖离事实，贻误病家，莫此为甚”。见《上海社会、公安、卫生局通告》，《社会医药报》第4卷第4期，600页。

③ 张更义《报纸广告实务》，北京：经济管理出版社，2002年版，240—241页。

④ 据统计，二十世纪二十年代的主流报刊广告所占版面已超过新闻。1925年的《申报》全张面积为5850英寸，广告的版面即占2498英寸，新闻的版面仅为1825英寸。同时北京的《晨报》全张面积为2880英寸，广告版面多至1258英寸，新闻只占949英寸。天津《益世报》全张面积为4864英寸，广告版面占3016英寸，新闻仅占955英寸。参见戈公振《中国报学史》，北京：商务印书馆，1927年版，225—226页。

1.《申报》广告创收

广告收入是《申报》创收的重要来源，因此我们看到其广告不仅占有较大版面，而且在内容上还包罗万象，举凡日常衣食住行、娱乐休闲、养生保健等均在刊发之列（图17）。《申报》还加强了版面设计环节，

Chatwoods Patent Safe & Lock Co. Limited
London, Manchester & Liverpool.
Works: Bolton, England.

图17 《申报》广告

从广告的图文、版式、措词到色彩搭配皆精心打造，还通过提供广告上门服务、降低广告版面费、赠送客户纪念品的方式吸引客户。[①]在不断的探索和努力下，《申报》逐渐获得了市场的认可，在众多商业报刊中脱颖而出，各种广告纷至沓来，使得《申报》成为业内广告数量最多、品种最全的报刊。问题也随之产生，由于《申报》是市场化条件下的产物，创收压力下也使得他们的广告鱼龙混杂，很难保证质量。尤其是占比较大的医药广告，虚假宣传甚为普遍，深遭社会各界诟病：

> 翻开报纸的医药广告来一看，就可以见到几乎无处不是夸大鼓惑的欺骗广告：不是三天包愈的白浊丸，就是五日断根的梅毒针。什么“包愈包医”“限日除根”，什么“出立保单”“永保不发”，五花八门，希希奇奇，无一不是离开科学的欺骗，违反事实的夸大。[②]

① 徐百益《“申”“新”两报的广告之争》，《中国广告》1998年第3期，20—21页。

② 范守渊《新闻界应有的觉醒》，《医药评论》1923年第1期，5页。

尽管《申报》也发表声明对这种现象进行谴责，[①]但虚假广告仍然较为普遍。如民初时《申报》曾刊登了一则保健品“养生素”广告，声称“服一星期应增之强力”，并配一孱弱者，示意服用一星期后身体如何强壮，能轻松负百磅之重。[②]类似这样的宣传随处可见，这是商业文化被过度扭曲的结果。《申报》不仅广告业务影响范围较广，它还将以上海为中心的整个长三角地区设定为服务区域，所以对上海周边的文化市场发展也起到重要的推动作用。具体到书画领域，晚清时期长三角周边有不少文人书画家靠鬻艺治生，但由于对市场的不确定性及乡土观念所致，使得许多以此谋生者把《申报》等纸媒作为市场宣传的阵地，使他们有机会与寓沪艺术家共享上海这一相对成熟的书画市场。[③]特别是十九世纪八十年代以来，随着新兴石印技术的发展，纸媒在推动书画市场中的作用更是日益显现。

2. 书画广告

书画广告也是《申报》中常见的一种。晚清以来，伴随着海上经济的繁荣和城市崛起，书画市场也随之活跃起来，“各省书画家以技鸣沪上者不下百余人，其尤著者，书家如沈共之之小篆，徐袖海之汉隶，吴鞠潭、金吉石之小楷，汤壎伯、苏稼秋、卫铸生之行押书；画家如胡公寿、杨南湖之山水，钱吉生、任阜长、任伯年、张志瀛之人物，张子祥、韦子钧之花鸟，李仙根之传神类，皆芳誉遥驰，几穿户限，屠沽俗子亦知

① 如《申报》曾刊出《审查医药广告》启示，曰：“上海地方，五洋杂处，良莠不齐，作奸犯科，巧于趋避。尤其是医药事业，原为造福人群之工具，然而，有为欺世骗财之徒，假借名义，虚构宣传，人民损失金钱之事尚小，摧残民族繁衍之害实大，社会清议，同深隐忧。”见《申报》1928年11月22日。

② 《申报》1914年4月11日。

③ 陶小军《“助赈启事”与晚清书画鬻艺活动——以〈申报〉相关刊载为例》，《文艺研究》2017年第9期，146—152页。

得其片纸以为荣，盖甚盛也。”[①]大量外地避难者、书画家的到来激活了海上的书画市场，关于这个情况，《上海鳞爪》有这样一段记载颇能说明问题：

> 福州路西头三山会馆墙上，每到夜里，常有卖书画者挂满了堂幅轴对，有书有画，有今人作品，也有古人遗笔，五光十色，使人目迷。且售价便宜，虚头又很多。若辈不在日间做交易，必到黄昏时候才来开张，这是什么缘故呢？据说他们的书画都是冒牌赝品，如在青天白日不容易销脱，故必至夜色迷雾下才出来做交易。现在这个书画摊已没有看见了，各笺扇店铺都兼营书画生意，每件标明价格，凭客拣选。[②]

随着寓沪书画家越来越多，市场竞争愈发激烈，似这种小范围的书画交易已经不能满足市场和鬻艺者的需求，于是书画家纷纷通过报刊刊登广告进行更大范围的市场宣传。《申报》作为当时颇具影响力的报纸，自然是大家竞相追捧的对象。尽管晚清以来商业文化的泛滥极大解放了人们的思想，但由于鬻艺者多具备一定的文化修养，甚至不乏书画名家，因此我们看到他们的润例仍存在种种顾虑。所以《申报》自1872年创刊后的数年间，刊登书画润例的鬻艺者并不多见，且多非名家。如1874年《申报》刊出这样一则启示：

> 写大字　甬上清晖老人笔试纯颖鸡毫，住城内亭桥西施寿柏

① 引自陈永怡《近代书画市场与风格迁变——以上海为中心（1843—1948）》，北京：光明日报出版社，2007年版，134页。

② 郁慕侠《上海鳞爪》，上海：上海书店，1998年版，111页。

> 家。一尺宽每字润笔英洋一元，二尺加倍，五尺为度，其余尺内以下联屏，等等，见教者一概奉送不取笔资。[①]

该润例的用语颇值得玩味，文中不称“书法”只说“写大字”，还说如能得人指点则不取润笔，如此谦卑的姿态令人好奇，是宣传策略、自谦还是怕遭世人诟病？恐怕主要与当时相对保守的社会风气有关。另，该润例署名“清晖老人”也让人浮想联翩，这一方面借用了清初王石谷“清晖主人”的名号，另一方面可能也是出于保护名节的考虑。总之，这种遮遮掩掩的情况可以反映出晚清文人情结与商业文化的内在较量，如果不是赶上晚清灾荒不断的社会状况，恐怕文人鬻艺的进程还要迟滞许多。

《申报》所刊书画广告大体上可分为以下几种情况，兹分别加以论述。

首先是晚清时期大量的书画助赈广告。陶小军在谈及晚清鬻艺活动时指出：“尽管晚清社会已有重商主义的价值倾向，但专制王朝的文化统治并未彻底覆灭，……深受传统价值观控制的文人阶层也必须寻找一种恰到好处的模式与出版商合作。‘助赈启事’便是模式之一。”[②]以公益的形式鬻艺减轻了参与者的道德负担，是当时一度畅行的书画市场行为。清朝光绪三年至四年间，“丁戊奇荒”席卷北方数省，一时间海上书画家纷纷慷慨解囊，以书画义卖、廉润等多种形式加入到义举之中。有“书画赈灾第一人”之称的金免痴率先发起助赈行动，《申报》1878年7月2日刊有其《捐资画荫助赈》启示曰：

① 《申报》1874年1月26日。

② 陶小军《“助赈启事”与晚清书画鬻艺活动——以〈申报〉相关刊载为例》，《文艺研究》2017年第9期，146—152页。

灾已三年，荒延数省，伤心惨目，苦不堪言。……今又有金君免痴者夙精书法，绘事尤工，闻今特立愿捐卖画兰一千件，设砚于老巡捕房对门彭诚济堂，集收润笔之资，尽作赈饥之用。因欲速成，特从贱售，……昨第一日间已有数十件立刻挥就，随到随画。

"速成""贱售""立刻挥就，随到随画"等词有"为人役使"之嫌，在鬻艺润例中向来是比较忌讳的。但由于金氏称"润笔之资，尽作赈饥"，所以非但没有降低身价反而显得有几分"兼济天下"的豁达。对这则润例把鬻艺与道德捆绑的情节，有评论者指出："自古艺人艺术造诣高低常与德行关联，使得许多原本并不精于艺事的所谓有德者之作往往能在交易中占据重要位置，这正是金免痴所刊之助赈启事虽非严格意义上的商业广告，但经济效益更胜普通趋利性表述的原因所在。"[①]所以说晚清的灾荒年景给鬻艺者提供了主动参与市场的契机，同时又释放了他们在商业文化中的道德压力。

然而短短几天以后，7月8日《申报》又刊出了金免痴一则启事：

前报金君免痴在本埠彭诚济堂画兰，所得笔资，即以助赈。兹闻画至前日，计堂幅、册页、扇面等千件已尽数，画竣共得笔资钱二十二千九百五十八文，当即邮寄苏垣谢氏助人赈款。然求画者尚接踵而来，不特户限为穿，抑将手腕欲脱，却之不能，受之不可。因拟此千件外有续来画者，每件概加一倍，半则仍归助赈，一半则以藉自润云。

① 陶小军《"助赈启事"与晚清书画鬻艺活动——以〈申报〉相关刊载为例》，《文艺研究》2017年第9期，146—152页。

不得不说短短几天“千件已尽数”的真实性值得怀疑，或恐是一种宣传策略。而所得润资是否果真“悉数捐赈”也无法查实，因此这种借助赈鬻艺的举动不可避免地要转化为市场行为，从两则润例来看，金氏“不仅提高了作品的基础价格，还完成了由公益活动到鬻艺交易的转变”[①]。且他的这种行为很快被复制，并成为一种不良的社会风气。公益书画广告有助于减轻鬻艺者的舆论压力，所以当时人争相效仿。如1889年12月12日《申报》登出《女史画赈》启事：“公阳里陈氏百尺楼主名筠，字兰隐。昔为北里翘楚，嗣又遇人不淑，重堕青楼。素精大法，兼通文义，兹以灾区待赈，大发婆心，愿以绘事助赈。……悉数助赈。”甚至青楼中人在助赈大潮中鬻艺都被世人所认可，这在商业文化近代化进程中是一个很有意思的现象。

“悉数捐赈”的书画广告随处可见，如《申报》1878年7月29日的一则《润笔助赈》曰：

> 书画笔资助赈，本埠前已有人，兹闻又有嘉兴沈子文、嘉定金敏之两君，定于七月初一起，各以一千号为度，所得润笔尽数捐入赈款。沈善书而金善绘芦雁，计纨折扇每叶仅取青蚨二十文，四尺条幅四十文，五尺六十文，六尺八十文，横直幅加倍。求书画者可交大东门内彩衣街王永泰纸店云。又闻宝善街荣锦里底两湖赈捐转运局寓，有瀛州金鳌钓徒亦以书画助赈，铁厂舆图局亦有补拙堂四体书画及镌刻牙石章取润资作赈。两处润例并不昂贵，惟逐项照登未免繁琐，且各有仿单，似亦无待详录。所望讲究书画者玉成是举，庶不负此翰墨缘耳。

① 陶小军《“助赈启事”与晚清书画鬻艺活动——以〈申报〉相关刊载为例》，《文艺研究》2017年第9期，146—152页。

与之稍有不同的是《申报》1878年8月10日《吴楚卿字画减润助赈》：

余习松鼠翎毛画会，欲筹资六百千助赈，愿减润：扇每叶笔润五十文，屏幅纸不论大小每件取润一百八十文，点景照仿单减半，特此布闻。

无论是“悉数助赈”还是“减润助赈”，一方面顺应了“丁戊奇荒”的社会背景，另一方面也某种程度上推动了书画作品的市场化，提高了书画家的社会声誉。

除了助赈书画广告以外，《申报》中也不乏单纯商业性的润例告示。如《申报》1926年6月30日《刘潜楼润例》曰：

德化刘潜楼侍郎，鬻书以来，求者粉至，日不暇给，兹特将辛亥旧刊润格重加厘订，今已寄沪，分交朵云轩、九华堂诸笺扇店。计楹联四尺以下八元，堂幅四尺以下十元，屏幅五尺以下六元，写《书谱》一通二百元，就中以写《书谱》，求者尤为坌集。

除了明码标价外，润例中还提到刘氏为“侍郎”，称他的作品市场走俏，“求者粉至，日不暇给”，特别是写《书谱》更受欢迎，这些都是鬻艺者的市场卖点。又如《申报》1929年3月2日书画家卓兰斋廉润曰：

先生蒙上海大家王一亭、吴待秋、唐驼、伊立动、刘海粟以及印光法师等介绍，登报数天矣，顷接各界来函云先生书画经各界评许，确系大家。但来沪未久，如不重行廉润，难结世界墨缘，是以许之，今照原润只收半价，以廿一天为限，外埠四十天。

一方面有名家代为介绍，以表明确实有水平，另一方面又苦于“来沪未久”，于是用限时廉润的方式打开市场，这是很多文人出身的书画家乐于选择的方式。也有以书画社团的名义代为介绍书画家的。如1927年《申报》介绍山水画家汪声远：

汪声远研究国画廿余年，历任教客，遐迩周知。兹为补助本社经费起见，凡索画有润满五元者可得汪君出门指定寓所，对客挥毫，俾观者增添兴趣云。扇册减取一元，中堂每尺一元，细笔青绿点景均可。上海老西门外肇周路普安坊十一号国画讲习社启。[①]

这里采用的是“润满五元”即有优惠的策略，与晚清时期的“廉润助赈”有异曲同工之妙。另外，对于寿屏、墓铭、碑志等题材，由于可能涉及“谀墓”之词，向来是文人书家比较忌讳的。如宋人赵令畤在《侯鲭录》中说：“唐王仲舒为郎中，与马逢友善，每责逢曰：‘贫不可堪，何不寻碑板自救？’逢笑曰：‘适见人家走马呼医，立可待也。’”[②]表现出对撰写碑志极度不屑的态度。到了清末民初，在《申报》中看到的情况是，多半书家对书写碑志避而不谈，或者以“面议”“函议”等比较暧昧的态度带过。当然也有明码标价的，通常都远高于普通的书作。如《申报》1892年7月11日《敦让生润格》曰：

仪徵方君仰之，精铁笔，工篆隶，风雅士也，所至之处，无

① 《申报》1927年7月17日。

② 赵令畤《侯鲭录》，北京：中华书局，1985年版，54页。

不名噪一时。先来申住宝善街老椿记。润格每字石章三角，牙章四角，铜章五角，晶玉章一元五角。朱文加倍。凡古砚器铭玩物面议绘图□□，泥金在□；扇面一元二角，黑油加倍；中堂四尺八元，五尺十元；屏幅每条三尺二元，四尺三元，五尺四元；磁青寿屏用泥金写寿文百句计六幅四尺三十元，五尺四十元。

《申报》1873年2月25日：

书画馆，海鸥阁艺术书画在邑庙兰华堂笺扇铺楼上，包写寿屏、祭文、碑铭、墓志、行草匾对、屏扇小楷、闺扇、琴条，并画山水、花卉，题咏古今名人名画及跋语，代撰对联，赐教者登楼面议。海鸥主人启。

《申报》1923年11月14日《王岩左腕卖字》：

楹联四尺四元，增一尺加一元；堂幅三四尺六元，增一尺加二元；条幅四尺二元，增一尺加一元；横幅照堂幅例；寿屏五尺每幅三十元，增一尺加十元；匾额尺方每字二元，尺外加倍，手卷册页，每尺五元。墨费加一成，金笺加办，劣纸不书。先润后笔，定期取件。

《申报》1923年11月21日《悲秋居士书例》：

对联三尺二元；屏以四幅计 四尺四元；中堂横披四尺二元。以上各种每加一尺加一元。榜书正草听便每字三元半，三尺以外每字七元。来文加半，寿屏墓志函议，册页、扇面、题签等件每件皆一元。

以上材料可以看出，随着清末民国商业文化的发展，书画家逐渐开始放下思想包袱，以至于出现如此大范围的书画家在媒体上公开对外挂出润例的现象。除了《申报》外，其他诸如《字林沪报》《时报》《神州吉光集》《有美堂金石书画家润例》等报刊也不断有书画润例刊出，流风所及蔚然成风。另外，随着新兴印刷技术的普及，其快速传播的特点广受鬻艺者欢迎，市场上还出现了不少名人书画的印刷品，如任伯年、徐三庚、曾熙等人均在印刷之列，满足了更大范围的普通群众的艺术爱好。在《申报》书画广告中也频频可以看到类似对印刷品的宣传。《申报》1880年11月24日：

点石斋印售书籍、图画、碑帖、楹联价目，点石斋主人姜查启。对联：伊秉绶、曾熙、何子贞等，以上各对白纸每副洋二角，色纸二角五分，已裱者每副另加工洋二角。徐三庚八分书外国笺纸琴对三角，裱成四角。任伯年绘《骑驴图》立轴着色，洋一角，加洋二角五。

《申报》1880年11月21日：

点石斋所印各字画，允为名流所鉴赏，今又印成若干种，合即开列于左，赐顾者请就本报申昌书画室可也。计开行书小屏六条，计洋八分；行书中屏四条，计洋一角，裱者合计四角；任伯年翎毛花卉真迹屏条四张，计洋二角，著色者五角，裱者加工洋四角五分；陆芝祥七言对，计洋二角，色纸二角五分，裱者另加工洋二角；行书中屏四条，计洋一角。

从这些书画广告看，虽然印刷品质量下真迹一等，但由于可反复印刷，数量大、价格便宜，能够最大限度地满足普通市民的消费需求，《申报》的宣传无疑为这种形式的书画消费提供了强大助推力。

三、书画“寄生”的组织和渠道

由于书画的市场化与文人有密不可分的关系，所以文人情结始终是书画商业文化中的一个重要部分。这也就使得书画在介入市场的同时区别于普通商品，一个很重要的体现在于书画中间人和各种书画机构的参与，他们为文人体面地介入市场提供了方便，同时也为书画家提供了可供“寄生”的空间。

1. 画会组织

由于书画商业化自古被伦理道德所束缚，所以直至晚清以前，不少书画家还通过私人社交和朋友推介的方式完成市场行为。到了清末，海上出现了一种以技艺切磋和文人雅集为主要目的的画会组织。起初这种组织并无固定的领导机构和活动章程，如1839年，“虞山蒋宝龄来沪消暑，集诸名士于小蓬莱，宾客列坐，操翰无虚日，此殆为书画会之嚆矢”[①]。1851年，由吴宗麟发起的萍花诗社在上海成立，之后诗社转变为以书画雅集为主的形式，社员参加雅集并非为稻粱谋，纯属业缘，兴集雅叹。到了1895年，由吴大澂、顾鹤逸发起成立了怡园画集，吸纳了陆廉夫、吴昌硕、金心兰、吴秋农、郑文焯、任伯年、胡公寿、王一亭、蒲作英等名家阵容为会员，每月聚会三次，画会也以讨论金石画理、品

① 杨逸著，陈正青标点《海上墨林》，上海：上海古籍出版社，1989年版，5页。

鉴法书名作为主要宗旨，称为“研讨六法、切磋艺事”。[①]

随着商业文化的发展，各种书画团体如雨后春笋般出现，民国前后更是达到一个高潮。如1900年的海上书画公会，1909年的豫园书画善会和宛米山房书画会，1910年的上海书画研究会，1911年的青漪馆书画会，1912年的贞社，1915年的东方画会，等等。特别是上海地区，由于经济发达，市场活跃，在二十世纪三十年代美术社团的数量已由几个迅速发展到几十个。[②]但在民国之前成立的书画会或组织多半带有文人雅集的性质，并不以商业运作为宗旨。如清光绪、宣统年间，由任伯年弟子俞达夫创办于海上的文明书画雅集便是如此，雅集地点选在上海九江路福建路口的“文明雅集茶楼”[③]，大家会聚于此主要是为了鉴赏珍藏，吃茶论艺。

1905年是个重要转捩点。这一年科举制度被废除，不久清廷也覆灭了，这使得文人的生存状况发生了重要转变。由于传统的入仕渠道不复存在，士人失去了原有的人生追求和精神寄托，生活上又陷入窘迫。于是不少文人士子放下身段，开始了笔耕墨耘的生活，纯粹出于书画爱好而发起的雅集也逐渐退出了历史舞台，半雅集、半交易性质的书画会逐渐多了起来。较早有清代末年的“海上题襟馆金石书画会”，会长是任洵。画会活动一般在晚上进行，一方面是交流画艺、品鉴作品，另一方面，“书画掮客也每晚拿出大批的书画古玩去兜售。会里有各会员的润格，代会员收件”[④]。这是一个有着较为严密组织的书画团体，带有商业运作的性质。由于画会可以代为制订润格、宣传推介作品，所以先后吸纳了寓沪书画、篆刻家一百余人，在上海引起极大轰动，此会一直到

① 许志浩《中国美术社团漫录》，上海：上海书画出版社，1994年版，10页。

② 可参见许志浩《中国美术社团漫录》，上海：上海书画出版社，1994年版。

③ 乔志强《中国近代绘画社团研究》，北京：荣宝斋出版社，2009年版，173页。

④ 郑逸梅《郑逸梅选集》第1卷，哈尔滨：黑龙江人民出版社，1991年版，238页。

1926年才告罄。

清同治年间，画家殷宝在上海“得月楼扇肆”成立了“飞丹阁书画会”[①]，画会地处商业繁荣的豫园内，既是书画家雅集的好去处，又便于展开书画商业行为。同时由于该画会有商人的支持，市场渠道较多，为鬻艺书画家提供了良好的市场条件，且有胡远、张熊、蒲华、杨伯润、吴友如、任预、吴昌硕等名家常来助阵，所以吸引了不少外地书画家，如初抵沪时的任伯年便曾借宿于此。1909年，由钱慧安、吴昌硕、蒲作英、杨逸、冯梦华、张善孖、王一亭等人共同发起组织了“豫园书画善会”，与其他书画组织不同的是，该画会具有较强的商业意识，并且详细制定了《豫园书画善会缘起及章程》：

> 创设此会时，已早议定：书则钟鼎、小篆、八分、六朝行楷、狂草，画则山水、花卉、须眉、仕女、飞禽、走兽，咸应合作。即偶有独作之件，亦必另手题款，不仅别开生面，且可各尽所长。但书画家大半都仗砚田，因须先筹公私两全之法，庶可共坚始终乐善之诚。今亦议定：所收之润，半归会中，半归作者。……本会甫经创设，如房租、器具、用人、茶水、杂用各项，经费难筹。现经同人公议：入会者每人月助洋银半元，其扶善会，或按月先付、或润内补提，各由自便。[②]

与以文人雅集、切磋论艺为主的书画组织不同，豫园书画善会坦诚布公地对外说明了其商业运作模式和参与成员的利益分配，且规定了入会者应纳会费的制度。它已经具有明确的商业章程和行事流程，对于参

① 乔志强《中国近代绘画社团研究》，北京：荣宝斋出版社，2009年版，101页。

② 《朵云》第12期，上海：上海书画出版社，1987年版，145页。

与其中的书画家而言，这样既避免了与市场正面接触的尴尬，又最大限度地打开了市场，因而备受欢迎。与之类似的是上海书画研究会，该会于1910年由部分海上书画家和鉴藏家联合发起成立，起初便制定了详细的商业运作规程：

> 本会……备有笔砚画具，兴到走笔，或书或画，作为寄售品，除照各人仿单例扣取一成外，加纸色费一成。本会代接书画家之件限期，须格外从速，以尽义务。其润笔悉照各家仿单扣取一成，润资交到取件。会外书画家有愿来会观赏研究者，听其自便。其有时常到会者，亦应月捐茶水费二元。会员临池染翰合作，交存会中，作为寄售品。公定润格若干，售出后，如三人合作，作为四股均分；以此类推，取一股存于会中，以备开支不敷之补助。书画家收藏长物愿寄售者，请交入本会，先行陈列，随时出售，照价也扣一成。[①]

上海书画研究会兼具文人雅集的功用，是半雅集、半商业化的书画组织。关于商业的部分，画会在章程中明确了成员的责任和义务，将不同形式的合作和寄售利益分配规则细化，把鬻艺文人与市场的对接形式由直接转换为间接，规避了士商观念与市场碰撞可能带来的不便和摩擦，这也是书画商业文化在近代化进程中值得关注的一个现象。

同样采取半雅集、半交易运作模式的还有1911年成立于沪上的“青漪馆书画会”。我们在《青漪馆书画会小启》中看到了其书画商业运作模式和利益分配的相关规定：

> 本会书画，购者如欲点品，某人与某人合作，或某人独作，均

① 许志浩《中国美术社团漫录》，上海：上海书画出版社，1994年版，18—20页。

照各人润单计算。惟本会专售各会员之新书画，其余旧画，概不寄售、陈列，以清界限。本会书画润笔，随售随分，概不记账。倘有某会员经售者，即由某会员取润，以免延宕遗忘之弊。[①]

豫园书画善会、上海书画研究会和青漪馆书画会皆属于半雅集、半交易的书画群体，是一种互助的民间书画组织。从它们的章程来看，尽管传统文人在书画商业化进程中还不时被旧式身份和士商观念所束缚，但总体上已经做出了调整的姿态，通过多种形式逐渐参与到书画市场中来。同时，书画雅集所汇聚的人力信息和社会资源也为鬻艺者打开了方便之门，使得那些依仗砚田的书画家在形式上有了组织依托。雅集不仅部分承担了文化交流的功能，而且还为鬻艺者进行市场交易提供了一块"遮羞布"，实现了各方利益的最大化。

2. 书画笺扇庄

如果说晚清民国以来书画会的商业活动还多少有些遮遮掩掩的话，则书画庄、笺扇庄的市场指向便更为明确了。由于明清之前专门经营时人书画的盈利性机构尚未形成风气，所以书画交易相对零散。晚明以来，随着商业文化的发展，书画市场开始逐渐形成，对于那些名气较大的书画家或社会名流，书画商会主动到府第诣门求购，而普通书画家要想出售作品则需亲自介入市场，或通过书画庄、笺扇庄及其他店面寄售，这在清末民初逐渐成为常态。

文人一方面要鬻艺自活，另一方面又想保全颜面，书画笺扇庄的出现很大程度上解决了他们这一诉求。实际上早在晚明时期的苏州、松江、嘉兴、湖州等经济发达地区，便已经出现了一些独立的书画店铺。陈永怡说："在近代艺术市场经济活动中，专门的书画经营机构和经纪

① 转引自许志浩《中国美术社团漫录》，上海：上海书画出版社，1994年版，21—22页。

人成为推动市场繁荣的重要角色。”①书画庄、笺扇庄等专业机构的出现，标志着艺术品市场化条件的日趋成熟。晚清民国时期，这种交易渠道在上海发展较快。这一方面是市场发展的需要，另一方面也确实为鬻艺者提供了衣食庇护之所。同时还应该看到，尽管海上鬻艺成风，但不少鬻艺者在触及商业问题时仍要找一些冠冕堂皇的理由，表现出一种既要鬻书卖画又要百般掩饰的矛盾心态。这个情况可以从海上名家陈曼寿的一首诗中获悉：“岁月堂堂老笔耕，卖文卖字乐余生。此行恐惹旁人笑，欲避烦嚣又出城。”②在这样的情形下，作品交由书画店代理，帮助他们协调市场关系，处理与顾客讨价还价等具体事宜，自然能避免许多不必要的尴尬。因此在近代书画市场化过程中，书画庄、笺扇庄扮演了重要的中介角色，不仅为书画家打开了市场沟通的渠道，而且还为初来上海的谋生者提供了接触、取法海上名家的机会。

书画笺扇庄与市场联系密切，吸引了不少书画家前来挂单鬻艺。据载江寒汀初到上海时，每逢周日便去“九华堂”“朵云轩”等笺扇店观看海上名家书画，仅短短的一年在艺术上便有了显著的提高。③晚清时期，与笺扇庄合作的书画家达三百多人，而这个数字到了民国时期已经升至四五百人之多。④书画笺扇庄的发展也势如破竹，据清人葛元煦《沪游杂记》载，至宣统元年，上海笺扇店字号达109家，主要分布在抛球场、广东路、四马路、豫园一带，其主要业务便是“代乞时人字画”。⑤较为知名的笺扇庄有道光年间的缦云阁，同治年间的古香室、锦润堂、

① 陈永怡《近代书画市场与风格迁变——以上海为中心（1843—1948）》，北京：光明日报出版社，2007年版，60—61页。

② 陈曼寿《移寓城外吉祥街口占二绝》，转引自王中秀等编著《近现代金石书画家润例》，上海：上海画报出版社，2004年版，404页。

③ 李咏森《忆同学江寒汀》，《朵云》第8期，上海：上海书画出版社，1985年版，64页。

④ 参见高红霞《近代上海文化市场中的笺扇庄》，《近代中国》第二十二辑，2013年版。

⑤ 葛元煦《沪游杂记》，上海：上海古籍出版社，1989年版，19页。

戏鸿堂、飞云阁、得月楼等，到了光绪年间又出现了九华堂、一言堂、朵云轩等二十几家。而到了民国时期更是多达四十余家，如锦仁堂、九福堂、清秘阁、九裕堂等。海上书画笺扇庄中较为知名者，“洋场以古香室、缦云阁、丽华堂、锦润堂为最，城内以得月楼、飞云阁、老同春为佳”[①]。笺扇庄的迅速发展折射出书画市场的繁荣，也见证了近代书画商业文化发展的历程。

书画笺扇庄的功能是多样的，它不仅出售文房用品，推介和代售书画作品、转交润金，同时还承揽装裱字画业务。其中为书画家搭建市场平台是一项十分重要的业务。具体而言，对于市场号召力强的名家，笺扇庄会为之开设专门的画室，供其进行艺术创作，接待宾客等。对于普通鬻艺者而言，则通常会建立书画家“标签”：“就是一个账本式的东西，上面写着画家的名字，标上山水、人物、花卉、翎毛的尺寸和价格，来订画的人就根据这个标签上的价格向画家订购。”[②]还会派专门的伙计在书画家和客户之间跑腿，负责具体事宜的接洽。除此之外，为了联络感情，加强与各方的合作关系，书画笺扇庄还会不定期宴请知名书画家参加展览、进行艺术品鉴及其他社交活动。对于那些有潜力的书画家，笺扇庄还会在报刊上进行市场宣传，提高其社会知名度和市场影响力。[③]书画笺扇庄是盈利性的机构，因此它所提供的服务也主要面向那些较为知名的书画家，而初来乍到、籍籍无名者则只能主动把书画作品送来寄售。有些鬻艺者生活上陷入困难时也会向笺扇庄求助，如刘少旅经营的九华堂是一家颇有影响的百年老店，刘氏与书画家交谊颇深，经常会有落难者向其求助，后世流传的一信札中详细记录了相关情况：

① 葛元煦《沪游杂记》，上海：上海古籍出版社，1989年版，19页。
② 郑重《杭人唐云》，上海：上海文艺出版社，1992年版，68页。
③ 单国霖《海派绘画的商业化特征——海上绘画研究文集》，上海：上海书画出版社，2001年版。

> 弟现因要需请借转二元应用，如二元未便，则一元亦可，因弟就坚道南洋中学已停办，日中又赋闲，各处书件希多多介绍为叩。
>
> 刻字奇贫，笔砚久枯，可否为我暂假十元，他日或写字抵偿何如？
>
> 连日支需甚繁，房租又到期，请设法帮忙惠赐日前账项，不胜感谢。[①]

书画庄与书画家是相互依存的，一方面鬻艺者会主动寻求笺扇庄的帮助，另一方面笺扇庄也会反过来物色有潜力的书画家，尤其喜欢主动延请名家助阵。有意思的是，笺扇庄培养和扶持新人，为其提供生活庇护和市场宣传，有时也是一种“押宝”行为，如吴昌硕不甚知名时“曾携一石章送给某巡抚，某巡抚不加青睐，他愤而走沪，住在笺扇铺楼上卖画，一扇取润两百文”[②]。其时吴氏市场价格十分低廉，后来得到王一亭帮助行情一路攀升，吴昌硕更是成为海派的巨擘，对于笺扇庄而言自然是名利双收的事了。又如任伯年初寓海上时人微言轻，市场没落，他便“由胡公寿介绍在古香室笺扇店画扇为生计”[③]，古香室还为其设置了画室，为其进行市场宣传。之后任伯年又结识了玉声堂、九华堂等知名笺扇庄的老板，借助书画笺扇庄和书画商家的鼓吹，任氏也最终打开了海上市场。再比如申石伽，1926年他携其画作《芦塘聚雁图》到上海参加全国美展，一时间好评如潮，随之便与戏鸿堂、九华堂、荣宝斋、朵云轩等知名笺扇庄建立了合作关系，并很快被沪上书画收藏界人士所接

① 陈永怡《近代书画市场与风格变迁——以上海为中心（1843—1948）》，北京：光明日报出版社，2007年版，76页。

② 郑逸梅《郑逸梅选集》第二卷，哈尔滨：黑龙江人民出版社，1991年版，670页。

③ 卢辅圣主编《任伯年研究》，上海：上海书画出版社，2002年版，310页。

受，[①]反响不俗。而申石伽来沪时年仅21岁，可见书画庄在物色人选时也要独具慧眼。

与此相对，名家助阵对书画笺扇庄的发展也十分重要。1875年，始创于杭州的王星记扇庄一度发展陷入危机，后转战上海，并邀齐白石、丰子恺、吴湖帆、沈尹默等名家为之作画题字，于是“身价百倍，人们竞相争购”[②]。所以对于那些名气较大的书画家，笺扇庄便会提供周到的服务，尽量满足他们的私人要求。比如民国时期溥心畬以其特殊的皇室身份而成为市场的宠儿，荣宝斋与其签订了代理合同，并为其提供人性化服务，溥氏只需在家挥毫泼墨，荣宝斋每月派人前来上门取件。还有吴湖帆，他不愿为外人打搅，于是把作品交由各笺扇庄出售，我们在其日记中常会看到相关记录：“为宝华堂作画册四开，一仿房山，一仿巨然，一仿子久，一仿云林。”[③]又，“余画仿马文璧《松溪飞瀑》小幅，荣宝斋取来。”[④]笺扇庄作为对接市场的桥梁，的确减少了书画家与消费者之间诸多的沟通成本，使得书画家能够更大范围地被市场接受。我们翻开《近现代金石书画家润例》，看到润例中所留收件处绝大部分是笺扇庄，或“各大笺扇庄代收”等字样。实际上近代以来的不少书画家在鬻艺道路上都曾得益于笺扇庄等中介机构的帮助，如荣宝斋之于齐白石，朵云轩之于沈尹默等，都是较为典型的例子。[⑤]

为书画家推介作品是书画笺扇庄的重要职能之一，这样既免去了名

---

① 参见卢炘、唐博主编《世纪丹青·中国书画名家纪念馆馆藏精品（三）》序，杭州：中国美术学院出版社，2004年版。

② 王震编《二十世纪上海美术年表（1900—2000）》，上海：上海书画出版社，2005年版，490页。

③ 吴湖帆《吴湖帆文稿》，杭州：中国美术学院出版社，2004年版，63页。

④ 吴湖帆《吴湖帆文稿》，杭州：中国美术学院出版社，2004年版，81页。

⑤ 参见陈永怡《近代书画市场与风格变迁——以上海为中心（1843—1948）》，北京：光明日报出版社，2007年版，68—69页。

家苦于应酬的烦恼，也可以为普通书画家尽快打开市场，成为书画家们争相攀附的商业窗口，是书画近代化进程中的一个特殊现象。

3．书画中介人

与书画笺扇庄相关的是书画中介人。

商业活动中的中介人，早在西周时期便有，称为“质人”，到了汉代称作“驵侩”，唐朝以来又出现了“牙人”的说法。尽管这些中介人的名称不一，但他们的职能是相同的，即为交易双方提供担保，帮助协商价格，保证交易顺利完成。书画交易中“书侩”的记载较早见于唐李绰《尚书故实》：“京师书侩孙盈者，名甚著。……豪家所宝，多经其手，真伪无逃焉。王公《借船帖》是孙盈所蓄，人以厚价求之不果。卢公其时急切减而赈之，曰：‘钱满百千方得’。”[①]孙盈专门为有书画交易需求者提供洽谈和对接服务，这个职业在宋代又称作“驵”。在“轻商”思维的影响下，历来职业书画中介人被视作低贱的行当，所谓“车船店脚牙，无罪也该杀”。从事书画交易并从中牟利向来为士夫们所不耻，可能正因如此，历代关于牙侩的记载十分少见。但文人的书画市场行为要想做到体面，却又离不开书画中介人的帮助。

到了明清时期，商品经济的发展使得牙商人数大增，甚至于形成了一个专门的“牙行”。晚清民国时，在商业文化发达的海上更是出现了职业的“牙”人——掮客。明清之际，随着书画商业文化的发展，牙侩的活动也频繁起来，相关记载亦无不与牟利有关。晚明时人谢肇淛在其《五杂组》中曾谈及书画“七厄”，其中一厄便是“射利大驵，贵贱懋迁，才有赢息，即转俗手”。[②]晚明稍早时期的詹景凤在《詹东图玄览

① 丁如明等校点《唐五代笔记小说大观》下册，上海：上海古籍出版社，2000年版，1167页。

② 谢肇淛《五杂组》卷七《人部·三》，上海：上海书店，2009年版，137页。

编》中有一段书画中介人的记载："怀素《自叙》，旧在文待诏家。吾歙罗舍人龙文幸于严相国，欲买献相国。托黄淳父、许元复二人先商定所值。二人主为千金。罗致千金。文得千金，分百金为二人寿。"[①]黄淳父即黄姬水，许元复即许初，此二人皆善书，与文氏交往甚密。作为中介人，他们在此次交易完成后也得到了相应的回扣。清代书画鉴赏家吴其贞在其《书画记》中也提及通过牙侩购得李公麟《莲社图》一事：

> 此图去年六月观于绍兴朱石门先生令孙十三老家。令人不能释手，恨不得卧于图下。千谋百肯，至今年四月方购到手。有居间人汪允如曰："君谋此图有一年，我为此图说合有百次，走路不知几百里。君今得此图，图得其主，庶几我不负君，君亦不负伯时矣。"[②]

这里的"居间人"便是牙侩汪允如。他自称谋购《莲社图》如何不易，透露出一副市井流民的嘴脸，显然也是另有所图。在士人看来，牙侩作为书画中介，在交易中只是负责牵线搭桥，并无实际的劳务付出，这种索取有投机取巧之嫌，因此书画中间人被视作卑微的行当。尽管随着士商观念的转型，这一看法被逐渐淡化，但在传统文化里中介人的形象迟迟没有得到正面的解读。

到了晚清，随着西方经济入侵，在上海出现了一种现代版的书画中介人——掮客。尽管此时的商业环境已经相对宽松，但社会上对掮客的偏见并无根本性的改观。晚清小说《官场现形记》中有"上海的这些露天掮客真正不少，钱到了他们手里，再要他挖出来可是烦难"的记

① 詹景凤《詹东图玄览编》，卢辅圣主编《中国书画全书》第4册，上海：上海书画出版社，1993年版，5页。

② 吴其贞《书画记》，《中国书画全书》第8册，上海：上海书画出版社，1993年版，100页。

载。[1]虽然是虚构的文学作品，但书中所反映出的当时社会上对掮客的普遍看法却可信不诬。近人王个簃在《八十年随想录》中也有类似一段记载：

> 我在1933年前后搬到幸福坊。在来的人当中，还有不少掮客。他们有的是带着昌硕先生的画来请我鉴定的（当时有人画假画），我说是，他们就会眉开眼笑，好像可以从中发一笔财似的。如果我说是假的，他们就会垂头丧气，快快不乐地蹭下楼去。也有一些掮客知道我收昌硕先生的画，所以当拿到了昌硕先生的一些精品，就会一天几次地来爬我的楼梯。我收藏的昌硕先生的一些作品，差不多都是从掮客手中买下的。[2]

虽然王个簃在话语间对掮客唯利是图的德行表示不满，但从他向掮客购求吴昌硕精品的情节来看，中间人确实成为了书画家艺术生活中不可或缺的角色。又如，民国时期齐白石的画经陈师曾推介后润格一路攀升，白石称“琉璃厂的古董鬼，就纷纷求我的画，预备去做投机生意”[3]。这里被蔑称为“古董鬼”的人实际上也是一种掮客，尽管齐白石表示不屑，但鬻艺中又离不开这些人的参与。此外，也有一些书画相关行业的从业者兼职做一些投机生意，如裱画师刘金涛“经常带着白石的画到处串门兜售，其中大部分是早期之作，要价也公道，成交与否，他总是一脸笑容”[4]。由于职业的原因，这类人群熟悉书画市场的行情和销售渠道，善于根据雇主意愿压低或抬高价格，因此有人想搜求奇书名画往往

① 李伯元《官场现形记》，呼和浩特：内蒙古人民出版社，2007年版，41页。
② 王个簃《八十年随想录》，上海：上海书画出版社，1982年版，87页。
③ 齐璜口述，张次溪笔录《白石老人自述》，北京：人民美术出版社，1962年版，74页。
④ 蔚明《寄萍堂往事》，《文汇报》1991年10月9日。

要不惜重金请他们代劳。掮客作为书画交易的中介人，承担接受订件、转交作品和收受润金等业务，为书画家对接市场提供便利，也可称之为一种书画中介人。此外，除了职业的中介人以外，一直以来书画交易中都存在着朋友间的互相推介和提携的市场运作方式。这种形式较为隐蔽，除却了书画家主动寻求市场的烦恼和讨价议价的尴尬，也成为书画商业化的重要渠道之一。

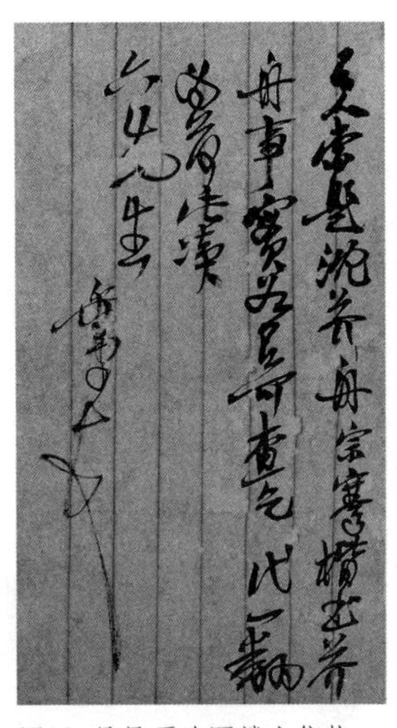
有人索题沈芥舟宗骞楷书
芥舟事实如有可查乞代一翻
为荷

图18 吴昌硕致顾麟士信札

无论是职业的掮客还是私人推介，通过中介人代为介绍的方式，既拓宽了市场又周全了鬻艺者的颜面，在书画商业化过程中是一个值得关注的话题。近代以来的不少信札证实，亲友推介、请托或其他书画中介人的参与都是实现书画市场化的重要渠道。其中比较有代表性的如傅山与戴廷栻，赵之谦与益斋，吴昌硕与蒲华、顾麟士，顾麟士与和庭，菰湖与姚燮，等等，均是比较典型的书画合作关系。

顾麟士是吴昌硕的一个推介人和代笔者。吴致顾信中有很多相关记录，如：

有人索题沈芥舟宗骞楷书，芥舟事实如有可查，乞代一翻为荷（图18）。

顾麟士致和庭：

和庭仁兄世大人阁下，迳启者，前要画折扇三面，又小立轴三

纸，折扇一面，得已涂成，就正幸教。[①]

信中顾麟士为和庭作画扇，和庭再代为介绍客户，从信中口吻看，二人应当是经常合作。

姚燮致荪湖：

敝友万个亭兄工画能书，仰阁下大名，挽斐言为介绍，相晤时当爱好如夙晤也。一切笔墨生路，乞广为吹嘘之。[②]

姚燮把好友万个亭推荐给荪湖，请他代为宣传，以广销路。

赵之谦致益斋：

来纸及番钱三十二均收到，容即为之。前件已书而未印，明后日可来取。此次十件当于二十日前赶为。缘弟二十后即赴湖州也。凡屏幅大者须倍价，此次尽可通融，后有求者，谢之可耳。盖例一开，则贪便宜者踵至，实惮劳苦，非居奇也。[③]

益斋作为赵之谦的中介人之一，赵氏在信中叮嘱他要把握好价格，否则怕贪便宜者接踵而至，为人役使。同时代理赵之谦书画的还有六皆、舒梅圃，赵氏与他们皆有书信往来，谈及鬻书卖画的相关事宜。如赵之谦致六皆信中说："六皆仁兄大人阁下……弟候补一年昏忙为事，亏空大加，转不如卖画为活，不畏之甚。"[④]又说，"此间事冗不及奉笔砚，索

① 单国霖《画史与鉴赏丛稿》，杭州：浙江大学出版社，2013年版，150页。
② 单国霖《画史与鉴赏丛稿》，杭州：浙江大学出版社，2013年版，150页。
③ 单国霖《画史与鉴赏丛稿》，杭州：浙江大学出版社，2013年版，148页。
④ 单国霖《画史与鉴赏丛稿》，杭州：浙江大学出版社，2013年版，151页。

书者纸积一橱，犹未还债，贵友所索，故俟异日，祈告之。”[①]信中说的是赵之谦在江西鄱阳县为官理政之余，忙里偷闲应索书画，他笔债累累，不堪重负，至于发出做官不如卖画为活的感慨，足见卖画已成为赵之谦生活中一项重要事宜。这一来与晚清时期商业文化的发展及商人地位的提高有关，二来也与当时国势衰微，官俸微薄，难以为生有关。赵之谦五十岁时任江西鄱阳县候补知县，官俸少，生计窘迫，故他在写给舒梅圃的信中说："然进款实须减七八千，一年下来竟无意味矣。”[②]在赵之谦的鬻艺生涯中，中介人无疑起到了重要的作用，尤其是在他为官期间，更少不了中介人的参与。

随着商业文化的发展和士商观念的转变，晚清以来的私人推介日渐频繁起来，极大促进了书画商业文化的发展。如清人王礼在写给收藏家吴云的信中说："退楼老伯大人左右……楹联已代，乞补款，特以奉交。前承掷还敝友润资，其人已回浙，无法璧完，仍以附上，请付纪纲为磨墨费。存侄处无名，寄远更觉费事也。”[③]又，吴大瀓在致钱念劬的信中说："念劬二兄姻丈人阁下……属画绢幅，四月中或少清闲，可以从事。”[④]这些书画交易都是通过私人推介的渠道实现的。私人介绍的出现一方面与自古以来“不齿言利”的文人情结有关，另一方面也应该看到，清末尚未形成面向市场的大型书画展销风气，缺少专业的书画营销团队，书画商业化程度也因此而受到限制。

中介人是实现书画商业化的重要推手，随着书画近代化进程的推进和商业文化的发展，社会化中介渠道愈发畅通，而朋友或圈内私人推介、富商赞助等方式则相对受到挤压。尽管私人渠道更加贴近文人的诉

① 单国霖《画史与鉴赏丛稿》，杭州：浙江大学出版社，2013年版，151页。
② 单国霖《画史与鉴赏丛稿》，杭州：浙江大学出版社，2013年版，151页。
③ 单国霖《画史与鉴赏丛稿》，杭州：浙江大学出版社，2013年版，148页。
④ 单国霖《画史与鉴赏丛稿》，杭州：浙江大学出版社，2013年版，150页。

求，但社会化的中介渠道却适应了商品经济发展的规律，顺应了晚明以来书画交易社会化、大众化的市场走向。

4. 书画展览

民国时期，由于商品经济的发展和西方思潮的影响，不少书画家不再满足于通过社会渠道或其他私人途径出售自己的作品。特别是那些因清廷覆灭而面临衣食之忧者，生活所需迫使他们不得不主动寻找新的市场，于是商业性的书画展览随之出现了。书画展览不仅有利于市场宣传和推广，而且缩短了润金回收的周期，因此民国以来备受推崇，特别是在商业发达的上海，更是一度掀起了举办书画个展、联展的热潮（图19）。

在利用展览进行自我宣传和推介方面，张大千无疑是一个典型。1925年，27岁的张大千因家庭经营的轮船公司倒闭而不得不自力更生，他首次在上海宁波同乡会馆举办了个人画展，市场反响不俗，“百幅作品以每张二十元银洋全部售完”[①]。尝到甜头的张大千随后频繁推出商业书画展，而且总结出了一套展览的攻略，他说：“早年我开画展，每次都是一百张，这一百幅画总是以一个月的时间画成，山水花鸟无所不有。”[②]题材的多样是张大千迎合市场的策略之一，为了鬻艺他一生辗转多地，举办展览之多实属罕见。且为了应对市场运作的需要，他时常要假他人之手作画，这也是商业文化漫延、士商观念转型背景

图19 陈师曾《读画图》 故宫博物院藏

① 引自《海派绘画研究文集》，上海：上海书画出版社，2001年版，758页。
② 引自《海派绘画研究文集》，上海：上海书画出版社，2001年版，777页。

下的必然趋势。举办书画展览是名利双收的事情，在民国时期的海上一度受人追捧，很多情况下还与公益相结合。当时艺名不甚著者如唐云、邓散木、白蕉等人联合举办了一场名为“杯水”的书画展，展出的数百幅作品统一标价五元，宣称要拿出部分画资捐给上海的难民，“画展持续了九天，展出的作品全部卖完。有的作品还一再复制，没有宣纸了，就用白道林纸画。唐云的一张《丝瓜纺织娘》就复制了三十张。”[①]商业市场环境的宽松使得书画展览频频出现，也由此带来了作品题材的趋同化，但无论是作者还是市场似乎都默认了这一现象。不少人正是瞅准了书画展览在市场化条件下的便利，纷纷加入到书画展览的行列中来。

民国书画展览的轰动效应背后是各种利益的置换和策展人的精心策划。当时的书画界流行这样一种现象，某人举办书画展，同行都要定购一两张作品以示捧场。如前所述，唐云等人的“杯水”展便邀请了海上书画界郑午昌、吴待秋、汪亚尘、贺天健、冯超然等名流到场，他们自然也都订购了作品。高逸鸿更是邀请朋友李子敬来捧场，李一次就买了唐云三十张画，所以后来高逸鸿开画展时，唐云也去买了一张，以示捧场。这种看似红火的书画展览背后，实际上存在炒作甚至虚张声势的成分。如徐燕孙曾多次在上海、北京、天津等地举办展览，1937年《艺林旬刊》载有这样一个材料：“徐操画展在中山公园举行，捧场者颇多，卖出各件多大字标贴某局长定，或某处长买，一若为该画增光者也。”[②]标签上说“某局长定”是出于宣传的需要，实际上价格极低，甚至是白送。无怪乎1936年丰子恺在《致谢颂羔》信中发出了“实则若辈之画，

① 郑重《杭人唐云》，上海：上海文艺出版社，1992年版，66页。

② 《艺林旬刊》1937年第86期《艺苑珍闻》。

百中不能售脱其一，余九十九皆白送”[①]的感慨。随着商业风气的漫延和人们观念的转变，书画展览中的负面现象也不可避免地显现出来。但办展览毕竟是赚钱的好渠道，很多书画家囊中羞涩时便会举办展览。如1924年铁瘦铁从日本返沪，由于经济拮据，于是举办展览卖画，解决了燃眉之急。抗战胜利后，吴子深也在上海举办了画展，不同的是他请徐子鹤代笔，约定画资“吴拿七成，徐拿三成”[②]，事后徐子鹤觉得代笔酬劳太低，便自己走上了“造假”的道路。[③]书画展览的盛行是当时特定社会环境下的产物，这一方面得益于商业文化的发展，另一方面，受西方艺术市场思潮的影响，人们的思想观念得以解放，逐渐不再纠结于“耻于言利”的老传统了。

第四节 “海派”名家与鬻艺情结

海上鬻艺的书画家举不胜举，其中大多迫于生计一味向世俗妥协，泯灭个性，被滚滚的商业浪潮覆灭。有些则在适应商业文化的同时不断追求个性的表达，探索出了一条既符合大众审美又独具创造意识的道路，如被称为“海上四妖”的黄宾虹、李瑞清、曾熙、吴昌硕，其他如任伯年、张大千、郑孝胥等人，也皆有鬻艺海上的经历。

一、黄宾虹：“作画以广流传”

黄宾虹是近代艺术史上的翘楚，浙江金华人，与齐白石并称“南

① 丰子恺《丰子恺作品新编》，北京：人民文学出版社，2010年版，325页。
② 《画坛一杰徐子鹤》，《朵云》1991年第6期。
③ 见郑重《丹青行》，上海：东方出版中心，2012年版，114页。

黄北齐”。其祖上本徽商之家，因避难迁居浙江。由于父亲黄定三“贾而好儒”，受其影响黄宾虹自幼投身科考，17岁时考中秀才，跨入了所谓“士大夫”的行列，随后他到处游学，见识大增。然而随着父亲的去世，黄宾虹一再受挫，最终放弃了科举之路，用他自己的话说即“及年卅，弃举业”①。进入民国，他开始了艰难的谋生之旅。

放弃举业后的黄宾虹本来可以在家乡教书自活，却因参与了反清活动被揭发而不得不逃亡上海。1907年，黄宾虹一到上海就在王国维、邓实、柳亚子等社会名流的帮助下进入报馆工作，靠文职自谋。他在上海居住了近三十年，期间除了在商务印书馆、神州国光社、国粹学报、神州日报等出版机构和报刊做文职外，还在艺校担任了美术教授，然而收入并不稳定，生活时常陷入困难。1909年，黄宾虹在朋友的建议下开始卖艺补贴生活，邓实还专门为其制订了润例：“宾虹草堂画山水鬻例：堂幅每尺洋三大元，屏幅减半；琴条卷册每尺洋二大元，余照递加；纨、折扇每件洋一大元，青绿、泥金加倍；篆刻石印每字洋三角。”②然而对于卖画，黄宾虹却始终不能释怀，直到1919年，他还在一篇名为《局中人与门外汉》的序文中这样说道：

> 古来画者每鳃鳃然曰：余之作画，自娱而已，非为人也。所谓自娱者，必真知画事之可乐。若行路然，寻常之人经过平原广野，嗟道路之阻修，峻岭崇山，伤跋涉之劳苦。而自深晓画理者视之，游赏其间，应接不暇，丘壑无非真趣，壕梁具有画意，造化可师，超然象外，有不啻罗列荆、关、董、巨、倪、黄、王诸人名作于目前。行行复行行，心领神会，尝必忘其腰脚之惫劳，心目之眩乱而

① 浙江省博物馆编《黄宾虹文集·杂著编》，上海：上海书画出版社，1999年版，552页。
② 《国粹学报》1909年4月20日。

已。两者相较，知作画自娱之人与为人作画之技，其苦乐有大不相侔焉。由此观之，专于作画之人与不专而嗜画之人，觉彼徒以画为职业者反不如文人学士偶尔游戏之笔，以其研究深邃，见识宏博。……专门画家中有为生计所迫促，无真挚研求之暇。遣兴画家，则虽十日一水，五日一石，无事拘束也。①

他把专门以卖画为业者视为“门外汉”，而“局中人”则要做到以画为娱，以画为乐，表现出对职业画家的鄙夷和不屑，可见传统观念对黄宾虹的束缚是比较严重的。1923年，他在谈及对“利家画”的看法时也发表了类似观点：“手中作画，心实为利，安得专心致志，审察其笔墨之工拙？惟中国画家往往不然。其人多志虑恬退，不撄尘网，故其艺事高雅。”②自古以来文人皆以书画自娱相标榜，不齿言利，黄宾虹早年之所以能够发表这样的看法并自我激励，与其在商务印书馆、国粹学报、神州日报等出版机构和报刊任职、有相应的收入不无关系。在浙江南北拍卖有限公司2017年春季拍卖会上，展出了一封黄宾虹写给裘柱常的信，也表达了类似的看法：“昨接吴仲坰君函，聆悉尊处有人询及拙画润例。因近十年来由熟人介绍均可奉答，凡南纸店铺一概谢绝，如有知音可不计值。”裘柱常是黄宾虹弟子顾飞的丈夫，中华书局上海编辑所四大编审之一，也是当时颇有名气的文化人，他与黄宾虹交往比较密切，给予黄不少帮助，二人经常有书信往来，深得黄宾虹信任。信中明确表达了对书画商业化的排斥。

与黄宾虹鬻艺生涯有密切关系的，一个是傅雷，一个是他的学生黄

① 浙江省博物馆编《黄宾虹文集·译述编》，上海：上海书画出版社，1999年版，19—20页。

② 黄宾虹《黄宾虹自述》，合肥：安徽文艺出版社，2013年版，27页。

居素。黄宾虹晚年恰逢社会动乱，生活一度陷入困难，在此期间常与他远在香港的学生黄居素保持联系，请其代为出售书画。他在写给黄居素的信中说："居素吾兄大鉴：顷得手书聆悉清恙就痊。日以书画遣兴，无任欣慰。尊藏谅多如常，念念。邮乏挂号，大幅当由沪转。近日百货飞涨，此间白米合中储币三千左右一包，尚不易得，饿莩载途，伤心怵目。敝寓平善如恒，但因房产易主，拟有迁移，今得友代商，可继续加租照住，然已劳神不少。所幸零缣故纸时有名人真迹可见，聊以排闷，写文作画已无虚日。"[①]信中并未署年款，从"中储币"及白米奇缺的描述来看，当属抗日战争期间。当时黄宾虹正在北平，从叙述来看，日子过得极其窘迫，全然没有了早年高调的姿态。他写信是想让黄居素为其在香港寻找客户，而黄居素也不负所托，竭尽所能为其提供帮助。然对于黄宾虹而言，他一面委托黄居素代卖书画，另一方面又难以完全割舍文人情结，放手以此牟利，因此他时常陷入矛盾之中，在写给黄居素的信中倾诉说：

百余年来画事知者已罕，好而乐此不疲者更难其选。有同志共与发明古人精神所在，非为江湖市井之牟利，文人墨客之消遣，实欲遏人欲之横流，人人知有止足之乐，其功与孔、释、耶教同崇。……仆不欲轻予人者，谓不知画者（前有在申赠人之画，而欧友购得之来此请添上款者） 言之，知而非真，好而乐之者，枉费精神口舌耳，然知己不易。倘若尊意以为许可之人，远道而来皆属诚心，润之多寡，均可不较，照为作画以广流传可耳。[②]

---

① 钱学文编《黄宾虹书信墨迹》，北京：荣宝斋出版社，1999年版，185页。

② 浙江省博物馆编《黄宾虹文集·书信编》，上海：上海书画出版社，1999年版，235页。

黄宾虹先后编辑过《神州国光集》《国是报》，还出版了不少专业图书，又精于鉴定，他比较看重自己文化学者的身份，而非书画家的头衔，因此从情理上不愿以此换钱。所以我们有时会发现，黄宾虹对书画市场的认识甚至是违背商业精神的，一方面他需要鬻艺补贴生活，另一方面却希望能够出让给艺术上的知音，不计钱之多寡，期望绘画能够起到“成教化、助人伦”的作用。在商业文化横行的民国，黄宾虹的相对冷静使得他的作品能够特立独行，不受市场因素的干扰，但同时也导致了其市场的不温不火。然而他依然不改初衷，在与黄居素的通信中多次谈到卖画为生的无奈。如1942年《与黄居素》信中说：“润格虽在十余年友人订有价值，然鄙人素不愿鬻画为生，垦荒力穑，势又不行。唐子畏云：‘湖上水田人不要’，至不得以而卖画中之山，为刻印数种拙作之计。”[①]黄宾虹无意于鬻画为活，情非得已才指仗刀笔，因此也就谈不上逢迎市场，取悦世人。关于这一点他曾多次提及，如1923年“黄宾虹山水画启”曰：

> 夫月下写竹，报估客从箫材，石边看云，添淄流于画幅；玄赏斯契，墨趣同参，非关勉强。尔乃小米云山之笔，无妨逮于人间，大痴《富春》之图，岂待见知后世！王元章何惭乞米，唐子畏不使孽钱。遂卖画中之山，为煮林间之石。至若倪迂高逸，设色赠于征君，曹霸风流，写真必逢佳士；只可偶然，不在斯例。[②]

文中黄宾虹以王冕、倪瓒、唐寅、曹霸等风流人物自勉，尽显洒脱超逸之机，表达了远离凡尘、不为物役的理想与追求。同样，他在写给

① 钱学文编《黄宾虹书信墨迹》，北京：荣宝斋出版社，1999年版，184页。

② 转引自《艺术品鉴》2013年第5期，97—98页。

黄居素的信中又说："……蜀游返沪，睽隔年余，外来索拙作书画及存件者纷至。有胡估自北平归，催为结束抵押画件，……仆近似臂酸痛懒于作画，虽走索者仍多，不应之，世间名与利皆足以害人，乐天知命能不槁饿即足矣。以闲作画得润多寡虽可不较，然以先润后笔为旨，不得已也。"①他认为书画家不应为名利累身，反对为了额外的物质条件而忙于应酬。除此之外，黄宾虹比较忌讳与市井流俗打交道，他有一种文化优越感，认为搞艺术要远离"朝市俗客"，坚持操守，以防误入歧途："中国画法，完全从书法文字而来，非江湖朝市俗客所可貌似。鄙人研究数十年，宜与人观览。至毁誉可由人，而操守自坚，不入歧途。"②黄宾虹反对为了鬻艺而迎合世俗，批判那种没有笔墨精神的市井江湖俗画。关于这一点，裘柱常在《宾虹老人论画手札》中也曾提及："关于国画艺术的用笔和用墨，宾虹老人不厌反复指出。他又说：'市井江湖俗画，只是无笔墨，不得其传，不知研究，自欺欺人，古今一辙。'"③然而民国时期的社会大环境又决定了书画家不可能完全与世俗隔离，黄宾虹为了这份坚守着实付出了代价，饱受生活的煎熬。

在民国商业大背景下，黄宾虹对于书画商业行为的审慎尤为难得，他在绘画理念和艺术语言上的坚守也铸就了其在近代画坛上的地位。在艺术创作中坚持自我是文人秉性使然，但这种坚守也给他带来了实际的困扰，即他的作品在当时并未像张大千那样成为市场的"宠儿"，因此某种程度上造成了他与市场的隔膜。民国时期，在文人情结与书画商业文化的博弈中，商业文化的强势是无可争辩的。尽管黄宾虹的坚守不过是文人在商业大潮中的最后挣扎，但恰恰是这种挣扎使得书画商业文化

① 钱学文编《黄宾虹书信墨迹》，北京：荣宝斋出版社，1999年版，185—186页。

② 浙江省博物馆编《黄宾虹文集·书信编》，上海：上海书画出版社，1999年版，314页。

③ 《文艺论丛》第11册，上海：上海文艺出版社，1980年版，149页。

被赋予了区别于一般市场经济行为的社会学特征。

二、李瑞清："鬻卖笔墨，同于卖身"

李瑞清（1867—1920），字梅庵，晚号清道人，江西抚州人。出身书香门第之家，三世为官，世代以读书做官为尚，在当地是显赫的望族。李瑞清本人则是清光绪二十一年（1895）乙未科的进士，选授翰林院庶吉士，光绪三十一年（1905）以候补道分发江苏，三署江宁提学使，兼两江师范学堂监督，1911年改任江苏布政使。辛亥革命后，"少窃科举，本图宦达"[①]的李瑞清避难海上，自号"清道人"，过上了笔耕墨耘的遗民生活。然而由于他出身诗书世家，传统观念在其身上打下了深深的烙印，因此其晚年鬻艺生涯几乎是在与商业文化的博弈、磨合和妥协中度过的，充满了矛盾与坎坷。

辛亥革命后，李瑞清靠鬻书卖画供养一家老小四十余口，生活极其艰难，面对家国之愁他甚至动了出家的念头。郑逸梅《人物品藻录初编》里有这样一段话，描述了此时李瑞清的处境："辛亥秋，瑞清既北鬻书京师，皖、湘皆大饥，所得资尽散，以拯饥者。其冬十一月，避乱沪上，改黄冠为道服矣。愿弃人间事，从赤松子游。家人强留之，莫得去。瑞清三世为官，今闲居，贫至不能给朝暮，家中老弱几五十人，莫肯学辟谷者，尽仰清而食。"[②]文中谈到李瑞清在陷入窘迫时还不忘帮扶饥民，本有意"弃人间事"却又念及家人老弱，无人照应。家口众多一度给他带来极大压力，他的学生了解情况后纷纷伸出援助之手，李瑞清在《与诸门人谢寄钱米书》中说："蜷出沪滨，鬻书糊口，卧病逾

① 李瑞清《鬻书引》，《清道人遗集》，合肥：黄山出版社，2011年版，265页。
② 郑逸梅《人物品藻录初编》，上海：日新出版社，1946年版，62页。

月，执笔昏眴，几至辍业。又丧一侄女年十八岁矣。”[①]贫困使他痛失至亲，但他并不后悔自己的选择，反觉不妥的是未能一死尽忠以至成为大家的累赘。故他又在信中说：“叹夫，叹夫！清之饿死，分也。求贫得贫，又何怪耶？岂知以此重为二三子之累，反不如去年危城之中，中炮而死之为安也。”[②]话虽如此，李瑞清毕竟拖家带口，责任重大，他别无出路，只能鬻艺养家。但又有种种顾虑，因此自号“清道人”，意即卖字者并非李瑞清，而是“清道人”，这种情结使得他的政治情怀某种程度上得以释放，也成为很多避难鬻艺者的常用方法。郑逸梅在《艺林散叶》中谈及这些鬻艺者时说：

> 鬻书者往往用别署，人不知其真姓名者比比也。如清道人之为李梅庵，天台山农之为刘介玉，西湖伊兰之为董晰香，七子山人之为朱染尘，长发头陀之为浦泳，铁道人之为吴铁珊。[③]

对名节的珍视是传统观念所致，但李瑞清首先要面对的却是眼下的生活。他初来海上时销路不好，有人告诉他几条海上卖字的“规矩”：“一有官帽，你当过宁藩司，不但有官帽，且官很大；二字要怪，你的字太正规，不怪。”受此启发，李瑞清大量用抖笔、写“怪字”，竟然成为一种风气。[④]不仅如此，困顿之极的李瑞清为了最大范围地招揽客户，还在润例上标出了“任买家点书”的字样。他初来海上时，好友杨

---

① 李瑞清《清道人遗集》，合肥：黄山书社，2011年版，38页。

② 李瑞清《清道人遗集》，合肥：黄山书社，2011年版，39页。

③ 郑逸梅《艺林散叶》，北京：中华书局，1982年版，108页。

④ 按，陈传席先生认为李瑞清鬻艺时期的“怪字”不是他的本色：“书法史和李瑞清的各种字帖，以及很多研究李瑞清论文的附图，皆是他在上海卖字时所写的怪字，而没有一幅是他的本色字。”见陈传席《画坛点将录·评现代名家与大家》，北京：中国青年出版社，2015年版，36页。

钧前来拜访，见其书例上标明周、秦、汉、魏、六朝、唐、宋、元、明、清等字，任买家点书。对此杨氏甚不以为然，直言道："欲开照相馆耶？余以为君岂尽能，能亦无味，自窘自绳，殊可不必。"[①]"点品"历来是鬻艺中较为忌讳的做法，民国时期的不少书画家均在润例中标明"点品不应"一条。李瑞清此举显然是为生活所迫，不得以而为之，杨钧也深知此中辛苦，因此曾"为亲属乞梅庵书，而三倍其值例赠之"[②]，也算是尽到了对朋友力所能及的帮助。但对于朋友或门人的接济，李瑞清是用之有度的。如李瑞清侄女去世时寒俭入殓，弟子蒋国榜听说后托人捎来银圆，他婉拒了，回信说："在师弟之义，原无可辞。然殓葬事毕，万无可受之理，故仍谨求钟君带归。"[③]尽管沦落至卖字为生，李瑞清仍旧不愿累及他人，甚至对于鬻艺一事他都常常反躬自省，试图自我说服，不再纠结。

李瑞清卖字鬻画属不得已之计，这一点他在多种场合反复说明，足见其对名节的珍视。郑逸梅在《人物品藻录初编》中收入了这样一段话，道出了一个善书者的苦楚：

> 欲为贾，苦无资；欲为农家，无半亩地，力又不任也，不得已仍鬻书作业。然不能追时好以取世资。世有真爱瑞清书者，将不爱其金。请如其值以偿。后以索书者多，殊以为苦。乃叹曰：书者舒也，安事迫促？而索书者急于索债，每春秋佳日，野老牧童，犹得眺望逍遥，怡情赏心，而予独拘絷一室之中，腕脱研穿，不得稍息。人生如白驹过隙，何自苦如此？其友欧阳君重尝谓之曰："为

① 杨钧《草堂之灵》，长沙：岳麓书社，1985年版，80页。
② 杨钧《草堂之灵》，长沙：岳麓书社，1985年版，80页。
③ 李定一《熔冶古今书法的一代宗师——李瑞清》，福州：海峡文艺出版社，2003年版，21页。

人莫学书，学书诚无益。拙无损于己，善徒为人役。”道人叹为至言，然为生计所迫，无如何也。[①]

寓沪以来，李瑞清很快对自己的处境有了清晰的认识。一方面自知别无他路，只能卖字自活，另一方面又慨叹光阴蹉跎，不得稍息。尽管我们还不好由此推定李瑞清真动了“欲为贾”的念头，但可以肯定的是，残酷的现实遭遇和嘈杂的商业环境确实一定程度上改变了他对卖字，乃至于对商业文化的态度。对于屠沽细民的种种要求，他不得不认真对待，如有人要求以《爨宝子》风格作墓铭，他为了达到买家要求专门请教杨钧，事后杨氏感叹道：“事虽烦苦，亦复有益，以于《宝子》又深入一层也。”[②]李瑞清当然更加清楚此中苦楚，他在《鬻书引》中的一段话似乎更像是一种真情的流露：

大贾贵于王侯，卿相贱同厕役，尊富卑贫，五洲通例。若夫贫困不厌糟糠而高语仁义，诚足羞也。昔范蠡智士治生于陶；子赣大贤，鬻财齐鲁，心窃慕之。语云：“长袖善舞，多财善贾。”余拙于为宦，岁俸所入，仅足自活，斗智争时，诚非所能。鬻书力作，傥亦末业，比之洒削马医，或毋惭焉，犹贤乎掘冢博戏云尔。[③]

文中引用范蠡、子赣从商的例子，无非是要为其鬻书之举寻找合理性——卖字总比“洒削马医”“掘冢博戏”更体面些吧！与其说这是为了说服世人，倒不如说是在自证清白。类似的表述还出现在李瑞清为

① 郑逸梅《人物品藻录初编》，上海：日新出版社，1946年版，62—63页。
② 引自张惠仪《民国时期遗老书法研究》，香港中文大学2002年博士学位论文，199页。
③ 李瑞清《清道人遗集》，合肥：黄山书社，2011年版，127页。

好友曾熙所书润例中："髯昔不能以术取卿相，没人财帛以自富；今又不能操白刃以劫人为盗贼、称豪杰，直庸人耳。今老且贫，犹欲执册奉简，口吟雅布，称儒生，高言孔孟之道，此饿死相也。"[①]李瑞清的处境和曾熙何其相似！他心知大清王朝气数已尽，留恋仕途已属奢望，又不能明火执仗地去抢劫，所以只能是鬻书卖画了。从中也不难看出，"近代以来的上海在社会阶层、价值观念等方面都与传统社会有了根本性转变"[②]。李瑞清已经认识到商业文化和"市廛"的重要性，传统意义上"不齿言利"的荣辱观到了近代被逐渐颠覆。

寓沪几年后，由于特殊的前朝身份和精湛的书艺，李瑞清逐渐获得了社会和市场的认可，鬻书所入也逐渐可观。于是他先后邀请同样陷入困境的好友曾熙和杨钧来上海鬻书，曾熙接受了，杨钧却拒绝了他的邀约，并解释说："余不应梅庵鬻书之约，绝无他由，未竟之功，不忍半途抛弃也。"[③]所谓"未竟之功"，杨钧解释为其书法成就尚未达到内心的期许。他说："四十以前之作，仍丑恶不堪。近年以来，始豁然贯通，略有局面，以势测之，六十内外或可有成。"[④]这当然只是借口，在杨钧看来书画不仅是"自娱"，更是借以"立言"的大事，他认为"世间魔力，笔墨最大"，甚至认为"鬻卖笔墨，同于卖身，为儒生之惨事"。[⑤]李瑞清何尝不知在海上鬻艺对于文人而言所必须面临的尴尬，他曾自述其所遇窘事：

① 李瑞清《清道人遗集》，合肥：黄山书社，2011年版，128页。

② 单国霖《海派绘画的商业化特征》，《海派绘画研究文集》，上海：上海书画出版社，2001年版，569页。

③ 杨钧《草堂之灵》，长沙：岳麓书社，1985年版，312页。

④ 杨钧《草堂之灵》，长沙：岳麓书社，1985年版，221页。

⑤ 杨钧《草堂之灵》，长沙：岳麓书社，1985年版，80页。

> 梅庵于国变后，始居上海，满发大衣，俨然道士，本名李瑞清，遂曰清道人。悬玉梅花庵道士牌于巷口，某宅丧事请做道场，为之大窘，荐邻巷道士自代。……衣食诚足困人，求赏识于洋人，分余沥于大贾，自非李之愿，乃不得安身之法也。[①]

既然参与市场就必须面对诸多的尴尬甚至屈辱，这是不可回避的，但杨钧却并不这么认为，他说："人之失节，皆为饥驱，心恧然而伤，腰忽然而折，心身相戾，终日不安。余一生不交富贵人，惧此狼狈也。"[②]所谓"饿死事小，失节事大"，杨钧为了守身宁愿断绝与富人的交往，可见其思想的保守。不仅如此，他还对同样鬻艺谋生的齐白石发出了感慨："白石抛斧执笔，名动公卿，然驱驰南北，仅能自给。其筋骨已劳，体肤已饿，天之大任，果安在哉？"[③]在杨钧看来，鬻书卖画乃自甘沉沦。这种极端思想在商业文化泛滥的民国时期显然很难被接受，以至于杨钧本人也不得不说："人视己为异物，己亦视人为异物。"[④]其实杨钧也并非"异物"，他在湖南当地也曾鬻书过活，只是不齿言钱，素以"有求必应，无感不通"自勉，故求书者"每转托至七八人之多"，然而"求者纵多，报酬必吝，遂使姜太公之直钩，一鱼不得，枵腹从私，必郑板桥所不乐为者"。[⑤]由此可知杨钧未赴约寓沪鬻书，并非他比李瑞清高明多少，生逢乱世，文人对操守和现实的两难选择有时只是一念之差。

置身商业文化繁荣的上海，李瑞清一边是四十几口的家累，另一边却是对文人节操的坚守，他时常陷入两难。文人的秉性使他两袖清风，国变

① 杨钧《草堂之灵》，长沙：岳麓书社，1985年版，315页。
② 杨钧《草堂之灵》，长沙：岳麓书社，1985年版，291页。
③ 杨钧《草堂之灵》，长沙：岳麓书社，1985年版，5页。
④ 杨钧《草堂之灵》，长沙：岳麓书社，1985年版，40页。
⑤ 杨钧《草堂之灵》，长沙：岳麓书社，1985年版，313页。

之际，他将藩库中数十万两黄金及两江师范学堂校产清册悉数交出，不留分毫。寓沪期间他又时刻不忘文人的操守与底线，这让他在商业文化气候中处处受阻，因此李瑞清的一生是在与时代和命运的博弈中画上了句号。

三、吴昌硕："倚醉狂索买醉钱"

在近代艺术史上，吴昌硕以诗书画印全能而备受瞩目。且他在诸多方面均有极为高超的造诣，并能够入古出新，独开一面，为我国近代艺术史开启一代新风（图20）。吴昌硕祖上本书香门第，但到吴氏时正值国内形势大乱。为了谋生他婚后不久便独身离家到杭州、苏州、上海等地寻访师友、求学问艺，直到38岁才将家人接到苏州居住，之后又移居到了上海。此时，外国资本主义的入侵严重地破坏了我国自给自足的自然经济，同时由于中国封建残余势力根深蒂固，传统观念依然在中国的社会环境乃至艺术思维中占据重要的地位。因此吴昌硕的艺术生涯与其谋食之路始终相伴而行，文人情结和商业文化的博弈，市场、生存压力与艺术追求的考量，这些矛盾交织在一起，构成了吴昌硕传奇的艺术人生。

1. 早年鬻艺

尽管吴昌硕早年颠沛流离，生活艰难，但公开鬻艺的润例却并不多见。尤其是在早年，由他人代为制订的润例更是少见，大家熟知的是1890年由杨岘为其所制订的《缶庐润目》，时年吴昌硕47岁：

图20 吴昌硕像

石章，每字六角，极大极小字不应，劣石不应。书斋扁，四元，过大者不应。横直幅整张，四尺三元，五六尺四元，八尺五元。条幅，视整张减半；琴条，一

元。楹联，四尺二元，五六尺二元五角，八尺三元，过八尺另议。纨折扇，一元，只作篆书，分隶不应；行书与篆同，润画亦如之。纸四尺者，字以三行为度，五六八尺者，或四行五行，过密不应。书画镌刻，损目伤气，缶庐主人盖病又渐苦目昏，拟拨弃而未能绝也，或议加润以距之，更立润目如左，不如约与不先惠润者，请在孙山之外。新旧两幸览焉。[①]

有意思的是，靠鬻艺养家的吴昌硕，在其润例中多次出现诸如“极大极小字不应”“劣石不应”“过密不应”“不先惠润者”不应等“不应”条款，这是文人在面对市场时的特殊心态决定的，也是以往研究中重视不够之处。民国时期的鬻艺广告中经常会看到类似“不书”“不应”和各种“限制”性条款。明清以来，对那些落魄的鬻艺书画家来说，既要满足生活所需，又要避免为人役使的尴尬，鬻艺者并未放下亘古延续的思想包袱，因此我们会看到这种看似矛盾的润例用语。

鬻艺者一方面要生存，另一方面又碍于情面设置种种“不书”“不应”的限制，这种出入市场的心态在晚清民初书画润例中比比皆是，反映了书画商业化从传统向现代的转型。作为传统文人，吴昌硕的润例中自然也少不了类似“不书”“不应”的条款。特别是其晚年寓沪期间，由于求索者过多，更见其文人性情的一面。据他的邻居孙玉声说，对不同的篆刻请索者吴昌硕采取不同的态度：“先生更善铁笔，求者趾错于庭，有应有弗应者。应则奏刀砉然，俄顷即就；不应则虽啗以重金，不为所动。”[②]这种看似与市场规律相左的行为某种程度上也反映出吴昌硕参与艺术市场的多面性。

① 参见林想、谢菁菁《论吴昌硕制订润格》，《美术大观》2012年第12期，46—47页。
② 王家诚《吴昌硕传》，天津：百花文艺出版社，2007年版，108页。

此外，吴昌硕早年较少有润格发布，除却其此时资历尚浅外，另一个原因是当时上海画坛公开润例的主张并不畅行。尽管早在清代郑板桥便有公开润例发布，[①]但晚清以来的许多润例都带有较强的公益色彩，以被称为晚清"书画赈灾之第一人"的金免痴为先导，他前后30余年在《申报》刊登润例二十余次，其中涉及义举者竟占多半，"开书画助赈之风"[②]。这种润例方式具有很强的文人色彩，也体现了近代以来上海愈发浓重的商业气息。与现代商业社会的宣传方式不同，民国时期订润者多为旧式文人，故当时润例中喜用"应接不暇""求者接踵"之类的词汇。吴昌硕为人订润时也不止一次运用过类似词汇，如1925年为王一亭订润有"求者踵接并不得，加润商量苦缓臂"[③]，1920年给齐白石订润时也说"齐山人……求者踵相接，更觉手挥不暇"[④]，润例中出现"求者踵接"，其用意不言自明，无非是想掩饰利益驱使下的商业和市场行为，这对文人来说是既保丰收又不失体面的。可见这种情结对文人有着根深蒂固的影响。同样，对吴昌硕而言这种思想包袱也一直没能放下。这一矛盾在与吴氏同一时期的沙孟海先生身上也可以看出，1926年沙氏在阐明其择业志趣时强调择业"第一勿入商界""第二勿入仕途""第三勿处家馆"，明确表示不愿经商、从政和做私塾，认为此三端是人生"恶趣"。[⑤]但生活压力也曾一度迫使沙氏委曲求全，在这一点上沙、吴二人确有相似之处。这也是自古以来文人秉性使然，只是这种心理矛盾在明

① 按，清人郑板桥也曾公开自订笔榜，称"凡送礼物食品，总不如白银为妙；公之所送，未必君之所好也。送现钱则心中喜乐，书画皆佳。礼物即属纠缠，赊欠尤为赖账。年老体倦，亦不能陪诸君作无益语言也。"见天台野叟《大清见闻录·艺苑志异》，郑州：中州古籍出版社，2000年版，185页。

② 郑逸梅《郑逸梅文集》第四卷，哈尔滨：黑龙江人民出版社，2001年版，582页。

③ 《申报》1928年4月6日。

④ 《留得年年纸上香：齐白石的今生今世》，北京：中国友谊出版公司，2010年版，216页。

⑤ 沙茂世《沙孟海先生年谱》，杭州：西泠印社出版社，2010年版，32页。

清、民国以来商业背景下显得更为突出。

吴昌硕的大半生与饥寒相伴，辞官后他定居海上鬻艺。[①]事实证明吴氏的这一举动是成功的，不但解决了生活问题，还使得其身价倍增，蜚声海内外。正如郑午昌在其《中国画学全史》中所言："缶翁年逾八十，侨寓沪渎，巍然负艺林重望，寸缣尺素，价重兼金，一时江南画风，大受其影响。"[②]当然，作为一个生活的奔波者，吴昌硕的上海之行绝非一时兴起，而是经历了一个长时间的筹划和试探。1883年他因公事在上海结识了任伯年，此后吴氏差不多每年都要去上海，搬迁上海之前，吴氏曾遣弟子赵子云来上海探路，经过半年努力，赵氏收获颇丰。于是1911年夏吴昌硕也来到上海。[③]另外，在此

---

① 关于吴昌硕早年捐官、辞官始末，当代不少学者认识上存在误区。如赵润田便说："他还有至少两次由亲友攒钱帮他'捐官'，他也都没做好，糟蹋了银两。他不是不想做官，但他不是做官的料。"见赵润田《乱世薰风——民国书法风度》，北京：中国文联出版社，2015年版，6页。关于吴昌硕"一月安东令"之辞的原因，刘江先生的说法影响较大，被征引也最多。他说："吴昌硕由于不善逢迎上司，也不惯于官场应酬和那种繁杂的升堂理政等公务，'安东多盗号难治''弦歌不足三径资'，收入难以糊口，加之重听、臂痛加剧，身体难以适应，只得辞去县令一职了。"见刘江《吴昌硕篆刻艺术研究》，杭州：西泠出版社，1995年版，15页。实际上这种说法忽略了晚清捐官的世风，以及由此给吴昌硕带来的巨大债务压力。吴昌硕曾写信给吴彦复请求借银加捐知县："县丞捐升知县，须实银二千五百余两。刻托徐子静观察，由厦门炮台捐上兑，再打八三折，只须实银二千两有奇，……可否慨借朱提，数唯四百，计完赵璧，期在三年。"见《吴昌硕与寒酸尉》，载沈尹默等《中华艺林丛论》册二，台北：文馨出版社，1976年版，791页。一方面，在如此短暂的期限内吴昌硕要偿还债务；另一方面，他赴任的安东县地偏民穷，因此笔者认为现实因素是导致吴昌硕辞官的直接原因。详见拙文《吴昌硕"捐官""辞官"始末新考》，《美术学报》，2019年第2期，46—57页。

② 郑午昌《中国画学全史》，上海：上海书画出版社，1985年版，420页。

③ 按，郑逸梅对此事有记载，称"当时昌硕敦促子云到上海鬻艺，是含试探性质的，先锋队去了很顺利，他老人家的大军也就长驱直入了。"见郑逸梅《郑逸梅选集》第二卷，哈尔滨：黑龙江人民出版社，1991年版，62页。关于吴昌硕定居上海的时间，一说为1887年。见赖毓芝《肖像、形象与艺业：以吴昌硕向任伯年所订制肖像画为例的个案研究》，澳门艺术博物馆编《像应神全：明清人物肖像画学术研讨会论文集》，北京：故宫出版社，2015年版，396—397页。

之前吴昌硕也曾多次受到上海工商大亨王一亭的邀请，鼓励他不必担心生计问题，这也给吴氏以极大鼓励。抵沪后王一亭果不食言，积极为吴昌硕开拓市场，使得吴昌硕迅速在上海打开了局面。王一亭一面主动介绍日本政界、商界和艺术圈的朋友给吴昌硕认识，另一方面利用自己职务之便介绍一些赚钱的“小货”生意给吴氏。[①]吴昌硕能够在上海立足且后来饮誉海内外，与王一亭的帮助密不可分。据钱化佛称：“一亭的文章，常请昌硕斧削，一亭因代昌硕拉拢卖画生意，由日清公司代为收件。”[②]确如所说，王氏帮吴氏打开了日本的市场，日本人堀启射子曾在《堀启次郎翁追怀录》中说：“在堀启的老家，至今还珍藏着大量王一亭和吴昌硕的书画。”[③]足见王一亭在吴昌硕书画市场推广上所起到的作用。

图21 “六三园”旧影

吴昌硕作品的走俏也确实与他和日本书友的交往有莫大的联系。日本书画家如北方心泉以及“东海书圣”日下部鸣鹤与吴昌硕均早有交往，而河井仙郎和水野疏梅两位日本人更是拜吴为师，这对吴昌硕而言是一种无形的宣传。此外，由于王一亭的介绍，吴昌硕还经常到日式餐厅“六三园”与不少日本文艺界、政界要员交流文艺（图21），就在刚

① 华振鹤《“昌硕行述”引发的家庭纠纷》，《上海滩》2003年7月，40页。

② 钱化佛述，郑逸梅撰《三位吴姓的艺术家》，《三十年来之上海》，上海：学者书店，1947年版，55页。

③ 引自萧芬琪《王一亭》，石家庄：河北美术出版社，2002年版，72页。

寓沪后不久的1914年，吴氏就被日本人冠以“嘉道后一人”的名号，且在“六三园”中为他举办了书画展，借助日本友人支持，吴昌硕作品多次赴长崎、大阪展览，这些“为吴昌硕的艺术声名和鬻艺生计提供了极大的提升和发展的空间”[①]。日本人为了得到吴昌硕的佳作，不惜花费重金，且吴举办画展时，“日本人来订购的，几及画件的大半数。有若干幅订购了，再复定，三复四复甚至十复”。[②]同时，一些专门收藏吴昌硕作品的日本藏家也出现了，如篆刻家吉野松石便专门收藏吴氏作品，并把藏室名改为“宝缶庐”。[③]甚至于“吴昌硕逝世的时候，侨居上海的日本人为他开追悼会，在他灵前恭敬致祭，当作美术界莫大损失。本国人方面反而不觉得什么，除了画商抬高价钱之外，没有什么表示”[④]。作为一个文人，吴昌硕能得到这样的认可可谓不易。尽管靠鬻艺为生，但吴氏却并未直接表达打开日本市场的意愿，他与日本人的交往也更多地停留在艺术交流层面，这可能与中日的政治交恶特别是甲午战争有关，从中也不难想见作为传统文人，吴氏在这个敏感问题上的尴尬。

寓沪后的第六个年头，随着影响的扩大和市场的走俏，年届76岁高龄的吴昌硕重新制订《缶庐润格》：

> 衰翁新年七十六，醉拉龙宾辉虎仆，倚醉狂索买醉钱，聊复尔尔曰从俗。旧有润格契行，略同坊肆书帙，今需再版，余亦衰且甚矣。深违在得之戒，时耶境耶，不获自已。知我者谅之。堂扁卅两，斋扁廿两。楹联，三尺五两，四尺六两，五尺八两，六尺十二两。直幅横幅，三尺十四两，四尺十八两，五尺廿四两，六尺卅二两；条

① 王中秀《王一亭年谱长编》，上海：上海书店，2010年版，144页。
② 郑逸梅《清末民初文坛轶事》，北京：中华书局，2005年版，80页。
③ 刘海粟等《回忆吴昌硕》，上海：上海人民美术出版社，1986年版，56页。
④ 王震编《徐悲鸿文集》，上海：上海画报出版社，2005年版，33页。

幅，视整张减半；琴条六两。折扇、纨扇、册页，每件四两。一尺为度，宽则递加。山水，视花卉例加三倍。点景加半，金笺加半。篆与行书一例。刻印，每字四两。题跋、题诗每件卅两。磨墨费每件二钱。每两作大洋一元四角。己未元旦老缶订于癖斯堂。[①]

对于这则润例，陈振濂先生评价为："道出作者虽鬻书卖画亦不失仁侠之心境。"[②]的确如此，润例前面作诗并跋是民国时期鬻艺文人十分常见的做法，这一方面可以体现学识修为进而提高身价，另一方面也是自表志节以区别于市井凡夫。尽管所刊润例相比早年高出不少，然而市场的广泛认可仍旧使得他疲于应付，以至于不得不在第二年（1920）又重新发布润格，再次提高书画润格：

衰翁今年七十七，潦草涂鸦渐不律。倚醉狂索买醉钱，酒滴珍珠论贾直。堂匾三十两。斋匾念两。楹联三尺六两、四尺八两、五尺十两、六尺十四两。横直整幅，三尺十八两、四尺三十两、五尺四十两。屏条三尺八两、四尺十二两、五尺十六两。山水视花卉例加三倍。点景加半，金笺加半。篆与行书一例。刻印，每字四两。题诗、跋，每件三十两。磨墨费，每件四钱。[③]

自古文人卖字鬻书总要找个合适的因由，或言尽孝悌，或称换酒资，或为行善举，或者干脆坦言为"御穷"，吴昌硕的润例亦是如此。尽管此时吴昌硕的润例已经较高，但求书索画者仍然接踵不暇，所以会请王

① 郑威《上海书画笺扇业沉浮录》，《朵云》总第49期，180页。
② 陈振濂主编《浙江大学美术文集》下卷，杭州：浙江大学出版社，2007年版，55页。
③ 《海上名画家润例表》，《朵云》总第49期，188页。

一亭、赵云壑等徒弟代笔，王一亭代笔人物画，赵云壑代笔花卉，最后吴昌硕落款。特别是在1919年以后，他的收入每年都大幅增长，这不得不归功于王一亭对其的帮助，尤其是日本海外市场的畅达。郑逸梅说："后扶桑人士景仰之，輂金以求书画，于是岁获可巨万，为从来所未有。"[①]在王一亭等人的帮助下，吴昌硕逐渐在上海有了立足之处，且鬻艺润格一路高升，甚至鲁迅先生都有谈及，他在1924年《论照相之类》一文中说："假使吴昌硕翁的刻印章也算雕刻家，加以作画的润格如是之贵，则在中国确是一位艺术家了。"[②]可见吴昌硕在海上鬻艺所获颇丰。上海毕竟是一个充满商业色彩的地方，自1843年签订《南京条约》以后，上海作为"洋人租界地方，熙来捷径。击毂摩肩，商贾如云，繁盛甲于他处"。[③]作为传统文人出身的吴昌硕，来到此地必然要涉及与商业文化的碰撞与磨合。"这个城市不靠皇帝，也不靠官吏，而只靠它的商业力量逐渐发展起来。"[④]处身于这样的商业环境之中，在给吴昌硕生活方面带来转机的同时，也给其文人思维的转变带来了不小的挑战。

2. 市场博弈与调整

在上海，许多以书画自给的文人必须要放下传统的文人身份。

事实上，十九世纪中后期以来，在上海谋生的画家既没有了传统文人画家所拥有的田产或官俸等经济来源，也不像"五四"后师范和美校中那些吃国家饭的艺术家。诸如吴昌硕这样的"自由人"，除了少部分得到富商巨贾以及收藏家的艺术赞助外，大多生活得较为艰难。因此传统意义上的"文人士大夫"阶层已经不复存在，这是社会变革和历史选择的结果。寓居上海鬻艺为生的书画家，此时为了生存就不得不放下身

① 郑逸梅《郑逸梅美文类编》，哈尔滨：北方文艺出版社，2008年版，93页。
② 鲁迅《鲁迅全集》第1卷，北京：同心出版社，2014年版，98页。
③ "黄浦江头冷眼人"《论洋泾浜小本经纪宜体恤事》，《申报》1873年2月4日。
④ 〔美〕霍塞著，纪明译《出卖的上海滩》，北京：商务出版社，1962年版，4页。

段，和民族资本家、市民阶层正面接触，研究世俗的审美需求，寻求艺术市场的新出路。为了寻求突破找到生存之路，一方面会涉及到对旧的艺术风格的变革；另一方面，在上海这个中西合璧的大都市里，有时还得打破传统观念束缚，吸取西方精华，中西合璧融会贯通。正如邓也夫所说："城市的规范和社会结构，对于人们将成为什么样的人，以及他们如何看待这个世界，都发生着重大的影响。"[①]对于吴昌硕等旧式文人而言，他们所面临的难题不仅在于因艺术变革而背负的思想压力，更重要的是他们要真正付诸实际行动去探索市场化的技法技巧、审美诉求，这某种程度上说是要丢掉立场、向市场做出妥协的。

新兴市民阶级是上海书画市场的主要消费群体，他们的审美好尚极大影响着职业鬻艺者的风格追求。来沪后的吴昌硕在生存压力下不得不研究市场的需求。难能可贵的是，吴氏与其他功利主义的海派书画家有所不同，他在追求市场效应的同时仍然坚持人文品格对于艺术品的决定性作用。在色彩的运用上，他大胆突破前人观念，率先采用了当时国内画家从不曾使用的西洋色彩，弥补了胭脂色占厚不足的缺点。与我国历来强调的清新淡雅之调不同，吴昌硕此时还常采用柠檬黄、浓绿、重赭、深青等重色作画，与水墨相衬形成强烈反差，这些绘画迎合了当时上海中产阶级市民的审美爱好，这为吴昌硕打开市场做了重要铺垫。在绘画题材方面，他也转而多画一些充满喜庆色彩，表达富贵吉祥氛围的题材，例如花鸟画由传统的"四君子"的典雅之气转变为玉堂富贵、白头偕老的口彩。在技法形式方面，水墨写意亦一变而为重彩写意，目的是为了既合于画家快速生产的原则又合于买家的俗赏口味。[②]这种变革无

① 邓也夫《城市社会学》，上海：上海交通大学出版社，2002年版，13页。

② 徐建融《海派与浙派》，《海派绘画研究文集》，上海：上海书画出版社，2001年版，673 页。

疑是把对了市场的脉搏。然而，如果吴昌硕只是单方面迎合世俗需求而不作深入的艺术构思，他也不可能在艺术史上获得如此地位。

吴昌硕生活在一个动荡的时代，幼年时亦曾饱受饥贫之苦，甚至在太平天国战乱时啃过树皮。[①]吴昌硕对于时代格局与地域文化的深刻理解使得他对书画市场有精准审视，他曾说："附庸风雅，世咸讥之，实则风雅不可不有附庸，否则风雅之流，难免饿死。"[②]新兴市民阶层的审美趣味不同于文人士大夫，他们喜欢雅俗共赏的作品。这对传统画家来说是个不小的挑战，特别是背负着巨大生存压力的吴昌硕，现实因素迫使他不得不做出妥协。最为典型的例子是，吴昌硕本不愿画牡丹，他对自己的艺术定位很明确："予穷居海上，一官如虱，富贵花必不相称。"[③]当饥饿逼得吴氏不得不画几株牡丹来应急糊口时，他内心十分纠结，作诗自嘲曰："酸寒一尉出无车，身闲乃画富贵花。燕支用尽少钱买，呼婢乞向邻家娃。"[④]为了生存，牡丹甚至成为吴昌硕晚年常见的题材之一，而且其笔下的牡丹"大都烂漫开放，用鲜艳的胭脂红来设色，含有充分的水分，故能显出动人的光彩；再加上茂密的枝叶作为陪衬，更显得生气蓬勃，活泼可喜"[⑤]。生活的困苦使得吴昌硕一方面选择了世俗的写意绘画题材，另一方面在用色上也开始向民间和西方取法，大胆采用西洋红，这当然与市场导向是密不可分的。这种用色站在当时传统的立场去看是有点"出格"的，包括吴昌硕本人也深明此意，故他在诗中这样写道："高咏送穷文，加餐当努力。行画红牡丹，燕支好颜色。"[⑥]

① 郑逸梅《艺林散叶续编》，北京：中华书局，2005年版，240页。
② 郑逸梅《艺林散叶续编》，北京：中华书局，2005年版，198页。
③ 吴昌硕《吴昌硕诗集》，桂林：漓江出版社，2012年版，336页。
④ 吴昌硕《吴昌硕诗集》，桂林：漓江出版社，2012年版，347页。
⑤ 李既匋等《中国历代画家大观》下，上海：上海人民美术出版社，1998年版，631页。
⑥ 吴昌硕《吴昌硕诗集》，桂林：漓江出版社，2012年版，353页。

这当然是一种反讽的语气，因为不画艳丽的牡丹便会面临忍饥挨饿。生活现实问题使得吴昌硕从一开始便充满纠结。在画与不画牡丹的问题上他采取了折中的办法，即从来不给牡丹有孤芳自赏的空间，不论它与幽兰或是水仙相配，皆喜在其旁画一怪石：或高或低、或左或右、或前或后。并解释说："梅根入石，枝干坚瘦。石得梅而益奇，梅得石而愈清，两相藉也。于是知君子贵得益友，不可孤立。"[①]也有人认为"画牡丹易俗，画水仙易碎，唯佐以石，可免二病"[②]。本质上这是一种文人情结的体现，画寓意富贵的谐俗之物是为了生存，但又不能绝无底线，这就是我们看到的吴昌硕。他一方面为谋生计而画牡丹，另一方面又坚守着"钱不造孽取其廉"的底线，这是自古以来文人的义利观使然。绘画对于来沪不久的吴昌硕来说显然成为生存所需而非艺术雅好，所谓"有口不饥技在手"[③]，这对于旧式文人而言是难以启齿的。

吴氏一生常被饥寒所困，我们在他的诗文中经常看到有关饥饿的描述。如"忍饥惯食东坡砚"[④]"煮字未疗饥"[⑤]"饥犹弄笔忙"[⑥]"作客年年况忍饥"[⑦]，等等。吴昌硕本人也并不讳言其来沪的目的，他在诗中写道："嗟我东西南北苦行役，贫典我书病我瘠。被饥驱向海上行。"[⑧]又在《饥看天图》提到："胡为二十载，日被饥来驱。频岁涉江海，面目风尘枯。深抱顾穷节，豁达忘嗟吁。生计仗笔砚，久久贫向隅。典裘风雪

① 吴昌硕《吴昌硕诗集》，桂林：漓江出版社，2012年版，345页。
② 郑逸梅《艺林散叶荟编》，北京：中华书局，1995年版，49页。
③ 吴昌硕《吴昌硕诗集》，桂林：漓江出版社，2012年版，215页。
④ 吴昌硕《吴昌硕诗集》，桂林：漓江出版社，2012年版，57页。
⑤ 光一《吴昌硕题画诗笺评》，杭州：杭州人民出版社，2003年版，89、352页。
⑥ 吴昌硕《吴昌硕诗集》，桂林：漓江出版社，2012年版，54页。
⑦ 吴昌硕《吴昌硕诗集》，桂林：漓江出版社，2012年版，69页。
⑧ 吴昌硕《吴昌硕诗集》，桂林：漓江出版社，2012年版，62页。

侯，割爱时卖书。卖书犹卖田，残阙皆膏腴……”[①]吴氏坦称自己之所以学画“是为了讨口肉饭”[②]。因此吴昌硕常以桃实、喜鹊和金鱼等寓意吉祥、长寿之类的题材入画，以示祈福纳祥，“几乎所有的画题都与祈愿福寿康宁、富足平安有关”[③]，淡化了对传统文人画超尘脱俗之气的追求。

为了应对市场，吴昌硕的画作中还出现了前人不画的野蔬瓜果。如《蔬果图》，画面上一棵青菜，衬以两只西红柿，用色鲜明，使人感到亲切，充满生活情趣，这是普通人生活情境的表现，是以俗入雅，雅俗共赏的艺术表现方式。不仅如此，吴氏的题画诗也多与祈愿纳福、富贵平安有关，如“大富贵”“平吉安庆”等，贴近普通人的感情和生活。吴昌硕的绘画以俗入雅，迎合了当时市民阶层的审美趣味，打开了市场。然与世俗的过分贴近也使得吴昌硕迎来了一些批评的声音，陈传席先生认为吴昌硕的绘画格调不高：“虽以篆书入画，笔墨功力深厚，但雅气、书卷气几乎不存，他又以脏色脏墨入画，下笔率意，虽不失法度，但浊气太重，格调也并非太高，俗气也时时显露，这都是上海商业气、世俗气渗透的结果。”[④]鬻画为生的吴昌硕为谋生计而迎合市场喜新尚奇的审美风尚，这成为晚清民国以来不少文人画家集体命运的一个写照。吴昌硕70岁时的一首自寿诗道出了他的困苦：

> 我祖我父称通儒，可怜无福授我书。我年十七遭寇难，人亡家破滋忧虞。甲午从军出山海，庚子干戈走而骇。世变复见辛亥冬，热血若沸摧心胸。胸中一尘无可容，谈诗对客双耳聋。卖字得钱醉一斗，有口不饥技在手。鲁公乞半羲之鹅，古人已别黄垆酒。我年七十

① 吴昌硕《吴昌硕诗集》，桂林：漓江出版社，2012年版，60页。
② 刘海粟等《回忆吴昌硕》，上海：上海人民美术出版社，1986年版，35页。
③ 陈滞冬《中国书画与文人意识》，成都：四川美术出版社，2006年版，184页。
④ 陈传席《陈传席文集二 · 绘画卷》上，合肥：安徽美术出版社，2007年版，36页。

老而已，对此茫茫那足喜。寥寥四壁坐秋风，殉名殉利两不取。[①]

吴昌硕的境遇是海派书画家的一个缩影，从历史的角度看，这种对市场的倾斜某种程度上成就了一大批海派艺术家。吴昌硕的绘画以俗入雅、雅俗共赏最终成为其艺术人生的一个特色，这在近代艺术史中是一个值得关注的现象。且雅俗观的变迁并非始于海派，吴昌硕也绝不是第一个颠覆传统者。自从明末清初资本主义萌芽产生以来，艺术的市场化与文人之间的碰撞便成为一个不可回避的话题。海上书画家为了迎合市场的审美趣味，主动调整自己的绘画题材和风格，以便能够迅速赢得市场，且能够进行批量化生产，这是难以扭转的趋势。作为“海上画派”的一员，不可否认书画在吴昌硕身上，已经由一种爱好转变为一种谋食的职业。因此我们看到吴昌硕等海派画家，多创作市民阶层喜闻乐见的通俗花鸟画，如牡丹喻富贵、桃实喻长寿、鸡冠喻升官等，也由此招致了一些批评的声音。我们要客观看待这个现象，从大的时代环境背景下全面审视吴昌硕的艺术道路。王朝元先生说：

> 同治、光绪年间，时局益坏，画风日漓，画家多蛰居上海，卖画自给，以生计所迫，不得不稍投所好，以博润资。画品遂不免日流于俗浊，或柔媚华丽，或剑拔弩张，渐有“海派”之目。[②]

吴昌硕身处上海书画商业化的大环境之中，难免被上海的商业氛围浸染。他有诗曰：“西风万里逼人寒，奇石苍茫自写看。莫笑胸中无块

---

① 引自吴晶《百年一缶翁——吴昌硕传》，杭州：浙江人民出版社，2005年版，266页。

② 王朝元主编《艺术形态的审美人类学阐释》，北京：人民日报出版社，2014年版，143页。

垒，难为砥柱挽狂澜。"[①]由此我们不难理解一个充满矛盾的吴昌硕。面对西学东渐，中国画危机重重，受到大的环境的影响，他的绘画确实呈现出较强的世俗性。在生存考验下趋于谐俗是难以避免的，但他始终保持着对传统文化和文人情怀的思考和探索，我们不能就此简单地判定他的书画俗不可耐。吴昌硕一方面顺应了海派画坛趋时谐俗的风尚，另一方面其艺术变革的市场化并没有从根本上脱离中国画的土壤，而是带有较强的文人气和书卷气，巧妙地融合了传统文人画的笔墨技巧和审美趣味。他本人并不讳言其绘画的世俗性，甚至他自称其绘画就是为了"悦世"："我画难悦世，放笔心自责。高咏送穷文，加餐当努力。行画红牡丹，胭脂好颜色。"[②]这当然是一种自嘲。尽管市场和生存压力一度对吴昌硕造成重大影响，但他始终没有因此而泯灭文人禀赋之天性。特别是到了晚年，当他驰骋艺坛，以诗书画印并绝而著称时，其文人的一面又显现出来，称"饥来看天走海上，书画易米惭雕虫"[③]。可见在其内心书画仍旧是文人士子建功立业之余的雕虫小道。因此我们在其绘画题跋中看到"区区艺术何足数，治道当法尧舜禹"[④]的说法也就不足为奇了。作为一位半生落魄的文人，他的绘画风格固然绕不开市场因素的干扰，但他并非是一味地迎合，而是融入了其独特的艺术构思。

四、曾熙："鬻书作业，偷活海上"

曾熙（1861—1930），湖南人，字季子，晚年自号农髯。晚清民初著名书画家、教育家。他出生于湖南衡阳县的一个小乡村，自幼贫寒，幼年丧父，随母亲长大。贫困的环境造就了他勤奋好学的性格，曾熙八

① 光一《吴昌硕题画诗笺评》，杭州：杭州人民出版社，2003年版，466页。
② 吴东迈编《吴昌硕谈艺录》，北京：人民美术出版社，1993年版，89页。
③ 吴昌硕《吴昌硕诗集》，桂林：漓江出版社，2012年版，189页。
④ 吴昌硕《吴昌硕诗集》，桂林：漓江出版社，2012年版，144页。

岁便能吟诗作对，被乡亲呼为“神童”。1881年，不到20岁的曾熙考中秀才。1892年中举，湖南巡抚推荐他到兵部供职，1903中进士，升任兵部主事，旋又兼任提学使、弼德院顾问。先后主讲衡阳石鼓书院、汉寿龙池书院，任湖南教育会长。曾熙工诗文、擅书画，与李瑞清有“北李南曾”之称，1915年开始寓居上海鬻书。

和清末很多文人一样，曾熙自幼十年寒窗，一心考取功名，从未想到要靠鬻书卖画谋生。然而大清的灭亡改变了他的命运，曾熙面对错综复杂的政治局面产生了退隐之心。由于他在当地名声很大，湖南省政府频频向他抛出橄榄枝，请他到政府参议院任副议长，其他争权夺势的人也想争取他的支持。他心生厌倦，想躲避政事的干扰，因此外出西湖游玩，借机躲避各种纷扰。很多资料记载说，1915年曾熙是应好友李瑞清邀请来海上鬻书，这个说法并不准确，然而对于曾的到来李十分欢迎倒是实情。面对皇权的崩溃以及社会转型带来的巨大变化，曾熙无所适从，人生信仰和客观现实之间的强烈反差，使得从小接受儒家思想教育，半生汲汲于功名的他陷入迷茫，从这个意义上讲，1915年的这次西湖之行倒更像是一次对人生方向的寻觅。老友李瑞清对曾熙的处境自然是了然的，毕竟他们都经历了相同的抉择，因此到底是李瑞清主动邀请，还是曾熙早有暗示已经不重要了，这从曾熙欣然留沪鬻书的举动便可揣测其中微妙之处。既然曾熙无意于仕途，就和李瑞清一样要面对生计问题，他已无暇顾及这样是否会有损于他这个前清二品大员的形象了。

关于曾熙、李瑞清二人此次西湖的相见，近人马宗霍在《书林纪事》中有这样一段记载：

> 辛亥国变，梅庵黄冠为道士，鬻书作业，偷活海上。乙卯八月，先生（曾熙）出游西湖，远视梅庵（李瑞清），梅庵因止之，留

沪以鬻书。语之曰："髯昔不能以术取卿相，没人财帛以自富。今又不能操白刃以劫人为盗财称豪杰，直庸人耳。今老且贫，犹欲执册奉简，口吟雅步称儒生，高言孔孟之道，此饿死相也。饿死常也，人方救国，髯不能自保其妻孥，不亦羞乎？且富者人之性情所不学而俱欲者也。语云：求食者牛不如鼠，鼠不如虎，何也？牛服田力耕，以劳易食，鼠则窃处仓廪，无人犬之忧，长养其子孙；虎居深山，据大谷，上捕飞鸟，下瞰野兽，何求不得焉！髯力不如虎，巧不如鼠，吾与子其为牛乎？鬻书虽末业，内无饥寒之患，外无劫夺之忧，无捐金之事，操三寸之觚，有十倍之息，所谓不赍贷之子钱，以劳易食者也。太史公曰：富无常业，货无常主。卖浆小业，洒削薄伎，郅氏鼎食。他日吾与子起家巨万，与英美托辣司主者埒富，亦其常也。"先生乃捧腹大笑曰："敢不如子言！"遂留沪鬻书。[①]

从这段对话也可看出此时曾熙的生活处境堪忧，正是四处谋食的关键时刻。而此时的李瑞清显然已经把前朝身份或文人"禁忌"看得比较理性，对商业文化也能处之泰然，所以二人几乎是一拍即合，曾熙随后便携家眷来到上海。而李瑞清也是不负所托，他不仅积极把曾熙引荐给蛰居上海的前清遗老、胜国耆旧，介绍曾氏参加诗文书画雅集，还亲自为其书写鬻书润例，广为宣传。如1916年初，李瑞清在《民国时报》刊登《曾子缉书例》[②]，同年6月《申报》又刊出题为《湘名士留沪鬻书》的报道：

衡阳曾农髯名熙，本湘中名士，工书法，高品节，与清道人齐

① 马宗霍《书林藻鉴 · 书林纪事》卷二，北京：文物出版社，2015年版，336页。
② 王中秀等编《近现代金石书画家润例》，上海：上海画报出版社，2004年版，92页。

名。客秋到沪鬻书，得其书者，莫不珍同拱璧。近日湘省组织参议会有电来沪，敦促曾君回湘任事，闻曾君依旧在沪鬻书，昨已复电坚辞不就。亦可见高尚矣。[①]

润例中简要叙述了曾熙的品行和政治影响力，对于鬻书者而言，这无疑是有巨大市场号召力的。1918年刊出的《曾农髯先生鬻书直例引》认为：一介文人，一不偷，二不抢，凭己之长鬻书自给，并不羞耻，乃是光明正大的事情。[②]这一方面可以看到商业文化对文人思想的渗透和影响，另一方面也侧面反映出文人鬻艺并未成为一种普世价值观，否则也不必为此大发感慨了。

李瑞清不仅在市场推广方面不遗余力地推荐曾熙，而且在生活上尽可能给予曾帮助。初到上海的曾熙无处安身，李瑞清便让他暂住在自己家里。安顿下来的曾熙逐渐被海上市场接受，由于他的润例较低，且书风平正典雅，更适合寿序、墓志一类的"大件"订单，甚至成了李瑞清的竞争对手。据郑孝胥日记载，1921年曾熙亲口说："今年卖字，至端午节已得四千五百余元。"[③]正是得益于李瑞清的帮助，曾熙的市场成绩一路攀升，这当然也和曾氏对商业文化的适应不无关系。对于商业文化，并不是每个遗民都能坦然面对，如晚清大儒沈曾植（1850—1922），虽然与曾熙早有交往，但国变后一直以遗老自居，不肯卖字。1919年是沈曾植70大寿，他本需要一笔花费庆祝，恰好又赶上当地流行感冒，沈家遭受重创："……老家病者八人，其媳竟于三日前死，而其

① 《申报》1916年6月19日。
② 王东声主编《画语者》总第9辑，北京：中国书店，2012年版，38页。
③ 引自《海派书法国际研讨会论文集》，上海：上海书画出版社，2008年版，274页。

世兄亦尚未愈。”[①]后来沈氏也染重病，反复发作[②]。家境每况愈下，1920年被迫无奈的沈曾植甚至想卖掉家藏图书度日[③]，不得以在1921年沈氏终于才挂单鬻书。据郑逸梅记载，沈氏也采用了当时通行的做法，即“鬻书订有润例，各笺扇铺代为收件”[④]。同样是末代遗民，是什么原因让沈曾植未能像曾熙那样很快适应商业浪潮呢？我们从沈氏写给学生谢凤孙的信中看到这样一段话：

> 文艺末事。顾乱世幽国，所借以寄兹微尚者，舍此末由。平世有儒林文苑之分。贞元之际，儒道且借文以存一线，议论风旨，所以不可自贬降也。海上为首恶之区。一言一字，不可不严为分别。士大夫而为海上俗论转移，则失其所以为士也。足下须记吾言，他日请验。书联寄至，适当回禾束装之际，匆匆一阅，未能细玩。约计似分两种：一微有肉，可娱俗目；一纯以骨胜。本色字也。……然沪上嗜好，非吾辈所能测。梅庵初上亦落寞，后得东洋赏识，生意乃渐旺。[⑤]

从中不难看出沈氏观念的保守。他之所以能在好友曾熙、李瑞清、吴昌硕等人挂单鬻艺时保持冷静，是因为在其内心对“儒林”和“文苑”有严格的界限。他自诩为前者，而蔑称卖字者为“文苑”，并对海上的商业气候大加鞭笞，认为文艺乃末事。因此沈曾植寓沪时常出入超社、佛

---

① 《致罗振玉》，吴泽主编《王国维全集 · 书信》，北京：中华书局，1984年版，283页。

② 许全胜《沈曾植年谱长编》，北京：中华书局，2007年版，480页。

③ 1920年沈曾植致信罗振玉，请其帮忙出售藏书：“去年舍间多故，债负累累。今年拟仿艺风例，斥卖图书，齿牙余论，不能不望公之助我，一笑一叹。”见沈曾植《海日楼遗札》，《同声月刊》1945年第4卷第2号，101页。

④ 郑逸梅《艺林散叶》，北京：中华书局，1982年版，45页。

⑤ 沈曾植《海日楼遗札》，《同声月刊》1945年第4卷第2号，49—50页。

学会等学术研究场会，绝少参加书画会和商业雅集，与好友曾熙、李瑞清相比，沈氏似乎更见文人气节。由于落难沪上，曾熙也曾规劝沈曾植鬻书卖画，被沈氏回绝了。这种态度自然是难能可贵的，须知沈曾植也是穷苦出身，年轻时为御穷之计而将家藏明初拓本《灵飞经》典当，[①]后入京为官时也经常光顾市肆，与书画商接触。不仅如此，沈氏还时常为人做书画中介人，甚至到了民国时期还受瞿鸿机之托出售黄彭年的家藏书画。[②]应该说沈曾植对鬻书卖画并不陌生，他之所以迟至1921年才挂单鬻艺，主要是国变后他一直抱有政治幻想，同张勋、郑孝胥等秘密从事匡扶大清的复辟活动。复辟失败后，沈曾植最终被迫鬻书自给，且很快打开了局面："海内外辇金求书者望户为限。"[③]另据郑逸梅记载，"寐叟逝世，已收润资而未交件者，积案累累，均由其门生故旧，一一摹写，以了笔债"[④]，可见沈曾植确有极大的市场影响力。

与沈曾植相比，处境相同的曾熙似乎是主动亲近市场的，然其内心也有难言之痛。他寓沪的初衷是为了躲避政治旋涡，但并不意味着他对商业文化的认同。1920年曾熙曾应邀为文天祥画像题跋，跋曰：

> 百折身不死，诚惧一死非。
> 颠沛度海日，岂不哀式微。
> 国破尚有君，臣存志敢摧。
> 吁嗟天命倾，义胜卒莫回。
> 衣冠就槛平，颜色何崔巍？
> 求仁在夙昔，三岁无徘徊。

① 见沈曾植《寐叟题跋》，北京：商务印书馆，1926年版。
② 见虞坤林编《王国维在1916》，太原：山西古籍出版社，2008年版，128—129页。
③ 王蘧常《沈寐叟年谱》，《民国丛书》第三编，上海：上海书店，1991年版，74页。
④ 郑逸梅《艺林散叶》，北京：中华书局，1982年版，45页。

懔懔衣带辞，庶几圣贤归。[①]

此时距离曾熙寓沪卖字已经有五年光景。从诗文内容不难看出，虽然表面上是在歌颂文天祥为国捐躯的英勇之举，然而，何尝不是一种对自我命运和人生选择的慨叹！国变之际，他无意于仕途，但却不得不考虑一家人的生存问题，因此观念上不能一味抱残守缺。他必须适应商业文化，并且要对世俗的审美做出让步，在与市场的博弈中寻找自我坚守的折中点。所以他的作品中既有北碑的古雅遒劲，又有南帖的流美典雅。特别是其晚年所作长篇碑版、墓铭中所呈现出的顿头护尾、平稳华赡的“馆阁体”书风，更是深得世俗认可，以至于盖过了介绍他鬻书的李瑞清。尽管李氏对此并不挂怀，然曾熙自觉不安，他知道李瑞清家累沉重，全家四十几口全靠他的一支笔为活，因此凡有人找他题字的，他都告诉求索者说李瑞清写得好，这也是为何1920年张大千先后拜在曾、李二人门下的原因。1916年李瑞清五十岁生日时，曾登报谎称东游天台、黄山，又说自己是黄冠道士化外之人，不肯过寿，以告好友门人。[②]曾熙了解李瑞清的心思，特为之临《黄庭经》一篇，并跋曰：“今何时耶，阿梅年五十矣，以黄冠鬻书海上，且招熙同偷活。此间昔人十几席，今复同之，然岂予与阿梅初志所及哉！”[③]可见曾熙对李瑞清的帮扶铭记于心，同时也对二人偷活海上，背离“初志”发出感慨。

五、任伯年：“求者踵接，无片刻暇”

任伯年（1840—1896），浙江山阴人，清末著名画家。他出身贫

① 王鸿鹏编选《浩气长存：历代歌咏文天祥诗钞》，天津：百花文艺出版社，2007年版，418页。

② 李瑞清《清道人启事》，《申报》《时报》1916年8月2日。

③ 曾熙《曾农髯临黄庭经》，1917年石印本，上海图书馆藏。

寒，其父任淞云是个民间画工，一边为人画像，一边在萧山经营一家米店，无奈年景凋敝，生意惨淡。任伯年随父学画，后从任熊、任薰学画，十五岁便来上海鬻艺为生。

晚清以来，海上书画艺术市场异常活跃，为那些仕途不畅的落魄文人提供了鬻艺谋生的市场空间，一时间大批书画家来此聚居。任伯年更以其雅俗共赏的艺术风格成为海派书画家之翘楚，据清人张鸣珂《寒松阁谈艺琐录》载："自海禁一开，贸易之盛，无过上海一隅。而以砚田为生者，亦皆于于而来，侨居卖画，公寿、伯年最为杰出。"[①]当时寓沪书画家多至数百人，要想在这样激烈的市场竞争中求得一席之地并非易事。最主要的是要符合"屠沽俗子"的审美观念，即如何争取广大市民阶层的接受是每个书画家都要考虑的问题。为此，初来海上的任伯年没少花费脑筋。

1863年他来上海卖画时恰逢任熊风靡，徐悲鸿《任伯年评传》中记载这样一则故事：

> 迨父卒，即转徙上海，是时任渭长大名于南中，伯年以谋食之故，自画折扇多面，伪书"渭长"款，置于街头地上售之，而自守于旁。渭长适偶行遇之，细审冒己名之画实佳，心头异之，猝然问曰："此画扇是谁所画？"，伯年答曰："任渭长所画。"又问："任渭长是汝何人？"答曰："是我叔爷。"又追问："你认识他否？"伯年心知不妙，忸怩答曰："你要买就买去，不买即算了，何必寻根问底！"渭长夷然曰："我要问此画扇究竟是谁画？"伯

① 张鸣珂著，丁羲元校点《寒松阁谈艺琐录》，上海：上海人民美术出版社，1988年版，150页。

年曰："两角钱哪里买得到真的任渭长的扇面？"[①]

从中可知任伯年在初期进入海上时的窘迫，他利用自己和任渭长同姓的巧合假冒其画，不巧正被任渭长发现，在一再追问下才承认作伪。任渭长慧眼识才，把他推荐给任薰学画。

后来任伯年又结识了胡公寿，胡氏是上海画坛的活跃分子，他有钱会、公会等商业资本家为后盾，社会资源众多，又乐于助人，奖掖后进。在胡氏的帮助下任伯年认识了不少海上重要商界名流，并得以入住上海知名的古香室，古香室还专门为他制订润格、帮其宣传推介作品，且为他解决了食宿等生活问题，为任伯年铺平了市场化的道路。而作为回报任伯年每年12月都要为古香室作一批画，如故宫博物院藏《苏武牧羊图轴》题有"光绪己丑写于上海古香室扇市西楼宵窗剪烛"[②]，即属此例。此外胡公寿还把任伯年介绍给上海有名的九华堂老板黄锦裳，二人交往甚欢，任称黄为"锦裳三兄"。黄锦裳常高价买任氏作品，任伯年也常有佳作相赠，如1884年《白战图轴》便题有"锦堂三哥顾我乃赠之"字样。[③]在众多寓沪书画家中，任伯年无疑是幸运的，他得到贵人相助，"当时上海最有影响的画店古香室和九华堂等，以最高润格收购任伯年的画"[④]。他的聪明之处在于成功把民间审美特征和文人画的精神内涵糅合在一起。除此之外就是任伯年善于整合人际关系，如胡公寿人脉很广，任伯年便特意住在他的对门，每每接到订单便向胡氏请教，请其

① 徐悲鸿《徐悲鸿自述》，合肥：安徽文艺出版社，2013年版，3页。

② 王靖宪《任伯年其人其艺》，《任伯年精品集》，北京：人民美术出版社，1993年版，41页。

③ 王靖宪《任伯年其人其艺》，《任伯年精品集》，北京：人民美术出版社，1993年版，37页。

④ 参见丁羲元《任伯年年谱》，上海：上海书画出版社，1989年版，139页。

帮忙润色。胡氏斋号为“寄鹤轩”，任伯年则把“倚鹤轩”作为斋名，并称胡公寿为“公寿先生”。这样一来拉近了两人之间的关系，二来还可以利用胡氏的社会资源扩大市场。如胡公寿认识不少日本藏家，他的画也深受日本人喜爱，他便介绍给任伯年认识。这对于一个依赖市场生存、涉世未深的书画家来说是极其重要的。

晚清时期，随着商业文化的发展，商人的社会地位逐渐提高，鬻艺文人也频频与商人交往以寻求市场机遇，任伯年亦是如此。他的作品备受粤商的青睐，如方若《海上画录》中记载了这样一则趣闻：“粤商索画者累候不遇，值其自外归，尾之入。伯年即登楼，返顾曰：‘内室止步，内室止步！’相传为笑柄。”[①]文人与商人的关系自古皆然，尽管晚清商业文化泛滥，然文人骨子里的清高依然存在。从物质层面他们需要商人运作，从精神层面他们又忌讳与商人为伍，说到底任伯年离不开粤商，因为商人意味着潜在的市场，“中外贸易惟凭通言一事，半皆粤人为之，顷刻间千金赤手可致”[②]。粤商在上海占有相当的市场份额，他们是任伯年重要的消费者和宣传力量，任伯年的不少固定客户都来自粤商。粤商也能够欣赏任伯年墨色明艳、色彩浓丽、干净利索的画风，这对于走市场的书画家而言可谓幸事一桩！

任伯年的作品在上海打开市场后，关于其画价在当时市场中的整体情况，可从1878年上海画坛发起的一场减润鬻艺活动获悉。当时海上画坛名流如胡公寿、张子祥、任伯年等七人组成见心社，书画纨、折扇七折出售，平均2元一件。对此王中秀说：“也就是清朝末年上海名家的润

① 白化文主编《中国近现代历史名人轶事集成》第2卷，济南：山东人民出版社，2015年版，108页。

② 王韬《瀛壖杂志》，上海：上海古籍出版社，1989年版，8页。

例平均约为3元每平尺，这在当时应该算是比较高的价格。”[①]这当然是相对于当时总体物价水平而言，如1890年前后上海的“米一千二百文一石，面十四文一斤，……肉五六十文一斤，……鸡蛋四文一个，……厅屋每月租价七百文。以二、三百文购一日之食者犹为小康之家”[②]。可见在上海较知名的鬻艺者是可以过上比较体面的生活的，甚至有四十余口家累的李瑞清还不忘天天吃螃蟹，一日食蟹百只，至于有“李百蟹”的雅号，[③]也正是由于这个原因，才使得任伯年能够用“内室止步”来应对粤商。

由于成名之后的任伯年不愁市场和订单，因此他时常显现出其放荡傲骨的一面。民国《大清见闻录》记载了这样一则故事，颇可见其性情：

> 山阴任伯年绘人物有声，久居苏，求画者踵接。然性疏傲，且嗜鸦片烟，发常长寸许。每懒于濡毫，倍送润赀，犹不一伸纸。纸绢山积，未尝一顾。一日戴用柏先生与杨伯润过其门，见一学徒倚门而泣。戴问故，曰：“店中先生命送画资任先生家请其作画，数月未就，先生谓我乾没润资，故不得画，今日又命我来取，云如不得，必将挞我，今任先生仍不见付，故泣耳。”戴怒曰：“名士可若是乎？受人钱，乃不为人画！”遂与杨入，任方卧烟榻吸烟，戴突拍案呼任起，任惊问故。戴曰：“汝得人钱，不为人作画，致竖子辈哭于门，是何道理，不速画，我必打汝。”任不得已即起画，戴与杨一人为伸纸，一人为调颜色。任援笔濡染，顷刻间两扇并

① 王中秀《历史的失忆与失忆的历史——润例试解读》，《新美术》2004年第2期，14—28页。

② 黄苇，夏林根编《近代上海地区方志经济史料选辑》，上海：上海人民出版社，1984年版，51页。

③ 孙家政《退醒庐笔记》，上海：上海书店，1997年版，57页。

就。戴以付学徒，欣谢而去，闻者皆以为快。[①]

自古文人皆好以另类的打扮和怪异的行为自我标榜，成名之后的任伯年还染上一些所谓“名士”的不良嗜好。尽管这种行为在今天看来不无堕落，然在当时却映射出人物内心的孤傲和身份优越感。订单堆积案头疲于应答，并非没有解决的对策，对于文人而言这何尝不是一种市场化过程中的自我陶醉？或者无意拖延，或者有意对抗商业文化，各种复杂的心态夹杂在一起，兼而有之，这在晚清民国以来尤为普遍，以至成为文人品性中固有的文化隐喻。话说回来，即便是再有名气的书画家，如果一味标榜疏离市场，生计也会成为问题。有段时间任伯年着迷于雕塑，画事一度荒废，导致生活断炊，其妻一怒之下将雕塑尽毁。另据《海上画语》记载：“伯年出外，即终日不返。家人愿其多作画，可多得润资，戒勿出。有日，闻挞门急，内出恶声，既而察知呼音之为吴昌硕，门始启，笑谢曰：‘不知是吴先生，意为邕之又来引其去也。’”[②]高邕之是任伯年的好友，家藏颇丰，两人经常在一起赏鉴品评画事，耽误作画，引起任伯年家人不满，于是将他关在楼上日夜伏案作画。

任伯年说到底是要靠卖画生存的，因此对市场和世俗的妥协也是必然的。特别是其早年，为了打开市场他画过不少世俗性较强的作品如《群仙祝寿图》《三羊开泰》等，这是专门为了迎合上海市民阶层的审美而作的。尽管从历史发展的角度看这种让步也不失为一种艺术上的探索，然在当时看来这确乎是靠手艺生存者的无奈之选，只有迎合市场才能谋得生存，因此1886年吴昌硕曾为任伯年制印“画奴”也就不足为怪

① 天台野叟《大清见闻录·艺苑志异》，郑州：中州古籍出版社，2000年版，286页。
② 引自《任伯年》上，北京：人民美术出版社，2003年版，15页。

了，其边款曰："伯年先生画得奇趣，求者踵接，无片刻暇，改号'画奴'，苦自比也。"[①]虽然不无调侃，但也的确反映了任伯年为谋斗米而折腰鬻艺的情结。正如文化社会学者阿诺德·豪泽尔所言："艺术作品的商品化时常伴随着屈辱和艰辛。"[②]这种屈辱在吴昌硕的鬻艺生涯中也有体现，吴氏曾自道学画是"为了讨口肉饭吃"[③]，这和对任伯年"画奴"的调侃何其相似!

为了争取市场，任伯年大胆把传统文人绘画和民间旨趣中的精华融合在一起，这在他的吉祥物创作中体现尤为突出。晚清时期，我国内忧外患，灾荒不断，人们趋吉避害的愿望十分强烈，为了抚平心灵的创伤，世人往往喜欢借寓意吉祥的画作自我疗伤。据调查，目前国内博物馆所藏任伯年的437幅作品中，"以吉祥物为题材的作品有221幅，约占作品总数的51%。"[④]需要指出的是，任伯年在研究市场喜好时并没有一味迎合世俗审美，而是试图把文人审美融入到吉祥物形象之中，做到雅俗共赏。尽管晚清时期国势衰微，江山摇摇欲坠，但是人们内心的家国情怀和求仕情结依然存在，任伯年也常常有这类主题的画作，如《紫绶金章》中画有紫藤、青灯和书卷，跋曰："惟愿驭黄卷青灯，早操金章紫绶。"很直白地表达了对实现人生抱负的慨叹。又如其《封侯图》，画面上有猴和枫，寓意"封侯"，也是对政治理想的一种表达，这不仅是一种美好的世俗愿望，对于像任伯年这样的鬻艺文人，又何尝不是追逐了一生的一块心病?

1896年任伯年在上海去世。郑逸梅在《小阳秋》中如是说："伯

① 郑逸梅《近代名人丛话》，北京：中华书局，2005年版，8页。
② 〔匈牙利〕阿诺德·豪泽尔著，居延安译编：《艺术社会学》，上海：学林出版社，1987年版，55页。
③ 刘海粟等编著《回忆吴昌硕》，上海：上海人民美术出版社，1986年版，35页。
④ 王彦霖《任伯年绘画中的吉祥物》，《文艺研究》2010年第9期，124—125页。

年客死沪寓，身后殊萧条。幸其女霞，字雨华，传家学，鬻画以养母抚弟，且常署父名以图易售，伯年画遂充斥于市，真赝为之淆乱矣。”[①]任伯年卖画一生，名满海上，死后竟无恒产，这也是其生性放荡、我行我素的性格使然，与那些置身市肆、只言金钱的市井贩夫形成鲜明对比。

六、张大千："乞食人间尚未归"

张大千（1899—1983），四川内江人，出身于内江望族门庭。他排行第八，自幼随母亲和二哥张善孖学画，打下了坚实的基础。18岁时，张大千随兄张善孖赴日留学，学习染织，兼习绘画。1919年张大千学成归来，却向父母提出要到上海拜师学习书画，遭到反对。幸亏二哥张善孖支持，张大千才得以如愿。张善孖经常带张大千参加各种文人雅集，后来经人介绍，张大千还先后拜在名满海上的曾熙、李瑞清门下，名家的提携和帮助对他的鬻艺生涯起到了至关重要的作用。

尽管张大千的上海之行并非仅仅为了混口饭吃，也不像李瑞清那样有沉重的家庭负担，但毕竟要先解决个人生计问题。由于他临摹功力深厚，从石涛到八大，再到后来的敦煌壁画，其仿古水平之高，几能乱真，甚至骗过了黄宾虹、陈半丁等书画鉴藏名家。寓沪初期他便开始以仿古为活，市场反响不错，然而也因此给他带来不少负面的评价。由于张大千在商业市场中游刃有余，不少人对他过分商业化的做法颇有微词。这是否意味着他已经完全冲破了传统观念的束缚，适应了近代商业文化呢？显然又并非如此。我们在他30年代的作品中常常看到"人间乞食"和"乞食人间尚未归"两枚闲章[②]，从中可以获悉他对鬻书卖画为生的认知，与传统士人并无二致。安徽人张目寒和张大千交往密切，被

① 郑逸梅《小阳秋》，上海：日新出版社，1947年版，1页。

② 杨诗云《张大千用印详考》，上海：上海书画出版社，2015年版，88页。

张称作义弟。虽然他不是书画家，但对艺事十分感兴趣，为张大千奔走而不辞辛劳，深得张信任，我们可以从他们的书信中了解张大千内心真实的一面。当张大千四处奔波忙于展览应酬时，在给张目寒的信中说："兄于此两个月内连有四处展出，赶画与安排弄得忙乱不堪，今日为最后一处展出，此时急须登车，穷忙可笑。"[①]又说，"兄以米盐琐琐，饥来驱人，乃出此下策。若生活稍为安定，终当焚弃笔砚耳。"[②]尽管张大千并不避讳自己为展览而画，为生活而画，但内心却也并不完全认同这种拼命为活的艺术之路。"焚弃笔砚"自然只是一种理想，生活是很实际的，他未能如愿。

在近代以来书画市场化过程中，很多书画家都有比较理想的一面，张大千对海上商业文化对艺术的扭曲也有不满。这一点他与吴湖帆的看法是一致的，1933年他们在谈话中表达了对当时上海书画商业风气的不满："观古画海上几无可谈之人，收藏家之眼光以名之大小为标准，一画以题跋之多寡、著录之家数为断，往往重纸轻绢，画之好坏不论也；古董伙之眼光以合己意为标准，附和买画者以耳熟否闻为标准，此画之有无价值不识也。"[③]尽管如此，张大千频繁的市场行为还是给他带来了骂名。他是一个很讲实际的人，从不把艺术的高度凌驾于生活之上，不唱高调，也不避讳鬻艺言利、养家糊口。

在成都时，他的画裱好还未干就拿去展出换钱，惹来批评。对于批评他也给出了坦然的答复，在给张目寒的信中说："一搁笔则一家二十余口，将成饿殍矣。"[④]从商业大环境来看，张大千的举动本无可厚非，民国时期的鬻艺者不计其数，但即便是参与市场的人，也对张大千过于

---

① 《张大千致张目寒信札》，南昌：江西美术出版社，2009年版，43页。
② 《张大千致张目寒信札》，南昌：江西美术出版社，2009年版，7页。
③ 吴湖帆《吴湖帆文摘》，杭州：中国美术学院出版社，2004年版，19页。
④ 引自郑重《丹青行》，上海：东方出版中心，2012年版，119页。

标榜的市场宣传表示不满。如1946年傅雷写给黄宾虹的信中说："大千画会售款得一亿余，亦上海多金而附庸风雅之辈盲捧。鄙见于大千素不钦佩，观其所临敦煌古迹，多以外形为重，至唐人精神全未梦见，而竟标价至五百万元（一幅之价），仿佛巨额定价即可抬高艺术品本身价值者，江湖习气可慨可憎。"[①]傅雷的态度绝不仅仅代表他个人，与张大千同一时期的许多人都对他过度商业化的做法颇有微词，其中就包括张大千的老乡陈子庄，他在《石壶论画语要》中说："张大千画佛光一笔完成，其圆如规，往往当众表演，众皆赞叹，称为活吴道子，记者也忙着抢镜头。其实这只是技巧，不是艺术。绘画不是表演艺术，画画不是为了表演。要练习此项技巧费力很大，其实没有什么用处。"[②]又说，"张大千天资很高，可惜未在创作上下功夫，帮闲去了。学艺术的人态度首先要严格，不可取巧。张大千把画画作手段，猎取名利，实质是欺骗。"[③]

用今天的话说，张大千很会做自我"营销"，他摸透了市场的规律，并且很善于资源运作和钻营，以至于出现很多负面评价。很多人认为他哗众取宠，有失风范，为了市场喜好而奔走周旋，完全背离了文人画的精神旨归，用陈子庄的话说，张大千"一辈子是画物质，不是画精神"[④]。这些评价当然有其偏颇之处，但也确实指出了张大千在市场化过程中的某些弊病。如他练就了一手无所不能的临摹本领，围绕市场更是花鸟、山水、人物无所不能。从艺术史发展的角度看，对市场的过分倾斜确在某种程度上影响艺术层面的关照，所以陈子庄说："吴、齐、黄门弟子中均有能手，大千门下则无。盖吴、齐、黄贵创造，门人亦受其

① 傅敏编《傅雷书信选》，北京：三联书店，2014年版，258页。
② 陈子庄口述《石壶论画语要》，北京：人民美术出版社，2010年版，59页。
③ 陈子庄口述《石壶论画语要》，北京：人民美术出版社，2010年版，77页
④ 陈子庄口述《石壶论画语要》，北京：人民美术出版社，2010年版，77页。

沾濡；大千则专意仿古，流风所致，门人遂于临仿中讨生活。”[①]对张大千最为推崇的是傅申，但他也坦言张大千有缺点：“张大千也是不完美的，尤其是在见仁见智、从不同的角度去观察批判时，我们确实可以说他很多的画太偏于甜美，用笔流滑的应酬画太多，其内容与历史、与时代、与中国的民间疾苦好像都无关而脱节。”[②]对于鬻艺为生的人来说，单纯从传统文人书画的角度去阐释是欠妥的，张大千是特定历史时期的一名“奇士”，他的种种狂狷举止，如作伪、过度商业化等都可以从其“奇士”身份中找到答案。

民国时期，社会转型，在西方文化的强势冲击下，各种传统观念遭受重创，经典文化支离破碎。张大千的叛逆精神恰与这种时代背景相暗合，他是对传统文化的另一种坚守与超越。尽管他的作伪、仿古之术在商业文化背景下为人诟病，但当时社会大环境如此，不能单纯归咎于个人。科举制度废除以后，传统文人的精神依托崩塌，一时难以找到自己的身份定位，这时谋食所需使得鬻艺者纷纷向世俗倾斜也是时代使然。张大千对商业力量的倚重和“奇士”精神的呈现，正反映了文人对传统价值系统的重组和社会适应，或者说当商业文化与传统观念发生抵牾时，“奇士”精神也不失为一种应对策略和智慧。

七、郑孝胥：“为清国遗老以没世”

郑孝胥（1860—1938），福建省闽侯人。少即诗文俱佳，光绪八年（1882）中举人，曾历任广西边防大臣，安徽、广东按察使，湖南布政使等。辛亥革命后以遗老自居。

1911年辛亥革命爆发时，时任湖南布政使的郑孝胥正在北京，清廷

① 陈子庄口述《石壶论画语要》，北京：人民美术出版社，2010年版，78页。
② 傅申《血战古人的张大千》，《雄狮美术》1991年2月第12期。

命其“迅速回任”。[①]10月25日，郑氏“急驰回任，途次上海，长沙已失，道梗不行，遂留于沪，隐居海藏楼”。[②]也就是说郑孝胥在赶回长沙的途中长沙已被攻下，他只好到上海海藏楼隐居不出，决计“为清国遗老以没世”[③]，前后达八月之久。在此期间，郑孝胥密切关注时事变化，阅读报刊。所谓“食君之禄忠君之事”，他对大清的忠贞并没有改变，11月14日，他对将赴苏州新政府任职的孟森说：“世界者，有情之质；人类者，有义之物。吾于君国，不能公然为无情无义之举也。共和者，佳名美事，公等好为之；吾为人臣，惟有以遗老终耳。”[④]以遗老自居是郑孝胥的政治立场，他并不准备躲在海上不问世事，而是准备伺机而动：“余今日所处之地位，于朝廷无所负，于革党亦无所忤，岂天留我将以为调停之人耶？”[⑤]可见郑孝胥用世之志不灭。寓沪期间，他一方面表现出参与政治的热情，另一方面又强调君子宜安贫乐道，不为浮名所累。如他在1919年9月3日的日记中写给朋友许鲁山的一段对话说：

> 许鲁山曰：“友朋中立名节、不从世乱者，往往所遇极困，贫病死亡相继，岂天之佑淫人而君子之道消耶？”余曰：“否！不从世乱者必有甘困穷、乐贫贱之志，则胸中浩然，无抑郁忧伤之患。盖志气安乐者必逢佳运，牢骚偃蹇者必致厄运，此则由其自取，虽天亦无如之何也。丁衡甫愤世嫉俗，而遭惨祸，亦其人内热负气、崎岖不平有强死之道，而不幸之事亦从之。故曰，人定胜天，在于

① 郑孝胥著，劳祖德整理《郑孝胥日记》，北京：中华书局，1993年版，1351页。
② 郑孝胥著，黄珅、杨晓波校点《海藏楼诗集》，上海：上海古籍出版社，2003年版，586—587页。
③ 郑孝胥著，劳祖德整理《郑孝胥日记》，北京：中华书局，1993年版，1353页。
④ 郑孝胥著，劳祖德整理《郑孝胥日记》，北京：中华书局，1993年版，1356页。
⑤ 郑孝胥著，劳祖德整理《郑孝胥日记》，北京：中华书局，1993年版，1358页。

自克而已。”[①]

郑孝胥认为生逢乱世就应该忍受寂寞，安贫乐道。尽管他并没有像沈曾植那样采取对商业文化极为审慎的态度，但从他的日记中我们却更多地看到了他的政治热情。1917年张勋复辟，把郑孝胥排除在外，令其大为感叹。1917年7月29日日记曰：“仁先（陈曾寿）今日由津浦到沪，略谈北方情形，毫无计画，妄举大事，使人愤恨。此事由青岛与上海诸君合谋之，而独避我，知其必败矣。”[②]事实上寓沪期间的郑孝胥是矛盾的，从辛亥革命寓沪到1923年赴天津溥仪小朝廷任职，再到1931年卖掉房产离开上海，他前后寓沪二十年。其间他交游广泛，穿梭于政、商、学各界，一方面他对复辟抱有幻想，并时刻不忘关注政治局势，另一方面他也能审时度势，积极融入到海上商业文化发展之中。如他担任了商务印书馆、通州垦牧、大丰盐垦、苏路、浙路等多家公司的董事[③]，又投资实业、地产、股票、国债等经营活动，加之原有经济基础的支撑，使得他在上海的生活还算优渥。

除了投资和各种兼职的收入外，郑孝胥还卖字，也是他收入的一个重要组成部分，从中我们也不难窥见其心态的微妙变化。

在十里洋场的上海，大批遗老鬻书成风，来沪不久的郑孝胥也加入了进来，他自携笔单“以寄九华堂、戏鸿堂、朵云轩、吉羊楼、锦润

① 引自常建华主编《中国社会历史评论》第13卷，天津：天津古籍出版社，2012年版，172页。

② 引自常建华主编《中国社会历史评论》第13卷，天津：天津古籍出版社，2012年版，172页。

③ 按，早在辛亥革命前郑孝胥已是商务印书馆的股东，辛亥革命后商务印书馆正式发来邀请函，请他到公司办事，每日三小时，月送舆马费百两。见郑孝胥著，劳祖德整理《郑孝胥日记》，北京：中华书局，1993年版，1422页。

堂、大吉庐、锦云堂诸纸店，又至时事报馆，托登广告”[①]，开始了公开的挂单鬻书生涯，很快九华堂、朵云轩、吉羊楼等书画店即送纸求书。九华堂、朵云轩、吉羊楼等书画店都是上海颇有名气的书画店，市场推广效果极佳。郑孝胥在日记中经常提及与它们合作的情况，如1913年11月12日日记载：“九华堂代求鸿仪堂匾，每字润笔十两。”[②]1914年5月26日：“吉羊楼、九华堂皆来索笔单。”[③]也有登门求索者，如1916年7月19日日记载：“蒋孟苹、蔡鹄卿来，蒋为中华书局代求匾，四大字，径三尺，润笔百元。”郑孝胥之所以能够在民国初年就迅速打开市场，除了其前清遗老的政治背景外，还与其积极的自我宣传有关。《近现代金石书画家润例》中收录了他的一份润例，这份润例在民初曾刊登于《民国日报》《国是报》《毛公鼎》等多处，内容如下：

> 宣纸屏幅，五尺以内每幅二元，五尺以外三元。宣纸联对，五尺以内每对四元，五尺以外六元，泥金笺加半，冷金笺不加。中堂全幅每幅四元，五尺以外六元；单条，每条二元，五尺以外三元，横幅同。团扇折扇每柄二元。招牌，一尺以内每字半元，二尺以内每字一元，二尺以外另议，隶书均加半。寿屏碑志另议。磨墨费加一成。笔资先惠。寓上海小沙渡内南洋路12号，十五天取件，通信收件处：上海四马路望平路震亚图书局，各大纸店。[④]

这则润例中有些信息值得关注。如前所述，出于对名节的考虑，民国时期不少鬻艺者明确表示“市招不应”，即便应承也索价较高，然而

① 郑孝胥著，劳祖德整理《郑孝胥日记》，北京：中华书局，1993年版，1516页。
② 郑孝胥著，劳祖德整理《郑孝胥日记》，北京：中华书局，1993年版，1491页。
③ 郑孝胥著，劳祖德整理《郑孝胥日记》，北京：中华书局，1993年版，1517页。
④ 王中秀等编《近现代金石书画家润例》，上海：上海画报出版社，2004年版，93页。

郑孝胥似乎没有太忌讳这一条。另外，为人书碑铭、墓志向来也是比较忌讳的话题，但由于通常索价较高，属于“大件”，民国时期的鬻艺者对此的态度通常比较暧昧，与大多数人相似郑孝胥也给出了“另议”的处理办法。“另议”到底是多少呢？《海派书法国际研讨会论文集》中收录了几则相关材料：“伯平来，为庄得之求书盛宫保墓志，并送润金一千元”“汲古阁为方氏求书墓志，送来润金千元”“书潮州郭若雨寿屏，润笔八百元”“徐絜如来为王春榜求书寿屏，润八百元”[①]。很显然，为人书碑志的价格要远远大于正常鬻书所得。又，郑孝胥深受市场欢迎，作品广为流布，“世人宝之，争得其片楮寸简以为荣”[②]，因此鬻书所得也是一笔不小的收入。据时人记载，郑孝胥“初鬻字，年可三千金，逐年递增，癸亥以还，年可得一万二千金，比岁干戈遍地，百业凋零，而求书者，有加无减”[③]。对于鬻艺者而言，这是个不错的收入，但郑孝胥并没有沉浸其中，他在卖字时仍有所保留。例如他从不使用民国纪年落款，凡人求索中有“民国”字样者一律不应。不仅如此，他还坚持不为民国仕宦者书，据说孟森持某送冯国璋寿联求书，被郑孝胥拒之门外。且他不仅以此约束自己，对身边的朋友也同样如此。

1917年，好友陈三立作《袁海观志》，郑孝胥对此不以为然：“袁父子皆事袁世凯，余必不为此文，伯严何故为之？异哉！”[④]尽管留沪自谋，郑孝胥的政治立场仍旧没有轻易改变，1924年，段祺瑞欲聘其为阁员，郑以“犹虑损名”“苟不能复辟，何以自解于天下”[⑤]却之。

---

① 引自上海市书法家协会编《海派书法国际研讨会论文集》，上海：上海书画出版社，2008年版，274页。

② 吴趼人《当代名人轶事大观》，上海：世界书局，1923年版，50页。

③ 《述郑孝胥先生》，《北洋画报》1928年第185期。

④ 郑孝胥著，劳祖德整理《郑孝胥日记》，北京：中华书局，1993年版，1682页。

⑤ 郑孝胥著，劳祖德整理《郑孝胥日记》，北京：中华书局，1993年版，2028—2029页。

不仕民国是传统士人灵魂守护和保全志节的本能反应。正如溥仪的洋师傅庄士敦所言："郑孝胥从不在民国政府当官，也永远不会这样做。他不能以一身去兼事二主。"①连洋人都明白的道路，郑孝胥岂能等闲视之！因此他晚年出任伪满洲国总理也就在情理之中了。虽说这种坚守不无迂腐，然联系到其留沪鬻书期间所表现出的矛盾心态，我们对郑孝胥的解读便会趋于丰满，而不是仅仅以"晚节不保"作结。

① 〔英〕庄士敦著，陈时伟等译《紫禁城的黄昏》，北京：紫禁城出版社，1989年版，329页。

第五章　京派书画市场与鬻艺观念嬗变

第一节　北京世风与鬻艺观念

一、社会与世风

清末民初是一个“转折的时代”（图22）。

对于旧式文人而言，最大的转变在于旧有人身依附关系的丧失，加之科举制度的废除和清王朝的灭亡，使他们遭受了精神和肉体的双重打击，不得不面对严酷的生计考验。在这样的社会大背景下，北京以其帝都的特殊地域环境和文化背景而显得与众不同，尤其是将其与商业文化浓厚的上海相比，北京的书画市场和书画家更多地呈现出传统和保守的一面，这也是京派文化与海派文化最显著的不同。

图22 民国时期的北京盛德门

图23 陈师曾

书画家的艺术理念和市场观与其所处社会环境有密切关联，这就是杨晦所谓的地域文化的烙印："（京派）自然是在他们的根据地北平的社会条件下形成的一种作风。而所谓海派的，也自然就是由于上海的社会条件所造成的了。"[①]清末民初，北京聚集了形形色色的书画谋生者，他们的身份、背景不尽相同，然其艺术理念及市场态度皆带有浓重的京派特色。何谓京派特色？鲁迅先生在《京派与海派》的论述中有句话颇为经典："文人之在京者近官，没海者近商。近官者在使官得名，近商者在使商获利。自己也赖以糊口。"[②]具体到书画商业文化方面，则由于在北京旧的审美风尚和传统文化的影响一直延续，客观上束缚了书画家市场观念的表达。此外，很多京派书画家都具有一定的身份和社会地位，因此对待鬻书卖画态度较为暧昧，不少人还只是将其作为一种消遣，由此也使得京派书画家能够根据自己的意愿进行创作而不呈现太强的市场导向，甚至于时常表现出对市场的鄙夷，在这一点上与海派确有较大不同。

二、"京派"书画家身份类型

民国时期，京派书画家如陈师曾（图23）、周肇祥、金城、余绍宋、溥心畬、齐白石、陈半丁等人，他们或为政府官员，或有皇室贵族血统，或为旧式文人、社会名流，绝少终生布衣无其他社会身份者。如金城为北洋政府国务院秘书、众议院议员，陈师曾为北洋政府教育部编

① 杨晦《杨晦文学论集》，北京：北京大学出版社，1985年版，222页。

② 鲁迅《京派与海派》，《且介亭杂文二集》，北京：人民文学出版社，1973年版，69页。

审，周肇祥为湖南省长、临时参政院参议员，溥心畬为前清皇室贵族、辅仁大学教授，余绍宋为司法部参事。他们当中很多人具有官方背景或皇室血统，本身就是一种稀缺的社会资源，不必为了生计而忧愁。即便是职业画家如齐白石、陈半丁、萧谦中等人，也多兼职受聘于各种书画协会或专业院团，这是海派鬻艺者所没有的社会资源，所以鲁迅先生说："在北平的学者文人们，又大抵有着讲师或教授的本业，论理、研究或创作的环境，实在是比'海派'来的优越的。"[①]的确如此，相较海派书画家而言，京派鬻艺者往往都是有正业的，纯粹靠鬻艺自谋的职业书画家很少。尽管随着清廷的覆灭，北京一度失去了其在政治上的象征意义和影响，但在思想领域，传统价值观仍旧根深蒂固。社会环境能够给予文人更加多样化的职业选择，当然也包括从政做官，这也决定了京派书画家的市场态度的相对固守。

1. 皇室后裔

清廷覆灭后，大批皇室后裔会聚于北京，其中不少能书善画者，如溥伒、溥佺、溥佐、溥心畬等人。由于他们均有皇室血统，这种特殊的身份成为一种稀缺的社会资源，很多求书索画者也正是看中了这一点，因而使得这些遗民多不必为生计担忧。身份认同不仅使得他们获得了生存的机会，且能够坚持自己的艺术风格而不被市场同化，相对于海派鬻艺者而言，他们更有条件按照自己的意愿而非市场喜好来作书绘画。最有代表性的如恭亲王之孙溥心畬，他虽然也卖画，但与海派诸家有明显不同："通常画家刚出道是'以画求名'，他却可称的上是'以名显画'，他的作品均由荣宝斋代理，自己不用为书画的销路发愁，生活比较优越，所以在作画时能够保持较为单纯的创作心境，在技法和题材上可以视自

① 鲁迅《京派与海派》，《且介亭杂文二集》，北京：人民文学出版社，1973年版，69页。

己的喜好而定。”[①] 这对于文人而言是再体面不过的事情了。

从艺术史发展的角度看，前清后裔的参与使得二十世纪早期的北京画坛呈现出保守与革新、传统与现代并存的局面，在创造发明上似乎逊于海派。然对于个人而言，创作的自由确乎是一种精神寄托，这些前清宗室的画风被后人称为“皇室画派”，与其说他们是对传统的坚守不如说他们在寻找精神归宿。这样看来，京派在书画商业文化发展过程中扮演了一个“保守派”的角色。

2. 前代遗老与旧式文人

民国时期的北京还有不少清代遗老与旧式文人，其中擅书画者也不在少数，如林琴南、于非闇、余绍宋等。这些人在北京多半有自己的正式职业，不必为了生计而忧，因此在对待鬻艺和市场的态度上，与有皇室血统的书画家颇为类似。如余绍宋出身于书香门第之家，善属文、富藏书，尤工书画。

民国时期，余绍宋首先以政府要员的身份出现在北方画坛。民初他以“前朝留日政法科举人”身份供职于司法部，先后任司法部佥事、参事、司法次长等职，后还曾短暂出任北平美专校长，他是享誉京城的学者型书画家。虽然他也常有鬻画之举，但却碍于身份地位，表现得十分矜持，对于书画展览和市场化更是不屑一顾：“下午汪溶来，持去画一帧，云将以陈列于中日画会。余于此会不谓然，盖恶其市井气太重，不专嫌标榜也。”[②]由于出身原因，余绍宋的思想较为保守。

民初以来，随着士商观念的转型和商业文化的发展，各种全国性的美展、院校展览、书画社团展览以及个人展览等逐渐普及起来。展览的目的主要是宣传与售卖，而商业性的展览又多半带有公益性质。对于

① 王彬《中国名画家全集·溥心畬》，石家庄：河北美术出版社，2003年版，5页。

② 余子安《余绍宋书画论丛》，北京：北京图书馆出版社，2003年版，256页。

相对保守的京派文人而言，公益性的展售无疑更加便于被市场和大众接受，这是顺应商业文化大环境的产物。北京中山公园是书画展览较为集中的处所，经常有社会名流汇聚于此举办书画展览，交流切磋。举办展览自然免不了采取一些“市场策略”，徐燕荪在回忆他的一次展览时说：“……捧场者颇多。卖出各件多大字标贴某局长定，或某处长定，一若为该画增光者也。”[①]书画家利用官员的爱好和名气进行宣传炒作，弄虚作假，在当时竟成一种风气。保守人士则对此表示不满，如余绍宋便对张大千兄弟利用政治手腕进行炒作、愚弄庸众颇有微词：“前月在北京闻张大千、善孖两昆仲开展览会获数千元。其办法乃先以政治手腕，向各当道之家眷运动，预定去若干幅，标价甚昂，而实仅收十分之三四。开会之日，各预定画幅同时标明某某所定，一时庸众颇为所惊动，竞相购买。又其画皆用玻璃镜框装成，不惜工本，自易动目。似此行为又岂余所能效者耶？”[②]在民国书画商业文化的背景下，似余绍宋这种有节制、有底线的鬻艺者殊为难得，作为士商观念转型中相对保守的一派，在他身上我们看到了文人情结与商业文化的博弈。然而民国商业浪潮对余氏的侵蚀也是不可忽视的，他深知买书画者鱼龙混杂，但无力改变这种现实，因此他也并不拒绝为附庸风雅的“暴发户”画些花花绿绿的流俗之作：

> 新近有不少暴发户，纷筑别墅山庄于湖濡。为了附庸风雅，他们少不得要用些花花绿绿的画图补壁；也有人宁出高价，要求画面彩色缤纷，持以钻营门路，孝敬达官贵人的。你不见有个“海上闻人”，在西泠桥堍经营一逸窟，虽然胸无点墨，书房中照样排满了

① 引自《徐燕荪画集》，天津：天津人民美术出版社，2006年版，150页。

② 余子安《余绍宋书画论丛》，北京：北京图书馆出版社，2003年版，272页。

《图书集成》《百衲本二十四史》《资治通鉴》？我是卖画的，和“商务”“中华”卖书一样，买主点品，按润付值，其它我可就不过问啰！①

对于这段话，马雪腾在《南湖文化名人》里给予了这样的解释：“虽则不过问，激愤之情，显然可见。吴昌硕也说过一句看似幽默其实很无奈的话，如果所有的买家都会看画了，那我们不是要吃西北风了？”②这是时代使然，个人意志难以扭转乾坤。然不论世道如何，商业文化如何发展，鬻艺书画家都不可能完全打破心里的芥蒂，欣然接受商业文化的洗礼，这种情结自然不止余氏一人有之。因为特殊地域环境的原因，北京不少有一定身份的书画家能够从容应对书画商业化、市场化的挑战，但这种“从容”并不意味着完全被市场“同化”，而是有限度、有坚守、有操守地参与其中。

3．职业书画家

除了以上具有特殊身份的书画家，清末民初以来的北京还有一类职业书画家值得关注，即那些指仗砚田谋生者。相比较而言，这类书画家的社会地位较低，社会资源较少，因此声名显赫者寥寥，大部分是处于社会底层、靠鬻艺自活者。其中的佼佼者有齐白石、陈半丁、陈少梅等人，他们通过与上层社会名流的交往脱颖而出，获得了身份认同及市场的认可，最具代表性的当属齐白石。他在来京后不久的1917年结识了陈师曾、樊樊山、罗瘿公、姚华等人，这对他的鬻艺生涯起到了至关重要的作用，特别是他的作品经这些朋友推介在日本一炮走红后，更使得其

① 黄萍荪《余绍宋其人其事》，《朵云》1987年第12期，151页。

② 马雪腾主编，沈珉著《南湖文化名人·蒲华》，杭州：浙江人民出版社，2012年版，192页。

润格一路攀升，迅速打开了国内外的市场。[①]但由于齐白石出身低微，自幼贫苦不堪，其作品带有较强的市俗烙印，因此在当时遭到一些传统文人的白眼，尤其是他受聘国立北京高等师范学校期间，更遭到部分师生的冷漠："1927年林风眠还曾请齐白石来校任教，后遭到国画系部分师生的强烈反对。"[②]齐白石的这种处境是京派特殊的人文环境决定的。一方面他处于传统文化根深蒂固的北京，另一方面，他晚年又为了打开市场在陈师曾的建议下进行了"衰年变法"，市场化的路线使得齐白石被部分传统文人边缘化。齐白石穷苦出身，一无功名二无学历，这在传统文化底蕴深厚的京派人士看来是难登大雅的。难怪徐悲鸿这样评价北京，作为"五四运动新文化的策源地"，北京"在美术上却为最封建、最顽固之堡垒"。[③]这里的封建和顽固还不独体现为对书画界或艺术市场的保守态度，更透露出京派文化中对传统的推崇和留恋，与海派相比这种情结尤其浓烈。无怪乎新文化运动的发起者陈独秀在《美术革命——答吕澂》一文中发出这样的感慨："谭叫天的京调，王石谷的山水，是北京城里人的两大迷信，是神圣不可侵犯的，是不许人说半句不好的。"[④]崇古风尚在民国时期的北京主要体现为对清末"四王"的吹捧，反映在书画市场中，则体现为"四王"、吴、恽画作的价格盖过"明四家"。据孙殿起《琉璃厂小志》载："近来厂肆之习，凡之时愈近者，直愈昂。如四王、吴、恽之画，每幅直皆三五百金，卷册有至千金者。古人惟元四家尚有此直，若明之文、沈、仇、唐，每帧数十金，卷册百余金。宋之马、夏视

① 卞孝萱，唐文权编著《民国人物碑传集》，南京：凤凰出版社，2011年版，549—550页。

② 朱伯雄、陈瑞琳编《中国西画五十年（1898—1949）》，北京：人民美术出版社，1989年版，64页。

③ 徐悲鸿《徐悲鸿艺术文集》下卷，台北：艺术家出版社，1987年版，596 页。

④ 郎绍君，水天中《二十世纪中国美术文选》上卷，上海：上海书画出版社，1999年版，30页。

此，董、巨稍昂，亦仅视‘四王’而已。”[①]以今天的眼光来看，这显然是非理性的，但确实反映了清末民初以来京派文化的一个侧面。

总体来说，京派的挂单鬻艺者与海派存在结构性的不同，在京鬻艺者中相当一部分并非职业书画家。他们当中不少出身显赫，交际广泛，有清朝的遗老、状元、进士、学部和国子监尚书、侍郎、祭酒等官员。显赫的身世和高贵的出身使得他们拥有较多的社会资源，日常收入的渠道广泛，鬻艺只是他们生活的一小部分，因此在参与书画市场时具有较强的话语权；也有些民国时期的达官显贵，为示两袖清风、宦海游归，尚需佐以笔墨为生而挂单鬻艺，实际上为沽名钓誉之举，他们应对市场时的心态自然也是颇为自诩；还有一些隐居不仕的文人书画家，博才傲物，不问世事，他们有的挂单鬻艺，有的教授家馆，对市场的态度相对复杂，多半因生活境况的不同而有所取舍，如魏旭东、寿石工、陆和九、祝椿年等书法、篆刻家。尽管这些人并非京派书画家的全部，但却很大程度上反映了清末民初以来北京的鬻艺风气和商业气候。

三、“京派”书画家的鬻艺观念

承前所述，由于京派书画家多有自己的“本业”，不像海派那样迫切地为生计而忧，因此他们中的大多数不以鬻艺为主业，自然也就不会把对市场的关照体现在自己的艺术创作中，便更谈不上对消费题材、偏好的研究，有些人甚至明确表达了对世俗趣味的不屑。

以教师为例，由于北洋政府教育部颁布了优越的薪酬制度，[②]使得

① 孙殿起《琉璃厂小志》，北京：北京古籍出版社，1982年版，60页。

② 1917年北洋政府教育部颁订的大学教师待遇标准为：学长分四级，最高450元，最低300元；本科教授分六级，最高280元，最低180元；预科教授最高240元，最低140元。见1917年5月3日《教育部公布大学职员任用及薪俸规程令》，《中华民国史档案资料汇编》第三辑，南京：江苏古籍出版社，1991年版，166页。

他们在相当长一段时期内不必为生活而烦忧，否则鲁迅先生断然不敢在“八道湾”购买四合院。[①]李怡在《京派美学追求中的经济因素》一书中谈到了经济因素对京派文人美学追求的影响，[②]这是个很现实的话题，经济基础在很大程度上周全了文人的颜面，进而影响到他们对鬻书卖画的看法。如余绍宋在其日记中曾这样写道：

> 发奋作画了债，凡成四尺屏四幅。海上卖人来求者。余最不喜作四屏，因其为俗格，且必画四时尤为讨厌，画兴被拘束那得佳作？不限时日积久凑成尚可观。必一时成之直是画匠流品矣。[③]

因为有身份背景的支撑，余氏能够在书画商业文化面前保持相对的清醒和独立，实属难得：“陈众孚谓宋延华向彼言：惜我到南京不开个人展览会，否则可立致千金。余非不知此办法刻意谋利，然颇嫉近来所谓画家，动辄以此手法欺骗群众。既嫌标榜，亦近市侩，非吾所愿也。”[④]明确表达了对书画商业化中存在的不良风气的批评，这种思想在其1928年南归杭州后也有体现。寓杭期间，由于教学理念的不同，也可能“还因为他觉得潘天寿、吴茀之等人皆为海派出身”[⑤]，在1935年与德国柏林东方艺术馆研究员孔德女士的交流中，余绍宋称孔德“颇能明了吾国画学之精义，如谓西湖国立艺术院办理之不善，吾国近时画人只知手技，绝少心灵”[⑥]。言辞间透露出余绍宋对重技轻艺的商业精神的不满。

---

① 可参见陈明远《鲁迅时代何以为生》，西安：陕西人民出版社，2013年版，18页。
② 李怡等《现代文学与现代历史的对话》，广州：羊城晚报出版社，2016年版，71—77页。
③ 余子安《余绍宋书画论丛》，北京：北京图书馆出版社，2003年版，229页。
④ 余子安《余绍宋书画论丛》，北京：北京图书馆出版社，2003年版，273页。
⑤ 毛建波《余绍宋与民国京杭画坛》，《南京艺术学院学报（美术与设计版）》，2006年第4期，43—47页。
⑥ 俞剑华《俞剑华美术史论集》，南京：南京大学出版社，2009年版，272页。

像余绍宋这样的京派书画家不在少数，他们与民国时期的商业文化有千丝万缕的联系，但这种联系又绝非单方面的顺应，而是时常提出批判，表现出传统文人的保守主义。和海派明码标价的市场风气不同，许多京派书画家并没有严格的润例制度，即便有润例也未必严格执行。对润例满不在乎的京派书画家当以溥心畬为代表，据陈巨来《安持人物琐忆》载："吾在北京时，常常见到溥氏如有友人过访，谈得高兴时，即挥写书画以赠。他的如夫人总像三国时刘表夫人蔡氏，在屏后窃听，如见友人有携画而去者，她辄自后门而出，追而问之：'先生，你手中二爷的画，付过润资吧？'答是送的呀，即向索回，曰：'那不兴，拿润资来取画。'"[①]从中不难获悉他对金钱和市场的态度。这归根结底与其尊贵的出身及因此所带来的市场感召力有关。作为亲王之后，溥心畬并不需要开拓市场，"需要钱用时，北京荣宝斋和几家著名的南纸店，就会替他招徕收藏者，奉上笔润"[②]。他虽然也以卖画为生，但市场走俏，价格甚高，自然不必为蝇头小利而斤斤计较。

与溥心畬不同的是黄宾虹，困厄北京十年，他的作品价格一直不甚昂。即便如此，在对待作品的润例上，黄宾虹仍旧能够比较豁达："若豪华显贵之家，自应依润例取资；而文人画友，遂不必斤斤于锱铢可也。"[③]这种书画情结是文人骨子里与生俱来的品格。他是这么说的，也是这么做的。据郑逸梅《艺林散叶》载："黄宾虹作画，每日平均两小时，积件数千，凡外界求画，不论是否相识与有无润金，一律概结墨缘，因之，彼之作品，流传较多。"[④]这与海派书画家相比则显得尤为没

① 陈巨来《安持人物琐忆》，上海：上海书画出版社，2011年版，6页。
② 王家诚《溥心畬传》，天津：百花文艺出版社，2007年版，58页。
③ 黄宾虹《黄宾虹书简续》，石家庄：河北美术出版社，2005年版，81页。
④ 郑逸梅《艺林散叶》，北京：中华书局，1982年版，123页。

有经济头脑，海派“为迎合世俗所好，用色绚丽灿烂”①，甚至不惜浓妆艳抹来取悦世俗以争夺市场。而且为了最大限度地亲近市场，他们的居所也做出了调整，为了与笺扇店和顾客联络方便，纷纷搬到嘈杂的市区。②相比溥心畬保守的市场态度和经济意识，海派书画家更善于推广和自我宣传，如姚虞琴“善画兰，任何人请求，无不应酬。任何画展，请彼加入，无不参加”③。甚至于像吴昌硕、王一亭之类的名家也会出于对市场的开拓和维护而时常在书画社当众挥毫，以图宣传效果，④这与京派的齐白石相比可谓大相径庭，自从中日绘画交流展使齐声名鹊起后，有人建议他去东游日本，可赚大钱，而齐白石的回答却出人意料：“人生贵知足，糊上嘴，就得了。”⑤这对于出身木匠，一家老小几十口之累的齐白石来说实属难得。由此不难想见，北京作为帝都在思想文化上较他处趋于保守，而这也映射到当时的鬻艺者身上。

第二节　“京派”书画市场渠道

一、书画展览

民初以来，各种全国性的美展、院校展览、书画社团展览以及个

① 史全生《中华民国文化史》，长春：吉林文史出版社，1990年版，177页。

② 按，特别是晚清以来，不少海上书画家在市场因素下纷纷移居闹市。如“张熊居住福州路第一楼隔壁，杨伯润居住新北市口，王冶梅居住南京路江西路口，胡铁梅居住三洋泾桥怀德里，卫铸生居住南京路德仁里，陈曼寿居住西圣街头，后居住吉祥街，就连任伯年也不知不觉迁居到城西北租界和居住在西兴圣街的陆曼寿‘邻里相望’了。”见王中秀《历史的失忆与失忆的历史——润例试解读》，《新美术》2004年第2期，14—28页。

③ 郑逸梅《艺林散叶》，北京：中华书局，1982年版，9页。

④ 郑逸梅《清末民初文坛轶事》，北京：中华书局，2005年版，80页。

⑤ 齐璜口述，张次溪笔录《白石老人自述》，北京：人民美术出版社，1962年版，79页。

人展览逐渐普及起来。其展览的目的无非是宣传与售卖，而展览又多半带有公益性质，对于相对保守的京派文人而言，公益性的展售无疑更加便于被市场和大众接受。中山公园是当时北京举行书画展最为集中的地方，1917年叶恭绰、金城、陈师曾、陈汉第等人在此举办了书画收藏展，所收门票以赈济京师水灾。通过展览进行书画的展销，这在当时的北京可谓称盛一时："北平中山公园牡丹亭之放，游客纷集私人画展。同时有至五六个者，且有杜撰论说以自矜者。五光十色，使人目眩。"[①]近代的各种报刊和社团会刊对当时的书画展览都有报道，如"中国画学研究会"的会刊《艺林月刊》，就记载了六月北京各社团举办展览的盛况：

> 故都六月展览会最盛，计有艺风社、燕社、湖社、晋省旅平同乡研究会、溥心畬夫妇画展、京华美术职业学校、蒋兆和绘画近作等，皆有可观。其他毕业学生，或初弄笔墨者，亦莫不亟求表傫，开个展览会，既可由此扬名，并能侥幸获售，何乐不为？约计秋凉尚有数月，不知尚有多少展览会出现，故都人士，眼福诚不浅也。[②]

参加展览的不仅有溥心畬、蒋兆和等社会名流，还有普通的毕业生，可见这种展览形式备受关注。公益性书画展体现出书画家的社会关怀，所谓"达则兼济天下"，如1934年《艺林月刊》刊登的一则启示显示："湖社总部，举行展览，所售之票价及售出之画件，所得之款，悉为赈灾之用。"[③]这是湖社组织的公益展览。也有以个人名义举办展览捐资助赈的："张大千、于非闇合作捐赈画展，以定价不过昂，且称全

① 《艺林月刊》1937年第90期。
② 《艺林月刊》1937年第91期。
③ 《艺林月刊》1934年第67期。

数助赈，故售出甚多，其数目及购小米开票送西郊区署。”[①]但要注意的是，公益性的展览之所以兴盛，一方面它体现出文人的社会关怀，另一方面看，也不排除部分人想借展览进行宣传标榜，甚至是谋取私利的可能。换句话说，并非所有声称公益性质的展览均能落实承诺，也有一些假借助赈之名而中饱私囊的现象。1936年的《艺林月刊》记载了这样一则启示：“中山公园画展络绎不绝……近且有人假水灾助赈之函件，作展览宣传，后列发起介绍，至百余人之多，大似一部同乡录，闻者失笑，离奇百出。”[②]这也是书画商业文化发展所带来的难以避免的负面效应。吴明娣在其《中国艺术市场史专题研究》中也说，民国时期“画展的频频举办体现出书画交易的频繁与兴盛，而其中也有种种急功近利、投机钻营的举动”[③]。这种现象在海派书画展览中也同样存在，而且更为普遍一些。

二、书画社团

通过书画展览进行作品展售是民国时期书画市场化的一种常见途径，它更大程度上汇集了潜在的受众，是京派书画走向市场的重要渠道。其次便是京派书画社团，尽管其数量乃至商业化程度不及上海，但也有其自身的特点。

相较于上海书画社团所体现出的浓郁的商业性，北京书画社团则更加凸显其功能的多样性。民国时期北京最大的书画社团是中国画学研究会和湖社画会。以中国画学研究会为例，该画会于民国九年（1920）由金城、周肇祥牵头发起，周肇祥任名誉会长、金城为会长，陈年、徐

① 《艺林月刊》1937年第84期。
② 《艺林月刊》1936年第80期。
③ 吴明娣主编《中国艺术市场史专题研究》，北京：中国文联出版社，2015年版，314页。

图24 1920年中国画学研究会成立合影

宗浩为副会长，陈汉第、胡佩衡、溥伒、张爰、溥心畬、黄宾虹等人为评议（图24）。该会有较强的官方背景，如周肇祥任参政院参政，民国总统徐世昌任名誉会长，并批准将部分日本退还的庚子赔款用于支持画会。[①]该会是有感于民族绘画的日趋衰落，为谋求中国画的新发展而创立。成立之初便提出了“精研古法，博采新知”的主旨，即画会的主要目的在于为文人雅士提供切磋交流之平台，同时还兼具教学育人、传播文化、宣传展览、对外交流等多项功能，书画交易在画会诸多功能中并不突出，这与该会的发起人和参与者的身份不无关系，他们多半有自己的本业，只是把书画视作业余爱好。在中国画学研究会举办的数十次展览中，其与市场相关的交易记录十分少见。金城逝世后，中国画学研究会分离出另外一个社团——湖社，我们从《湖社月刊》中却常常可以看到书画交易的相关情况。由于金城逝世前始终担任中国画学研究会的重要职务，因此可以推测中国画学研究会在举办展览的同时也是兼及书画交易的，只不过对交易情况并不进行大肆宣传而已。[②]

从中国画学研究会分离出来以后，湖社在延续此前画会基本功能的同时，突出了社团的书画展售功能，发展十分迅速。湖社的市场化导向

① 云雪梅《金城和中国画学研究会》，《美术观察》1999年第1期，59—62页。

② 参见吴明娣主编《中国艺术市场史专题研究》，北京：中国文联出版社，2015年版，318页。

主要体现在为社员代订润格、市场宣传、举行专门的书画展览会等。商业化的操作模式使得湖社获利颇丰，据《湖社月刊》记载，“湖社第四次成绩展售出画款近两千八百元”①，“第六次成绩展，售出画款千余元”②。且湖社展览推广和市场影响还不仅局限于北京：“本社干事金荫湖，最近赴吴兴原籍扫墓。便道沪滨，将所携带湖社同人画件，于十二月二十九日起，公开展览，有百件之多。”③湖社通过展览进行市场推广和售卖的形式，与海派如出一辙，且同样与书画助赈、济贫有紧密联系，通过展售体现社会关怀和公益性。如《湖社月刊》刊出的这样一则启示：“本社干事，金荫湖为赈济事，携何振甫先生所藏古物及本社同人作品，于六月中旬，在上海湖社总部，举行展览，所售之票价及售出之画件，所得之款，悉为赈灾之用。”④

除了以上两个画会外，民国时期较有影响的书画社团还有1925年溥雪斋发起成立的松风画会，其成员均系满族宗室、清廷遗老。其中满族宗室如溥雪斋、溥毅斋、溥心畬、关松房等，清廷遗老如陈宝琛、罗振玉、袁励准、宝熙等人，由于该会成员多有宫廷背景，因而迅速引起轰动，并获得了市场的高度认同。他们常常聚在一起品诗论画，举办小型书画展，合作鬻书卖画。画会成员几乎垄断了荣宝斋、清秘阁和琉璃厂的书画店铺。据载，松风画会成立以来，成员作品十分走俏，常常供不应求：“溥雪斋自组松风画会以来，合作之作，售出甚多，有供不应求之势，近欲在邸中设立售品处为老板。”⑤由于这些前清贵族获得了普遍的身份认可，因此其书画市场价格较高，加之他们均家藏颇丰，有一定

① 金潜庵《湖杜画展之演说并四年来之回顾》，《湖社月刊》1930年第31期，13页。
② 《湖社月刊》1933年第59期。
③ 《湖社月刊》1933年第62期。
④ 《湖社月刊》1933年第67期。
⑤ 《湖社月刊》1933年第67期。

的经济基础，使得这些成员对书画市场能够采取比较豁达的态度。书画只是其生活的兴趣之一，相对殷实的家庭背景和贵族身份“决定了他们在市场中的行为不同于仕宦文人画家和职业画家。不同于职业画家的主动迎合市场，他们更多的对市场持有鄙夷、不在乎的态度；而相对于仕宦文人画家对市场的积极主导，他们又缺乏一定的话语权，似乎处于一种游离的状态。”[①]这是京派书画商业文化中较为特殊的一个部分，尤其是与海派书画家相比这种特殊性就更为突出。这种看似对抗的市场态度也成为清末民初以来书画商业文化发展中的另一个重要特征。

第三节 “京派”书画购求者身份与经济生活

民国时期北京书画市场的购藏者主要由传统的文人雅士、各界官员、市民商贩以及部分国外购藏者组成。其中文人学者多喜偏于传统一路；军界、政界官员则以附庸风雅者居多，大多不懂书画艺术；市民商贩和国外购求者是个数量庞大的群体，但相对话语权较小，对市场的影响较小。

一、文人与附庸风雅的官员

自古以来，文人雅士好舞文弄墨，以示风雅。所谓“京师士夫好藏金石”[②]，到了民国这种文人购藏的热度依然不减。这里所说的文人学者，也包括部分官员身份的文人。

作为旧都，北京会聚了大批有书画收藏爱好的文人骚客，他们比较

① 吴明娣主编《中国艺术市场史专题研究》，北京：中国文联出版社，2015年版，422页。
② 震钧《天咫偶闻》，北京：北京古籍出版社，1982年版，171页。

青睐较为传统的东西，构成了北京文人收藏的主要群体。据虹光阁古玩铺的学徒邱震生说：他跟文物收藏家打交道，当时主要的顾客有前清翰林庄蕴宽、袁励准，北京政府官员汪大燮、林长林，故宫博物院院长易培基，鉴赏收藏家朱幼平、叶恭绰、张伯驹等名人学者。[①]这些人有逛古董铺的习惯，无非是寻摸一些名作法帖，历代珍玩。即便是一些看似档次不高的店铺，也常有文人学者前来光顾搜购："挂货铺的顾客也有军政界人物、名流学者和文化人，他们购买书画、文房四宝和较高档次的瓷、铜、玉。"[②]这些文人并不都是以书画为本业，购藏书画有的只是出于陶冶性情或满足个人嗜好，这也为京派书画商业文化增添了一丝传统气息。如当时名满京华的胡适便有收藏书画的爱好，他在日记中这样写道："1921年，什刹海荷花正开，……我行礼后，也去走走，在一个古董摊上买了一幅杨晋的小画，一尊小佛。"[③]除了古董店铺、书画店以外，北京琉璃厂和中山公园还常常有书画展览会举办，也是文人们经常光顾之处，这进一步拓宽了北京书画商业的范围和市场空间。

正所谓"帝都多官"，民国的北京会聚了一批政客官员，他们也是书画购藏的重要群体。这里所说的官员专指那些并不具备相应的艺术修养，只是为了附庸风雅而大事购藏者。尽管如此，他们的确在一定程度上活跃了书画市场。民国初年以来市场上流行落"臣"字款、有乾隆御题的画。正是瞅准了一些官员附庸风雅的心态，"古玩铺以假御题、后落臣字款的书画当真的卖，同样畅销。买这路书画的人大部分是不懂书画的新上任的官僚、军阀。他们要装饰布置自己的书房、客厅，挂名人字画以落臣子款带御题的书画为贵重，因为那是皇

① 陈重远《文物话春秋》，北京：北京出版社，1996年版，357页。
② 陈重远《文物话春秋》，北京：北京出版社，1996年版，47页。
③ 《胡适的日记》上册，北京：中华书局，1985年版，122页。

上看过的，是臣子给皇帝画的。”[①]这些附庸风雅的官员不仅喜欢收藏古人作品，也包括当代书画家的作品。但由于他们很少具有高雅的艺术眼光，因而有时成为书画家进行市场炒作的对象。

二、书画商贩及普通市民群体

除了前述有一定身份地位的书画参与人外，还有一个群体也在京派书画市场中占有较大份额，即流走于市上的书画商贩和普通市民阶层。据《燕京杂记》记载，早在清代末年北京便出现了类似掮客性质的书画商贩，以倒卖古董字画为业，颇不寂寞："有荷筐挈小鼓以收物者，谓之打鼓，交错于道，鼓音不绝。贵家奴婢，每盗出器物以鬻之。打鼓旋得旋卖，路旁识者至以贱价值得宋元字画、秦汉器皿。”[②]这种走街串巷的书画商贩是最底层的市场推动者，其他有固定地点者如南纸店、古董铺的书画商或中介人，以及一些投机倒把者更是举不胜举。这些人在活跃了京派书画市场的同时，也使得北京的艺术市场变得鱼龙混杂起来，其市场行为更多体现为对经济利益的追求而非对艺术价值的认可。如齐白石成名后，立刻就成为市场竞相追捧的对象，据他自己回忆："……琉璃厂的古董鬼，知道我的画，在外国人面前卖得出大价，就纷纷求我的画，预备去做投机生意。一般附庸风雅的人，听说我的画能值钱，也都来请我画了。从此以后，我卖画生涯，一天比一天兴盛起来。”[③]又如，1923年陈师曾离世，市场上书画商贩闻风而起，一时间他的遗墨也被争购殆尽。[④]更有甚者，有些市井贩夫为了谋利故意编造谎言误导市场。如余绍宋在世时就曾有传言说他“或死”，还伪造他的作品去骗

① 陈重远《文物话春秋》，北京：北京出版社，1996年版，350页。
② 《燕京杂记》，北京：北京古籍出版社，1986年版，121页。
③ 齐璜口述，张次溪笔录《白石老人自述》，北京：人民美术出版社，1962年版，74页。
④ 朱万章《中国名画家全集·陈师曾》，石家庄：河北美术出版社，2003年版，209页。

钱："枚如言厂肆南纸店闻余久病，冀余或死，搜购余画甚亟，且多加价云，……杭人陆碧峰又冒余名伪作牟利……余犹未死，而赝作已出，且公然以玻璃板印行，又不欲登报声明，以自增身价。亦闷人也。"[①] 凡此种种，底层书画商贩旨在谋利，没有传统旧式文人的思想包袱，因此和他们相比，那些有一定名气的职业书画家反而显得与市场格格不入，这也体现了士商观念转变过程中不同群体所呈现出的心理状态的差异。底层书画谋食者尽管在某种程度上扰乱了书画市场的正常秩序，但也充当了文人书画与市场之间的纽带，带动和活跃了晚清民初以来的书画市场。

三、国外购求者

晚清民国以降，随着通商口岸的开放，大量外国人涌入我国。北京更是汇集了不少国外的书画购藏者和爱好者，其中日本人占多半。清光绪末年，日本人田中庆太郎"每年必至我国北京，搜罗书画法帖一次或两次"[②]。田中庆太郎在日本经营着一家最大、最有影响的中国书画书店——文求堂。他在1901至1923年间经常往返于北京、东京之间，收购了大量中国的字画、法帖，活跃了中国书画的海外市场。到了民国时期，这种购藏风气愈发浓重，特别是日本人对吴昌硕和齐白石作品的收藏，一度成为热门。王森然在《吴昌硕先生评传》中说："日本人订购先生及白石画者，岁必数千幅。"[③]齐白石有诗曰："曾点胭脂作杏花，百金尺纸众争夸。平生羞杀传名姓，海国都知老画家。"[④]即言其

---

① 余子安《余绍宋书画论丛》，北京：北京图书馆出版社，2003年版，267、272页。
② 孙殿起《琉璃厂小志》，北京：北京古籍出版社，1982年版，371页。
③ 吴东迈编《吴昌硕谈艺录》，北京：人民美术出版社，1993年版，248页。
④ 齐璜口述，张次溪笔录《白石老人自述》，北京：人民美术出版社，1962年版，30页。

图25 1912年陈师曾等人“中日联合绘画第二次展览会”合影

在日本画名的广为流传。齐白石打开日本市场后，行情一路攀升，甚至是德国、法国、美国等西方国家也十分推崇他，将其称为东方的塞尚，足见其在海外市场中的影响。除此之外，有“北平广大教主”之称的金城在日本也颇有市场：“（陈）以摹古得名，专以宋元旧迹，输送日本……其画青绿浓重，金碧渲填，日人购之，盖兼金焉。号为南画正宗，而识者病诸。”[①]二十世纪二三十年代，日本藏家对中国书画热情高涨，由金城、周肇祥等人组织开展了中日联合绘画展览会（图25），在北京和日本交替展出，此活动持续数年，也使得一批来自北京的书画家在日本打开了市场销路。[②]就在这一时期，钱瘦铁、陈师曾也均打入了日本市场，广受好评，不仅鹿叟的“六三园”和饭岛政男的“翰墨林”均收有钱瘦铁的画，且桥本关雪也为之宣传，以至于有日本人为了得到钱瘦铁的一件作品而把衣服抵押出去，这使得钱瘦铁每次赴日都是满载而归。[③]中国书画在日本市场的活跃自然与日本人对中国文化的认同不无关系，正是看准了这一点，于是有人建议销路一直不好的傅抱石也去走一遭：“再不然，由上海到日本去勾留几天，回国来，也好说‘名重东西’‘甚为彼邦所推重’。”[④]但傅抱

① 陈小蝶《从美展作品感受到现代国画画派》，引自陈永怡《近代书画市场与风格迁变——以上海为中心（1843—1948）》，北京：光明日报出版社，2007年版，145—146页。

② 朱京生《中国名画家全集·陈半丁》，石家庄：河北美术出版社，2002年版，253页。

③ 陈永怡《近代书画市场与风格迁变——以上海为中心（1843—1948）》，北京：光明日报出版社，2007年版，144—145页。

④ 傅抱石《傅抱石论艺》，上海：上海书画出版社，2010年版，51页。

石对此事却有另外的看法，他认为日本人“研究中国画，那目的又复杂的很”[①]。作为文人，傅抱石能有这种民族情怀而不是一味地关注自己的市场行情，这不仅在当时，即便是现在也是十分难得的（图26）。日本购求者的大量需求在一定程度上刺激了民国前期北京的书画市场交易，成为推动京派书画市场的重要海外力量。

图26 傅抱石1923年荣宝斋笔单

第四节 “京派”鬻艺书画家个案与经济生活

一、溥心畬：“年年芳草忆王孙”

溥儒（1896—1963），字心畬，满族，恭亲王奕訢之孙。作为清朝的后裔，溥心畬在清廷覆灭后的角色适应不同于普通的旧式文人。民国以来，面对新旧政权的更迭和动荡的社会环境，有人对旧王朝抱有幻想，也有人顺应时代潮流、加入革命的大潮之中。而溥心畬却泰然处之，他以经学家自许，把主要精力用于对诗文书画的研究，把孤寂、荒寒、空灵的艺术语言与书画相结合，用超凡脱俗的艺术人生冷却其政治热情，这与其旧王孙的身份背景不无关系。也是因为这个原因，他能够把书画当作自娱自乐的雅好，耻于以书画谋利的商业行为，在民国书画商业文化泛滥的大背景下看，这算是难能可贵的。

他曾对学生说：“如果你们将来成为一个名画家，对我来讲，是一件很耻辱的事。”[②]这话颇有些传统士风。同为清代旧式文人的杨钧也

① 傅抱石《傅抱石论艺》，上海：上海书画出版社，2010年版，51页。

② 引自吴明娣主编《中国艺术市场史专题研究》，北京：中国文联出版社，2015年版，448页。

说："鬻笔卖墨，同于卖身，为儒生之惨事。"[①]鬻书卖画为儒生之惨事，对于出身皇室的溥心畬更是如此了。他说："与其称我为画家，不若称我为书法家；与其称我为书法家，不若称我为诗人；与其称我为诗人，不若称我为学者。"[②]他对自己的评价是第一为学者，第二是诗人，第三是书法家，第四才是画家。自古文人皆耻于鬻艺，以之为人役也，他以学问为重，故先学者而后书画，这也代表了他对待书画的市场态度。

作为前清宗室，溥心畬的身份确实让他比齐白石一类的职业画家具有先天优势。但要想维护其贵族的体面，满足其高额的生活开支需求，终究还是需要金钱支撑的，所以尽管他一再声称不要做职业书画家，但市场上围绕这位旧王孙的推介宣传并不少见（图27）。与一般以书画自谋的鬻艺者不同，溥心畬并无迫切的生存压力，即便需要书画补贴高额的生活开支时也无需自己去找市场，因此他在很大程度上还维持了传统文人以书画为娱乐的生活方式。表现在书画交易方面，其书画交易中有相当一部分的隐形交易，如文人雅集、交游及书画赏玩时的人情酬酢，这些场合多出现以物易物的隐形交易。除此之外也存在直接的货币交易，但主要以市肆交易或中介机构代理为主，同时也包括展览、社团等市场化的交易方式。在有些情况下，二者又是相互融合难分彼此的。

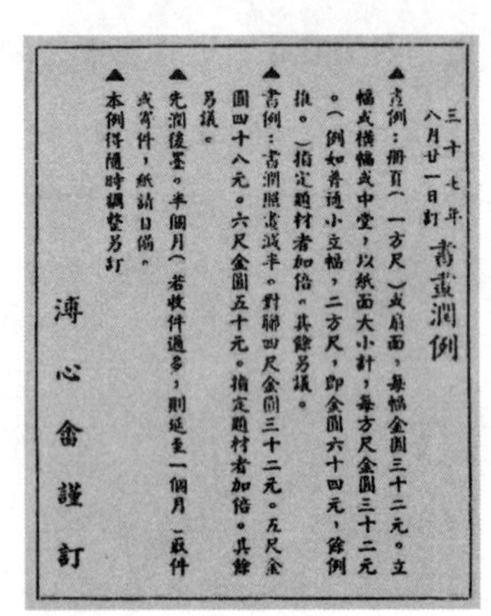
書畫潤例
三十七年八月廿一日訂
▲畫例：册頁（一方尺）或扇面，每幅金圓三十二元。立幅或横幅或中堂，以紙面大小計，每方尺金圓三十二元。（例如普通小立幅，二方尺，即金圓六十四元，餘例推。）指定題材者加倍。其餘另議。
▲書例：書潤照畫減半。對聯四尺金圓三十二元。五尺金圓四十八元。六尺金圓五十元。指定題材者加倍。其餘另議。
▲先潤後墨。半個月（若收件過多，則延至一個月）取件或寄件，紙請自備。
▲本例得隨時調整另訂
溥心畬謹訂

图27 1948年溥心畬书画自订润例

民国时期的溥心畬并非仅靠书画见称，他的交游对象也十分广泛，很多隐性书画交易都是通过他的社交圈得以完成

① 林志宏《民国乃敌国地：政治文化转型下的清遗民》，北京：中华书局，2013年版，70页。
② 刘国松《溥心畬》，《艺术家》1996年第6期。

的。溥心畬的作品价格昂贵，且十分难得。一些古董店老板知道他好藏金石古董，尤其是黑色或带有紫或微绿色纹理的石英石，便投其所好，拿石英石换取溥心畬书画。此外他还酷爱砖瓦、陶器、陶俑之属，琉璃厂古玩商也时常以此换取他的书画，大谋其利。尽管得来的所谓古董奇物真伪相杂，但他并不在意："但所藏之物，多为古玩商行骗之赝品。先生顾而乐之，日久天长，在桌下屋角，积成瓦砾一堆而已。"[①]除此之外，溥心畬的门生故旧也可通过人情酬酢的方式获得他的作品，称之为"排班"画。人情酬酢自然也是讲究你来我往，对于溥心畬而言他的付出无非是挥毫泼墨，其回报自然也少不了。溥心畬豁达的市场态度自然有其文人真情流露的成分，也与其市场行情的热度不无关系。他不必为自己的书画销路而烦忧，书画创作的心境比较单纯。陈巨来回忆说："溥勤于画，每日总手不停挥，常常画成即赠于余。余私衷不赏其草草之作，辄婉辞谓之曰：'公画太名贵，设色者可易米度日，吾不敢受也。书法多赐，则幸甚矣。嗣后，凡有所求，无一不立挥而成，且多精品。'"[②]可见无论是出于应酬还是市场需求，客观上使得溥心畬忙于挥毫，在陈巨来看来"草草之作"有应付之嫌，抑或许与其视书画为娱事不无关系。

溥心畬家藏颇多，老恭亲王奕䜣及次子载滢死后，恭王府里的历代名贵书画由溥伟、溥心畬几兄弟分别收藏。随着清朝的灭亡和恭王府的败落，溥心畬不得不忍痛变卖补贴家用，比如唐代韩幹的《照夜白图》1936年便被卖往国外。还有"法帖之祖"《平复帖》，民国大收藏家张伯驹有意收藏，溥心畬索要二十万，最后由张大千从中说情也并未达成共识。到1937年，恰溥母离世，无钱入殓，万不得已才以四万元的低价

① 王家诚《溥心畬传》，天津：百花文艺出版社，2007年版，84页。

② 陈巨来《安持人物锁忆 · 西山逸士》，上海：上海书画出版社，2011年版，2页。

卖给了张伯驹。期间由于溥伟为筹集复辟大清的经费，早就私下把恭王府抵押了出去，溥心畬只好住在王府后花园。可以说清朝的灭亡对于这些贵族而言的确是一次生存大考验，溥心畬除了变卖家藏之外就只能靠其仅有的贵族身份谋取生存了。

由于民国时期书画商业文化浓厚，很多文人雅士在北京中山公园做公开书画展以打开市场，1926年溥心畬也在这里举办了首次书画展览，其前清皇室的身份立刻赢得关注，一时间名声大噪。1930年，溥心畬又再次与夫人罗清媛在中山公园联合展览，获得巨大成功，受到不少评论家的赞赏，奠定了他在北京画坛的地位。之后溥心畬便频频出现在各种展览中，求者踵接，成了市场的宠儿。到了1934年，他在黄郛的引见下又到了国立北平艺专任教，此时溥心畬的生活收入已相当可观①，且其作品润例也十分高昂。如1933年《湖社月刊》所刊溥心畬润例："堂幅六尺120元，五尺80元，四尺60元，三尺40元，三尺以下30元，屏幅减半，以四尺为一堂。单条照堂幅例。册页每方尺20元，手卷每方尺20元，纨、折扇每面10元（细笔题诗加倍）。"②溥氏的6尺堂幅比胡佩衡、齐白石都高出许多，③在民国商业文化的大背景下，此时的溥心畬已然成为公众眼中的职业书画家，无论是参加书画展览或是文人雅集，都与其书画的市场化难以分开。其山水有传统功夫，酷似马、夏，为各

① 据统计，当时北京富足知识分子，四五口之家月平均生活费在百元以上，一级大学教授的月俸是400—600元。而当时溥心畬卖画月收入达1500元；1934年他去国立北平艺术专科学校任教，被严智开校长礼聘为绘画科教授，月收入400元。加之其丰厚的家藏，这些都保证了溥心畬优越的生活。见吴明娣主编《中国艺术市场史专题研究》，北京：中国文联出版社，2015年版，435页。

② 《湖社月刊》1933年第63期。

③ 齐白石1931年润例为："二尺10元，三尺12元，四尺20元（以上一尺宽），五尺30元，六尺45元，八尺72元（以上整纸对开）。"张次溪《齐白石的一生》，北京：人民美术出版社，2004年版，222页。

界赞赏，其笔单更是挂满了琉璃厂。生活富足时溥心畬自然是可以以书画自娱的，但“需要钱的时候，琉璃厂几家著名的南纸店就会替他找来购买者，奉上润例。他曾笑称，荣宝斋是他的银行。”①尽管如此，作为前清遗民、皇家后裔，溥心畬的身份给了他不小的砝码，使得他不必低姿态去迎合市场，相反“与其合作的书画经营机构都是小心谨慎地‘伺候’，笔润、笔单亲自送到他的府内，且无论作品质量高低一律照单全收，丝毫不敢怠慢”②。由于荣宝斋与溥心畬签订了代理合同，溥氏的很多书画均以优惠的价格转给了荣宝斋，每月交单四次，每次十几张，荣宝斋则负责溥氏一家生活开支。据载溥氏为了赶订单经常十分辛苦：“每次到介寿堂，总见溥心畬盘腿坐在大木椅上作画。据说好几家南纸店定画的笔单和笔润早已送到府中，赶画不及时，只好找人代笔或染色。”③可见溥心畬在市场化的策略方面，较之海派书画家并无本质区别，这也是当时整体的书画商业文化大环境决定的。但同时也应该看到，他在政治上仍保有底限。徐复观先生说，“七七事变”后溥心畬“避地万寿山。日寇再三强先生参与伪政权，先生大节凛然，称病不复入市。日人以巨金求一画且不可得”④。这个情结也是近代以来文人在市场化过程中始终难以割舍的。

清末民国以来，爱新觉罗家族有不少能书善画者活跃于北京，如溥伒、溥心畬、溥修、溥忻等。由于家境殷实，这些旧王孙较之一般旧式文人大多生活安逸，有条件舞文弄墨。但如果想继续维持前朝贵族的生

① 王家诚《溥心畬传》，天津：百花文艺出版社，2007年版，57页。
② 王家诚《溥心畬传》，天津：百花文艺出版社，2007年版，311页。
③ 溥心畬弟子刘继瑛曾为其代笔。见王家诚《溥心畬传》，天津：百花文艺出版社，2007年版，90页。
④ 徐复观《溥心畬先生的人格与画格》，《中国艺术精神》，北京：商务印书馆，2010年版，525页。

活标准，也需要有新的生活来源支撑，于是他们特殊的家世背景和贵族身份便成为艺术市场的卖点。如溥佐父亲载瀛贝勒以擅画见称，有“马痴”美誉，惇勤亲王奕誴的孙子溥伒亦有画名，民国时期以书画为业。特殊的身份使得他们获得了市场话语权，能够较大程度上表达个人意志。正因如此，溥心畬能够在享受富足生活的同时把书画当作人生爱好，其对市场的态度与齐白石、张大千等职业画家主动迎合的心态完全不同。溥氏对书画市场既不主动亲近，又不刻意回避，而是有原则、有尺度地参与其中。

尽管社会环境错综复杂，生活条件每况愈下，溥氏也不排除某些着眼于生计而调整自己的艺术市场行为，但他的眼光却并不仅限于经济层面，而是始终试图在市场行为中回溯自己的旧时身份。

二、齐白石：“卖画不论交情”

齐白石（1864—1957），湖南湘潭人，木匠出身，1916年家乡兵乱，后奔赴北京鬻艺（图28）。起初住法源寺庙内，卖画刻印，勉强可以维持生计。[①]由于其贫贱的出身和鬻艺谋生的经历，人们习惯于盯着他明码标价的笔榜，因而放大了其商业人生的一面，事实上他的文人情结没有随着民国书画商业化程度的提升而泯灭。虽然齐白石入京之初生活拮据，然而在1917年的一份告白中我们却意外地看到了这样的描述：“作

图28 齐白石与徐悲鸿

① 齐璜口述，张次溪笔录《白石老人自述》，北京：人民美术出版社，1962年版，70页。

画不为者：工细不画，着色不画，非其人不画，促迫不画；刻印不为者：水晶玉石牙骨不刻，字小不刻，石小字多不刻，印语俗不刻，不合用印之人不刻，石丑不刻，偶然戏索者不刻。”[①]书画家根据需要或喜好，对不同题材或不同条件以适当加价的方式收取润例，是民国时期书画市场交易的定价规则。[②]这一方面便于作者发挥所长，另一方面也尽可能避免为人所役，失掉从艺者的尊严。来京之初的齐白石人脉较少，市场也未打开，他说："我的润格，一个扇面，定价银币两元，比同时一般画家的价码，便宜一半，尚且很少人来问津，生涯落寞的很。"[③]一面是设置种种"不书、不画、不刻"的门槛，另一面由于"生涯落寞"却又不得不以低价买市，这是传统文人在书画市场挣扎生存的一个缩影。

1．市场化的选择："衰年变法"

为了扭转困境，齐白石做了很多尝试，首先是从专业的角度进行"衰年变法"。据《己未日记》载，来京之初他于同乡黄镜人处得见黄慎《桃园图》，遂顿开茅塞曰："此老笔墨放纵，近于荒唐。较之，余画太工致刻板耳。"[④]这种认识似乎不仅是生存压力下的顿悟，更像是其对艺术人生的突破。稍后的一番话印证了这一逻辑："余昨在黄镜人处获观黄瘿瓢画册，始知余画犹过于形似，无超凡之趣，决定从今大变。人欲骂之，余勿听也；人欲誉之，余勿喜也。"[⑤]可见齐白石的"衰年变法"并非如世俗所传那样——只求钻营市场，而不顾专业底线。又，他在《方叔章作画记》中说："余作画数十年，未称己意，从此决定大

① 《齐白石全集》第10卷，长沙：湖南美术出版社，1996年版，140页。
② 参见俞剑华《陈师曾》，上海：上海人民美术出版社，1981年版，3页。
③ 齐璜口述，张次溪笔录《白石老人自述》，北京：人民美术出版社，1962年版，72页。
④ 齐良迟主编《齐白石文集》，北京：商务印书馆2005年版，189页。
⑤ 齐良迟主编《齐白石文集》，北京：商务印书馆2005年版，190页。

变，不欲人知。即饿死京华，公等勿怜。乃余或可自问快心时也。”[1]再次强调了他的变法是出于“自愉”，为了达到这个目的甚至不惜“饿死京华”，此与苏轼所倡导的“文以达吾心，画以适吾意”[2]如出一辙。自古以来文人便把艺术视为茶余饭后的消遣或人生理想的寄寓，齐白石的变法理念并未超出此范畴。郎绍君先生评论说：“这些画记表明，齐白石‘衰年变法’的动机，不像一般的说法那样，只是出于卖画需要，而是有着更为深层的追求动机，即超越形似、得‘超凡之趣’‘脱尽纵横习气’。从根本上说，这也就是文人画的追求。”[3]且不论齐白石的艺术实践是否真的如其所述，在民国初年他能有此番言论已属不易。作为一个画家，齐白石难免受时风影响，但文人情结并未因此而泯灭，这是值得特别予以关注的。

民国初年，齐白石在北京琉璃厂挂单鬻艺，适被陈师曾发现，二人遂成好友。由于陈在京掌握众多资源，对齐的扶持也便顺理成章。齐口述说：“我那时的画，学的是八大山人冷逸的一路，不为北京人所喜爱……师曾劝我自出新意，变通画法，我听了他的话，自创红花墨叶一派。”[4]这段话被后人广泛转载，误读颇多。如侯开嘉先生便说齐的变法是“把文人画和民间绘画有机地结合，创立所谓‘红花墨叶派’，这是顺应了新文化运动大趋势的产物”[5]。侯先生沿用了大家一惯的看法，这个结论有些片面，也把陈师曾一并冤枉了。很多人据此认为陈师曾是齐白石变法以适应市场、迎合世俗的始作俑者，其实不然，陈师曾也是个提倡创造的人。二人结识之初，齐白石便出《借山图》请陈鉴赏，陈当

---

① 齐良迟主编《齐白石文集》，北京：商务印书馆2005年版，190页。
② 苏轼著，孔凡礼点校《苏轼文集》第六卷，北京：中华书局，1986年版，2074页。
③ 郎绍君《读齐白石手稿——日记篇》，《读书》2010年第11期，151—159页。
④ 齐良迟主编《齐白石文集》，北京：商务印书馆，2005年版，73页。
⑤ 侯开嘉《齐白石与吴昌硕交往考证》上，《书法》2013年第6期，50—55页。

即赋诗一首，肯定了齐白石的篆刻和绘画，并激励他要敢于独造，不必一味拘泥于世俗："……但恐世人不识画，能似不能非所闻。正如论书喜姿媚，无怪退之讥右军。画吾自画自合古，何必低首求同群。"[①]陈向来主张"发挥个性，振起独立精神，免掉轻美取姿、涂脂抹粉的世俗恒态"[②]，传统文人情结在他身上的烙印也很突出。因此把齐白石的"衰年变法"简单地等同于走市场化道路是有失公允的。

对于齐的"衰年变法"，郎绍君先生的认识值得参考："'衰年变法'是一个综合的、反复的探索过程，画家的心理变化也是综合而反复的，变革探索就不能老想着市场，但他要生存养家，又不得不适应求画者的爱好。齐白石这种身与心的两难，也会发生在别的艺术家身上。齐白石超越一般画家之处，是他坚持了大写意画法和'胆敢独造'的追求。"[③]这段话触及了一个核心之处，即齐白石"衰年变法"是一个反复的过程，而非单向地迎合世俗。首先齐白石是把文人审美标准作为最高追求的，因此他常常表现出远离市井的一面；其次，卑微的出身又决定了他难以完全摒弃世俗，达到超凡脱俗的境界。如其变法之初亲近海派吴昌硕，我们虽不否认吴昌硕的成就，但也不能忽视其商业气息。所谓"在海者近商"[④]，在对市场的依赖上，齐与吴确有共同之处。但后来此二人因故产生分歧，[⑤]齐再也不说学习吴昌硕了，甚至到了晚年对其好友胡佩衡称"一生没有学过吴昌硕"[⑥]，这可谓是典型的文人做派。在对

① 陈师曾《题齐濒生画册》，《陈师曾遗诗》下，江南苹手抄本，8页。

② 张次溪《齐白石的一生》，北京：人民美术出版社，2004年版，101页。

③ 郎绍君《读齐白石手稿——日记篇》，《读书》2010年第11期，151—159页。

④ 鲁迅于1934年2月在《申报·自由谈》上发表了题为《京派与海派》的文章，曰："帝都多官，租界多商，所以文人在京者近官，在海者近商。"

⑤ 按，齐白石初服膺于吴昌硕，之后由于被吴昌硕称为"学我皮毛，竟成大名"，二人遂产生了分歧。参见侯开嘉《齐白石与吴昌硕交往考证》下，《书法》2013年第6期，81—85页。

⑥ 胡佩衡，胡橐《齐白石画法与欣赏》，北京：人民美术出版社，1990年，23页。

市场的取舍上，齐白石于1919年《自题墨牡丹》诗最值得琢磨："衣上黄沙万斛，冢中破笔千支。至死无闻人世，此生不卖燕脂。"[①]作为一个草根画家，齐白石最懂得群众的审美趣味，他说"不卖燕脂"是有难言之隐的，物质上离不开市场，精神上却又向往一片净土，他"既不愿意追随低级趣味而讨好观众，也不愿意为了沽名钓誉而愚弄观众"[②]。矛盾在齐白石来京之初便一直存在，浓艳的胭脂为其打开市场找到了突破口，但对市场的追逐与内心对艺术的定位往往是抵牾的，于是我们看到齐白石的表述有时候是不能互相印证，甚至是自相矛盾的。如齐白石在1921年《辛酉日记》中说："五年以来燕脂买尽，欲合时宜。今春欲翻陈案，只用墨水，喜朱雪个复来我肠也。"似乎又要与"时宜"对立起来了。但这话说了没几天，他又禁不住买下了百支胭脂大饼，次日更是"尽店家之所有买归"[③]。众所周知，胭脂在绘画中有着特殊的意义，李唐有一首诗广为流传："云里烟村雨里滩，看之如易作之难。早知不入时人眼，多买胭脂画牡丹。"[④]牡丹在此诗中所树立的反面意义一直被后人竞相传播，胭脂与牡丹几乎成了媚俗和取悦世俗的代名词。李唐初为宫廷画院待诏，晚年南渡临安，其画不被见重，生活困顿，但他并不愿意因此而放弃原则，故作诗对当时秾丽媚俗的花鸟画风进行讽刺。这与齐白石的遭遇是十分相像的，当面临生存考验时，在内心好恶和市场取向的双重压力下，其内心的纠结和矛盾可想而知。

2．成名后的市场适应与周旋

1922年中日绘画交流展以后，齐白石的市场一路攀升。市场行情转好后，他不仅润例飙升，而且在润例中提出了许多苛刻的条件。如1931

① 齐璜口述，张次溪笔录《白石老人自述》，北京：人民美术出版社，1962年版，72页。

② 王朝闻著，简平主编《王朝闻集》第4卷，成都：四川美术出版社，1990年版，305页。

③ 郎绍君《读齐白石手稿·日记篇》，《读书》2010年第11期，151—159页。

④ 齐良迟主编《齐白石艺术研究》，北京：商务印书馆，1999年版，132页。

年其润例中写道：

余年七十有余矣，若思休息而未能，因有恶触，心病大作，画刻目不暇给，病倦交加，故将润格增加，自必叩门人少，人若我弃，得其静养，庶保天年，是为大幸矣。白求及短减润金、赊欠、退还、交换诸君，从此谅之，不必见面，恐触病急。余不求人介绍，有必欲介绍者，勿望酬谢。用棉料之纸、半生宣纸、他纸板厚不画。山水、人物、工细草虫、写意虫鸟皆不画。指名图绘，久已拒绝。花卉条幅，二尺十元，……中堂幅加倍，横幅不画；册页：八寸内每页六元，一尺内八元；扇面：宽二者十元，一尺五寸内八元，小者不画……凡画不题跋，题上款者加十元；刻印：每字四元，名印与号因，一白一朱，余印不刻。朱文字以三分四分大为度。字小不刻，字大者加。一石刻一字者不刻，金属、玉属、牙属不刻。石侧刻题跋及年月，每十字加四元，刻上款加十元。石有裂纹，动刀破裂不赔偿。随润加工。无论何人，润金先收。[①]

这则润例被研究者广泛转载，演绎出诸多不当言论。最为典型的便是据此认为齐白石已演变为不近人情、只谋利益的商人了，认为“文人士大夫之间崇尚的礼尚往来、以艺会友的交往方式，在务实并积极落实润例的齐白石这里是行不通的”[②]。其实问题并非这么简单，这则润例的出现首先与当时的商业文化背景有关。清末民初外敌入侵，资本主义经济对我国传统的封建经济造成极大冲击，我国的社会经济形态开始由自

① 张次溪《齐白石的一生》，北京：人民美术出版社，2004年版，247页。

② 陶小军，谢建明《民国前期书画市场与社会变迁》，《文艺研究》2014年第8期，141—152页。

给自足的自然经济向资本主义经济转变。随着城市经济的发展和商业化程度的提高，传统文人的文化情结面临着空前挑战。特别是辛亥革命的爆发，更“将中国的传统文明冲得七零八落”[①]，因此，与明清相比，民初的润例更能凸显艺术家对商业文化的适应，同时也最易让人产生误解，以为此时的书画家已完全放下了身段，准备改做商人了。其实不然，明码标价一是要便于操作，以防被人钻了空子，二则旨在表明“先小人、后君子”的态度，免去不必要的纠纷，提高沟通效率。自古文人对明码标价的购求模式形成了根深蒂固的抵触心理，斤斤计较某种程度上体现了鬻艺者自我价值认定，也是文人情结与商品时代碰撞初期的表现。

另外，齐白石这则润例的发布，是在其成名的若干年后，期间他遭遇了太多赊欠、退还、交换、短减润金甚至白求等非君子事件，对因书写材质，创作幅式及题材引发的种种矛盾深恶痛绝，文人情结又使他拙于应付此类事件，润例的详尽意在避免与世俗的纠纷，同时也保证在商业文化中不被泯灭。

尽管民国时期商业化氛围已经扩散开来，但习惯了做文人的鬻艺者并未做好转变为商人的心理准备。对他们而言，“文人”意味着一份殊荣，而“匠人”“商人”的头衔仍然是他们羞于启齿的。在生存压力下，为了维护这份尊严齐白石几近狼狈，这何尝不是那个时期文人群体遭遇的一个缩影？其润例中常出现诸如“不写、不画、不刻”的字眼，且特别提及“工细草虫”不画，对于一个鬻艺为生者不可谓不奇。笔者在研究古代书家鬻书历程时发现，民国时期鬻书的主力军仍然是读书人，他们很难从根本上摆脱传统文人的禀赋，往往注明了若干“不书、不画”的情况，对有奉承之嫌或不便发挥的作品尤其不书。商业化给文人带来了巨大挑战，“创作者一方面要迎合世俗，另一方面还要根植于

① 参见费正清，赖肖尔《中国传统与变革》，南京：江苏人民出版社，2012年版，376页。

传统，并尽可能地体现修养、展露个性。一旦流俗超出了底线他们就会立刻表现出坚守的一面。”[①]这个情况在齐白石身上有明确体现，在给朋友杨度的信中他说：“连年以来，求画者必曰请为工笔。余目视其儿孙需读书费，口强答曰可矣、可矣。其心畏之胜于兵匪。”郎绍君先生解读为齐白石虽善工笔草虫，然并非其所好，他畏惧工笔。[②]笔者以为这并非根本原因，工细之艺多系匠作，“为人所役”自古文人多禁忌，与该润例中“指名图绘，久已拒绝”本质上是一个道理。又，润例中曰“棉料之纸、半生宣纸、他纸板厚不画”，对书写材料要求如此苛刻乃文人传统。唐人孙过庭在《书谱》中曾谈到作书与外在条件，特别是书写工具的关联，“纸墨相发”“纸墨不称”的不同情况会直接影响到作者的情绪，宋人陆游也有诗曰：“矮纸斜行闲作草，晴窗细乳戏分茶。”可见文人对书写材料、书写环境的在意。半生宣属不宜作画的劣纸，故多在润例中加以说明，以示与市井商贾的区别。[③]此外，该润例中有作画、治印不题跋，“题上款者加十元”一条，对上款采取审慎态度，这是文人的老习惯了。与此同例，康有为于1926年的润例中也声明“但书下款，若书上款者加倍计”[④]。凡请人作书画者，多希望书画家在右上方写下自己的名讳，然为市井书上款或称兄道弟，有碍于文人的颜面，故很多鬻艺者拒书上款。

中国书画的发展历来是由文人主导的，而自古以来的文人多把政治理想置于首位，所谓“君子立身，务修其本”，这种旧式的儒家思想在

① 郑付忠《从书斋到瓦肆：论古今书法生态在商业文化中的突围》，《南京艺术学院学报（美术与设计版）》2013年第6期，101—105页。

② 郎绍君《读齐白石手稿——日记篇》，《读书》2010年第11期，151—159页。

③ 按，书与画的材料亦有不同，书画家通常会在润例中言明。如康有为于1924年所订润例中称：“单宣不书，墨浓不再写，扇不书。”见王中秀等编《近现代金石书画家润例》，上海：上海画报出版社，2004年版，151页。

④ 引自陈鹏举编《收藏历史》，上海：上海书店，1998年版，520页。

传统文人中极具代表性，也逐渐凝聚成一种文人情节渗透到文艺层面，并对书画商业化产生了极大阻力。民国以来，主此论调者不在少数，刘海粟就认为艺术不能只为市场和财富服务："国内有许多画家的目的坏透了，……但求生意好……这是大错误，……我们不能拿我们的艺术失掉自我表现，作装饰的'摄录'，来迁就达官贵人。"[①]随着传统文人阶层的瓦解，古代所谓"游于艺"般的艺术创作逐渐被商品社会同化。[②]旧式文人属性的蜕变，几乎是在他们对儒家传统教义的追寻与彷徨中完成的，齐白石见证了这个过程，所谓"不讳言贫"者，其实是鬻艺文人的生存智慧。清末民初价值观念迅速转型，卢辅圣先生说："文人画尽管早就沾染了职业化的色彩，但那种职业化主要表现为业余性质的丧失，表现为'游于艺'和'君子不器'的价值观念的削弱。"[③]此话用以形容这个时期再合适不过了。齐白石以"坐视饥寒"而鬻艺，这并未僭越儒家传统思想的底线，徐悲鸿说："画非迫于生计不能卖，惬意者，卖之悔惜于己，不惬意者，卖之贻极于人。"[④]徐反对海派画家以艺术创造之名过度推行商业化，[⑤]这对作为好友的齐白石何尝不是一种激励与鞭策。

3. 君子之交与"不论交情"

1903年齐白石随同乡夏午诒入京教夏妇人学画。期间曾有人出十金请其画工笔，被辞；又以四金索美人图一幅，亦被辞。齐解释说："余

---

① 刘海粟《艺术的革命观——给青年画家》，郎绍君，水天中《二十世纪中国美术文选》卷上，上海：上海书画出版社，1999年版，404页。

② 参见陈永怡《近代书画市场与风格迁变——以上海为中心（1843—1948）》，北京：光明日报出版社，2007年版，32页。

③ 卢辅圣《中国文人画史》下，上海：上海书画出版社，2012年版，573页。

④ 郑逸梅《艺林散叶续编》，北京：中华书局，2005年版，136页。

⑤ 按，徐悲鸿对海派过度商业化十分不满："海派小人，志在行骗，行同盗贼，法所不禁，诟骂罔闻，市井贱民，生不知耻。"见徐悲鸿《徐悲鸿艺术随笔》，上海：上海文艺出版社，1999年版，第62页。

为夏大知我偕来，重金轻情，非君子也。”郎绍君先生对此有精彩的点评：“他并不是不要‘金’，……在他看来，夏午诒聘了他，他为夏和夏的朋友作画是理所当然的，此外再去卖画就有点‘重金轻情’了。在人们的印象中，齐白石是爱钱而吝啬的，但在‘钱’与‘情’的关系上，他是有底线的。”[①]所谓君子爱财，取之有道，齐白石鬻艺但不逾越君子行事的底线，这与世俗把他定义为只谋利益的画匠是有出入的。这则故事发生于齐白石青年时期，颠覆了我们以往对其固化的认识。据回忆，年轻时他为人画像“卖画养家”“有些爱贪小便宜的人，往往在画像之外，叫我给他们女眷画写帐檐、袖套、鞋样之类，甚至叫我画幅中堂，画堂条屏，算是白饶。好在这些东西，我随便画上几笔，倒也并不十分费事。”[②]这里又体现出其通融的一面，情之所至，可见一斑。齐白石强调君子之交，但并非完全不讲情面，据说到他画室订画，若有熟人介绍可享有七折优待。[③]尽管出身于工匠，但他骨子里却有很强的文人情结，对那些有企图、有预谋的不平等交易十分排斥。他明码标价，并一再强调种种“规矩”，旨在防范那些图谋不轨的非君子行径，这与那些不近人情的市井商人有本质区别。

1936年，四川军阀王瓒绪邀齐入蜀作画，答应给齐三千元酬金。入蜀后，王出示了大量个人藏品，请齐代为鉴定。齐发现这些藏品多为赝品，十分为难，不愿题跋，王因此食言，只给了400元酬金。齐十分气愤，在日记中写道：“某某以四百元谢予。半年光阴，曾许赠之三千元不与，可谓不成君子矣！”[④]这则故事又会给人一种错觉，多被后人用

① 郎绍君《读齐白石手稿·日记篇》，《读书》2010年第11期，151—159页。

② 齐璜口述，张次溪笔录《白石老人自述》，北京：人民美术出版社，1962年版，33页。

③ 王中秀《历史的失忆与失忆的历史——润例试解读》，《新美术》2004年第2期，14—28页。

④ 刘琅，桂苓编《旧影：一代孤高百世师》，北京：中国友谊出版公司，2005年版，276页。

以说明齐白石在钱的问题上斤斤计较是出了名的。笔者以为这个结论忽略了几个细节：一、齐白石十分痛恨言而无信的非君子行径，王瓒绪的失信恰好为齐白石率真的文人风范做了注脚；二、三千元在当时是一笔不小的款项。调查显示，按当时的物价标准，北平四口之家，每月伙食费仅12元便可达到小康水平，1元钱可以买8斤猪肉，2元便可买一袋上等面粉，8元即可租一处四合院。[①]这对于拖家带口的齐白石而言显然是不能轻易释怀的。再有，齐对润笔斤斤计较，然笔笔皆“诚实劳动的所得，并无巧取豪夺的嫌疑，无可厚非”[②]。

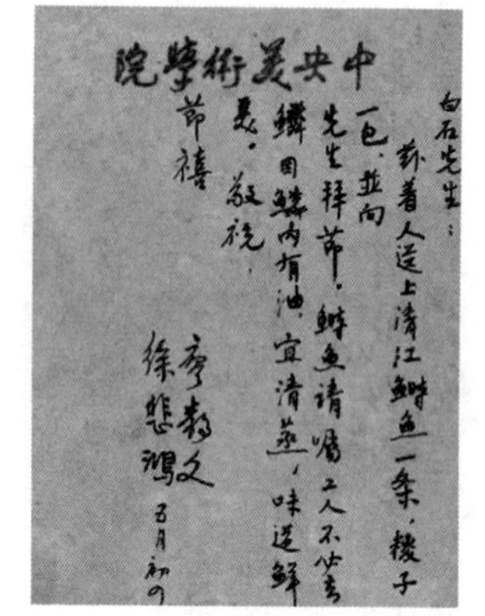

中央美術學院

白石先生：

兹着人送上清江鲥鱼一条、粽子一包，并向先生拜节。鲥鱼请嘱工人不必去鳞，因鳞内有油，宜清蒸，味道鲜美。敬祝

节禧

廖静文
徐悲鸿
五月初四

图29 徐悲鸿致齐白石信

齐白石照单取润不只是针对普通藏友，其中也包括对其有提携之举的徐悲鸿。须知徐曾破例请齐到北平大学艺术学院任教，且对他的生活十分照顾（图29）。[③]据廖静文女士说：“白石先生每有佳作，必寄悲鸿，悲鸿按白石先生的笔单，将稿酬寄去。”[④]这个情况可以从二人的书信往来中得到印证：“兹特奉大洋二百元，乞查收。前欠四十元，又取六尺紫藤一幅及横幅荷花一幅，照润有余，即请翁再赐墨宝一些可以。”[⑤]“润金先惠”是文人鬻艺的规矩，徐悲鸿照单先寄去一笔润金，

① 岳南《南渡北归》，长沙：湖南文艺出版社，2011年版，第368页。

② 王中秀《历史的失忆与失忆的历史——润例试解读》，《新美术》2004年第2期，14—28页。

③ 二十世纪中期，国内政治动荡，物资匮乏。徐悲鸿不仅多方为齐白石争取待遇，还在端午节前送上鲥鱼、粽子表示关怀，令齐白石十分感动。见北京画院编《齐白石研究》第1辑，南宁：广西美术出版社，2013年版，45页。

④ 廖静文《徐悲鸿一生》，北京：中国青年出版社，2001年版，114页。

⑤ 华天雪《齐白石的知己：徐悲鸿》，《中国书画》2011年第11期，26—34页。

目的是"倘有杰作，乞为留下"[①]。这让齐白石得到了一个文人艺术家的待遇，作为回馈，齐甚至接受了徐的"点品"[②]："大幅不妨再试（先写芦花鸡之类再向上画），倘得佳幅必不让诸他人。"[③]"指名图绘，久已拒绝"的规矩在徐悲鸿这里被改写，这显示了"不论交情"的齐白石也并非不能变通。在取润问题上的一视同仁，反映了他对平等人格的呼唤，据其女齐良怜回忆，一次有一贵妇找齐画画，问价时齐回答说："这是二尺画，十块银洋，我不会因为你是某夫人而多要钱，也不能因为你是某夫人而不收钱。"[④]无论与普通画商还是文人间的交往，都需建立在平等的基础上，作为画家的齐白石需要金钱维持生活，但更需要尊重。北平沦陷之后，他拒绝了日本人的嗟来之食，足以说明这一点。

照单取润的世俗生活让人们对齐白石的"不论交情"产生误解，现在要重新审视这个问题。1914年胡沁园病逝，齐白石十分悲痛："他老人家不但是我的恩师，也可以说是我生平第一知己，我今日略有成就，饮水思源，都是出于他老人家的栽培。"[⑤]又，陈师曾把齐白石在日本捧火后，齐十分感激："我的卖画生涯，一天比一天兴盛起来，这都是师曾提拔我的一番厚意，我是永远忘不了他的。"[⑥]陈师曾去世后，齐白石

---

① 华天雪《齐白石的知己：徐悲鸿》，《中国书画》2011年第11期，26—34页。

② 按，自古文人便对"点品"有设防心态。陈巨来对"点品"一事有专述："大凡书画家，所订润例，必有点品加倍一条。吴待秋之书画润例，为最繁复，着色须加二成，画五色梅花须加倍，每加一寸即须加价；吴湖帆，润例画四幅屏幅，即须加倍，青绿加倍，金碧再加倍；冯超然亦有加倍、再加倍之例；叔师赵书孺，画一匹马若干，四匹加倍，八骏图再加倍。"见陈巨来《安持人物琐忆》，上海：上海书画出版社，2011年版，216页。由于"点品"多乖人意，不便发挥，文人多不应。二十世纪四十年代郭沫若为谋生计挂单鬻书，有"点品不应"一条。见叶中强《上海社会与文人生活（1843—1945）》，上海：上海辞书出版社，2010年版，904页。

③ 华天雪《齐白石的知己：徐悲鸿》，《中国书画》2011年第11期，26—34页。

④ 车吉心主编《民国轶事》第2卷，济南：泰山出版社，2004年版，861页。

⑤ 齐璜口述，张次溪笔录，《白石老人自述》，北京：人民美术出版社，1962年版，64页。

⑥ 齐璜口述，张次溪笔录，《白石老人自述》，北京：人民美术出版社，1962年版，74页。

十分伤心，做诗曰："哭君归去太匆匆，朋友寥寥心益伤。安得故人今日在，尊前拔剑杀齐璜。"[①]对有知遇之恩的徐悲鸿，齐白石更是十分维护。当有人对徐悲鸿的作品有非议时，他立刻站出来说话："从来君子扬人善，名借诗文始久传。此日倘逢唐杜甫，徐君画马足千秋。"[②]足见齐白石"不论交情"的内在含义。

① 李松《知己有恩——齐白石诗画中的师友情》，《美术》2010年第12期，97—100页。
② 李松《知己有恩——齐白石诗画中的师友情》，《美术》2010年第12期，97—100页。

第六章　民国晚期以来：鬻艺观念的暧昧期

第一节　社会与世风

这里所说的民国晚期，指的是1937年以来的民国。

民国晚期，由于国内战乱不断，政局动荡，国内经济形势急转直下，大量人口食不果腹，由此导致了鬻艺观念的进一步解放。为了应对不断变换的物价，职业书画家纷纷提高润格，或采取外汇交易、“以物易物”等方式，这使得民国晚期的鬻艺市场超越了单纯经济学层面的含义，而更多具有了社会伦理的色彩（图30）。

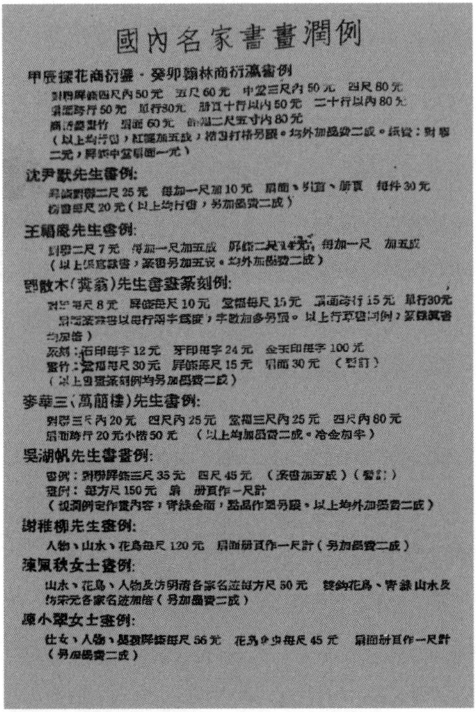

國內名家書畫潤例

甲辰探花商衍鎏・癸卯翰林商衍瀛書例
對聯屏條四尺內50元　五尺60元　中堂三尺內50元　四尺80元
扇面跨行50元　單行30元　册頁十行以內50元　二十行以內80元
[illegible]　扇面60元　[illegible]二尺五寸內80元
（以上均行書，紅箋加五成，楷書打格另議。均外加墨費二成。紙費：對聯二元，屏條中堂扇面一元）

沈尹默先生書例：
屏條對聯二尺25元　每加一尺加10元　扇面、引首、册頁　每件30元
楷書每尺20元（以上均行書，另加墨費二成）

王福厂先生書例：
對聯二尺7元　每加一尺加五成　屏條二尺14元　每加一尺　加五成
（以上俱篆隸書，篆書另加五成。均外加墨費二成）

鄧散木（糞翁）先生書畫篆刻例：
對聯每尺8元　屏條每尺10元　堂幅每尺15元　扇面跨行15元　單行30元
（扇面篆隸書以每行兩字為度，字數加多另議。以上行草書潤例，篆隸真書均加倍）
篆刻：石印每字12元　牙印每字24元　金玉印每字100元
畫竹：堂幅每尺30元　屏條每尺15元　扇面30元　（暫訂）
（以上書畫篆刻例均另加墨費二成）

麥華三（[illegible]樓）先生書例：
對聯三尺內20元　四尺內25元　堂幅三尺內25元　四尺內80元
扇面跨行20元小楷50元　（以上均加墨費二成。冷金加半）

吳湖帆先生書畫例：
書例：對聯屏條三尺35元　四尺45元　（篆書加五成）（暫訂）
畫例：每方尺150元　扇　册頁作一尺計
（[illegible]潤例定作畫內容，青綠金面，[illegible]作品另議。以上均外加墨費二成）

謝稚柳先生畫例：
人物、山水、花鳥每尺120元　扇面册頁作一尺計（另加墨費二成）

陳佩秋女士畫例：
山水、花鳥、人物及仿明清各家名迹每方尺50元　雙鈎花鳥、青綠山水及仿宋元各家名迹加倍（另加墨費二成）

陳小翠女士畫例：
仕女、人物、[illegible]屏條每尺56元　花鳥[illegible]每尺45元　扇面册頁作一尺計
（另加墨費二成）

图30 民国时期名家书画润例

抗战期间，军需浩繁，物资缺乏，而华北、华中、

华南地区相继陷落，国内经济形势一落千丈，加之国际路线阻断，对外运输困难，进口物资受阻，导致供需矛盾更加尖锐，物价上涨，通货膨胀严重。抗日战争结束后，国内又进入了旷日持久的解放战争。国民政府滥发纸币金圆券，导致物价飞涨，货币下跌，形势愈发严峻。为了应对物资匮乏的问题，国民政府一再加印法币，使得局面更加糟糕，据载，“‘七七事变’前的1937年6月法币发行总额为14亿元，至1939年4月翻了一番，达28亿元，1941年底增至151亿元，1944年底为1894亿元，到抗战结束时的1945年8月，法币发行额已是5569亿元。”[①]纸币的过度发行使得货币贬值，通货膨胀严重，国内经济形势每况愈下。

对于书画家而言，一方面经济下滑，市场低靡，令不少书画家饥肠辘辘，朝不保夕；另一方面，世道大乱又使得大部分人没有能力、更无雅兴继续购藏书画。恶劣的生存环境使得鬻艺者再也无法死守“不齿言利”的传统观念。他们纷纷通过书画展览出售作品，就连素称“不应酬”的黄宾虹都推出了“黄宾虹八秩诞辰书画展览会”。[②]鬻艺者为了应对货币贬值，书画润格一再刷新，也有采用实物交易或美元交易的方式。在鬻艺心态上也有了明显变化，例如不少人把润例上“不书”“不应”的字眼换成了较为暧昧的“另议”“面议”等说法，且乐于应承碑铭、墓表等酬金较高的大件。当然，也有部分鬻艺者一反商业文化的常态，在抗日和解放战争时期表现出较强的家国情怀，出现了一些捐赠战事或其他公益事业的鬻艺行为，这又反过来印证了一个事实，即书画商业文化的发展与文人情结的释怀并非简单的顺承、同步关系，这种复杂的心态直至今天依然存在。

① 杨菁《试论抗战时期的通货膨胀》，《抗日战争研究》1999年第4期，90—105页。
② 参见傅雷《傅雷全集》第20卷，沈阳：辽宁教育出版社，2002年版，337页。

第二节　抗日战争时期的鬻艺情结

对于靠书画为生的鬻艺者而言，抗战以来的物价飞涨和社会动荡的确是令人头疼的事情，他们不得不纷纷修改润例以应对货币贬值的风险。如1944年5月李拔可刊出润例为："楹联四尺以内五百元，六尺以内六百元，八尺以内一千元。"而到了1945年1月就改为："楹联四尺以内三千元，六尺以内三千六百元，八尺以内六千元。"[①]不到一年的时间，李拔可的润格整整翻了六倍，这在和平年代是难以想象的。

又，1944年5月夏敬观润例为：

> 画例：尺寸按照市尺计算，过一方尺以二尺论，堂幅、屏条、横幅、册页每方尺一千元。
>
> 书例：屏条，三尺（视四尺纸对裁）三百元，堂幅、对联加倍，以上每加一尺加二百元。
>
> 文例：碑传、寿序、杂文面议，自一万元起，卷册题跋一千元，特作诗词二千元。

到了1945年1月，其润例大涨：

> 画例：尺度按照市尺计算，过一尺以二尺论，堂幅、屏条、横幅、册页每尺五千元，长度过四尺者另议。

① 引自陶小军《1937—1949，社会变迁下的书画市场》，《文艺研究》2016年第1期，139—148页。

书例：屏条三尺二千元（视四尺纸对裁），堂幅、对联加倍，以上每加一尺加一千元。

文例：碑传、寿序、杂文自四万元起而议定价，卷册题跋或文或诗或词一万元[①]。

从以上两则材料对比可以看出，在不到一年的光景里，他们的润例就上涨到原来的五到七倍，这种现象是普遍的，且并非由鬻艺者自身水准所决定，而是受制于市场的不确定性。尽管如此，日益混乱的社会局面和飞涨的物价仍然使得鬻艺者所得甚微，食不果腹。为了应对货币贬值，不少鬻艺者拒收法币，采用“以物易物”的老办法。于是粮食、副食品等日常紧缺的生活资源成为鬻艺中的“货币”，成为市场上的“硬通货”。如在抗争胜利前夕，粤籍画家卢子枢的润例这样写道：

画例：小幅高二尺横九寸白米五十斤，中幅高四尺横二尺白米八十斤，大幅三京度全张白米二百斤，屏条三京度对裁白米一百斤。

书例：小幅高二尺横九寸白米十斤，中幅高四尺横二尺白米十五斤，大幅三京度全张白米四十斤，屏条三京度对裁白米二十斤。[②]

抗战时期，物价飞涨，粮食成为稀缺资源，殊为难得。想通过鬻艺换些微薄的米面并不容易，有些在社会上负有盛名的书画家便宣布停止鬻艺。但对于那些籍籍无名之辈而言，由于鬻艺原本就不景气，战争的爆发使得他们更加举步维艰。1937年北平沦陷后，齐白石之子齐良焜在

① 引自陶小军《1937—1949，社会变迁下的书画市场》，《文艺研究》2016年第1期，139—148页。

② 《卢子枢书画例》，王中秀等编《近现代金石书画家润例》，上海：上海书画出版社，2004年版，327页。

《立言画刊》上刊登了一则润例，系齐白石代订。启曰：

> 子如字也，名良焜，自号子愚，别号白石后人，性孤僻，见人多无言，能为草虫绘影绘声。一日，求予为拟润例，予曰：“汝欲卖画，非其时也，不如叱犊扶犁之可靠，不见乃翁齿稀发秃，吞声草莽之中，虽偷活，活计绝矣。”子如不答，予不强挫其志，遂书之。[①]

齐白石认为这不是卖画的好时机，甚至说鬻艺“不如叱犊扶犁之可靠”，但其子孤苦无奈，又不得不卖。齐白石又何尝不是如此？如日军入侵后的1939年齐白石宣布“停止售画”，但一家四十几口人需要吃饭，他“为了生计，只得仍操旧业”[②]。

抗战时期，书画市场一片凋敝，北京、上海皆如此。日军攻下上海后，百业凋零。以吴湖帆为例，他1925年来沪以卖画为生，在二十世纪三四十年代名满沪上，与吴待秋、吴子深、冯超然并称为“三吴一冯”，其画格曾被誉为“尺画寸金”。然而日军进攻上海后，他在日记中却感叹说：“孙伯渊来，交待售去画款二百元。赖此度时，亦生平初次也。”[③]市场的凋零使得吴湖帆这样的名家鬻艺收入微薄，甚至到了不惜以“折亏五百元以上”卖家藏的方式勉强度日了。[④]可见抗日战争的爆发确实给鬻艺者造成了极大影响。

有一个现象值得注意，即在抗战爆发之前的和平时期，有相当名气和地位的书画家往往不愿屈尊为人书写寿屏、墓志或招牌之类的作品，他们自己也认为这是有辱斯文的。如吴湖帆，他在抗战前1930年的润例

① 《立言画刊》1938年第12期。
② 齐白石《齐白石回忆录》，北京：东方出版社，2012年版，104页。
③ 《吴湖帆文稿》，杭州：中国美术学院出版社，2004年版，173页。
④ 《吴湖帆文稿》，杭州：中国美术学院出版社，2004年版，179页。

中明确表示“市招不书”[①]，但上海沦陷后却不得不改变初衷，频频为银行、商号题写招牌。到了1940年，在与陈蝕野联名刊出的“庚辰画例”中，他甚至明码标价地写起了寿文、墓志：“寿文墓志（千字以外）每篇三百元，（千字以内）每篇二百元，序记每篇一百元，诗词题跋每篇五十元，兼书倍润，谀辞不应，限体另议。”[②]可见恶劣的经济环境，已经使得吴湖帆这样的名家不得不有所取舍了。当然，鬻艺者也并非完全没有底线，由于当时的各种政治力量竞相角逐，明争暗斗，书画家不愿牵扯到复杂的政治斗争旋涡中去，所以尽管面临巨大的经济压力，对政治斗争的谨慎和提防仍然是鬻艺者不得不考虑的一个方面。正因如此，不少书画家在抗战时期仍然十分在意鬻艺对象的身份和品行，如冯天虬曾回忆其祖父冯超然卖画给“在局内担任警察大队长”的吴云甫时说：

> 此徒目不识丁，于书画一窍不通竟也附庸风雅，要购冯超然的山水画。冯超然当然不会为他作画，便强调忙而一再推却，但这家伙反复纠缠，超然又借忙季出画需润格加倍想将其吓走，想不到该家伙说照付，超然为此煞费苦心。一星期之后他忽生妙计，提前动笔，一挥而就，画得是一幅工笔山水，落款题诗曰：“年过六十尚蹉跎，奈此嵩阳归隐乎，不是不归归未得，家山虽好虎狼多。”再工工整整写上“录古人诗以奉云甫先生。”[③]

冯超然的举动展现了他作为一介文人在面对权势时的傲骨，但显然是有风险的。在社会动荡时期，一方面要保障政治安全，另一方面也要

① 《吴湖帆画例》，《墨海潮》第3期，1930年11月。
② 《庚辰画例》，《申报》1940年3月1日。
③ 冯天虬《艺林双清——“嵩山草堂”“梅景书屋”故旧录》，上海：上海书画出版社，2011年版，53页。

考虑生计来源，周旋于两者之间还要尽可能保全文人志节，这对鬻艺为生者来说确实是一场空前的挑战。如曾任北洋政府交通总长的名士叶恭绰，在抗战时日本人一再拉拢他："君乃中国交通系首领，此刻正是有作为之时，速去，毋犹豫，否则君在沪，吾人将不负保护之责矣。"并限他三日之内答复，叶不得已，只好远走香港，以卖字为生，曰："学术卅年，垂老稍进，疲于应索，迎拒尔难。"[①]可见叶恭绰对政治形势认识比较清楚，能够审时度势，宁愿鬻艺自活也不卖国求荣。

战争的爆发并没有使得鬻艺者完全失去原则，有些鬻艺不是为个人生计而是为公益事业集资。这种行为更能博得道义上的支持，对鬻艺者而言也不必背负道德压力。抗战中期，国民政府迁都重庆，时任军事委员会副委员长的冯玉祥为了宣传抗日，常常卖字以支援前方。同时他还用鬻书所得捐资助学，如曾捐35万给陶行知创办的育才学校，也曾为生活教育社和复旦大学募捐过助学金。《新华日报》曾以"冯玉祥先生四卖兴学"为题对其进行了报道：

> 生活教育社为着推行普及教育运动，由理事长陶行知先生发起三卖兴学：一卖文，二卖字，三卖诗歌，以所得尽充教育之用。昨日冯玉祥先生闻此消息，说他还有嘴可卖。决定：字每件一万元，文每千字一万元，诗歌每首一万元，加讲演一项，每讲市内一万元，所得尽充该社兴学之用。[②]

这种具有家国情怀的鬻艺行为，历来被文人推崇。尤其在战争年代，这种舍小家为大家的举动更能凝聚人心、感化民众，已然超越了

---

① 《新阵地》1938年第1期。

② 《重庆抗战纪事》，重庆：重庆出版社，1985年版，108页。

单纯经济层面的书画市场行为，也为特殊时期的鬻艺活动赋予了政治的色彩。

第三节　解放战争时期的鬻艺情结

解放战争期间，国民政府为了聚敛资源依旧大肆滥发纸币，从而导致了更为严重的金融风暴。据统计，从1945年底至1949年5月，货币的发行量增加了近2亿倍，物价指数随之一路狂奔，货币购买力一跌再跌。据上海社会科学院《上海经济》编辑部统计：

> 1949年5月与1937年1～6月的平均水平相比，上海的批发物价指数上涨了1200万余倍，加上1948年8月法币和金圆券300万比1的因素，物价实际上涨36万亿余倍。旧法币100元的购买力：1937年，可买大牛两头；1938年，可买大牛、小牛各一头；1939年，可买大牛一头；1940年，可买小牛一头；1941年，可买猪一头；1942年，可买火腿一只；1943年，可买鸡一只；1944年，可买小鸭一只；1945年，只能买鱼一条；1946年，只能买鸡器一炙；1947年，只能买五分之一根油条。[①]

在如此萎靡的经济形势下，一般书画家想靠鬻艺为生是很艰难的。一则货币购买力狂跌，原有的积蓄转眼化为乌有，大部分人无力收藏书画；二则世道混乱，人们也无此闲情雅致。如前所述，有部分鬻艺者想

① 上海社会科学院《上海经济》编辑部编《上海经济1949—1982》，上海：上海人民出版社，1983年版，81页。

出了“以物易物”的办法，或者采用币值稳定的美元作为交易货币。如1948年，江殷孔“以米易书”润例：

兰斋重订卖字换米润例：楹联七言三十斤，八言四十斤，长联另议。中堂百字四十斤，过百五十斤，过度另议。①

1949年，丰子恺“鬻艺易米”润例：

画例：册页（一方尺为限）或扇面白米三斗，二方尺（长二尺宽一尺）立幅或横幅白米一石，二方尺以上以面积计每方尺白米五斗，以上指定题材者加倍。

书例：册页（一方尺为限）或扇面白米三斗，二方尺（长二尺宽一尺）立幅或横幅白米六斗，二方尺以上以面积计每方尺白米三斗，对联四尺、五尺或六尺每幅白米六斗。②

米在社会动荡时期十分金贵，是保证鬻艺所得的“硬通货”。但由于困难时期米资源短缺，流通量有限，给鬻艺带来了不便。于是有些书画家采用币值较为稳定的美元作为交易货币，如1947年徐悲鸿书画润例曰：

两鹫$1000，大奔马$800，中幅奔马$400，小奔马$400，水禽$300，竹$200，猫$400。③

① 《兰斋重订卖字换米润例》，王中秀等编《近现代金石书画家润例》，上海：上海书画出版社，2004年版，327页。

② 《以画易米润例》，王中秀等编《近现代金石书画家润例》，上海：上海书画出版社，2004年版，329页。

③ 张子宁《从绚烂归于平淡——记“金鱼先生”汪亚尘》，上海书画出版社编《海派绘画研究文集》，上海：上海书画出版社，2001年版，356页。

米和美元虽然保值，但却殊为难得。对于鬻艺者而言，要么接受因物资短缺而订单寥落的现实，要么就得承担物价飞涨、货币贬值的风险。1946年，齐白石应邀南下上海、南京做展览卖画，卖出200多张，带回一捆捆法币，却“连十袋面粉都买不到”[1]。这令他气愤不已。更糟糕的是，很多书画商人摸清了市场规律，专门做投机倒把的生意。一些日本人听说齐白石的画值钱，上门来揩油，于是他不得不在门上贴出“停止卖画”的告示，以回应那些想贪图便宜的投机者。然而并不是每个鬻艺者都能做到停止接单的，齐白石也不可能一直闭门谢客，一旦生计紧张他便只能再度开张。战争时期，这对于指仗砚田者而言，也是惯常的事。

第四节　鬻艺者身份类型与经济生活

战争时期还在坚持鬻艺者大体上分为三类，一类是国民党政客，其中包括一些为了躲避政治烦扰而不得不卖艺为生者，另一类是生活上穷困潦倒且别无选择者，还有一种是为公益事业集资者。

一、国民党政客

战争时期物资短缺，很多国民党的高级官员生活也不富裕，这其中就包括被誉为“民国四大家”之一的吴稚晖。抗战胜利后的1946年，他从陪都重庆回到上海，一时间生活陷入困难。为谋生计，82岁的吴稚晖与邹鲁、张默君、叶公绰、沈尹默等社会名流纷纷订润鬻书。可能是考虑到身份的原因，吴稚晖没有以个人名义卖艺，而是牵头成立了云林书

① 《齐白石自述》，合肥：安徽文艺出版社，2014年版，127页。

画社，聘请人员代为收件，处理鬻艺相关事宜。关于此事始末，胡开诚在《吴稚老鬻书有道》里这样介绍说：

他们鬻书既不便举行个展以广招徕，亦不宜借工作室个别行销。因此，成立了一个云林书画社，利用稚老所居的楼下，与旁边两间汽车间打通，改装为两间店面，一间供书画展览及会客之用，一间供裱画之用。云林书画社裱褙、展览、出售书画，故聘有裱画师及管理人员，备有展览及裱褙等设施。因此有人要向当时颇负清望的书画名流索求书画，云林书画社可代为收件、寄件，佣金依北平荣宝斋、多宝斋等的成例，按润格收取一成。多宝斋等的成例，按润格收取一成。①

“云林”即元人倪瓒的号，意即对不问政事、洁身自好的文人情操的追溯。云林书画社前后维时四年多，由于吴稚晖为国民党元老，声望甚隆，海内外求索者接踵不暇，由此暂时解决了他生活的困难。

实际上，由于社会动荡，物价上涨严重，早在重庆时吴稚晖生活便已经捉襟见肘，吴的学生张道藩等人便建议他卖字，且在重庆《中央日报》为其刊登了润例启示：

吴稚晖先生，华夏之瑞，党国之勋。道德文章，彪炳寰宇。先生邃六书。擅八法，严谨精妙，并世莫京，以是求者皆踵，寸缣环宝。四海内外，同仰中兴，而先生谦德涵光，有求必应，午夜含毫，寒暑不易。道藩等伏以先生年登大耋，群请即劳，爰订润直，藉示限制。世之君子。其必同感！例如左：楹联四尺起一千元，四

① 《梁溪忆旧》，苏州：苏州大学出版社，2015年版，64页。

尺以上每尺三百元。三幅三尺起，八百元，三尺以上每尺三百元。册页便面以二尺计六百元。凡求吴先生书法者，请将书件送中央宣传部魏兆敏同志转交。张道藩、章桐、徐悲鸿、吕斯百、华林、颜实甫。①

订润后求索者纷至沓来，接踵不暇，吴稚晖一年内鬻书所得竟达法币五六万元之多。可惜他不善理财，将鬻书所得悉数存入银行。1848年8月，国民党为应对恶性通货膨胀发行金圆券，由于国民政府掠夺性的金融政策的推行，很快金圆券成为一堆废纸。等到吴将所存法币300亿之巨兑换成金圆券，鬻艺7年的辛苦钱仅换得新台币147元。②这个结局看似有点讽刺意味，尽管吴稚晖在鬻书时曾自我调侃说："看在钞票源源进门，虽苦犹乐也。"③如果是为了金钱，他完全可以像国民党其他官员那样贪污腐败、搜刮民脂民膏，本不需要通过卖字补贴生活。所以《吴稚晖先生纪念集》中对吴鬻书一事做了这样的评价："倘使先生当时与一般人同样想法，以其鬻书所收润金，全部易成宝物，先生则成为五百万以上之富翁矣，然先生未尝将所收润金加以运用，人或谓之愚，实则先生爱国之又一章，而不为外人所道也。"④无论如何，困难时刻吴稚晖没有趁机发国难财，也没有端着文人的架子挥霍"人间作孽钱"，这在近代史上是值得称赞的。自从明代风流才子唐寅一句"闲来写幅青山卖，不使人间作孽钱"之后，历来为鬻艺文人争相传颂，对于为官者而言，鬻艺自活某种程度上说便是救民于水火，进而也可以引申为一种情操的标榜。民国时期，广东新会的梁子真鬻书沪上，抗日战争后他躲往香港

① 路小可《民国大老：吴稚晖》，兰州：兰州大学出版社，1997年版，275页。
② 车吉心主编《民国轶事》第3卷，济南：泰山出版社，2004年版，1118页。
③ 车吉心主编《民国轶事》第3卷，济南：泰山出版社，2004年版，1117页。
④ 车吉心主编《民国轶事》第3卷，济南：泰山出版社，2004年版，1118页。

卖字偷活，和许多传统的文人一样，他在润例中也戏称自己是“闲来涂幅乌鸦卖，不使人间作孽钱”[1]。可见到了民国晚些时候，非但鬻艺为活的道德包袱减轻了许多，同时也被演绎成了一种调侃人生的精神追求。

除了像吴稚晖这样的廉洁官员以外，抗战时期也有不少仁人志士因不满于国民政府的行径，拒绝与其合作，而没有了薪水来源，鬻艺便成为贴补生活的来源之一。如国民政府曾千方百计拉拢民主人士黄炎培，想让黄为其效力。但黄却坚持不从，效仿陶渊明远离尘世，“卖字疗贫”：

> 渊明不为五斗折腰去做官，我乃肯为五斗折腰来作书。做官作书何曾殊，但问意义之有无。做官不以福民乃殃民，此等官僚害子孙。如我作书言言皆己出：读我诗篇，喜怒哀乐情洋溢；读我文章，嬉笑怒骂可愈头风疾；有时写格言，使人资警惕。[2]

对于无意于参政的黄炎培来说，“做官”和“作书”都是“折腰”。但相比而言作书还能略抒己志，表达人生的喜怒哀乐，而做官则可能会祸国殃民、臭名昭著，因此鬻书对于他而言非但不会成仕途之路上“丧志辱身”的障碍，反而具有了逃离政治牢笼的遁世意味。又如郭沫若，1947年他因与国民党政见不同，拒绝与之合作而决裂。失去了公务收入的郭沫若一时间生活陷入了困境，迫使他不得不自订润例，挂单鬻书，前后四个月有余。同年9月1日，一则名为“一代文豪困居上海：郭沫若卖字求生”的新闻刊登在《新华日报》上，大致描述了他当时的窘迫：“我国文化界著名领袖郭沫若全家困居上海，在物价高涨下无

① 《梁子真书例》，王中秀等编《近现代金石书画家润例》，上海：上海书画出版社，2004年版，315页。

② 《新华日报》1947年9月1日。

以聊生，近由友人建议卖字维持家用。分对联、扇面、招牌等，润格自三万元至二十四万元不等。一般咸认郭先生一代文豪举世共仰，目前竟被迫鬻字维生，足见蒋介石统治下上海文化界生活的艰窘。"[①]即便如此，郭沫若挂单鬻书时还有"点品不应"一条，[②]可见传统文人情结对人们思想的束缚是何等的严重。

自古文人皆以"学而优则仕"相标榜，然一旦仕途受阻，或者不愿曲意逢迎、阳奉阴违保住官帽时，则笔耕墨耘的砚田生活便具有了超越政治理想的意义，这也是为何历代文人多与笔墨有不解之缘的重要原因之一。

二、底层文人与职业书画家

相比而言，大批底层文人和职业书画家因为时局动荡、身份不显而收入微薄，生计惨淡，靠笔耕勉强为活。如1946年9月，粤籍画家桂坫鬻艺润例如下：

> 晋专宋瓦室笔例：楹联六千元，堂幅同，屏条同，贺联八千元。大字每字尺五千元，尺五寸内七千元，余类推，扇面三千元，象赞及题名人书画一万元，寿屏面议，篆隶加倍。[③]

而短短两年后的1948年5月，他重订润例曰：

> 楹联六十万，中堂、横披、条幅同，四屏照伸。贺联一百万，中

① 《新华日报》1947年9月1日。

② 叶中强《上海社会与文人生活（1843—1945）》，上海：上海辞书出版社，2010年版，904页。

③ 王中秀等编《近现代金石书画家润例》，上海：上海画报出版社，2004年版，327页。

堂、横披、条幅同。扇四十万，象赞一百万，名人书画题跋一百万。大字每字一尺三十万，尺五寸四十万，余类推，篆隶加倍。[①]

一平尺几十万的润格，简直骇人听闻！然而这并非个例，1948年吴湖帆为其外甥朱梅村所订画例则显示：

山水例：……扇面册页，每件十两。……条屏，三尺三十两，四尺五十两，五尺八十两。……戊子年六月朔日起，每两暂作肆十万元。[②]（图31）

从以上润例可以看出，抗日战争时期物价极不稳定，以至于市场润格奇高，且随时要根据市场行情变更。1946到1948年间通货膨胀竟达百倍之多，难怪很多不良画商要囤积居奇，把投资书画作品当作升值、保值的渠道。纷乱的局势使得鬻艺者雪上加霜，物价飞涨，物资极其匮乏，大部分书画家再也难以顾全题材之雅俗，更不要说文人情结了。如漫画家丰子恺，他在1948年不仅卖画，甚至也开始卖起字来了：

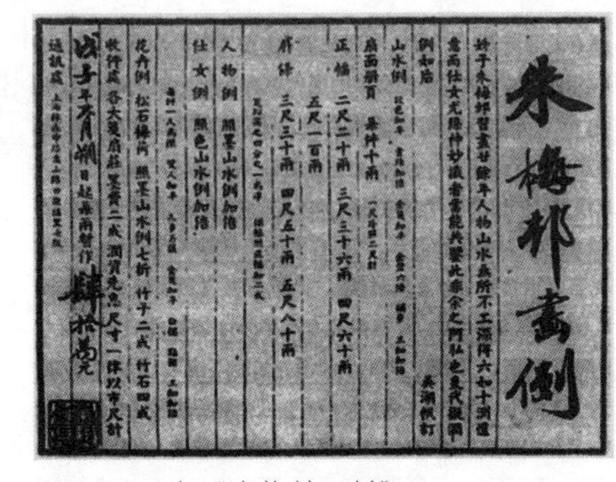
朱梅邨畫例

山水例
扇面册頁 每件十兩
正幅 二尺二十兩 三尺三十六兩 四尺六十兩
五尺一百兩
屏條 三尺三十兩 四尺五十兩 五尺八十兩
人物例 照墨山水例加倍
仕女例 照色山水例加倍
花卉例 松石梅竹 照墨山水例七折 竹子二成 竹石四成
戊子年六月朔日起每兩暫作肆拾萬元
吳湖帆訂

图31 1948年“朱梅村画例”

漫画（一方尺以内）每幅32万元。册页（一方尺）每幅32万元（系国民党纸币）。立幅或横幅，以纸面大小计，每方尺32万元（例

① 王中秀等编《近现代金石书画家润例》，上海：上海画报出版社，2004年版，328页。

② 引自齐建秋《中国书画投资指南》，北京：东方出版社，2012年版，39页，

如普通小立幅两方尺，即64万元。余类推）。扇面与册页同。指定题材者加倍，其余另议。书润照画减半。对联四尺35万元。五尺40万元，六尺48万元。指定题材者加倍。其余另议。[①]

通常而言，书画家是忌讳“指定题材”的，但丰子恺非但没有拒绝“点品”，反而加上了一句“其余另议”，此中意味不言自明。当然这也和丰子恺本人从事的行业不无关系，毕竟漫画不同于传统文人画，其商业属性本来就较强，所以1935年丰子恺漫画润例小启就写道：

人间多可惊可喜可哂可悲之相。见而有感，辄写留印象。但记感兴，固不拘笔法之中西，设色之繁简，题材之雅俗也。嗜痂者频来索画，或装裱而悬之室中，或缩印而载之卷头。受属既多，知闻渐广，时接来函，惠询润例。今暂定数则，以副雅望。……Δ复制者如书报杂志插图等另议。Δ指定题材另议。[②]

从描述中可以看到，丰子恺对于题材的雅俗、笔法、墨色的取舍并不十分在意，并明确声明接受“指定题材”。由于漫画广泛用于书报、杂志插图等商业领域，因此他更为关注的是市场的气候和市民的喜好。另外，丰子恺还写了函洽处、面洽处好几个接洽地址，这也是鬻艺者惯用的推销策略。

1．黄宾虹

1937年6月，黄宾虹应故宫博物院和北平艺术专科学校之请北上，不巧7月便爆发了抗日战争，北京、上海相继陷落。国民政府为了应对战争

① 丰子恺《丰子恺全集·艺术理论艺术杂著卷12》，北京：海豚出版社，2016年版，336页。
② 丰子恺《丰子恺全集·艺术理论艺术杂著卷12》，北京：海豚出版社，2016年版，321页。

大肆发行纸币，搞得全国物价飞涨，经济形势一片混乱，黄宾虹在北京的生活也随之陷入了困难，经常缺米断粮，生活捉襟见肘。这对于颇具文人风骨的黄宾虹是个不小的挑战，不近世俗的他也不得不稍作变通。其间有个叫张海清的人慕名前来求画，常送些米来，有时米店的老板也和黄宾虹以米易画，[①]但是这并不意味着黄宾虹已经放下了心中的包袱和顾虑，毕竟“以物易物”自古有以，而要染指商业以画换钱，他始终难以打开心结。黄宾虹直至晚年还一再声称不对外应酬。他在1943年写给傅雷的信中说：“拙画不展览不应索，唯荣宝斋因有旧友转托，书缄往来，熟识已久，时或酬答及之。”[②]但生活捉襟见肘时他也不得不变通。抗战时期，书画家靠办展览争名逐利的现象有增无减，据高冠华回忆，当时在重庆办书画个展成为时尚，他坦言：“1943年，我自己在昆明、重庆举办了五次个展，积累黄金百两。”[③]可见民国晚期此风之盛。就在这一年，向来市场态度审慎的黄宾虹也在傅雷的操办下于上海宁波同乡会馆举办了“黄宾虹八秩诞辰书画展览会”，共卖掉160件作品，除去各项开支，“大致净盈余在十二万左右”[④]，从而解决了他不小的生活压力。尽管如此，1944年他仍在《宾虹自叙》中说：“近伏居燕市将十年，谢绝应酬，……有索观拙画者，出平日所作纪游画稿以视之，多至百余页，悉草草钩勒于粗麻纸上，不加皴染，见者莫不骇余之勤劳而嗤其迂陋，略一翻览即弃去。亦有人来索画，经年不应一酬，知其有收藏名迹者，得一寓目乃赠之，于远道函索者，择其人而与，不惜也。”[⑤]从信中看，黄宾虹很在意书画请索者的身份，看重他们是否为真正的知

① 阳飏《百年巨匠·黄宾虹》，兰州：甘肃人民美术出版社，2013年版，104—105页。
② 傅雷《傅雷全集》第20卷，沈阳：辽宁教育出版社，2002年版，49页。
③ 高冠华《诲与海》，《潘天寿研究》，杭州：浙江美术学院出版社，1989年版，82页。
④ 李向民《中国艺术品经营史话》，上海：上海书画出版社，1998年版，90页。
⑤ 徐建融主编《海派书画文献汇编》，上海：上海辞书出版社，2013年版，56页。

音，对于那些只道言钱的市井贩夫，或者文墨不通的附庸风雅者，他不屑与之周旋。这一方面与京派的文化相契合，另一方面也是其文人的秉性决定的。

抗战时期，黄宾虹生活拮据。1943年，傅雷在黄宾虹八十大寿之际，与顾飞、裘柱常等人筹办了“黄宾虹八秩诞辰书画展览会”。傅雷本是文艺评论家，特别敬重黄的为人，更喜欢黄宾虹的作品，当他在上海荣宝斋看到黄宾虹长卷《白云山苍苍》时，不惜重金购藏，可谓黄艺术道路上殊为难得的知音。关于此次展览，用傅雷自己的话说，这是“他生平独一无二的‘个展’，完全是我怂恿他，且是一手代办的”[①]。之所以说是“怂恿”，如前所述，尽管黄宾虹生活并不富裕，但他对于办展览是持反对态度的，以为这样既显标榜，又染指商业，有失文人风范。为此傅雷多次写信给黄，悉心沟通。在6月9日写给黄宾虹的信中，他首先表达了对黄的敬仰，并说：“尊论尚法变法及师古人不若师造化云云，实千古不灭之理，征诸近百年来，西洋画论及文艺复兴期诸名家所言，莫不遥遥相应。”[②]傅雷高度赞赏黄宾虹在绘画方面的创造和人生信仰，并把黄的言论提升到扭转画坛颓势，乃至于与西方文艺复兴时期的大师相比肩的高度。针对当时海上动机不纯、商业文化泛滥的展览风气，傅雷更是多次写信给黄宾虹，大加鞭笞，并把张大千、徐燕荪等人作为反面典型，以此来强调此次展览的学术性和侧重交流的定位。关于展览的目的与定位，傅雷在7月12日与黄的信中悉心介绍了他的构想，并把展览提高到弘扬艺事、启蒙后学的高度，这无疑说到黄宾虹心坎里去了：

倘获先生出而倡导，后生学子必有闻风兴起者。晚学殖素俭，

① 傅雷著，傅敏编《傅雷书简》，北京：上海：当代世界出版社，2005年版，24页。
② 傅雷《傅雷谈艺论学书简》，天津：天津人民出版社，2012年版，120页。

> 兴趣太广，治学太杂，夙以事事浅尝为惧，何敢轻易着手？辱承鞭策，感愿何如，尚乞时加导引，俾得略窥门径，为他日专攻之助，则幸甚焉。尊作画展闻会址已代定妥，在九月底，前书言及作品略以年代分野，风格不妨较多，以便学人研究，各点不知吾公以为如何？亟愿一聆宏论。近顷海上画展已成为应酬交际之媒介，群盲附和，识者缄口。今得望重海内而又从未展览如先生者出，以广求同志推进学艺之旨问世，诚大可以转移风气，一正视听。[①]

傅雷之所以如此诚心帮助黄宾虹，完全是出于对其品行的敬仰和艺术水准的认可。实际上对于黄宾虹而言，他何尝不需要通过展览推出作品，阐发艺事，同时又能缓解生活的窘困！傅雷的出现可谓“破冰”的关键。一则黄宾虹思想保守，顾虑重重，二则尽管黄自视甚高但对走市场并无把握。傅雷显然是参透了其中微妙，因此他大力向朋友推介，所以画展还未正式开始，便有人预订作品了。在8月20日的信中傅雷及时反馈了这个好消息：“……首批画件已为下走等二三熟人预定半数以上，爱之深故愈恐失之交臂也。”[②]看来对于展览售卖一事，黄宾虹是认同的，只是心存疑虑，对卖画一事无足够信心。此后傅雷多次在信中告知作品被预订的情况，无疑是在为黄鼓气。起初黄宾虹将信将疑，把成绩归功于傅雷的积极宣传，至于傅雷回信加以说明：“此次预定诸君皆企慕已久之人，纯出自动，绝非愚等宣扬之力，且艺林珍品得为同人分别庋藏，嘉惠厚赐，方感谢不遑，乃先生一再谦抑，下走等愈增惶愧矣。”[③]获悉此情后黄宾虹大悦，回信说：“至于画展，未能免俗，聊复

① 傅雷著，傅敏编《傅雷书简》，北京：当代世界出版社，2005年版，43页。
② 傅雷著，傅敏编《傅雷文集 · 书信卷》，北京：当代世界出版社，2006年版，503页。
③ 傅雷著，傅敏编《傅雷书简》，北京：当代世界出版社，2005年版，45页。

尔尔，以此攫全，不值一笑。但以寒虫自矜其羽，不欲将珠弹雀；然非所论于知己之前，虽罄墨沈数斗，殊不为多。”[①]能够遇见真赏者，黄宾虹自是欣喜。在傅雷的精心策划下，他总算对市场有了些信心。

在对待市场的态度上，傅雷是赞同黄宾虹的，因此他策展尽量做到不与市肆同类。他在8月31日写给黄的信中说：“会场布置，愚见素主宁疏毋密，一般画会所悬作品，鳞次栉比，宛若衣肆，恶俗甚矣。定价一道，数度与柱常等磋商，未敢擅专。海上诸公类多以金额定身价，固属可鄙，惟若尊作标价过低，亦不免为画商大批囊括。事出两难。”[②]傅雷提出了书画市场化过程中两个不可回避的话题——作品的多寡与价格的高低。若作品太多，宛若市肆，堕入恶俗，在这一点上二人并无异议。主要问题在于如何把握定价的尺度，傅雷一方面含蓄地把市场定价的规则告知黄宾虹，同时又交由他定夺，这初看是对黄宾虹的尊重，又何尝不是对黄的善意引导与提示？与海上其他画家不同，黄宾虹在定价问题上向来主张“不宜过昂”，因为其目的不是为了自富，而是想让更多的知音能够买得起他的作品，“以广流传”。他在1943年写给裘柱常的信中表达了类似的观点：“齿及赐润，尤为恐皇。订值鄙意不欲过昂，重在知音，愿从低减，以广流传。画既不齐，无妨高下作价。王元章画梅乞米，唐六如写幅丹青，未能免俗，可笑，可笑。”[③]他想低价寻觅知音，并举了“王元章画梅乞米，唐六如写幅丹青”的例子，给自己不得已以卖画讨生活寻找心灵的解脱。当然，也不全是低价出售，至于其中界限，在同年他写给裘柱常的另一封信中说：

① 傅雷著，傅敏编《傅雷书简》，北京：当代世界出版社，2005年版，46页。
② 傅雷《傅雷书信集》，北京：三联书店，2009年版，183页。
③ 浙江省博物馆编《黄宾虹文集·书信编》，上海：上海书画出版社，1999年版，312页。

> 拙画订价，鄙见区分三种，四尺以上为一种，三尺以下为一种，花卉篆书择交而赠。前示沪币千元，至花卉篆书减半之，则最合时宜。第一种以一千为最高，第二种七百，第三种五百，其中仍有交情特殊（特号名姓记录）不克锱铢必较者，因时制宜可耳。[①]

意即山水价最高，花卉篆书次之。按，1943年的上海正值通货膨胀时期，一千元、七百元的确算不得高价，即便在这种情况下，对于花卉篆书之类，黄宾虹还说可以论交情减润或赠送，可见他对市场和金钱的态度，确有不同于常人之处。

对于黄宾虹不主张定价过高的说法，傅雷想必是知道的，但他却颇为为难。一方面他深知当时海上"以金额定身价"的风气，太低了会有失身份，又恐"为画商大批囊括"。然而相比之下，傅雷另一方面的顾虑恐怕更多，即1943年以前，黄宾虹虽已在画坛享有大名，但作品却并不十分畅销，定价过高市场是否认可也是不得不考虑的问题。黄宾虹迟迟没有回复，他显然明白黄的难言之隐，故与众人商议后，在10月15日的信中给出了参考意见："据调查所得，北方画润至高者，约在每尺联券八十左右，吾公是否以此为准，或再提高，务乞速示。"[②]对于定价问题，黄宾虹显然不比傅雷更为在行，实际上征求黄的意思更多是出于一种尊重，在具体应对市场时傅雷又会因人而异，并根据作品的销售情况适时调整价格，因此展览才会最终圆满成功。11月19日画展如期开幕，共展出黄宾虹欲出售作品177件，展览期间共卖掉160件，售得款项约14万3千余元，去掉各项开支，"大致净盈余在十二万左右"[③]。这次展览

① 浙江省博物馆编《黄宾虹文集·书信编》，上海：上海书画出版社，1999年版，316页。
② 傅雷著，傅敏编《傅雷书简》，北京：当代世界出版社，2005年版，58—59页。
③ 傅雷著，傅敏编《傅雷书简》，北京：当代世界出版社，2005年版，69页。

可谓深得黄宾虹心意，既消除了他对书画商业文化的顾虑，又缓解了其生活压力。此后的五六年间，每有新作，黄宾虹总要寄给傅雷，托其代售。除了黄宾虹外，民国晚期鬻艺上陷入矛盾的还有齐白石。

2. 齐白石

齐白石曾有一则声明："卖画不论交情，君子自重，请照润格出钱。"[①]然此声明却多被研究者解读为他不解人情世故，只谈金钱。殊不知此声明发布于1937年北平沦陷后，敌人为了私利疏通各种关系"跟我拉交情"[②]，齐白石不屑与之为伍，特发布此声明，且说："从来官不入民家，官入民家，主人不利，谨此告知，恕不接见。"[③]可见齐白石并非如传言所说"不论交情"。同一时期他还发布过一则极其类似的告示："卖画不论交情，君子有耻，请照润格出钱。"[④]同样是为了与敌伪划清界限。齐白石的"交情论"有明确界限，仅限于君子之交，敌伪分明是伪君子，自然谈不上"交情"。所谓君子之交淡如水，所以我们看到他的交情是建立在平等基础之上的，这也增加了被误读的可能。然而抗战时期要长期闭门谢客是很不现实的，全家生计要靠他笔杆一支，于是不得不又补上一条："若关作画刻印，请由南纸店接办。"[⑤]经南纸店和各种笺扇庄等中间机构鬻艺是民国时期非常流行的一种方式，这一方面是为了扩大市场，同时也避免了书画家与市井商人的直接接触，抬高文人的身价。

1937年北平沦陷，其间齐白石深居简出，"未尝作一画、制一印，

① 齐璜口述，张次溪笔录《白石老人自述》，北京：人民美术出版社，1962年版，95—96页。
② 齐璜口述，张次溪笔录《白石老人自述》，北京：人民美术出版社，1962年版，95页。
③ 齐璜口述，张次溪笔录《白石老人自述》，北京：人民美术出版社，1962年版，95-96页。
④ 张次溪《齐白石的一生》，北京：人民美术出版社，2004年版，179页。
⑤ 齐璜口述，张次溪笔录《白石老人自述》，北京：人民美术出版社，1962年版，95-96页。

力拒敌伪教授之聘”[①]，但敌伪头目纠缠不休，“请我吃饭，送我东西，跟我拉交情……甚至要求我跟他们一起照相”，齐白石不屑应付，只好在大门上贴一条：“白石老人心病复作，停止见客。”这样做无非是不想中了鬼子的圈套，懒得与他们“多说废话”。[②]

1940年，齐白石发布了一则小启：

绝止减画价，绝止吃饭馆，绝止照相。[③]

这则看似苛刻甚至不近人情的小启，常被用以说明齐白石的商业气息太重，却往往忽略了这段话的时代背景。二十世纪三十年代辽沈沦陷，北方动荡，用齐白石的话说，很多敌方人员“慕我的名，时常登门来访，有的送我些礼物，有的约我去吃饭，还有请我去照相，目的是想白使唤我，替他们拼命去画，好让他们带回国去赚钱发财”。齐白石清楚他们的阴谋，不胜其烦，自称“多少总还有一点爱国之心”，[④]拒绝与其合作。外敌入侵，齐白石多次宣布“停止售画”，然时局动荡，物价飞涨，面对一家老小几十口人的开销，他又不免陷入矛盾。[⑤]如1939年年底他贴出声明，称腊月初一起“先来之凭单退，后来之凭单不接”。但刚过年，“为了生计，只得仍操旧业”，只是为了摆脱敌伪纠缠，在门前贴上了“画不卖与官家，窃恐不祥”的告白。[⑥]他深知官家的生意不

① 王震编《徐悲鸿年谱长编》，上海：上海画报出版社，2006年版，275页。

② 齐璜口述，张次溪笔录《白石老人自述》，北京：人民美术出版社，1962年版，95页。

③ 张次溪《齐白石的一生》，北京：人民美术出版社，2004年版，179页。

④ 齐璜口述，张次溪笔录《白石老人自述》，北京：人民美术出版社，1962年版，84页。

⑤ 按，齐白石八十岁时说：“我膝下男子六人，女子六人，儿媳五人，孙曾男女共四十多人，见面不相识的很多。”此后他还曾续弦生子。见齐白石《齐白石回忆录》，北京：东方出版社，2012年版，105—107页。

⑥ 齐白石《齐白石回忆录》，北京：东方出版社，2012年版，第104页。

好做，且有些卖国的翻译官狐假虎威，趁火打劫，“有的软骗，有的硬索”，一气之下他又贴出告示：“与外人翻译者，恕不酬谢，求诸君莫介绍，吾亦苦难报答也！”[①]这样还不够，1943年，经不住各种虚伪的烦请和骚扰，他干脆贴出“停止卖画”的告示，且态度十分坚决，强调南纸店和朋友的请托也一并谢绝。[②]为了与敌人划清界限，他同时还辞去了日本人接管经办的“美专”教授职务及配套福利。且常常通过诗文讽刺敌人，朋友怕他锋芒太露遭到报复，劝其明哲保身，他以“寿高不死羞为贼，不丑长安作饿饕”[③]作答。这对于一个养活几十口人的鬻艺者来说实属难能可贵，此种气节也再度彰显了齐白石传统文人的家国意识。

抗战结束后，他恢复了挂单鬻艺的生涯，然好景不长，“金圆券”发行后，物价千变万化，投机倒把者见风使舵，成批预订他的画作以求保值。齐费尽气力“换得的票子，有时一张画还买不到几个烧饼”，只得再次挂出“暂停收件”的告白。[④]“停止卖画”的告示几经贴出，让我们看到了他矛盾、反复的心理斗争，但也容易被人误读为他对商业社会的留恋，这就需要我们对文人情结的复杂性和多面性有更为深入的了解。一面是市井贱民的生存考验，一面是青史留名的职业操守，我们不难想见齐白石心中的踌躇，好在他不是面临抉择的第一人，明清以来的文人士大夫早已践行并总结出了一套鬻艺谋生的生存智慧。直到新中国成立后的1957年，梁子真仍在香港挂单鬻书，其润例中有“壮岁北游，蜚声杭沪，义书赈厄，德及灾黎”[⑤]字样，可见对品行的阐扬在鬻艺宣传

① 齐璜口述，张次溪笔录《白石老人自述》，北京：人民美术出版社，1962年版，95—96页。
② 齐白石《齐白石回忆录》，北京：东方出版社，2012年版，108页。
③ 齐良迟主编《齐白石艺术研究》，北京：商务印书馆，1999年版，504页。
④ 齐白石《齐白石回忆录》，北京：东方出版社，2012年版，112页。
⑤ 王中秀等编《近现代金石书画家润例》，上海：上海画报出版社，2004年版，348页。

中是贯穿始末的，这也反过来阐明了为何文人鬻书卖画始终与商业文化有格格不入之处。

三、热心教育的社会名流

为公益事业而鬻艺在晚清以来便蔚然成风，究其原因，很重要的一点在于这样的做法迎合了商业文化大潮中文人为志节而忧的心理诉求。晚清鬻艺的公益行为多为赈灾，而抗日和解放战争时期，我们看到不少热心教育事业者捐资助学的义举，其中影响较大的是陶行知牵头发起的义卖兴学活动。抗战胜利后，为了把育才学校迁回上海继续办学，陶行知专门给国民党当局写信请求拨款，但未能得到支持。万般无奈之下他写信给好友郭沫若、冯玉祥等人，请他们帮忙卖字助学，于是1946年《民主生活》上便出现了题为“郭沫若、冯玉祥、陶行知先生应本社之请举行四卖兴学”的启示：

> （1）卖字，每件一万元。（二）卖文，每千字一万元。（三）卖演讲，市内每次一万元。（四）卖诗歌、校歌，每首一万元；寿挽、结婚诗歌，每首二万元。办法：款先全付，一星期取件，纸自备或代办。用途：收款尽充本社推行普及教育之用。介绍：凡介绍十件以上者，赠三先生一位新书“文化为公”一幅；介绍五十件以上者，赠“文化为公”一幅、诗一首，刻碑悬像于武训堂以永纪念。①

为了尽快筹集办学资金，陶行知牵头发起“四卖”活动，这已经不仅仅局限于鬻书了。其中“寿挽、结婚诗歌”都是明码标价，如果不是为了公益事业这是难以启齿的。不久后陶行知又在《申报》刊登了题为

① 《民主生活》1946年4月5日第2期。

"冯玉祥、陶行知等六人卖字兴学"的启示：[①]

> 生活教育社上海分社，为研究并推进普及教育运动起见，特请冯玉祥、郭沫若、田汉、许德臣、高剑华、陶行知等六人卖字，以所得笔润，尽充普及教育之研究及推行经费。冯氏等业已首肯，并订定办法如下：
>
> （一）字每幅两万元。
>
> （二）学校教师学生买字对折收一万元。
>
> （三）纪念册题词每面五千元。
>
> （四）招牌大字每字一万元。
>
> （五）介绍人介绍十件以上赠字联一副。
>
> （六）笔润一次款先付清。
>
> （七）纸张请自备送下。

本次启示参与义卖者由"郭沫若、冯玉祥、陶行知"三人增加到"冯玉祥、郭沫若、田汉、许德臣、高剑华、陶行知"六人，这些都是颇有影响力的社会名流，对促成义举有至关重要的作用。另外，可能是受到通货膨胀的影响，每幅字的价格较上次翻了一倍。陶行知为办学而奔走的事迹引起广泛关注，当时上海滩流传一首打油诗："陶老先生把字卖，不为扬名不为财。请来名士齐挥毫，赞助育才迁上海。"[②]这种鬻艺已经超越了个人物质层面的需求，因此人们已不再从商业的角度给予评价。陶行知为教育事业奔走呼吁一生，直到他去世的前三天，还收到杨明远给他的来信，信中提及"南京卖字兴学的收获不好，故学校建设

① 《申报》1946年5月27日。

② 丁剑主编《安徽掌故》，合肥：黄山书社，1990年版，240页。

很难进行。"[①]可见他为教育事业一生操劳，卖字兴学也是出于万般无奈，国民政府的不作为迫使一帮文人挺身而出，为兴学而鬻艺，这在近代历史上传为美谈。

民国晚期，国内经济全面崩溃，货币贬值，物价飞涨。不少书画家食不果腹，为了应对恶劣的生活环境，他们纷纷挂出润格，鬻艺自活。有些人甚至开始应承碑铭、墓表等酬金较高的"奇货"，且在润例用语上多"另议""面议"等暧昧的说法。也有些鬻艺者一反商业文化常态，在战争时期表现出强烈的家国情怀，这种鬻艺行为，使得民国晚期的鬻艺活动超越了单纯的经济学层面的含义，而具有了更多社会伦理的色彩。抗日战争和解放战争使得国内经济状况每况愈下，对鬻艺者造成了极大困扰。不少书画家在生存压力和外部环境的挑战下，逐渐放下了傲骨不改的秉性，成为一个低姿态的谋生者。即便如此，我们也不能简单地说文人情结输给了书画商业文化。因为从宏观来看，尽管晚明以来道德红线时常被商业观念冲得七零八落，但书画市场始终都被限定在社会舆论范畴内。从根本上说，文人雅士一直是书画的创作者和主导者，一旦这个群体所处的经济和社会条件有所好转，文人情结便会成为书画商业文化区别于单纯市场行为的最后一道防线。

① 胡晓风，金成林主编《陶行知全集》第12卷，成都：四川教育出版社，2002年版，623页。

主要参考文献

著作文集类：

欧阳修，宋祁《新唐书》，北京：中华书局，1975年版。

郑逸梅《艺林散叶》，北京：中华书局，1982年版。

郑逸梅《郑逸梅选集》，哈尔滨：黑龙江人民出版社，2001年版。

郑逸梅《清末民初文坛轶事》，北京：中华书局，2005年版。

郑逸梅《近代名人丛话》，北京：中华书局，2005年版。

郑逸梅《人物品藻录初编》，上海：日新出版社，1946年版。

余英时《士与中国文化》，上海：上海人民出版社，2003年版。

余英时《现代儒学论》，上海：上海人民出版社，2010年版。

余英时《中国知识分子论》，郑州：河南人民出版社，1997年版。

马宗霍《书林藻鉴·书林纪事》，北京：文物出版社，2015年版。

孙静庵著，赵一生标点《明遗民录》，杭州：浙江古籍出版社，1985年版。

宋如林纂修《松江府志》，嘉庆二十二年刊。

王锜《寓圃杂记》，北京：中华书局，1984年版。

天台野叟《大清见闻录》，郑州：中州古籍出版社，2000年版。

沈德符撰《万历野获编》，北京：中华书局，1959年版。

王世贞《觚不觚录》，北京：中华书局，1985年版。

李日华《味水轩日记》，北京：文物出版社，1995年版。

何良俊《四友斋丛说》，北京：中华书局，1959年版。

文震亨《长物志》，北京：中华书局，1985年版。

罗振玉《徐俟斋年谱》，民国八年铅印本。

戴名世《南山文集》，光绪二十六年刻本。

戴名世《戴名世集》，北京：中华书局，1986年版。

谢肇淛《五杂俎》，上海：上海书店，2009年版。

陈永怡《近代书画市场与风格变迁——以上海为中心(1843—1948)》，北京：光明日报出版社，2007年版。

王韬《瀛壖杂志》，上海：上海古籍出版社，1989年版。

王韬《弢园尺牍》，北京：中华书局，1959年版。

徐珂《清稗类钞》，北京：中华书局，2003年版。

常建华主编《中国社会历史评论》，天津：天津古籍出版社，2012年版。

白谦慎《傅山的世界》，北京：三联书店，2006年版。

白谦慎《傅山的交往和应酬：艺术社会史的一项个案研究》，上海：上海书画出版社，2003年版。

王中秀等编《近现代金石书画家润例》，上海：上海画报出版社，2004年版。

谢正光《清初诗文与士人交游考》，南京：南京大学出版社，2001年版。

顾麟文编《扬州八家史料》，上海：上海人民美术出版社，1962年版。

田艺蘅《留青日札》，上海：上海古籍出版社，1985年版。

李光缙《景壁集》，福州：福建人民出版社，2012年版。

俞国林编《吕留良全集》，北京：中华书局，2015年版。

张彦远《历代名画记》，上海：上海人民美术出版社，1963年版。

徐渭《徐文长三集》，北京：中华书局，1983年版。

张郁明等编《扬州八怪诗文集》，南京：江苏美术出版社，1996年版。

李向民《中国美术经济史》，北京：人民出版社，2013年版。

龚炜撰，钱炳寰点校《巢林笔谈》，北京：中华书局，1981年版。

国家图书馆古籍影印室辑《清初名儒年谱》，北京：北京图书馆出版社，2006年版。

赵园《明清之际士大夫研究》，北京：北京大学出版社，2014年版。

姚文楠主纂《民国上海县志》，民国二十四年刻本。

张廷玉《明史》，北京：中华书局，1974年版。

徐枋《居易堂集》，上海：上海书店，1986年版。

王夫之《思问录》，北京：中华书局，1956年版。

汪宗衍《艺文丛谈》，北京：中华书局，香港分局1978年版。

白岭，筝鸣选编《精彩醒世歌》，郑州：中州古籍出版社，2002年版。

凌濛初《二刻拍案惊奇》，北京：人民文学出版社，1996年版。

李贽《焚书》，北京：中华书局，2009年版。

谢国桢《明代社会经济史料选编》，福州：福建人民出版社，1981年版。

吴其贞《书画记》，北京：人民美术出版社，2006年版。

徐建融《明代书画鉴定与艺术市场》，上海：上海书店，1997年版。

徐建融主编《海派书画文献汇编》，上海：上海辞书出版社，2013年版。

浙江省地方志编纂委员会编《浙江通志》，北京：中华书局，2001年版。

方文《嵞山集》，上海：上海古籍出版社，1979年版。

王应奎《柳南续笔》，北京：中华书局，1983年版。

钱谦益《列朝诗集小传》，上海：上海古籍出版社，1959年。

卞僧慧《吕留良年谱长编》，北京：中华书局，2003年版。

杨钧《草堂之灵》，长沙：岳麓书社，1985年版。

乔志强《中国近代绘画社团研究》，北京：荣宝斋出版社，2009年版。

吴明娣主编《中国艺术市场史专题研究》，北京：中国文联出版社，2015年版。

陈重远《文物话春秋》，北京：北京出版社，1996年版。

郑孝胥著，劳祖德整理《郑孝胥日记》，北京：中华书局，1993年版。

鲁迅《且介亭杂文二集》，北京：人民文学出版社，1973年版。

上海书画出版社编《海派绘画研究文集》，上海：上海书画出版社，2001年版。

澳门艺术博物馆编《像应神全：明清人物肖像画学术研讨会论文集》，北京：故宫出版社，2015年版。

曹惠民主编《扬州八怪全书》，北京：中国言实出版社，2007年版。

〔美〕高居翰《画家生涯：传统中国画家的生活与工作》，北京：三联书店，2012年版。

钱仲联主编《清诗纪事》，南京：江苏古籍出版社，1987年版。

唐甄《潜书》，北京：中华书局，1963年版。

姜胜利《清人明史学探研》，天津：南开大学出版社，1997年版。

汪辉祖《双节堂庸训》，天津：天津古籍出版社，1995年版。

张舜徽《清人文集别录》，北京：中华书局，1963年版。

邵毅平《中国文学中的商人世界》，上海：复旦大学出版社，2016年版。

薛永年，薛锋《扬州八怪与扬州商业》，北京：人民美术出版社，

1991年版。

小横香室主人编《清朝野史大观》，上海：上海书店，1981年版。

李世愉主编《清史论丛》，北京：社会科学文献出版社，2015年版。

尚小明《学人游幕与清代学术》，北京：社会科学文献出版社，1999年版。

张潮《幽梦影》，长春：吉林文史出版社，1999年版。

李斗《扬州画舫录》，北京：中国画报出版社，2014年版。

张曼华《中国画论研究：雅俗论》，北京：中国文史出版社，2006年版。

陆以湉《冷庐杂识》，北京：中华书局，1984年版。

邓之诚著，邓珂点校《骨董琐记全编》，北京：北京出版社，1996年版。

钱泳《履园丛话》，上海：上海古籍出版社，2012年版。

钱锺书《谈艺录》，北京：中华书局，1984年版。

许起《珊瑚舌雕谈初笔》，清光绪十一年弢园王氏木活字印本。

刘大鹏著，乔志强标注《退想斋日记》，太原：山西人民出版社，1990年版。

张仲礼《中国绅士》，上海：上海社会科学院出版社，1991年版。

张仲礼主编《近代上海城市研究（1840—1949年）》，上海：上海人民出版社，2014年版。

杨逸著，陈正青标点《海上墨林》，上海：上海古籍出版社，1989年版。

刘义庆《世说新语》，杭州：浙江古籍出版社，2011年版。

赵翼《陔余丛考》，北京：中华书局，1963年版。

上海社会科学院《上海经济》编辑部编《上海经济（1949—

1982）》，上海：上海人民出版社，1983年版。

冯梦龙《东周列国志》，天津：天津古籍出版社，2004年版。

《申报索引》编辑委员会编《〈申报〉索引》，上海：上海书店，1984年版。

陈纬《经纬斋笔记》，杭州：西泠印社出版社，2011年版。

洪迈《容斋随笔》，上海：上海古籍出版社，2014年版。

俞樾《茶香室丛钞》，北京：中华书局，1995年版。

陆容《菽园杂记》，北京：中华书局，1985年版。

张德建《明代山人文学研究》，长沙：湖南人民出版社，2005年版。

《四库全书》，台北：台湾商务印书馆，1985年版。

戴逸，李文海主编《清通鉴》，太原：山西人民出版社，2000年版。

沈云龙主编《近代中国史料丛刊续编》，台北：文海出版社，1966年版。

熊月之等主编《老上海名人名事名物大观》，上海：上海人民出版社，1997年版。

熊月之主编《上海通史》，上海：上海人民出版社，1999年版。

胡祥翰著，吴健熙标点《上海小志》，上海：上海古籍出版社，1989年版。

钱大昕著，陈文和、孙显军校点《十驾斋养新录》，南京：江苏古籍出版社，2000年版。

张鸣珂著，丁羲元校点《寒松阁谈艺琐录》，上海：上海人民美术出版社，1988年版。

郑孝胥著，黄珅、杨晓波校点《海藏楼诗集》，上海：上海古籍出版社，2003年版。

葛元熙《沪游杂记》，上海：上海书店，2009年版。

陈巨来《安持人物琐忆》，上海：上海书画出版社，2011年版。

沃丘仲子《近现代名人小传》，北京：北京图书馆出版社，2003年版。

李朴园等《民国丛书》，上海：上海书店，1989年版。

张伟《沪渎旧影》，上海：上海辞书出版社，2002年版。

陈明远《文化人的经济生活》，西安：陕西人民出版社，2013年版。

赵令畤《侯鲭录》，北京：中华书局，1985年版。

许志浩《中国美术社团漫录》，上海：上海书画出版社，1994年版。

王原祁纂辑，孙霞整理《佩文斋书画谱》，北京：文物出版社，2013年版。

王震编《二十世纪上海美术年表(1900—2000)》，上海：上海书画出版社，2005年版。

丁如明等校点《唐五代笔记小说大观》，上海：上海古籍出版社，2000年版。

郭若虚《图画见闻志》，南京：江苏美术出版社，2007年版。

刘禺生撰，钱实甫点校《清代史料笔记丛刊》，北京：中华书局，1960年版。

陈赣一《新语林》，上海：上海书店，1997年版。

王朝元主编《艺术形态的审美人类学阐释》，北京：人民日报出版社，2014年版。

黄苇，夏林根编《近代上海地区方志经济史料选辑》，上海：上海人民出版社，1984年版。

孙家政《退醒庐笔记》，上海：上海书店，1997年版。

〔匈牙利〕阿诺德·豪泽尔著，居延安译编：《艺术社会学》，上海：学林出版社，1987年版。

孙殿起《琉璃厂小志》，北京：北京古籍出版社，1982年版。

中国第二历史档案馆《中华民国史档案资料汇编》，南京：江苏古籍出版社，1991年版。

震钧《天咫偶闻》，北京：北京古籍出版社，1982年版。

陶小军《大雅可鬻：民国前期书画市场研究（1912—1937）》，北京：商务印书馆，2016年版。

陶小军，王菡薇主编《艺术市场学》，北京：商务印书馆，2017年版。

林志宏《民国乃敌国地：政治文化转型下的清遗民》，北京：中华书局，2013年版。

叶康宁《风雅之好：明代嘉万年间的书画消费》，北京：商务印书馆，2017年版。

马长林《租界里的上海》，上海：上海社会科学出版社，2003年版。

期刊论文类：

王彦霖《任伯年绘画中的吉祥物》，《文艺研究》2010年第9期。

白谦慎《关于傅山研究的一些问题》，《文物世界》2007年第6期。

白谦慎《文人艺术家的应酬——从傅山的应酬书法谈起》，《中国文化报》2015年10 月。

白谦慎《晚清官员的书法不是商品》，《南方周末》2014年10月9日。

陶小军《经济因素对吴昌硕绘画风格的影响》，《艺术百家》2011年第6期。

陶小军，谢建明《 民国前期书画市场与社会变迁》，《文艺研究》2014年第8期。

陶小军《1937—1949，社会变迁下的书画市场 》，《文艺研究》2016年第1期。

陶小军《“助赈启事”与晚清书画鬻艺活动——以〈申报〉相关刊

载为例》，《文艺研究》2017年第9期。

陶小军，杨心珉《从“折衷”到“现代”：抗战寓澳时期高剑父绘画思想的嬗变》，《江苏社会科学》2017年第5期。

陶小军《1912—1937年中国书画市场研究评述》，《艺术百家》2012年第5期。

陶小军，刘中兴《个性化与商业化：晚清书画市场润例考察》，《华中师范大学学报(人文社会科学版)》2017年第4期。

沈揆一《复兴文人画传统的最后一次搏击——吴昌硕和海上金石画派》，《美术研究》2002年第3期。

曹伯言《王船山历史观研究》，《历史研究》1965年第5期。

谢建明，黄贤春《艺术悖论的基本逻辑类型及其内在统一性》，《常州大学学报（社会科学版）》2016年第1期。

蔡显良《坚守信念与尴尬实践–论傅山“四宁四毋”书学观与创作的矛盾》，《文艺研究》2008年3期。

刘晓东《明代士人本业治生论——兼论明代士人之经济人格》，《史学集刊》2001年第 3 期。

张卉《龚贤与徽商交游问题研究》，《南京艺术学院学报（美术与设计版）》2013年第5期。

王中秀《历史的失忆与失忆的历史——润例试解读》，《新美术》2004年第2期。

步及《解放前的“月份牌”年画史料》，《美术研究》1959年第2期。

何次贤《清末上海书画社团探究》，《美术向导》2008年第5期。

刘畅《晚清民国上海书画市场润例的社会效应》，《收藏家》2015年第12期。

任祖镛《郑板桥的世俗社会生活态度初探》，《扬州大学学报（人

文社会科学版）》，1984年第4期。

张郁明《金农“荐举博学鸿词科不就”考》，《美术研究》1986年第4期。

朱良志《八大山人的出佛还俗问题——八大山人事迹征略之五》，《荣宝斋》2010年第1期。

朱良志《八大山人绘画的“怪诞”问题》，《文艺研究》2008年第8期。

王方宇《个山小像题跋》，《故宫文物》1989年版第10期。

周积寅《再论“金陵八家”与画派》，《艺术百家》2012年第5期。

白一瑾《论清初贰臣和遗民交往背后的士人心态》，《南开学报》2011年第3期。

郎绍君《读齐白石手稿——日记篇》，《读书》2010年第11期。

郑付忠《八大山人题画诗与书画“治生”考》，《中国书法》2018年第9期。

郑付忠《矫饰与伪情:从诗文看郑板桥的“双面”人生》，《书法赏评》2017年第1期。

郑付忠《傅山:从“甲申国变”到惨淡治生》，《南京艺术学院学报(美术与设计)》2017年第3期。

郑付忠《“文人情结”的挑战:从民国商业背景下的书画润例谈起》，《书法研究》2017年第4期。

郑付忠《从“士商观念”转型到晚清民国鬻艺成风——以“海派”为中心的考察》，《艺术学界》2018年第2辑。

郑付忠《从书斋到市场:论古今书法生态在产业文化中的突围》，《南京艺术学院学报(美术与设计版)》2013年第6期。

〔美〕高居翰《中国山水画的意义》，《新美术》1997年第4期。

胡志平《清末民国海上书画家润例与生存状态研究》，浙江大学2007年博士学位论文。

胡志平《谈民国时期书法家的特殊润例》，《南京艺术学院学报(美术与设计版)》2004年第4期。

胡志平《民国时期名人为青年书画家代订润例现象管窥》，《南京艺术学院学报(美术与设计版)》2006年第1期。

徐百益《“申”“新”两报的广告之争》，《中国广告》1998年第3期。

田一平《晚清上海书画名家的社会生活》，《史林》2013年第4期。

田一平《民国时期上海书画家社会生活(1912—1937)》，《史林》2009年第5期。

后　记

今年是我的本命年，36岁。虽说过了而立之年，然而若现在回忆人生，确乎是早了些。

但不得不说，我的人生经历较同龄人是坎坷了一些。到目前为止，我已经完成了从鲁西到金陵，从金陵游镐京，从镐京入巴蜀，从巴蜀转湖湘，最后又折回金陵的漂泊人生，回眸之间，已逾十三个春秋！

2005年，我有幸考入南京师范大学，从此开启了我的书法取经之路。真正对学术有所认识，当从2010年读硕士开始。当时年少轻狂，总想在学术道路上做个领跑者，写了一些东西，也走了不少弯路，却始终没有找到自己的学术方向。直至2013年毕业后去西南科技大学工作，在科研考核的压力下才开始了对学术的新一轮思考。当时撰写了人生当中第一份课题申报书（也是后来教育部立项课题的雏形），由于经验有限，当年没有中标，但这是个好的开始。2015年我调往长沙师范工作，其间又对申报书进行了完善，终于在2016年获批了教育部人文社科项目。这是我人生当中第一个课题。很多朋友不了解，还以为我做过很多项目，有“丰富的经验”，其实不然。所以我这个课题做得很吃力。为了完成项目，我翻阅了大量资料，求教了不少相关的专家、老师和朋友。2018年初我又来到东南大学攻读博士，愈发觉得时间紧迫，做课题力不从心。好在导师很支持我的研究，家里也给了我不少鼓励，所以在南京摸爬滚打了一年，我总算是把课题完成了。从开题到今天已有两年多光阴，不算长也不算短，回首感慨良多！

由于缺乏撰写课题的经验，在撰写过程中愈发觉得自己准备不足，

学识浅薄。因此文中难免出现纰漏甚至错误，在此不揣浅陋，就教于方家。另外，本课题撰写过程中参考和引用了不少老师、朋友的相关材料，限于篇幅，文章在末尾所附“主要参考文献”中不能一一列出，如有疏漏，在此一并表示衷心感谢！

郑付忠于金陵

2018年11月4日